# 快速、公正、仁慈和人人平等的法庭

## 纪念俄国司法改革150周年

С.М.沙赫赖
С.М. Шахрай / 著

К.П.克拉科夫斯基
К.П. Краковский

黄道秀 / 译

## СУД СКОРЫЙ, ПРАВЫЙ, МИЛОСТИВЫЙ И РАВНЫЙ ДЛЯ ВСЕХ

### К 150-летию Судебной реформы в России

中国政法大学出版社

2020·北京

Шахрай С.М., Краковский К.П.
Суд скорый, правый, милостивый и равный для всех: К 150-летию Судебной реформы в России. —М.: Кучково поле, 2014. —536 с.; 16 л. Ил
ISBN 978-5-9950-0440-0

**图书在版编目（ＣＩＰ）数据**

快速、公正、仁慈和人人平等的法庭：纪念俄国司法改革150周年/（俄罗斯）沙赫赖，（俄罗斯）克拉科夫斯基著；黄道秀译. —北京：中国政法大学出版社，2020.3
ISBN 978-7-5620-9435-7

Ⅰ.①快… Ⅱ.①沙… ②克… ③黄… Ⅲ.①司法制度－体制改革－法制史－研究－俄罗斯－近代 Ⅳ.①D951.29

中国版本图书馆CIP数据核字(2019)第301534号

------------------------------------------------------------------------------

出 版 者　　中国政法大学出版社

地　　址　　北京市海淀区西土城路 25 号

邮寄地址　　北京 100088 信箱 8034 分箱　邮编 100088

网　　址　　http://www.cuplpress.com（网络实名：中国政法大学出版社）

电　　话　　010-58908289(编辑部) 58908334(邮购部)

承　　印　　北京中科印刷有限公司

开　　本　　720mm×960mm　1/16

印　　张　　23.5　彩插 0.75

字　　数　　360 千字

版　　次　　2020 年 3 月第 1 版

印　　次　　2020 年 3 月第 1 次印刷

定　　价　　130.00 元

# 序　言

　　本书是根据俄罗斯历史协会纪念1864年司法改革150周年重点研究计划出版的。

　　俄国司法改革150周年是一个重大事件。遗憾的是，今天知晓它的大多为职业法律工作者，然而它的意义远远超出了狭小的法律范围。1864年的改革使国家产生了独立的司法权，建立了新的审判体系，改革了检察院，引进了原先并不存在的法院侦查员、律师、公证员等制度。同时，它

This book is published in accordance with the Russian Historical Assosiation's Priority Research Plan to mark the 150th anniversary of the 1864 Judicial Reform in Russia.

The anniversary of the Russian Judicial Reform is a landmark event which, unfortunately, is better known to legal professionals than to general public although its significance extends far beyond the narrow legal realm. The 1864 Reform instituted an independent judicial power in the country, created a new judicial system, transformed the procuracy, and introduced the new institutions of court investigators, defense counsels, and notaries. At the same time, it provided a strong impetus for the development of legal education and legal science, and produced a beneficial impact on the country's political life.

强有力地推动了法学教育和法律科学的发展，对全国的政治生活产生了良好的影响。

在当代俄罗斯，我们于12月3日（俄历11月20日）纪念法律工作者日，这并不是偶然的，因为在那个日子批准了《司法章程》，正是这一天，在俄国诞生了完全意义上的法律职业。

我认为，1864年司法改革至少具有三个独特的性质，使它在150年期间不断地改变着我国的政治现实。

首先，改革本身，以及改革的基础和原则本身，显现了惊人的生命力。尽管出现过多次有目的的反改革企图，但改革如同一只火凤凰，一次又一次地从灰烬中腾飞而起。

本书的两位作者，深入、全面地研究了1864年司法改革这一现象，特别着重研究了改革的宪政潜力和与俄国深刻文化密码的共鸣，正因为如此，改革的理想和原则才能在20世纪初期、中期和末期一次又一次地穿透沥青混凝土般的集权主义禁锢而发芽

It is not accidental that Lawyers Day is celebrated in modern Russia on the 3rd of December (20th of November in the Julian Calendar), the day when the Judicial Statutes were approved and the legal profession was born in Russia in the true sense of the word!

In my opinion, the 1864 Judicial Reform is distinguished by at least three unique features that enabled it to consistently change political reality in our country during thc last 150 ycars.

Firstly, the reform itself (as well as its underlying ideas and principles) has demonstrated remarkable viability. Despite numerous deliberate attempts at counter-reforms, it kept rising from the ashes like a phoenix, time after time.

The authors of this book, having studied the phenomenon of the 1864 Judicial Reform in depth and comprehensively, give special attention to its constitutional potential and consonance with Russia's deep cultural codes, due to which the ideals and principles of the Reform have many times broken through the asphalt and concrete of the authoritarianism in the early, mid and late 20th century. This extraordinary phenomenon

生长。毫无疑问，这个惊人的现象正是由于 1864 年在国家的法律生活和社会生活中引进了全人类的司法标准，而这些标准是多么含义深刻地表现在 1864 年 11 月 20 日命令的词句里，并且成了本书的书名："快速、公正、仁慈和人人平等的法庭"。

其次，1864 年司法改革从来都不是狭隘职业的"自在之物"，而从一开始就是与政治变革紧密地交织在一起的。事实上，这就是在专制制度的土壤中诞生了相对独立的和强有力的司法权，它是崭新的、建立在三权分立原则基础上的首要因素之一。从这一观点看，1864 年司法改革也是宪政改革。俄罗斯的特色在于君主立宪制正是从司法权开始的。

在沙皇俄国，新的法庭成为一所国家公民制度的学校，一所普通人掌握法律意识、法律价值的学校。这就意味着，司法改革直接促进了对法律虚无主义和法律否定主义的克服，有助于法律扫盲和增强法律意识。难怪在 19 世纪 60 年代—70 年代，人们

has undoubtedly resulted from the fact that, in 1864, the pan-human standards of justice were introduced into the country's legal and public life—the standards that were so succinctly expressed in the words from the Decree of 20 November 1864, and gave the book its name, "The court that is speedy, fair, merciful and equal for all".

Secondly, the 1864 Judicial Reform has never been a narrowly professional "thing-in-itself" but, rather, was closely intertwined with political changes right from the start. Essentially it was about a relatively independent and strong judicial power being born from the depths of autocracy as one of the primal elements of an absolutely new political system based on the concept of separation of powers. From this perspective, the 1864 Judicial Reform was a constitutional reform. And the Russian specifics consist in the fact that it was judicial power from which the constitutional monarchy began in our country.

In the czarist Russia, the new Court became a school of civic consciousness, a school for the assimilation of legal notions and values by ordinary people. This means that the 1864 Judicial Reform directly

走进法庭就像走进剧院一样，甚至自己买票去旁听那些轰动一时的案件的审判，而宽敞的法院审判庭都容纳不了所有那些希望见证以理智和正义的胜利而告终的人类正剧与悲剧的人们。

最后，1864 年司法改革是与俄国议会制度的历史紧密交织在一起的，而且成为一个积极的能动之点，推动它就可以有保障地使整个社会机体健全和正常化。经验不止一次地表明，在我国，司法权的活跃和效率的提高，总是导致立法权的活跃，不仅是立法活动的活跃，而且使立法创制工作与国家和社会的现实需要同步。

虽然俄国的第一届议会在《司法章程》宣布 40 年后才出现，它在革命前的历史上是短命的（总共只有 11 年），但是它仍然对《司法章程》中的许多制度、原则和规范的恢复做出了自己的贡献，认准了恢复《司法章程》理想的道路。我国议会制度这个非常有意思并十分重要的历史阶段，不仅对于国家与法的研究者，而且对于其他科学领域的专家而言，仍然可

helped to overcome legal nihilism and negativism, and promoted legal literacy and culture. It is not accidental that, in the 1860s and 1870s, people used to go to the courtrooms like to the theater, and would even buy tickets to attend the high-profile trials when spacious courtrooms could not accommodate everyone who wished to witness the human dramas and tragedies culminating in the triumph of reason and justice.

And finally, thirdly, the 1864 Judicial Reform was closely interlaced with the history of Russian parliamentarianism and turned out to be an active energy point of a kind, whose stimulation could reliably rehabilitate and normalize the entire societal organism. Experience has shown many times that revitalizing and improving efficiency of judicial power in our country always entails the revitalization of the representative power. The legislative work becomes not only intensified but also aligned with the actual needs of the state and society.

And although the first Russian parliament emerged four decades after the promulgation of the Judicial Statutes, despite its short pre-revolution history

以期待不少新的发现。

我相信，本书对职业工作者群体和广大的读者——包括对当代的作家、戏剧家而言都是有意思的。这里面有最有趣的，往往是独一无二的信息，它能给人以推动，给人提供创作想象力的丰富素材。

对于学法律的大学生和那些刚刚踏上自己未来职业道路的历史工作者而言，这部将科学深度与关于150年前俄罗斯法院戏剧性历史上的人与事的鲜活叙述结合在一起的著作，可以而且应该成为一部案头书。

俄罗斯联邦

联邦会议国家杜马主席

俄罗斯历史协会主席

谢尔盖·纳雷什金

(a little over 10 years), it managed to contribute to the restoration of a number of institutions, concepts and norms of the Statutes, and outlined the paths for returning to the ideals of judicial reform. This extremely interesting and important period in the history of Russian parliamentarianism holds promise of many new discoveries not only for researchers in the field of state and law but also for professionals in other disciplines.

I am sure that this book will appeal to both professional and much wider audience including contemporary authors, screenwriters and play-wrights. It contains a wealth of materials to stimulate their creative fantasy.

As for law and history students making the first steps towards their professional career, this book that combines scientific depth with a vivid and lively narrative about people and events of the 150-year dramatic history of the Russian court can and must become a vade mecum.

Chairman
of the State Duma of the Federal Assembly
of the Russian Federation,
Chairman of the Russian Historical Society
Sergey Naryshkin

# 作者简介

**沙赫赖·谢尔盖·米哈伊洛维奇**（Сергей Михайлович Шахрай，1956 年生）

俄罗斯国务活动家，政治家，国家与法、宪法、联邦制与宪政司法理论领域公认的专家。俄罗斯联邦功勋法学家，俄罗斯联邦一等国家参议。现行俄罗斯联邦宪法起草人之一（与俄罗斯科学院通讯院士 C. C 阿列克谢耶夫一起）。

以全优成绩毕业于罗斯托夫国立大学法律系（1978 年），1982 年在莫斯科国立罗蒙诺索夫大学通过副博士论文答辩。

毕业于俄罗斯联邦政府财政大学（2004 年）、俄罗斯联邦外交部外交大学（2011 年）。

法学博士（2001 年），教授（2004 年）。

著有大量科学著作、教科书、教学参考书、专著：《俄罗斯联邦宪法：学士和硕士教科书》（2017 年）、《法学家与革命：Proet Contra》（2017 年）、《苏联的解体：文件与事实（1986—1992）》（2016 年）、《快速、公正、仁慈和人人平等的法庭——纪念俄国司法改革 150 周年》（2014 年）、《论宪法：基本法是法律改革与社会政治改革的工具》（2013 年）、《隐名的宪法》（2013 年）、《承认符合宪法——（文件、讲话、决定）》（2011 年）、《俄罗斯联邦的宪法学》（2010 年合著）、《当今世界的全球化：政治法律方面》（2004

年)、《俄罗斯联邦制下的宪政司法》(2002 年),等等。

参与起草俄罗斯联邦的宪法性法律《俄罗斯联邦宪法法院法》《俄罗斯联邦政府法》《俄罗斯联邦地方自治组织的一般原则法》《俄罗斯联邦各主体立法机关和行政机关组织的一般原则法》《俄罗斯联邦审计署法》和许多其他法律(超过 100 种)。

1990 年—1992 年:苏俄人民代表,苏俄最高苏维埃和苏联最高苏维埃成员,立法委员会主席,苏俄最高苏维埃主席团成员。1991 年起,苏俄法律政策国家参议。1991 年—1996 年在俄罗斯联邦政府工作(俄罗斯联邦副总理,民族与区域政策事务部长等)。1992 年—1996 年俄罗斯联邦国家安全委员会成员。1993 年—1997 年俄罗斯联邦两届国家杜马议员。1997 年—1998 年俄罗斯联邦总统驻俄罗斯联邦宪法法院全权代表。

1998 年—2000 年在俄罗斯联邦政府机关工作。2000 年—2013 年俄罗斯联邦审计署副审计长、机关领导人、委员会成员。2005 年—2013 年俄罗斯联邦审计署系统分析研究所主管科学的所长。

2013 年起至今:国立莫斯科罗蒙诺索夫大学副校长。

莫斯科大学审计学院(系)主任,莫斯科大学俄罗斯科学院教育科学中心副主任,俄罗斯历史协会理事会主席,俄罗斯纳税人协会共同主席之一。

深圳莫斯科北理工大学董事局主席。

俄罗斯中国友好、和平与发展委员会主席。

莫斯科大学高等审计学院(系)主任,俄罗斯科学院暨莫斯科大学科学教育中心副主席。

俄罗斯科学院《自然科学和技术史问题》杂志主编。

俄罗斯联邦联邦会议联邦委员会科学专家委员会委员,俄罗斯联邦外交部科学委员会委员,外交与国防政策委员会委员。

俄罗斯奥林匹克委员会执行委员会委员,俄罗斯奥林匹克委员会法律委员会主席,体育仲裁院仲裁员,体育运动仲裁委员会监事会成员。

俄罗斯全国羽毛球联合会主席。

世界羽毛球联合会执委会(最高管理机关)委员。

俄罗斯纳税人协会(2003 年)、俄罗斯法律工作者协会(2005 年)、现代史基金会（2008 年）、俄罗斯历史学会（2012 年）的发起人之一。俄罗斯纳税人协会主席、俄罗斯法律工作者协会中央稽查委员会主席、现代史基金会项目科学领导人、俄罗斯历史协会董事会主席。

最高法律奖"年度优秀法律工作者"获得者（2011 年），最高法律奖"忒弥斯奖"获得者（2009 年）。

《论宪法：基本法是法律改革与社会政治改革的工具》获得（社会科学与人文研究领域）全国"年度优秀图书"奖（2013 年）。

"2013 年科学书籍"出版计划国际"社会科学"竞赛优胜者。

奖项："为国立功四级勋章"（2008 年）；友谊勋章（2014 年）；"圣谢尔盖·拉多涅日三级勋章"（2011 年）；阿纳托利·科尼奖章（俄罗斯联邦司法部最高奖励）。

**克拉科夫斯基·康斯坦丁·彼得罗维奇**（Константин Петрович Краковский，1954 年生）

俄罗斯法学家，俄罗斯国家与法的历史、国民教育与法制教育专家，社会活动家。

1976 年以全优成绩毕业于罗斯托夫国立大学（现南方联邦大学）法律系。

1976 年—1979 年在罗斯托夫州内务局任侦查员。

罗斯托夫国立大学国家与法理论与历史研究室研究生，并于 1981 年在萨拉托夫 Д. И. 库尔斯基法学院（现法律大学）答辩，副博士论文题目是"1864 年司法改革在顿河哥萨克兵团州"。

1985 年—2010 年罗斯托夫国立大学法律系国家与法理论和历史教研室副教授。

1992 年在罗斯托夫国立大学建立以 М. М. 斯佩兰斯基伯爵的名字命名的法律学校并任校长至 2010 年；参加欧洲校长协会的工作，参加在马斯特里赫特（荷兰）、马尔莫（瑞典）、斯塔万格（挪威）、罗马（意大利）、哥本哈根

（丹麦）举行的欧洲校长协会历次大会。该法律学校被授予"联合国教科文组织合作学校"的法律地位。

1998 年—2010 年领导罗斯托夫国立大学欧洲理事会人权中心。

2000 年在卡昂（法国）第六次法学家竞赛中获胜，被授予奖章；2000 年加入国际律师联盟。

有在国内和国际法院出庭的经历；目前在斯特拉斯堡欧洲人权法院代理 25 名原告人（2008 年在南奥塞梯武装冲突中受害的俄罗斯和平缔造者军人）。

参加在英国、北爱尔兰、比利时、匈牙利、荷兰、意大利、加拿大、挪威、波兰、美国、法国、瑞典举行的国际会议；参加人权大学国际财团研讨会的工作（加拿大的弗里德里克顿、美国的代顿）；2006 年参加第二次世界人权大会（法国南特）。

2004 年—2007 年担任罗斯托夫州行政长官（州长）人权委员会成员，2008 年被选为俄罗斯各民族维权联盟"人与法"罗斯托夫地区分部主席，罗斯托夫州内务总局社会委员会成员。

在全俄"人与法"维权协会和俄罗斯联邦社会院计划框架内，起草了 2008 年—2009 年和 2009 年—2010 年俄罗斯联邦人权状况报告。

他撰写 150 多部科学著作，包括 7 部专著；他的著作在国外（英国、波兰、法国）均有出版。

在最近 20 年间，从事"俄罗斯 19 世纪后半期到 20 世纪初政治司法"的研究，并通过了该题目的法学博士论文答辩。

《法律之路》（世界青年法律指南）出版三次（1996 年、2001 年、2006 年），受到俄罗斯和外国专家的高度评价，它成为东欧各国撰写这类青年法律书籍的样板。

目前，仍然在俄罗斯联邦总统所属俄罗斯国民经济大学国家服务与管理学院国家管理教研室任副教授。

# 译者简介

**黄道秀** 著名俄罗斯法律研究学者，中国政法大学教授，特聘法学博士生导师。

1941 年生，1962 年毕业于四川外国语大学俄罗斯语言文学专业并开始在北京政法学院（现中国政法大学）任教。20 世纪 80 年代在苏联喀山国立大学进修法律。近六十年从事俄罗斯语言文学和俄罗斯法律教学、研究和翻译，出版了《俄罗斯联邦民法典》《俄罗斯联邦刑法典》《俄罗斯联邦仲裁程序法典》《俄罗斯联邦民事诉讼法典》《俄罗斯联邦行政诉讼法典》《俄罗斯联邦刑事执行法典》等以及俄罗斯刑法学、民法学、诉讼法学、犯罪学、国际法史等方面多部法学专著和大量法律文件的中文译作，总计超过 1000 万字，并将《中华人民共和国刑法》等中国法律译成俄语在俄罗斯出版。黄道秀教授曾数十次访问俄罗斯，出席学术会议、参与法律交流并在俄罗斯大学授课。

黄道秀教授因"对俄中两国关系在法律领域的发展所做出的巨大贡献"而被俄罗斯联邦总统授予俄罗斯友谊勋章。

# 目 录

## 第一部分　司法改革

## 第二部分 司法反改革

## 第三部分 司法章程的复兴

当时，我嘱咐你们的审判官说，你们听讼，无论是兄弟彼此争讼，还是与同居的外人争讼，都要按公义判断。审判的时候，不可看人的外貌；听讼不可分贵贱，不可惧怕人，因为审判是属于神的。

——《圣经·申命纪》1：16-17

要知道，世界上的所有人都与法庭有关。

——弗兰茨·卡夫卡

# 前　言

提到 1864 年 11 月 20 日和《司法章程》、司法改革……不仅是具有专业知识的读者，包括法律工作者，甚至还包括那些尚在培养之中的法律人，都会在意识中出现这样一些概念："陪审法庭""和解司法""律师""言词原则""公开性""诉讼辩论制"，还会出现一些与之相关的联想和引经据典。自然而然地也会回忆起一些杰出人物，他们的名字是俄罗斯法学真正的骄傲：C. И. 扎鲁德内、Д. А. 罗文斯基、А. Ф. 科尼、Ф. Н. 普列瓦科、В. Д. 斯巴索维奇、C. А. 穆罗门采夫、Н. П. 卡拉布切夫斯基，等等，由于 А. Ф. 科尼的发端，这些人就按照这位院士优雅的文字[1]而开始被称为司法改革的"父与子"。

真正意义上的、崇高的法律职业的出现在俄罗斯正是与 1864 年司法改革联系在一起的。在当代俄罗斯，确实找不到一个比《司法章程》批准的日子

---

〔1〕　皇家科学院当时并没有法学部。

更好的法律工作者日[1]。

1864 年 11 月 20 日的《司法章程》和司法改革本身的命运原本是十分复杂的，甚至是戏剧性的。在施行《司法章程》所掀起的鼓舞与激情之后，以及在文献里被称为"司法改革蜜月"的新司法制度开始工作之后，随之而来的是社会上以及当局自己的一个失望时期，尔后则是"修正"时期，其规模之大，竟然使那些言词锋利的政论家们有理由宣称：《司法章程》"只剩下了一个小根蒂儿"。

20 世纪头几年开始的《司法章程》的"复兴"，遗憾的是，也只是政府命令式的和不持久的。1917 年 10 月的革命在扫除"旧的"社会经济和政治制度的同时，把原来的法律体系和审判体系也一起扫除掉了。在政变几个星期之后，布尔什维克就在《关于法院的第一号法令》中撤销了按照《司法章程》进行工作的原有的全部审判机构。而且"旧法院"的濒死状态持续了几年。顿河两岸的土地，对于在罗斯托夫大学法律系围墙里度过大学青春岁月的本书两位作者是如此亲切的地方，那里几乎成为 20 世纪 20 年代初还仍然有陪审法庭，也有和解司法，还有过去司法体制的其他制度的最后一个地区。

但是，人民和政治精英的历史记忆却依然保存着关于崇高精神和改革字符的信息，于是在社会主义制度崩溃之后，它们就如同火凤凰般复活了，并体现为 20 世纪 90 年代初新的（按俄罗斯历史来计算！）司法改革。

本书的两位作者（如果按照 A. Ф. 科尼的逻辑序列计算，他们应该算是司法改革的"重孙子"）认为自己的目的在于：在《司法章程》本身和改革后法院立法以及纷繁的历史渊源的基础上，尽可能地复原司法改革（事实上是法院本身）这一惊人现象的完整历史原貌和展示它在俄国历史上并不简单的、有时确实具有戏剧性的命运。

这部著作的第一个任务，即核心的任务，是研究由于司法改革而得以实现的法院组织和法庭审判的革命性变革。两位作者打算不仅要揭示 1864 年 11 月 20 日《司法章程》的形式法律内容，而且还要反映俄国改革后法院的现实

---

〔1〕 作者认为，1864 年《司法章程》在法律工作者的意识中已经确定成为一个不可更改的"成语"。所以，在我们看来，规定庆祝法律工作者日的不应该是 12 月 3 日。在形式上这是对的，这是 1918 年改用新历以后的日期。我们认为应该保留与《司法章程》本身联系在一起的日期——11 月 20 日，而且新历（格列历）与旧历（儒略历）之间的差距还会扩大。

情况，展示改革的结果实际上究竟是怎么样的，国家新审判体系机构的构成是什么，这些机构在改革后时期实践的基本指标如何。

从第一个任务引申出来的第二个任务是与当局对改革的反应有关的，它表现为法院组织和法院审判方面相当独特的法律政策。从 1870 年开始并且从 19 世纪 80 年代变得最为黑暗的"修正"《司法章程》的措施体系（在亚历山大二世被暗杀以后），在文献中被称为"司法反改革"。作者们给自己提出的任务不仅是要揭示司法反改革的基本方向，而且要阐明它与 1864 年《司法章程》实际"问题之点"相联系的客观原因是什么，当局出于昔日的集权习惯而力图使独立的法院重新回到"国家怀抱"又实施了哪些行为，以及为使法院对付不断高涨的革命运动（包括暴力革命形式）又被迫采取了哪些措施。

作者们形象地把第三个任务表述为：展示司法改革的"生命力"。本书根据具体历史的、法律的材料以及其他的材料阐明：在《司法章程》中得以固定的那些包罗万象的审判诉讼形式，符合人类在司法领域早已创立的标准，虽然在司法反改革时期发生过种种变异，但是它们却一而再再而三地得以复兴，起初是在 20 世纪初，然后是 20 世纪中叶和 20 世纪末，以及 1990 年代的司法改革过程中。

鉴于这一法律现象的系统性以及司法改革的影响不仅局限于"俄罗斯的法律界"，而且是全球性的、多方面的后果，本书作者力求尽可能地涉及社会方面、法律教育与法律科学问题，社会对司法领域发生的变革的反应，以及政治和审判活动，甚至与审判领域有关的、鼓舞了 19 世纪下半叶到 20 世纪杰出的俄罗斯文化活动家的那些文学和艺术形象，等等。

诚然，作者并不能不对司法改革的人物加以关注，因此作者尽力向读者介绍最重要的改革活动家、杰出的法律实际工作者，正是他们构成了法律职业的光荣，或者相反，成为法律职业的"魔星"。本书包含相当丰富的插图、画像和珍贵文件复印件，[1] 这对于一部科学出版物是不寻常的，但我们认为，正因为如此，它才成为了科学著作的重要补充，帮助读者形象地看清时代的

---

　　[1]　本书中原有的大量历史图片、历史人物的肖像和影印资料，作者在简译的中译本内容中都删除了，虽然简化了中译本的翻译和印刷，却让读者失去了一个了解更多材料的机会，不能不说是一个遗憾。——译者注

特征，感受到"俄罗斯法律界"的特色。

本书材料叙述采取问题与编年相结合的方式，逻辑上分为三部分。第一部分阐述司法改革的各个方面，第二部分讲述司法反改革，第三部分则是1864年司法改革的精神和意义在20世纪初叶、中叶和末期的"复兴"。

---

俄罗斯诗人 К. Н. 巴丘什金的话语是多么细腻而且睿智："感恩是什么？这是心灵的记忆。"本书的两位作者心中珍藏着那些支持他们的人们：他们提出智慧的建议与批评，"提示"他们有趣的材料在哪里，甚至有时就干脆提供材料。作者感谢功勋科学活动家和俄罗斯司法大学教授 В. М. 瑟雷赫，萨拉托夫大学 Н. А. 特罗伊茨基，俄罗斯各国人民友谊大学教授 М. В. 涅梅金娜。当我们想到外国同行提供了那么珍贵的资料，我们心里就充满温暖的感激之情，他们是：多伦多（加拿大）大学政治学、法律与犯罪学教授彼得·索洛蒙，Pugel Sound 大学（美国）的美国教授同时也是俄罗斯的历史学教授 Φ. К. 塔拉诺夫斯基——杰出的俄罗斯法学家 Φ. В. 塔拉诺夫斯基之孙。

我们感谢特列齐亚科夫画廊的天才院长 И. В. 列别捷娃，她帮助我们在浩如烟海的博物馆收藏中寻找那些表现审判情节的艺术作品。

我们还要感谢俄罗斯历史协会主席和俄罗斯联邦会议国家杜马主席 С. Е. 纳雷什金、莫斯科罗蒙诺索夫大学宪法和公法立法中心以及校长 В. А. 萨多夫尼契院士。

特别鸣谢以下档案馆的工作人员：俄罗斯国家历史档案馆、俄罗斯联邦国家档案馆、俄罗斯国家军事历史档案馆、俄罗斯国家电影照片资料馆、莫斯科中央国家历史档案馆、乌克兰中央国家历史档案馆、罗斯托夫州国家档案馆以及俄罗斯国家图书馆和俄罗斯全国图书馆、俄罗斯国家公共历史图书馆的手稿部、俄罗斯科学院社会科学信息研究所、南方联邦大学科学图书馆、纽约公共图书馆。我们有幸在这些图书馆和档案馆工作，特别感谢他们的耐心和提供的帮助。

我们感谢所有曾经用语言和行动为这部著作提供过帮助的人们。我们要特别感谢"Кучково поле"出版社总经理 К. Э. 库奇科夫先生的职业水平，感谢他以卓越的出版物体现了作者的构想。

第一部分 司法改革

# 第一编　司法改革的一般问题

## 第一章　司法改革的原因

对任何社会政治现象和法律现象的科学分析提出的要求，决定了对司法改革的研究必须探究司法改革的原因、前提、渊源问题。众所周知，1864 年的司法改革是 19 世纪 60 年代—70 年代亚历山大二世政府所实行一系列改革中的重要改革之一，当代历史学界将它们定性为俄罗斯现代化的工具，俄罗斯走上资产阶级发展轨道的工具（所有的改革，包括农奴制改革、财政改革、土地改革、城市改革、司法改革、军事改革、大学改革，等等，都被称为资产阶级改革）。

在直接分析审判诉讼领域的新事物、新变化之前，我们先来谈一谈改革这一现象本身。

在社会意识中存在着一种流行的看法，认为俄国革命前的改革是不成功的和未完成的。然而对改革的评价取决于选择什么样的标准。正如 A. П. 卡缅斯基所指出的，首先必须阐明能够激发改革、成为改革推动力、进行改革刺激因素的那些情况；同样重要的另一个问题是：改革是否是对国家某种发展趋势或现象的反应，而这些趋势和现象由于某种原因被评价为反面的或者具有暴力性质。还必须阐明改革者构想的实质，改革者构思和计划的改革要到什么程度，改革的思想渊源是什么，改革者设想的一切又实现到何种程度。

**"新的叠罗汉游戏"**
**讽刺改革前司法的漫画**

最后一点，改革的结果及后果具有最重要的意义。这些结果往往并不是立刻显现的，而需要相当长的时期，况且结果本身对于改革者而言可能是出乎意料的和计划之外的。正是在这种情况下才到来了一个"修正错误"的时期，这个时间也常常被称为反改革时期。司法改革的情况正是如此，以下我们将要进行更详细的论述。

任何改革都要破坏某种现存的秩序，因此也就与旧秩序既得利益者的利益相抵触，一般说来，他们正是占据统治地位的精英（或者至少是其中一部分），而且改革者往往正出自这些精英，[1]与司法改革诞生有关的情况证实了这一论断。但是有一点需要说明，在改革过程中几乎感觉不到任何反抗，这是因为法庭、审判是国家活动中最破败不堪的领域，实际上社会各阶层——从精英到社会底层都表示不满（也许只有农奴除外，对于他们而言，"世界上最人道的法庭"就是他们的主人）。

可以认为，农奴制改革是引起其他改革的"火车头"。确实，要使农民摆脱农奴地位就必须进行司法改革，因为农民获得解放就摆脱了昔日农奴主的管辖。但是事实上一切却有所不同。政府仍然保留着等级制的农民审判机构，按照最初的设想，这是暂时的。但结果呢，一直保留到1917年10月（这证明了一条著名的格言："没有什么比临时更长久了"），整个法院体系由于布尔什维克革命而轰然崩塌。许多地方还保留了几年的乡法庭和其他形式的人民法庭仍然注定要消亡，新的苏维埃法庭必将取而代之。

司法改革也许是1860年代—1870年代所有改革中最为激进的。众所周

---

〔1〕 См.：*Каменский А. Б.* От Петра I до Павла I. Реформы в России XVIII века. Опыт целостного анализа. М.，1999. С. 43-44，53.

知，在旧的政治精英解体并且再也没有能力反抗改革者的条件下，才有可能进行激进的改革。[1]在尖锐的危机条件下就可能产生这种局面。虽然说封建农奴制存在普遍的危机，但应该特别指出法院体系本身的深刻危机。

在 19 世纪中叶，俄国实行的是早在 18 世纪形成的、特别混乱的、沉重而且呆板的、等级森严的法院体系，而且它又是效率低下和不完善的。仅在一些中央地区的省份就有几十个司法机关和司法行政机关（而在民族地区则有自己的司法机关），它们的审判管辖不确定，审理案件的程序是复杂的和形式主义的。诉讼案件几年甚至几十年在重重叠叠的审级之间循环往复而得不到终局裁判。改革前的一些司法机关因循拖拉得令人发指；而另一些则异常迅速，但毫无例外地而且经常是不公正的，它们依赖于行政当局，它们是偏颇的，而且还是贪利的。

到 1855 年亚历山大二世登基之时，根据同时代人的证明，生活中的任何一个方面都不如司法那样名誉扫地，而且被大家认为是无能为力的。1850 年代末，侍从将军 Я. И. 罗斯托夫采夫向沙皇呈文"当今地方管理和法庭的不幸设置和可怜状况"以及"它们恣意妄为的、滥用权力的、秘密的和难于揭露的行为"，这是"人所共知的"概念。[2]

在决定刑罚时，即使是对最严重的刑事犯罪处以最严峻的刑罚，都是随心所欲和混乱不堪的。作为"司法改革之父"之一的 Н. И. 斯托扬诺夫斯基证实，在改革前时代的法律"不规定苦役和其他重刑的上限，也不规定鞭刑的下数，这样一来，在两个完全等同的犯罪案件中，一个判决是抽打 5 鞭，而另一个判决则是抽打 60 鞭"[3]。只是到了 1860 年代初，这种情况才有所改变。

1863 年 4 月 17 日沙皇颁布圣旨取消了体罚（特殊情况下对苦役犯和流放犯实行树条抽打和鞭刑除外），这不仅适用于平民，也适用于低级军官。同时被废止的还有苦役犯的黥刑、长鞭阵、夹道鞭笞以及其他一些极其残暴的刑

---

〔1〕　*Каменский А. Б.* Указ. соч. С. 54.

〔2〕　Судебные уставы 20 ноября 1864 г. за пятьдесят лет: в 2 т. Пг., 1914. Т. 1. С. 40.

〔3〕　1880 年 2 月 3 日 Н. И. 斯托扬诺夫斯基在彼得堡法律协会大会上的讲话，转引自 *Джаншиев Г. А.* Страница из истории Судебной реформы. Д. Н. Замяткин. М., 1883. С. 121.

罚。在此前不久，即 1860 年，俄国出现了法院侦查员，与"关于警察进行侦查的训示"同时出现，而这道训令是该年 6 月 8 日由沙皇批准的，但法院侦查员的职能一般由低级警官即城市警察分局局长"兼任"。然而即使是如此细小的改革也仍然是迈向整个俄国法院体系改革的第一大步。

根据法律，改革前的普通法院被认为是选任机构和合议庭制，然而这不过是一纸空谈。实际上，不仅是县法院，而且市法院（设立在市政厅里或者市议会里）里的法官既不会读书，也不会写字，案件的审理与判决实质上是独任的，即审判庭中唯一识字的人——法庭书记官，这自然而然地就为恣意妄为和滥用权力提供了最广阔的空间。

法院书记官滥用权力在当时的俄国社会成了一个人所共知的事实，所以人们给他们起了个绰号叫"刺手的芝麻官儿"。一份旧礼仪派的手稿是这样来形容改革前俄国的这些忒弥斯司法女神的仆人的："他不是上帝创造的，而是魔鬼把他画在沙地上又放进去一副充满全部邪恶的歹毒灵魂，以便抓住并偷光任何一个基督徒"。

在省法院，也就是更高一个审级的法院，它在形式上也是合议庭制的，但案件仍然实际上由一个人裁判，这个人就是从政府里任命的一名副职，即副院长，而且他不用向法庭其他成员报告。前面提到的斯托扬诺夫斯基证实，即使在这里，一般法官也不参与审判，而仅限于在事先准备好的决定受审人命运的判决书上签个字，他们谁也没看见过判决书。在进行这样的缺席判决时，最可靠的证据被认为是记入警察笔录的被告人的认罪。但是，按照通常办理案件的程序，审查笔录的真伪是相当困难的，有时甚至是不可能的。

"旧法院！只要一想到它就会毛骨悚然，不寒而栗！"——政论家 И. С. 阿克萨科夫于 1884 年回忆道。"这是在神圣的所在而确实令人恶心的丑恶！我们不由地回忆起——一个比一个更令人愤怒……那里，在下面，百般刁难人的老预审官粗鲁地拿出一份按照全部法律外部规则为将来法庭刑事判决而制作的假根据；然后在县一级的法庭，在选任法官出于贪利动机的参与下甚至是一起参与共同犯罪的情况下，受贿的书记官就从案卷中炮制'笔录'并提示他们作出一份不是在形式上，而是实质上岂有此理的判决；最后，经过几年的拖延，案件到了高等法院刑事审判庭，而在那里等待它的仍然是同样的命运。但是在那里，在这座最高审级的法庭里，比方说，端坐着一位'皇上钦点'的'法学家'。当然，也如同前面办案的情况一样，他并不去依据'笔录'，而是拿起案卷本身，从头到尾地阅读案卷……文牍无言，冷酷无情地、僵死地叙述着被告人的供述！应该询问他，应该见见他，应该了解实施犯罪的所有事实情节和心理活动。本应该这样做啊！但是旧法庭既没有给予这样的权利，也没有提供这种可能性。"[1]

然而实际上，令大多数法官更感兴趣的不是警局书记官或法庭书记官制作的材料在多大程度上"符合实际"，而是省里和市里上司的意见如何。"官僚行政当局在我们这里就是一切的一切"——官方报纸《莫斯科公报》在1866年承认，"昔日的审判机构只不过是行政当局的附属物"[2]，其中"逻辑被法律规定所取代，而良知就是上司的命令"——Г. А. 占希耶夫回忆道，并把改革前的整个诉讼程序称为"秘密的、文牍主义的和文理不通的"[3]。许多俄国法官确实根本没有受过任何专业法律教育，首都报界多年的司法报道人 Е. И. 科兹利宁娜痛楚地写道："无数公务干部……的组成人员不仅是智力不发达的，而且往往是识字不多的，他们当中教育程度最高的就是考试不及格的神学院学生，他们由于某种原因没有取得神职便转而担任世俗职务。"[4] 即使是在参政院各办公厅，受过高等教育的官员也是寥若晨星。

改革前所有法院的情况皆是如此，首都法院亦然。1841年沙皇尼古拉一世向他刚刚钦点的宣令局长说出的一句话就明白无误地证明了俄国官僚高层的秉性："你们不得不与之打交道的是一伙强盗"（也就是贪污犯），"多亏有文化的人不够，而主要还因为法官们所掌握的内容极端贫乏，担任各省和各县司法部门职务的人们大多是完全无知的，而且道德上也远不是无可指摘的人……行贿受贿在当时是一种司空见惯的现象，而且可以说已经成了人们的风气。司法大臣帕宁伯爵自己在办理女儿嫁妆清单时为了加快速度，就曾经

---

〔1〕　Русь. 1884. № 1.

〔2〕　Московские ведомости. 1866. 22 сент.

〔3〕　*Джаншиев Г. А.* Указ. соч. С. 5.

〔4〕　*Козлинина Е. И.* Записки старейшей русской журналистки. За полвека, 1862–1912 гг.（50 лет в стенах суда）. Воспоминания, очерки, характеристики. М., 1913. С. 11.

通过一位厅长向司法官员行贿 100 卢布"。[1]

俄国执法体系中下层的风气就更不人道了。例如，警察办案几乎总是动手打人，而且采取这种方法进行侦查被认为是十分自然和不可避免的，不仅是警官认为这样做天经地义，就连被告人自己往往也这样认为。有见证人说："如果被讯问的人不挨打，他就不相信审讯的严肃性，有时甚至还会厚颜无耻地纠缠，但是打他两三下，他就老实了，案子就办妥了⋯⋯这些拷打并没有侮辱也没有激怒任何被审讯的人。相反，人们信任打人的警察，而且认为他们不会搞鬼，另一方面，人们对另一种办案人员却忌惮如烈火：他们着手办案时满口玩笑插科打诨，努力迫使被告人泄露天机，同时又想办法用什么手段让被告人失去理智——给几条鲱鱼，然后不许喝酒，或者关进满是臭虫的牢房，任何被告人在里面都休想打个盹儿，或者送进另一个他认为办案'正确'的侦查拘留所，也就是除了打耳光什么也不许做⋯⋯。于是双方对彼此都满意得不得了。"[2]

街头流氓行为和其他轻微违法行为就地按简易程序处理，不经过任何严肃的侦查和羁押。这种情况下的处罚措施由警察分局局长或他的助理决定，他们身兼数职，既充当警察分局辖区内的"秩序"维护者，又是侦查员和法官，往往还是判决的执行者。"对滋事斗殴、胡作非为或者在街上寻衅打架的人，警察局值勤的警员——用当时的术语来说，就是岗警，直接从犯罪现场带到警察分局。"科兹利宁娜回忆道："警察分局局长或者他的助理开始就地创立一个法庭，把犯人和见证人（如果有见证人的话）带到警察局的岗警就开始报告指控的内容，见证人或者支持指控，或者不支持指控，被告人提出自己的辩护意见，书记官将这些内容全部记录在案，而且值班警察就当场作出判决。"

如果被告的辩护值得尊重，而且他违法行为显著轻微，那么法官就只是打被告人两三记耳光并严厉训诫他"以后要当心点"，然后就把他给释放了。无论是见证人还是被告人都对这样顺利的结局感到心满意足，他们哈哈大笑，

---

〔1〕 Цит. по: Министерство юстиции России за 200 лет（1802－2002）：историко－правовой очерк. М.，2002. С. 38.

〔2〕 *Козлинина Е. И.* Указ. соч. С. 8－9.

说着俏皮话离开警察分局，而秩序的维护者即岗警，赶忙从无罪释放的人那里收取因给他制造了点麻烦而给予的慰劳酒。于是乎，整个的法庭诉讼就在一个小时，很多是在两个小时之内就结束了。如果被告人的罪过需要惩罚，那么值勤的警察就会判决用树条抽打，从 10 下到 20 下，而这个程序既是审判，又是服刑，也不过花被告人两三个小时。而如果法庭是在晚间进行，被告人在第二天早上服刑，则被告人在牢房里过夜，当时就叫作警察分局拘留所。但在所有这些情况下，整个诉讼过程要在 12 点结束，但也有很多在 14 点结束。

处理小偷小摸的情况则稍有不同。在犯罪现场被抓住的罪犯，并不送到警察分局，任何岗警都有权用一截粉笔在小偷的背上画个圈儿并在圈里画个十字，从最近的岗亭给他一把扫帚，让他打扫犯罪现场的马路。在这个扫地人的周围往往会聚集一群人，把他嘲笑到哭，而当时谁也未曾想过，这是对人性最大的羞辱。这种全民羞辱通常会持续到天黑，随着黄昏的来临，如果一个地方有几个小偷，就用一条绳子把他们绑成一串，绳子的一头牵在岗警手里，就这样把他们带到警察局。在警察局，他们也在牢房里过夜，而到了早晨就发给他们扫帚，他们就打扫警局附近的马路，干完以后就把他们登记到小偷名单上，然后释放回家。至于更为严重的犯罪，那么其中最重要案件的侦查在大多数情况下就由几名担任法院侦查员职务的警察分局局长进行。[1]

在民事案件特别是财产案件中，无论是法庭辩论本身还是判决的执行，都可能要拖延几年的时间，有时会使诉讼参加人倾家荡产。1863 年司法大臣给沙皇的奏折中写道：截至 1864 年 1 月 1 日，未审结的民事案件中有 561 件的诉讼拖了 20 年以上，1466 件拖延了 15 年—20 年，7000 件超过 10 年；"创纪录的"案件可能在各个审级之间"溜达"半个世纪之久。

对于这些司空见惯的现象，著名的司法活动家 E. E. 柳米拉尔斯基在 1866 年写道："地方审判机关的判决，参政院的判决也往往是如此，执行不是要拖延几个星期或者几个月，而是要几年，甚至几十年……。财产从一个人手里

---

[1]　*Козлинина Е. И. Указ. соч. С. 2–5.*

传到另一人手里，有时被告人花去的财产比赢了官司、得到财产清偿的原告人更多。"[1] Е. И. 科兹利宁娜指出："在民事案件中，官吏们滥用职权没有限度，从最小的书记官到最大的高官都是如此。官吏们利用自己的优越地位，从诉讼当事人那里榨取所能榨取的一切，只有当从他们那里没什么可榨取的时候，才以某种办法结案。"[2]

到 19 世纪中叶，叶卡捷林娜二世统治时代形成的法院体系，显然成了落后于时代的东西。从所有社会政治流派那里都可以听到对俄国 19 世纪中叶法庭的抨击。А. И. 赫尔岑在《俄罗斯之声》第一期刊登了 Н. А. 梅利古诺夫的报告，其中对尼古拉时代"司法"提出了系统的批评[3]（这是从"左"的方面进行批评）。

同一时代，但属于对立阵营的 М. А. 别佐布拉佐夫在报告中认定，俄罗斯根本没有司法。[4] 1858 年，著名的保守派 К. П. 波别多诺斯采夫在一篇关于司法大臣 В. Н. 帕宁的文章中也用同样的话语评述了俄国法院体系的状况："众所周知，俄罗斯法庭的设置都是低水平的，所有法院的状况都很可怜。在这方面进行改革的必要性变得日渐明显，普遍舆论的要求也日益迫切。"[5]

法院体系的不完善和落后，是那个时代的人完全意识到了的，特别是那些有可能将它与亲眼所见的西欧司法制度加以比较的人体会更深。例如，后来的改革派军事大臣 Д. А. 米柳京元帅（1816 年—1912 年）于 1840 年—1841年期间长时间在西方各国旅行，"完全确信公开的和实行言辞原则的法庭远胜于我们封闭的书审制度"。

从亚历山大一世开始，俄国的皇帝们罕见地一致声明进行司法改革的必要性，然而只有亚历山大二世才在 1864 年实现了这一构想。Л. Г. 扎哈罗娃教授指出，关于欧洲司法制度的印象，对于亚历山大二世在位时期许多伟大

---

〔1〕 Судебный вестник. 1866. № 1.

〔2〕 *Козлинина Е. И.* Указ. соч. С. 15.

〔3〕 См. : Власть и рефломы. От самодержавия к советской России. М. , 2006. С. 304-305.

〔4〕 Революционная ситуация в России в середине XIX века. М. , 1978. С. 115.

〔5〕 Голоса из России. Лондон, 1860. Вып. 7. С. 64.

活动家共同世界观的形成起到了重要的作用。[1]这个时代的代表人物亚历山大二世说："伟大的改革活动家们属于相信未来并创造未来的一代人，他们懂得国家的现实，知晓国家的过去并且考虑已经走在前面的那些国家的经验。这是负有俄国政治家所罕见的对同时代人和后世人的责任感的一代人，是无所畏惧的一代人，是向前看的一代人，是对采用和平的而非革命的方式将农奴制俄国改造成自由俄国的一代人。"[2]

亚历山大二世几乎是在登基后就立即宣布了自己对法院体系进行重大改革的意图，这比他在位时期最重要的改革即农奴制改革的宣布要早得多。他在 1856 年 3 月 19 日宣言中宣告："让法庭充满公正与仁慈。"司法改革文件的进程可以从这个时间算起。

## 第二章　《司法章程》的起草和渊源

对"司法改革"准备问题的研究，不仅是从对这一进程主要阶段来看是很有意义的，它的意义甚至主要不在于此。它可以在更大程度上让人们看见、认清这一改革真正伟大的文件即 1864 年《司法章程》的基本渊源。

## 第一节　起草司法改革文件的主要阶段

在《1864 年 11 月 20 日〈司法章程〉：50 年》这一基础性研究成果中，提出了准备司法改革进程的确切年表：从 1857 年 6 月 6 日至 1864 年 11 月 20 日。起始的日期是沙皇颁诏，命令将御前办公厅二处处长 Д. H. 布卢多夫起草的新的民事诉讼章程草案提交国务委员会审议。[3]此外，本书的作者实质

---

[1]　*Захарова Л. Г.* Д. А. Милютин：военный министр и ре-форматор// Россия：международное положение и военный потенциал в середине XIX —начале XX века：очерки/под ред. И. С. Рыбачёнок, Л. Г. Зхаровой и А. В. Ингатьева. М. , 2003. С. 9.

[2]　*Захарова Л. Г.* Великие реформы 1860–1870-х гг. : поворотный пункт российской истории? //Отечественная история. 2005. № 4. С. 159.

[3]　Судебные уставы...за 50 лет. Т. 1. С. 102–232.

上也制作过编纂《司法章程》年表，这无疑也会使研究者们感兴趣。М. Г. 科罗特基赫分析司法改革准备过程的著作也完全是按照同样的逻辑构建的。[1]

相反，Б. В. 维连斯基早在 19 世纪前半期的立法草案中就找到了司法改革的渊源（М. М. 斯佩兰斯基、В. П. 科丘别依、М. А. 巴卢基扬斯基的草案）。[2] 其他一些研究者（В. 普列特尼奥夫[3]、В. А. 舒瓦洛娃[4]、Р. 约尔特曼[5]、Ф. 凯泽尔[6]）认为，布卢多夫草案与《司法章程》之间并无联系，虽然它们都可以被视为司法改革文件的"最初渊源"。我们认为，这样认识是有道理的。

与西方一样，在 19 世纪前半期的俄国，人们确信侦查程序不完善并主张过渡到侦查起诉程序。早在《俄罗斯法律大全》（以下或称《法律大全》）中，М. М. 斯佩兰斯基就引入了侦查程序的和缓形式。司法改革的先驱——斯佩兰斯基和达什科夫在 1836 年就提出建议，法院的改革应该根据总的计划，而不应该各自为政地进行。尼古拉一世尽管是极端的保守派，但仍然赞同了这一点。

在 19 世纪 40 年代末 50 年代初，当局着手起草民事诉讼和刑事诉讼的改革方案。人们把实际司法改革的思想同尼古拉一世 1848 年 11 月 10 日就十四等文官伊万·巴特舍夫庄园和债务案的决定联系在一起。"阐述办理如此著名案件的过分缓慢的原因，显然表明我国诉讼程序的各种不便和不足。"[7] 这一案件审理了二十多年，而且已经无法再理出个头绪来（Ч. 狄克森《冷屋》的俄国版）。

1849 年 1 月，国务秘书 Д. Н. 布卢多夫呈报了《改革的基本原理》，同时

---

〔1〕 *Коротких М. Г.* Самодержавие и Судебная реформа 1864 г. в России. Воронеж, 1988.

〔2〕 *Виленский Б. В.* Судебная реформа и контрреформа в России. Саратов, 1969. С. 112 и след.

〔3〕 Судебная реформа / под ред. Н. В. Давыдова и Н. Н. Полянского. М., 1915. Т. 1. С. 287-296.

〔4〕 *Шувалова В. А.* Подготовка Судебной рефломы 1864 г. : дис. ... канд. юрид. наук. М., 1965.

〔5〕 *Уортман Р.* Властители и судии. М., 2004. Гл. 9. Стремление к законности.

〔6〕 *Kaiser F. B.* Ibidem. S. 155-268.

〔7〕 Цит. по: *Случевский В. К.* Учебник русского уголовного процесса. М., 2008. Т. С. 86. Эта книга 于 1891 年—1892 年 首次出版。

声言，法院体系需要根本的改革[1]。这一草案规定有限辩论制，这也是使俄国诉讼程序向欧洲诉讼程序靠拢、恢复 17 世纪—18 世纪法庭双方当事人辩论制的一种尝试。在新沙皇执政之初，布卢多夫仍负责寻求纠正俄国诉讼程序缺点的方法。从 1857 年到 1861 年 9 月底，他编写并先后向国务委员会提交了 14 份草案[2]，这些文件的总和就成了俄国司法改革基本原理的最初渊源[3]。

布卢多夫的构想如下：国家越落后，规定、书面程序、规则就应该越详细。他也力图制订这样的规定。布卢多夫的草案是富有、智慧和敏锐的贵族们试图将俄国司法配备齐全并终结办事员们对贵族的侮辱性影响。他努力去实现尼古拉一世的理想——依靠自身利益优秀维护者的专制制度——他们是有文化的并在地主财产的管理中经过考验的。[4]

确实，布卢多夫"稳重保守"的民事诉讼章程草案首先是将《法律大全》（第 15 卷）的规范作为自己的渊源，而且同时也展示了与俄国昔日立法的继承关系，可是又体现出西欧立法的要素[5]。然而，他在提出新措施时是非常审慎的，特别是在欧洲样板方面。他认为，对于法律文化十分落后的俄国，不值得在短时间内就借鉴那些欧洲各国人民在几个世纪里饱受煎熬才构建的形式。因此，他的草案里既没有公开性，没有言词原则，没有直接程序，也没有当事人一律平等，更没有律师。

这样的态度符合亚历山大二世关于法院和法院改革的观念。亚历山大二世关于法律和司法的知识完全归功于斯佩兰斯基在 1835 年—1837 年给他讲的课。M. M. 斯佩兰斯基在这些课程中虑及官方的观点，丝毫没有谈到独立的

---

[1]　Дело о преобразовании судной части в России：в 74 т. Т. 2. Б. г. С. 194-195.

[2]　I. 民事诉讼方面：①民事诉讼章程草案；②属于和解法院管辖的民事案件的诉讼；③按照无争议债务文书的清偿程序；④民事案件诉讼的简易程序；⑤和解；⑥特别种类案件的诉讼程序；⑦民事案件判决的执行；⑧诉讼费。II. 刑事诉讼：⑨犯罪和其他违法行为案件诉讼章程草案；⑩和解法庭审理轻微案件的程序；⑪犯罪和其他违法行为案件的诉讼费；⑫犯罪和其他违法行为案件的特别诉讼程序。III. 法院组织：⑬法院组织法草案；⑭律师或代理人条例。

[3]　Журнал соединенных департаментов Государственного совета. 1862. № 65. С. 4.

[4]　*Уортман Р.* Указ. соч. С. 285.

[5]　*Коротких М. Г.* Указ. соч. С. 45.

司法权[1]。年轻的沙皇也完全同意 Д. Н. 布卢多夫草案中关于行政权高于立法权的思想。

国务委员会法律与民事案件联合总署于 1857 年 11 月 15 日开始讨论民事诉讼章程草案。总体上，这些机关的保守派官员对草案表示支持。但应该指出的是，在讨论过程中出现了和解法院的思想，"一案最多两审终审"（欧洲历来的经验承认一个审级是不够的），而俄罗斯的经验最好不过地证明了 10 个甚至 12 个审级也是徒劳无益的[2]。

Д. Н. 布卢多夫起草刑事诉讼改革草案的热情要小一些，到了 1861 年才将这些草案提交给国务委员会，并且表现出保守的态度：俄国还没有准备好放弃宗教裁判。[3] 布卢多夫担心的是，形式证据与书审程序制度的废止不可逆转地以陪审法庭的设置而告终，而陪审法庭脱离当局的监管，就会激起社会震荡和司法领域的变革。[4]

虽然草案是"稳重的"，但是在国务委员会讨论的过程中，在专家们中间，它们却朝着未来《司法章程》的方向发生变化，而《司法章程》未来的作者们以及国务委员会成员们自己，最终都有思想准备去平静地接受激进的新法。提出对法院体系进行根本变革的布卢多夫草案，为将来激进改革派的行为开辟了道路，正是从这个意义上说，它们虽然并不是《司法章程》的本源，但却成了通向《司法章程》的"阶梯"。

М. А. 菲利波夫认为，草案推进缓慢的原因是司法大臣帕宁伯爵的对抗[5]，然而，看起来无论多么难以置信，却可以将这个对抗视为正面的因素。这是因为：首先，假如布卢多夫草案在 19 世纪 50 年代后半期提出，与帕宁的对抗相反，司法改革就会和缓得多了；其次，正是由于对这些草案的系统性抨击，司法改革主要思想家之一 С. И. 扎鲁德内的改革观点才得以

〔1〕 *Сперанский М. М. О* законах. Беседы с Его Импера-торским Высочеством Государем Великим Князем Наследником Цесаревичем Александром Николаевичем // Сборник Русского исторического общества. СПб. , 1880. Т. 30. С. 282–283.

〔2〕 Судебные уставы...за 50 лет. Т. 1. С. 108.

〔3〕 Дело о преобразовании судебной части в России. Т. 7. С. 70–71.

〔4〕 Дело о преобразовании судебной части в России. Т. 7. С. 13–132.

〔5〕 *Филиппов М. А.* Судебная реформа в России：в 2 т. СПб. , 1871. Т. 1. С. 4–5.

形成。

用 И. Я. 福伊尼茨基的话说，布卢多夫委员会的著作是废止农奴制的仿品（它们所针对的是另一个社会——农奴制社会），也就是说，它们还没有通过就已在精神上过时，因为已经不能将它们作为关于法院改革新规定的基础了。废止农奴制法对法院改革既产生了直接的影响，也产生了间接的影响。可以为获得解放的农民设立国家法庭去取代地主法庭（直接影响），鼓舞、"人性的振奋"为改革派注入新的力量（间接影响）。用 С. И. 扎鲁德内的话说，假如没有 1861 年（解放农奴），也就没有 1864 年（《司法章程》）[1]。

正是在 1861 年，真正实际的和有成效的司法改革文件的起草工作进入新的阶段，这个阶段以《司法章程》的批准而告终。

起草《司法章程》的工作总共进行了不到 3 年（在这方面只有农奴制改革可以与司法改革相匹敌），这个时间空前的短，如果考虑到俄国官僚机器办事极端拖沓以及具有保守思想的"高端阶层"（贵族）——用当时的术语来说，就是"蒙昧主义者"和"老派代表人物"——经常性的、顽强的、烂泥般的然后就是公开的反抗。Г. А. 占希耶夫后来这样讲述："对于司法改革的影响，特别是宣告司法权的独立自主原则是特别要命的，此前司法权不过是有权势人物手中的玩物……这些人窃窃私语，说什么司法机构的独立就是削弱'政权'，政权不再对法院作出了判决的案件进行重审，也就丧失了自己最重要的一项特权。"[2]

不满和抨击的另一个对象则是陪审员制度："一方面，俄国老百姓没有鲜活的法律感觉和法律意识，他们把法律同上司的命令混为一谈，将罪犯等同于苦命人，所以说老百姓还不够成熟，也没有准备好可以接受陪审法庭。另一方面，有人证明，陪审法庭不适合俄国的专制制度，是与它相矛盾的，它是社会对政权事务的干涉。"[3]

非常典型的是，司法改革坚定的反对派不是别人，正是多年担任司法大臣的 В. Н. 帕宁伯爵，他是俄国官僚中最具影响力的元老。这个"冷酷无情、

---

〔1〕　Русская старина. 1888. № 9.

〔2〕　*Джаншиев Г. А.* Страница из истории судебной рефрмы. Д. Н. Замяткин. М. , 1883. С. 69.

〔3〕　Там же.

死硬呆板的官僚"和抱残守缺的家伙，所谓"经受过历史考验的司法实践"的拥护者，包括主张适用严酷体罚的人，到了1861年才被迫离开司法大臣的位置。

1861年9月，内务部局长的报告上奏给了沙皇，报告中明确指出，由于农奴制的废除而必须进行法院改革。1861年10月19日，国务秘书 B. П. 布特科夫根据与 Д. Н. 布卢多夫的协议起草了在国务委员会审议司法改革草案的报告，这个报告于4天之后得以批准。报告提出了"三部结构"（法院组织、民事诉讼和刑事诉讼）以及关于从旧制度过渡到新秩序的临时性过渡措施。

1861年10月23日，沙皇的敕令批准在国务委员会设立以国务秘书 B. П. 布特科夫为首的委员会。从这个时候起，司法改革的准备才进入实质性的阶段。

制订司法改革草案的工作分为两个阶段：开始是起草基本条例，在批准后就是第二阶段——起草详细的诉讼文件。司法改革之前和之后的改革（农奴制改革、土地改革、军事改革、财政改革）都采取了类似的办法。

接着布卢多夫和布特科夫起草了关于法院组织和诉讼基本原则的"报告"，这个报告的起草利用了国务委员会二处提交的草案中的材料（这些草案有经国务委员会审议过的，也有未经审议过的）。报告于1862年1月22日分送给了国务委员会委员们。

同时，沙皇委托布特科夫的委员会在"欧洲国家科学和经验"成就的基础上起草司法改革的"主要原则"，从而取消俄国实际存在着的对陪审法庭和发达国家司法实践中通行的其他一些制度的禁止性规定。起草者们有可能不限于小打小闹的程序上和技术上的完善，而是起草一个对俄国法院进行根本改造的严整的计划。同时，该委员会的领导人，这位经验丰富的廷臣和"宫斗"大师，还完成了一项对于事业的成功至关重要的任务：用布特科夫传记作者的话说，周旋于高层官僚和宫廷权贵之间，在那里就各种不同问题进行解释和报告，布特科夫得以"吹散了"那里反对司法改革的"偏见"[1]。这

---

〔1〕 Энциклопедический словарь. Брокгауз и Ефрон. Биографии. Т. 2. М., 1992. С. 700.

样一来，改革家们的双手就被松绑了。

从这个时候起，在新生力量即"借调来的法学家们"的参与下，倡议权从布卢多夫转到布特科夫，更确切地说，是转移到了 C. И. 扎鲁德内。1857年，C. И. 扎鲁德内被任命为国务秘书助理，而两年以后，就成了国务委员会民事案件和宗教案件厅的国务秘书，确实，他在起草司法改革文件方面发挥了巨大的作用。在着手起草新的民事诉讼基本原则之前，他建议将有关问题的初步构想分发给实际工作者和理论家们，然后再把他们的结论分送给国务委员会的委员们。

扎鲁德内在 1858 年出国旅行期间考察了西欧法院的设置，之后就诉讼程序、上诉、和解司法、陪审律师等问题撰写了一份详细的报告。他的报告成了国务委员会办公厅所属专门委员会活动的基础。

参加起草《基本条例》的有 B. П. 布特科夫（委员会主席）、A. M. 普拉夫斯基、H. A. 布茨科夫斯基、К. П. 波别多诺斯采夫、H. И. 斯托扬诺夫斯基、C. И. 扎鲁德内、П. H. 达涅夫斯基、Д. П. 舒宾、Д. A. 罗文斯基、A. П. 维林巴霍夫。这是一些志同道合的人和自由主义者（甚至 К. П. 波别多诺斯采夫在当时也没表现出自己强硬的保守主义观念），而且特别重要的是，他们都不是当官的"法学家"，而是身为法律工作者的法学家（用 Г. A. 占希耶夫的话说，他们是"强力集团法学家"）。这样一群人走上与 Д. H. 布卢多夫完全不同的道路，制订了包含当时最先进的法院组织与活动原则的文件，就是不足为怪的了。

1862 年发生了对司法改革而言的重要变化：年初 Д. H. 布卢多夫在国务委员会的领导职务被 П. П. 加加林取代了，从此布卢多夫渐渐地走下舞台；10 月司法部领导又发生了变化：Д. H. 扎米亚特宁被任命为司法大臣，取代了一贯与司法领域的改革进行坚决斗争的 B. H. 帕宁伯爵，而他的副大臣则由国务委员会的国务秘书 H. И. 斯托扬诺夫斯基担任，也就是说，都成了同情改革的自由主义者。

1862 年 4 月，国务委员会办公厅下属委员会完成了《俄国司法改革基本条例》（以下或称《基本条例》）：民事诉讼基本条例、刑事诉讼基本条例、法院组织基本条例的起草。[1] 国务委员会法律与民事案件联合总署对它们进行了认真的审议[2]，然后国务委员会又举行大会审议，1862 年 9 月 29 日，这些文件得到沙皇批准。

1862 年在国务委员会各厅讨论《基本条例》时，В. Н. 帕宁信守自己的立场并且总是少数派，或者甚至是孤立一人对所有人，如同对司法改革没有好感的内务大臣 П. А. 瓦卢耶夫一样，——他总是在建议限制司法原则，保留行政监督，限制和解法官选任制和公开性。[3]

在《基本条例》的条款中阐述了未来《司法章程》的整个本质或曰灵魂。[4] 司法权与行政权分离，审理一个案件的审级数缩减为两个。引进了和解法庭和陪审法庭以及律师，产生了侦查起诉程序、言词原则、公开性、辩论制，取消了形式证据理论，而规定了法院对证据的自由评定。

然而，同时代人也指出了法律的弱点，其中最重要的是：①对官员的起诉程序仍然保留了改革前的程序，即上司的许可（"行政保障"；这里没有阐述出如此保守决策的理由，而只是说："如果行政不干涉诉讼案件，那么司法权也不干涉行政案件"）；②取缔省检察院（它仍然尽可能实行部门外监督）。

就在那时，沙皇批准了 В. П. 布特科夫关于下一步起草司法改革文件（草案）的工作计划。在国务委员会办公厅成立了一个委员会，它负责起草法院组织章程和诉讼章程以及公证条例。

这个委员会的成员也许就是当时最优秀的法学家了（著名的"法学会"），他们是：В. П. 布特科夫（主席）、Н. И. 斯托扬诺夫斯基、Н. А. 布茨科夫斯基、К. П. 波别多诺斯采夫[5]、О. И. 克维斯特、П. П. 克赖特尔、

---

〔1〕 Судебные уставы с изложением рассуждений, на коих они основаны. Ч. 1-4. СПб., 1887.

〔2〕 篇幅最大的第 19 卷《俄国司法改革卷宗》（约 400 页）是讨论《基本条例》的材料。

〔3〕 См.: Замечания Государственного совета в общем собрании на основные начала гражданского судопроизводства. 1862. м. и б. г. См. такие же замечания на основные начала уголовного судопроизводства и основные начала судоустройства.

〔4〕 《基本条例》中有 91 条调整法院组织，157 条涉及刑事诉讼，还有 138 条则规定民事诉讼。

〔5〕 然而，К. П. 波别多诺斯采夫自己承认，他参加起草司法改革文件的工作只是"出于责任感，仅此而已"，并且对委员会同僚的自由主义观点非常不满。关于这位后来最著名的保守主义者和检察长在 1860 年代的活动和观点，可参见 Степанов Ю. Г. К. П. Победоносцев и судебная реформа（историографический аспект）// Историографический сборник: межвуз. Сб. науч. трудов. Вып. 21. Саратов, 2004.

Г. К. 列宾斯基（代表参政院）；С. И. 扎鲁德内、А. М. 普拉夫斯基、М. С. 沃尔康斯基公爵、Д. П. 舒宾、Я. Г. 叶西波维奇、А. С. 柳比莫夫、А. П. 维林巴霍夫、А. Д. 热尔图欣、П. А. 祖波夫、Б. И. 乌京（代表国务委员会办公厅）；Е. И. 布列韦恩、А. Ф. 贝奇科夫、П. Н. 达涅夫斯基、Е. А. 佩列茨（代表御前办公厅二处）；Е. Е. 弗兰格尔男爵、Н. В. 卡拉切夫、А. А. 克尼里姆（代表司法部）；Н. И. 罗佐夫、М. И. 扎鲁德内（代表内务部）；Д. А. 罗文斯基、М. Е. 科瓦廖夫斯基、В. И. 巴尔舍夫斯基、В. И. 古林、А. Н. 波波夫、Н. Г. 普林茨、С. Н. 舍奇科夫（代表各省司法机构）。

除常务委员外，还聘请专家——从大学教授到警察官员——参加委员会的工作。[1] 为了加快工作，委员会分成了三个部：法院组织部（部长是普拉夫斯基）、民事诉讼部（部长是扎鲁德内，他虽然没受过高等法学教育，但却成为委员会的"灵魂"）和刑事诉讼部（部长是布茨科夫斯基）。全体会议由委员会主席布特科夫主持。

在布特科夫委员会之后，法院改革筹备工作中心是司法部特别委员会，由司法大臣亲自挂帅。扎米亚特宁将有经验的法律实际工作者、知识丰富的和具有自由主义观点的司法部工作人员吸收进了该委员会。他们是司法部副大臣斯托扬诺夫斯基、司长 Б. Н. 赫沃斯托夫，还有各处处长，包括立法处长 Н. Н. 施列贝尔和民事处长 О. В. 艾森、法律顾问处长 Д. Г. 冯·杰尔维兹等人。

如果说布特科夫委员会起草的是法院组织章程、民事诉讼章程和刑事诉讼章程，那么扎米亚特宁的委员会则起草对这些草案的"意见"，这些意见总共超过 500 页，其中涉及国务委员会办公厅起草的各章程草案的 1000 多条（民事诉讼章程草案 600 条、刑事诉讼章程草案 300 条、法院组织章程草案 120 条、和解法官科处的刑罚章程草案 80 条），大多数意见后来都得到国务委员会的批准并纳入《司法章程》。这样的做法有自己的逻辑性，因为正是司法

---

〔1〕　例如，作为专家聘请的有 В. Д. 斯塔索维奇教授、А. И. 维岑教授、К. 亚涅维奇-亚涅夫斯基副博士、著名的法律实际工作者 Э. В. 弗里施、Г. Г. 切马杜罗夫、К. К. 彼得斯、Н. О. 蒂森豪森、П. В. 马卡林斯基、А. А. 克尼林、М. И. 扎鲁德内、М. Н. 柳博辛斯基、埃森以及出色的军事法学家格列博夫，还有哲学家等。

部不久以后将要建立所设计的司法制度并加以贯彻。各部的改革家们主要注意的正是变革的这一方面，即实践方面。

到 1863 年 9 月，编纂《司法章程》工作的基本部分已告完成。1863 年 12 月在将自己的成果提交国务委员会成员审议的时候，布特科夫强调指出：只有在"司法权完全和充分地独立于行政权的时候"，"我们进行的司法改革"才能保证成功。[1] 国务委员会需要一年多的时间审议和批准所提交的草案。

1864 年 4 月—9 月委员会的草案（四部书）在国务委员会法律、民事与宗教事务司的联席会议上进行了讨论，然后由国务委员会大会通过，沙皇于 1864 年 9 月 20 日签字。就在同一天，《司法章程》被提交到参政院颁布，同年 11 月 21 日颁布并发生法律效力。亚历山大二世发表了这样的贺词："我们感谢上帝恩赐这一伟大事业的成功，我们高兴地表达自己的希望，我们忠实臣民无论是在他们每个人单独的活动中，还在是在社会、等级和地方机关之中，都给予满腔热忱的支持，我们的心愿一定能够实现"。

## 第二节　《司法章程》的渊源

按照《司法改革》的第一位研究者 M. A. 菲利波夫所表达的精准而且极其深刻的思想，起草《基本条例》的法学家们面临着四条道路：①历史道路；②外国设置；③理论道路；④理论实践道路。[2]

在诠释《司法章程》渊源问题时，我们认为，可以谈到三种基本渊源：历史的俄国立法、外国立法与实践模式、理论。在这个基础上形成了《司法章程》的法律本体（其理论实践内容）。

应该承认，彼得一世和叶卡捷林娜二世的新政根本不是建立在俄国法律传统基础之上的，而它们的变异则是"往往并非追求国家目的的行政官僚们创造的结果"[3]。俄国司法的悲剧状况推动"司法改革之父"们去寻求另外

---

〔1〕 转引自 *Джаншиев Г. А.* Указ. соч. С. 19-20.

〔2〕 *Филиппов М. А.* Судебная реформа в России. Т. 1. С. 5.

〔3〕 Там же. С. 20.

的证明自己有效性的模式，而这正是西方模式。正是由于俄国诉讼程序法的历史不能令人满意，而不是因为"奴性的效仿"，他们才把目光投向西方——西方的法律、司法实践和理论。

由此可见，"司法改革之父"们走的是一条理论—实践之路，即研究了本国法院设置和诉讼制度的缺点，调查了俄国的需求、经济的和物质的手段，并且根据这些数据在科学创立的理论原则基础上建设一座大厦。应该承认，"司法改革之父"们的道路是正确的：他们根据理论制订出改革的法律原则，并使它们与俄国的需求和手段——道德的手段和经济的手段协调一致[1]。

**俄国的立法**　用 M. A. 菲利波夫的话说，"司法改革之父"们走过的第一条道路是斯佩兰斯基的道路[2]。更确切地说，是"晚期斯佩兰斯基"（1826年以后）的道路。用科尔夫的话说，斯佩兰斯基当时"给自己提出的任务不是打碎一切旧的和现行的东西，而是鲜活地、合理地重建，他从理论、从纯书本的东西走进了健康的和更实际的历史学派领域"。

在《法律大全》中，法院组织与诉讼是建立在后彼得一世时代法律的基础之上的，并总结了法院法和诉讼法的划时代发展。布卢多夫的草案则建立在《法律大全》和尼古拉一世时代立法的基础上，虽然也含有一系列绝对新鲜的制度和原则，但毕竟这是一个"置根于历史"的法律草案。司法改革的"最初准备"（1857年—1861年）的实质就是如此。

1862年《俄国司法改革基本条例》和1864年《司法章程》对1832年《俄罗斯帝国法律大全》和随后的法律（收入1842年、1857年《法律大全》）以及19世纪30年代—50年代草案的依据是极少的。这是一个激进的变化。正是这种变化，在它们宣布之后不久便激起了保守主义抨击的浪潮，理由是脱离"历史根基"和暴力引进"与民族精神格格不入的"外国模式。然而，虽然《司法章程》是革新，可是它的编纂者们并未放弃已经积累起来的俄国立法财富，他们面前总是放着第15卷《法律大全》（1857年版）[3]。例如，

---

〔1〕　Там же. С. 21.

〔2〕　*Корф М. А.* Жизнь ррафа Сперанского: в 2 т. СПб. , 1861. Т. 2. С. 31-326.

〔3〕　См. : Судебные уставы с изложением рассуждений, на коих они основаны: в 5 т. СПб. , 1866; *Щегловитов И. Г.* Судебные уставы с законодательными мотивами и разъяснениями. испр. и доп. по 15 февраля 1907 г. СПб. , 1907.

他们保留了这样一些改革前的"俄国制度"：通过非诉讼当事人周围人进行调查，享有贫困权的人免交诉讼费。

改革时期通过的一系列法律对《司法章程》的行文也有着重大的意义。这首先是 1860 年的《法院侦查员法》，这部法律实质上成了司法改革的前奏。它是司法改革道路上迈出的第一个重大的实际步骤，具有重大的意义。它虽然只是局部性、治标不治本地改善现行刑事诉讼中的侦查阶段，但这恰恰是对于诉讼命运具有决定性影响的那个阶段的改进。[1]

对顺利贯彻《司法章程》具有重大意义的是 1863 年废除体罚。

最后，废止赎刑和代之以税刑起到了正面的作用。赎刑曾在地方生活中发挥过巨大的作用。政府需要钱，就千方百计地鼓励赎刑，而对这个领域中的舞弊行为却视而不见。[2] 地方的行政官员们，一方面按照彼得堡的指示行事，但更多的是考虑个人利益，放在心上的更多是赎罪人的利益，而不是信任他们的老百姓的利益；关于警察更不值一谈——警察只顾他们的薪水。当局的这种态度给赎罪者造成了某种"治外法权"——这就是国中之国，即使是相当有权势的人也必须加以考虑的。

赎刑在法律上与实践中都不符合法律与法院面前人人平等的原则，而这个原则是司法改革最关键的原则之一。新法院同赎刑的斗争是不可避免的，而这可能使建立在各省体系中的新法院的道路更加不简单。用税刑代替赎刑的愿望也是来自贵族，出自报刊；而政府从财务监督的角度也不满意赎刑。1860 年底颁布了一部法律，规定自 1863 年 1 月 1 日起废止赎刑[3]，从而保障司法改革的一个基本原则——法院面前人人平等。

**外国立法** 《司法章程》创立者们走过的第二条道路，М. А. 菲利波夫认为，是寻求外国渊源。确实，否定外国立法作为渊源之一对《司法章程》草案编纂的一定影响是荒谬的。必须确定使用外国法律材料的性质，这又是另一回事了。在改革后时期的文献中，正是围绕后一个问题曾经推翻了不少对外国法的拷贝。争论一直持续到今天。

---

〔1〕 *Муравьев Н. В.* Прокурорский надзор в его устройстве и деятельности. М. , 1889. С. 366.

〔2〕 История Правительствующего сената за двести лет. Т. IV. СПб. , 1911. С. 304.

〔3〕 Судебные уставы…за 50 лет. Т. 1. С. 205–206.

首先应该指出的是，改革前的法院未必能够称为"纯俄国的"法院，不能认为它根本不具有西方（而且远不是最进步的）样板所特有的那些特征。И. С. 阿克萨科夫的看法是正确的，他指出："我们旧的司法秩序""被打上成色相当低的德国印记"。[1] 关于这个问题，杰出的俄国历史学家 М. М. 科瓦列夫斯基也曾经写道："假如认为已经取消的制度就其起源而言是严格意义上的俄国制度，那就大错特错了：与新制度一样，它也是从许多世纪以宗教裁判为其主要特点的欧洲来到我们这里的。"[2]

如前所述，Д. Н. 布卢多夫的草案所秉持的方向几乎都是我国的法律传统和法院模式。П. П. 加加林 1862 年 1 月给沙皇的呈文对草案改变意识形态方向起到了历史性作用。根据 С. И. 扎鲁德内的建议，他在呈文中谈到起草基于欧洲原则的新"见解"的必要性[3]。亚历山大二世签署了著名的谕令，其实质是："一般地阐述国务委员会办公厅……关于主要原则的想法，这些原则毋庸置疑的优点当今已经被科学和**欧洲国家的经验**所承认（黑体字是作者加的——译者注），俄国的司法制度应该根据它们进行改革。"[4]

这构成了俄国立法史上的一个时代，在叶卡捷林娜二世《训示》之后第一次"使俄国立法了解合理立法创制的鲜活渊源、欧洲的科学和欧洲的法律意识"[5]。这样一来，尼古拉时代的"禁令"被取消，隔绝了我国立法与欧洲先进思想几乎 50 年的"长城"被拆除，而"司法改革之父"们就去研究西欧国家和其他国家的先进法律经验。

总的来说，19 世纪 50 年代是欧洲诉讼法的改革时代。俄国的法学家们认真地研究它既是为了科学的目的，也是为了立法的目的，而这正是在起草司法改革文件的年代（19 世纪 50 年代中期到 1864 年）。1854 年《撒丁民事诉讼章程》（С. И. 扎鲁德内认为它是欧洲最好的民事诉讼章程）和 1852 年

---

〔1〕　Передовая статья в газете《День》за 13 окт. 1862 г.

〔2〕　*Ковалевский М. М.* Очерки по истории политических учреждений России. М.，2007. С. 190.

〔3〕　Журнал соединенных департаментов законов и гражданских дел Государственного совета о преобразовании судебной части в России. С. 10.（об обсуждении Основных положений-всего 370 с.）

〔4〕　转引自 Судебные уставы…за 50 лет. Т. 1. С. 125.

〔5〕　*Джаншиев Г. А.* С. И. Зарудеый и Судебная реформа. Историко-биографический эскиз. М.，1889. С. 100.

《匈牙利民事诉讼章程》于 1859 年由 C. И. 扎鲁德内主编翻译出版[1]。这一时期还出版了 H. 涅克留多夫翻译的《法国刑事诉讼章程》[2]，H. 列姆别林斯基翻译的比利时法律[3]以及皮埃蒙特的诉讼法的俄文译本[4]等。

这些出版物不仅作为预备文件收入了《俄国司法改革卷宗》（第 34 卷—第 42 卷)[5]，而且可以在草案中找到直接援引它们的内容。例如，草案的作者们援引了西欧存在的两种诉讼制度——起诉制度和侦查制度、英国陪审法庭制度[6]。

在《刑事诉讼章程》的说明部分[7]援引了《法国民法典》和《法国刑事诉讼法典》（第 14 页、第 19 页、第 92 页、第 152 页、第 156 页、第 421 页）、英国的法案（第 63 页）和比利时、意大利、奥地利、巴登、萨克逊、巴伐利亚、不伦瑞克、图林根、汉诺威、纳索等法典以及 1856 年 10 月 17 日的普鲁士法，还有 1765 年的苏格兰法律，纽约、马萨诸塞、维京的法律，英格兰普通法（第 166 页、第 435 页）、不伦瑞克立法、日内瓦法（第 358 页）。

在《民事诉讼章程》草案的说明部分[8]援引的法律有：《法国民事诉讼法典》（第 14 页、第 69 页、第 85 页、第 97 页、第 144 页、第 181 页、第 215 页、第 263 页、第 280 页、第 283 页、第 334 页、第 469 页）、《意大利章程》（第 14 页、第 184 页、第 334 页）、英国法（第 15 页）、《日内瓦章程》（第 184 页、第 334 页、第 385 页）、《奥地利章程》（第 281 页）、1849 年佛雷堡《民事诉讼章程》、1851 年阿尔高《民事诉讼章程》、1855 年格劳宾登《民事诉讼章程》、1851 年巴登《民事诉讼章程》，以及汉诺威、魏玛和科堡

---

〔1〕 См. : Дело о преобразовании судебной части в России. Т. XXXIV.

〔2〕 Устав уголовного судопроизводства Франции / пер. Н. Неклюдова. СПб. , 1860.

〔3〕 Законы о судопроизводстве и судоустройстве Женевского кантона / Н. Рембелинский. Вып. 1 и 2. СПб. , 1863.

〔4〕 Закон 13 ноября 1859 г. о судоустройстве Пьемонта и присоединных к нему провинций Италии. СПб. , 1861.

〔5〕 См. : Опись《Дела о преобразовании судебной части в России》//Джаншиев Г. А. Основы Судебной реформы : сб. статей. М. : Статут; РАП. 2004. С. 237.

〔6〕 Журнал соединенных департаментов Государственнго совета об《Основнвых положениях преобразования судебной части в России》1862г. С. 170, 186.

〔7〕 Дело о преобразовании судебной части в России. Т. LII.

〔8〕 Там же. Т. LV, LVI.

（第 314 页）的民事诉讼法，还有托斯卡纳的法律（第 393 页）[1]。

但是，利用西方法律经验和样板的性质如何，这也是一个同样重要的问题。1864 年司法改革真的是机械地（"盲目地"）借用欧洲的经验吗？后来保守派就曾经这样指责"司法改革之父"们。例如，保守派政论家 A. 斯卡利科夫斯基的断言就是很典型的："它（司法改革——作者注）是几位法学家阅读法国小册子和那位大学里准备当个天文学家的已故的扎鲁德内阅读意大利立法的产物。我们的法学家们根本用不着费脑筋，譬如说，把《撒丁刑事诉讼法典》拿过来一翻译，再搞点简单的修改就得了。死硬的教条主义者们拿出这种剽窃当作国家智慧的产物来炫耀，简直差不多就是立法的纪念碑了，至少也是'最新的科学成就'了。"[2]

然而，某些自由主义者也并不赏识《司法章程》的作者。例如，著名的法学家 К. Д. 卡韦林就指责他们说："我们的司法程序是逐字逐句地翻译法国的程序。无论里面的什么，检察院的设置和对它侦查权的依赖，和解法院制度，即使在和解司法中也对民事诉讼和刑事诉讼进行墨守成规的形式限制，律师、陪审员对法院和侦查的态度，——总而言之，整个法院组织和诉讼的重大机制，都是建立在拿破仑一世立法的基础之上的。"在谴责"司法改革之父"们的这种工作模式时，К. Д. 卡韦林坚持主张："假如我们更多地思考一下，更多地习惯用自己的脚走路，而不是向别人乞讨思想，那么我们的新司法机构就完全不需要那些在法国吃进去的谎言和虚伪。我们怀着幼儿般的天真把它们吃进去，从而掩盖了我们每个人在自己心中坚守的那个鲜明光辉的真理形象。"[3]

我们认为，对"司法改革之父"们利用外国立法的这种责难是不能苟同的。俄国最著名的诉讼法学家之一 И. Я. 福伊尼茨基使用的一个准确得惊人

---

〔1〕 *Щегловитов И. Г.* Указ. соч. С. 23–27.

〔2〕 Современная Россия. Очерки нашей государственной и общественной жизни：в 2 т. СПб.，1890. Т. 2. С. 190. К. П. 波别多诺斯采夫、В. Я. 福克斯和其他保守派也提出了类似的批评。参见 *Красковский К. П.* Судебные уставы：made in...// Модернизация политико-правовой системы России：прошлое，настоящее，будущее（к 140-летию Уставов Судебной реформы）：матер. Всерос. заочн. науч. -практ. кцонф. Волгоград. 2004. С. 77–79.

〔3〕 *Кавелин К. Д.* Собр. соч.：в 4 т. СПб.，1904. Т. 2. С. 1139–1140.

的术语"适应"是更适合的。他说:"《司法章程》的编纂者们坚信全人类进步的事业……他们意识到那些比我们更多地经历文明的道路、堪作我们先生的其他国家人民的存在。但《司法章程》的编纂者并不是不经检验就接受他们。一方面,必须在他们中进行选择;另一方面,相信俄国人民的力量,意识到俄国人民的特殊利益,所以《司法章程》中直接借鉴是很少的。在我们新的诉讼中,有许多与英国特别是与法国相近的东西。但同时,《司法章程》中的任何一个诉讼制度都不能被认为是英国的或者是法国的;其中每一个诉讼制度都有自己独特性的烙印,每一个制度都具有独立的适应俄国需要的俄罗斯特征,不研究俄国的条件就不能理解的俄罗斯特征。我们的和解法院远不是英国的地方自治会,更远不是法国的和解法官。我们的陪审法庭同样成了一种完全独立的制度,它的重要特征既不同于英国模式,也不同于法国模式。我国的律师与检察院与它们的相同之处更少,更不用说上诉法院,它的面貌是完全不同的。根据英国渊源或法国渊源来研究俄国的进程是不可能的;假如采取这种办法就可能导致极端错误的类推。"[1]然而 И.Я. 福伊尼茨基也承认,"《司法章程》编纂者的先生是英法两国人民,他们在诉讼领域当之无愧地可以被称为全人类的先生",诉讼程序方面的整个文明都是按照英法原理来建立的[2]。

С.И. 扎鲁德内在对《撒丁法典》的译文序言中指出:"不允许在一个国家采取在另一个国家得到证明的一般原则,只是因为它是外国的,而不是本国的,这就像不允许那些老百姓还没有机会使用铁路和电话这些人类发明的国家引进铁路和电话一样。"[3]

此外,《司法章程》的编纂者们不止一次地说明:必须考虑"我们祖国的特点,它是在与西方国家不同的条件下发展的"[4],"国外的条件与我们的条件是完全不同的"[5],"不考虑我们国家的需要而盲目地全盘模仿其他国家是

---

〔1〕 *Фойницкий И. Я.* Курс уголовного судопроизводства. Т. 1. С. 47–48.

〔2〕 Там же. С. 129.

〔3〕 转引自 *Щегловитов И. Г.* Указ. соч. С. 32.

〔4〕 Журнал соединенных департаментов Государственного совета о преобразовании судебной части в России 1862 г. С. 170.

〔5〕 Объяснительная записка к проекту Устава гражданского судопроизводства. С. 374.

有害的"[1]。"司法改革之父"们说："我们国家的道路不是模仿，而是理智地运用法律科学制定的共同原则。"[2]

Н. В. 穆拉维约夫把这种利用现代外国模式和本国之前模式的方法称为"有比较的选择"。"司法改革之父"们力求从所有的制度中吸取已经得到实际检验的优秀的东西，而且尽可能地吸收不仅是与我国条件一致的，而且是与彼得一世之后的俄国传统不相抵触的东西[3]。例如，他认为，波兰、波罗的海各国、德国、瑞典的法院当时不如俄国发达，所以它们不能成为俄国的样板。

《司法章程》的基本部分——《法院组织章程》并不是借鉴的结果。这是法院组织法的独立自主的俄国丰碑[4]。对《司法章程》文本的分析表明，它的作者们并不是"奴颜婢膝地"拷贝西方的法律渊源："虽然在外国，相当多的国家除外，通行的基本原则是法官由政府任命，但是法官选任制的辩护者们虽然尊重外国的立法，但他们并不认为，这一规则在俄国推行会带来有益的结果。"[5] И. Г. 谢格洛维托夫认为（我们认为，他的观点仍然是比较激进的），司法改革设立的和解法院，是独一无二的俄国现象，英国法或法国法中并无相似的东西[6]。俄罗斯的陪审法庭与西方不同，不具有政治性[7]。

Н. В. 穆拉维约夫这位优秀的法学家和实际工作者认为，检察监督虽然也使用了西欧模式的设置，但仍未丧失自己的特色；而且与法国相似制度相比，它在组织与活动方面具有一系列的优点[8]。律师制度的权威研究专家之一 Е. В. 瓦西科夫斯基认为，俄国的律师制度不仅不像很多人认为的那样与法国

---

〔1〕　Объяснительная записка к проекту Устава уголовного судопроизводства. С. 156.

〔2〕　*Записка Н. А.* Буцковского // Дело о преобразовании судебной части в России. Т. IX. С. 7.

〔3〕　*Муравьев Н. В.* Прокурорский надзор в его устройстве и деятельности. Т. 1. С. 436–437.

〔4〕　Судебные уставы…за 50 лет. Т. 1. С. 266.

〔5〕　Судебные уставы с изложением рассуждений, на коиз они основаны: СПб. , 1867. Т. 3. С. XVIII.

〔6〕　Объяснительная записка к проекту Устава уголовного судопроизводства. С. 97.

〔7〕　Журнал соединенных департаментов Государственного совета о преобразовании судебной части в России 1862 г. С. 184. 详见 *Коротких М. Г.* Указ. соч. С. 122 и след.

〔8〕　*Муравиев Н. В.* Прокурорский надзор в его устройстве и деятельности. Т. 1. С. 386, 429, 440–441.

模式相似，而且与它有着原则性的不同[1]。

　　法院侦查员制度和参政院上诉审判庭制度是借鉴最多的，但即使在这方面，《司法章程》的编著者们仍然表现出自己的特色与独立性。而且，《司法章程》的编著者们认为："俄罗斯对法院判决上诉的一般概念古而有之，当时称为'从头审判'，并以这个名称载入阿列克谢·米哈伊洛维奇沙皇法典（第十章，第10条），《民法大全》第二部分第10卷第545条据此规定：'……但是如果案件在下级法院审理得太不正确，不重新进行审理就不可能对案件作出判决，那么下级法院的判决被认为自始无效，案件就从头重新审理，并对下级法院科以应有的处罚'。"[2]

　　至于《刑事诉讼章程》，将它与《法国刑事诉讼法典》进行一个简单的比较就可以看出，《法国刑事诉讼法典》共643条，而《刑事诉讼章程》则有1254条，主要刑事诉讼制度具有相当大的不同。禁止借口不完整、不明确、不充分或者法律冲突而中止案件的解决（《刑事诉讼章程》第12条和《民事诉讼章程》第12条）——这为法院的法律创制活动提供了极大的余地——应该承认，这是重复拿破仑民法典第4条[3]。然而《司法章程》更好地保障了法院的这一权限，它规定，法院应该"从法律的一般精神"中去找出没有的规范，而法国民法典却并没有规定法官应该从哪里去"挖掘"成文法里所没有的法律规范[4]。

　　总之，《民事诉讼章程》不仅是俄国历史经验的产物，正如 К. И. 马雷舍夫所说的，"也是了解西方特别是法兰西集团各国的历史和现代设置的结果，虽然《司法章程》中只能找到不多的直接借鉴"[5]。在《俄国司法改革卷宗》里有俄国、法国、日内瓦和意大利民事诉讼章程的比较索引[6]。比较一下就可以看出，《民事诉讼章程》在许多本质问题上都与欧洲法典不同，里面

---

〔1〕　*Васьковский Е. В.* Организация адвокатуры. СПб., 1893. С. 334.

〔2〕　Объяснительная записка к проекту Устава гражданского судопроизводства. С. 467-468.

〔3〕　《法国民法典》第4条：审判员借口没有法律或者法律不明确、不完整而拒绝受理者，得依拒绝审判罪追诉之。

〔4〕　*Шершеневич Г. Ф.* Общая теория права. М., 1910. Т. IV. С. 745 и след.

〔5〕　*Малышев К. И.* Курс гражданского судопроизводства. Т. 1. СПб., 1876. С. 63.

〔6〕　Дело о преобразовании Судебной части в России. Т. XLI.

几乎没有文字完全相同的条款[1]。

换言之，我们确信，"司法改革之父"们并未进行剽窃。

因此，西欧人自己如何评价这个涉及司法改革渊源"民族属性"的问题也是饶有趣味的。杰出的德国诉讼法学家卡尔·约瑟夫·安东·米特尔迈耶尔非常仔细地观察了俄国司法改革的准备过程后确认：整体上说，俄国的刑事诉讼草案较之其他欧洲立法是向前迈出了新的一步，而在实行起诉原则和言词原则的彻底性方面要比当时许多最新的立法要站得高得多。里面较少模仿法国立法的规范；相反，它秉持英国模式要多得多，虽然即使在这部分也不是盲目的模仿[2]。另一位德国法学家韦赫特在给女大公爵叶莲娜·巴甫洛夫娜的信中就 1864 年刑事诉讼中的进步写道："许多日耳曼的立法在这方面不妨向俄国学习。"[3]

至于**外国的执法实践**，那么，从收到的和已经公布的许多去国外研究它的学者、官员和实际工作者的报告、总结、个人评价看，可以认为外国执法实践对报告、总结、个人评价的编写者有一定的影响[4]。这些出访的益处是显而易见的：只是研究法律教条，研究法院组织法和诉讼法，并不能得到关于上述制度有效性的清晰的印象，还需要亲自对法院的运作进行观察。

有趣的是，以前御前办公厅二处也曾派遣官员们出差到国外去研究欧洲的法律体系。然而他们的学识并未在改革草案的原则和任务中反映出来：提交到国务委员会的 14 个草案反映了西方实行的诉讼法规范和俄国司法传统之间的"布卢多夫式妥协"。布卢多夫主要根据历史著作知晓了这个传统[5]。

---

〔1〕 Судебные уставы…за 50 лет. Т. 1. С. 276.

〔2〕 *Миттермайер К. И. А.* Новый проект русского уголовного судопроизводства // ЖМЮ. 1864. Окт.

〔3〕 Дело о преобразовании Судебной части в России. Т. XXI. Ч. 2（Замечания разных лиц）№ 12. С. 149–154.

〔4〕 Особенности французского кассационного суда. Заграниян-ый отчет кандидата В. Сергеевича // Журнал Министерства народного просвещения. 1863. Ч. 118. С. 270–291; *Сергеевич В.* Очерк кассии в Прессии // Там же. Ч. 120; О характере французского судоустройства и судопроизводства. Заграничный отчет кандидата Думалевского// Там же. 1864. Ч. 124. С. 61–65.

〔5〕 *Уортман Р.* Властители и судии. М., 2004. С. 279.

他对司法部提出的建议、报告采取怀疑态度[1]。现在一切都发生了根本的改变。

重要的是指出，尼古拉一世保守统治的支柱是所谓的"历史根基"和否定任何外国模式中的有益成分，在尼古拉一世统治之后正是 С. И. 扎鲁德内首先开始向官员们、法律实际工作者和学者们介绍外国模式。在 1858 年，他出访外国，研究了各国的司法制度。回国后，他在《俄罗斯通报》和《司法部杂志》发表了一系列关于英国、苏格兰和法国司法制度的文章[2]。П. Н. 格列博夫[3]、К. 亚涅维奇-亚涅夫斯基[4] 受海军部派遣出访外国，也搜集到了很多关于欧洲法院的经验材料。《司法章程》的编写者为了俄国司法制度的现代化，毫无疑问，也考虑到了外国执法活动的经验和特点。

**理论（本国的和外国的）** 格劳秀斯、洛克特别是孟德斯鸠的精神遗产所创造的与三权分立、司法权独立联系在一起的**欧洲的法律传统**，对《司法章程》的编著者产生了决定性的影响。在欧洲启蒙运动思想影响下并且直接利用了孟德斯鸠和贝卡利亚文词所写成的叶卡捷林娜《训示》，包含着体现在《司法章程》文本中的思想（司法权与行政权分立、法律的强制力、法律面前一律平等、法官选任制）。

特别应该指出边沁（С. И. 扎鲁德内就是他的狂热崇拜者）对《司法章程》起草者们的影响。他于 1792 年所写的《论法院组织》，由巴黎出版商迪莫诺姆于 1802 年在边沁三卷本的著作（第 3 卷中）冠以 *De L'organization judiciaire* 的标题出版。1860 年，这部著作被译成俄语并在讨论司法改革基本原则

---

〔1〕 *Шувалова В. А.* Подготовка Судебной реформы: дис. … канд. юрид. наук. М., 1965. С. 181, 145-147.

〔2〕 *Зарудный С. И.* Французские суды// Русский вестник. 1862. Т. 42. Кн. 11. С. 296-334; *Его же.* Суды общего закона (*Common law*) и справедливости (*Equity*) // ЖМЮ. 1862. Т. 14. Кн. 12. С. 499-528.; *Его же.* Очерк шотландского судоустройства // Там же. Т. 11. Кн. 1. С. 81-106.

〔3〕 *Глебов П. Н.* Морское судопроизводство во Франции // Морской сборник. 1859. № 11. С. 101-111; № 12. Ч. 3. С. 344-369; 1860. № 1. С. 47-63; № 4. С. 318-352.

〔4〕 *Яневич-Яневский К.* О введении, развитии и современном состоянии суда присяжных во Франции. // Юридические записки. СПб., 1859. Т. 3. С. 3-44; *Его же.* О суде присяжных в Англии. СПб., 1860. Т. 4. С. 1-46.

最热烈的时候出版[1]。有意思的是，根据书刊检查的意见，从书中删除了第三章，而该章阐述的问题是应该以谁的名义进行审判，而且发展了一个命题：审判不应该以君主的名义或者以任何其他人的名义进行，而只应该以司法自己的名义进行。[2]

边沁所鼓吹的司法改革实用主义思想，被《司法章程》编纂者们所接受，使之获益良多。[3] 他们以他在《论法院组织》一书中所系统叙述的论据为导向，去论证司法权的统一和独立、法官选任制和罢免不称职法官的可能性、法官的教育水平、法官和其他司法职业不得兼职、法官的薪俸、法官职位的升迁、公开性、法庭证据、陪审法庭，甚至审判管辖（普通法院和专门法院——军事法院、商事法院、宗教法庭）、律师职业，等等。法官高薪酬的思想（"廉价的司法会让人民付出高昂的代价"）也正是由于边沁的"推送"而得以确立。

鉴于西欧的法学已经超前，"司法改革之父"们无疑会考虑到它的成就，首先就是在民事诉讼法和刑事诉讼法方面的成就，在司法改革准备时期出版了杰出的西欧诉讼法学家米特迈耶尔[4]、布舍尔[5]、普列沃-帕拉多里[6]的著作。在论证必须摒弃形式证据理论时，他们的结论所依据的就是凯斯特林、盖恩、普赫塔、布什特里、加根、布林克曼、莫里纳尔、米特迈耶尔等

---

〔1〕　*Бентам И. О судоустройстве* /пер. А. А. Книрима СПб. , 1860. 我们的任务并不包括详细阐述这位英国思想家的著作。"司法改革之父"们将边沁关于法院的思想用来作为武器，而有关论文已经相当丰富了。参见 *Филиппов М. А.* Судебная реформа в России: в 2 т. СПб. , 1871. 也见 : *Покровский П.* Бентам и его время. Пг. , 1916. С. 453−480.

〔2〕　*Покровский П.* Указ. соч. С. 669.

〔3〕　*Яневич-Яневский К.* Бентам и значение его в области политико-юридических наук // Юридические записки. СПб. , 1860. Т. 4. С. 237−295；*Книрим А. А.* Бентам и его сочинения// ЖМЮ. 1860. Апр. С. 63−88.

〔4〕　*Миттермайер К. И. А.* О необходимости равенства в уголовном судопроизводстве обвинителя и обвиняемого // ЖМЮ. 1861. Т. Х. Кн. 11. С. 275−278；*Его же.* Руководство к судебной защите по уголовным делам. М. , 1863；*Его же.* Суд присяжных в Европе и Америке // Юридико-политическое издание / под. ред. Н. Ламанского. Т. 1-2. СПб. , 1864.

〔5〕　*Бюшер.* Практическое исследование уголовного судопроизводства Франции и Англии // ЖМЮ. 1862. Т. 12. Кн. 4. С. 23−134.

〔6〕　*Прево-Парадоль* Взгляд на уголовное судопроизводство Франции при старой монархии и во время революции //ЖМЮ. 1862. Т. 12. Кн. 5. С. 341−356.

人的著作。[1]

《司法章程》草案说明书中也援引了以下的著作：福斯坦-德-艾里和布阿特塔尔对《法国刑事诉讼法典》（*Code d'instruction criminell*）进行的注释，贝尔里耶的说明（《刑事诉讼章程》的说明部分第 100 页起）以及米特迈耶尔的著作（第 358 页、第 382 页）。《民事诉讼章程》的说明部分也有不少对他们著作的引用——这里提到意大利法学家博尔萨尼、法国法学家博尔德和雷尼扬、日内瓦法学家贝拉以及萨维尼（第 308 页）、博尼耶（第 290 页、第 334 页），还有拉费埃尔（第 307 页、第 321 页、第 335 页）以及霍梯埃关于债的著述（第 321 页）[2]。

当然，**俄罗斯法学家**积极参与了法院改革草案的讨论，提出了自己的建议供法律草案编写者们考虑。第一步，也是极其不平凡的一步，就是《司法章程》起草人 В. П. 布特科夫委员会发出的告大学教授、法律实际工作者书，呼请他们寄来自己对 1862 年《俄国法院改革基本条例》的意见。虽然绝大多数的回馈意见都是法律实际工作者写的，但里面也可以找到以下法学家们的回应：刑事法官、里舍利厄学校（敖德萨）教授 А. М. 博格丹诺夫斯基（第 24 卷）、莫斯科大学教授 К. П. 波别多诺斯采夫、喀山大学教授 А. П. 切尔贝舍夫-德米特里耶夫（第 26 卷）。而且喀山大学教授 А. П. 切尔贝舍夫-德米特里耶夫提出了重要的、配得上真正学者的承认："俄国的法学教授未必能够在这件事情上（即法院改革——作者注）发出强有力的声音。当然，我们大家对科学的要求多多少少是清楚的，但是俄国生活的条件和要求对于我们却覆盖着一层未知的黑幕，如同我们法院的行为一样。关于俄罗斯我们知之甚少，文献告诉我们的那些为数不多的事实，需要进行严格的检查，因为写家们当中的很多人——用果戈理的话说，'每个人脑子里都有一个自己的俄罗斯'，而他所看到的不是事物的本来面目，而是他想看到的样子。"[3] 然而学者们（首先是 К. П. 波别多诺斯采夫）的反馈中仍然提出不少建议，这些建

---

〔1〕 *Джаншиев Г. А.* Основы Судебной реформы. С. 57.

〔2〕 详见 *Щегловитов И. Г.* О влиянии иностранных законодательств на составление Судебных Уставов. Пг. , 1915.

〔3〕 转引自 *Гессен И. В.* Судебная реформа. СПб. , 1905. С. 79.

议在编纂《司法章程》时都得到认真考虑。

1858 年对司法改革的讨论超出了官员办公室的范围而见诸杂志（法学杂志与社会政治刊物）。对司法改革的迫不及待使那些智慧的人们激动不已，催生了许许多多的政论文章，既有职业政论家的，也有社会代表人物的。这里，让我们感兴趣的是前者。在对法院组织与诉讼程序改革的理解方面，起到重大作用的是 1857 年创办的《司法部杂志》。从 1842 年起就停办的《法律笔记》也重新复刊，在 1859 年出版了第 3 卷，1860 年出版了第 4 卷，它们引起了人们极大的兴趣。

从 1858 年到 1864 年期间，在准备司法改革的关键问题上，许多法学家发表了意见（当然，在 1862 年收入公开出版物《基本条例》之后，他们的积极性就十分高涨了），他们是：B. H. 列什科夫[1]、C. И. 巴尔舍夫[2]、A. П. 切尔贝舍夫-德米特里耶夫[3]、A. 基斯佳科夫斯基[4]、B. И. 谢尔盖耶夫、H. 涅克留多夫等。

俄罗斯法学家们就这一命题的著述可以分为几类。相当多的著作是分析外国诉讼立法和欧洲国家司法体系的。

**社会舆论的影响**　早在 1859 年，不少省份的某些贵族会议就向沙皇呈文，要求进行与农奴解放密切相关的其他改革，例如陪审法庭、限制行政当局滥用权力[5]。各省委员会提出，改革的基础是在所有省建立独立的法院和三权分立；不再受地主管辖的自由农民应该在人人平等的和公正的法院获得保护。

---

〔1〕　例如，B. H. 列什科夫教授与 И. 阿克萨科夫关系密切，却满意地指出，《司法章程》实质上使我们古斯拉夫人打官司的独特法院复活了。它被赋予了西方制定的形式，而不是原则，因为起诉程序的原则始终是俄罗斯人民所固有的。引自 Судебные уставы...за 50 лет. Т. 1. С. 225.

〔2〕　*Баршев С. И.* О необходимых гарантиях уголовного суда// Русский вестник. 1859. Т. 20. Кн. 2. С. 185-220.

〔3〕　*Чебышев - Дмитриев А.* Начала французского уголовного судоустройства: лекции // Юридический вестник. 1863. Кн. 1. С. 67-98; Кн. 3. С. 38-68; Кн. 6. С. 52-80; *Его же.* Очерк уголовного процесса в Англии, Франции и Германии // Отечественные записи. 1861. Т. 138. С. 397-436; Т. 139. С. 179-224.

〔4〕　*Кистяковский А.* Очерк английского уголовного процесса //ЖМЮ. 1860. Июнь. С. 367-424; Сент. С. 405-436.

〔5〕　И. В. 格森引用了奥尔洛夫贵族会议给沙皇的呈文。（ Указ. соч. С. 98-99. ）

　　法院改革中当时最为轰动的新鲜事物同时也是最重要的特点是俄国立法创制实践中第一次公开地进行改革，社会公众"公开"参与，而且不仅是贵族参与（这就与叶卡捷林娜二世法典委员会不同，参与法典委员会的只不过是专门选举出来的人）。1862 年 9 月底，布特科夫委员会起草的并刚刚由参政院和沙皇陛下亲自批准的《民事诉讼和刑事诉讼构想与基本条例》向公众公布（仍然是那位扎鲁德内专门坚持这样做）。之后，委员会主席立即要求司法与行政领域的活动家们和法学家们相助，并且通过期刊向所有对法院改革问题感兴趣的人请求协助。几个月的时间内就收到了 448 份意见书，其中 321份来自司法部门的人员，127 份来自其他的人（也包括一些匿名的反馈意见）[1]。在国务委员会办公厅收到的对《基本条例》的反馈意见中，除了著名的学者和高级审判机关和检察机关的实际工作者的名字外，还可以找到比萨拉比亚州出生的巴哈诺大、切尔尼戈大省的地主卡里诺夫斯基、卡卢加省的贵族加甫里尔·巴坚科夫、坦波夫省委员会委员克留科夫斯基、格里戈里·沙利科夫公爵、瓦尔代的地主彼得·休金、"赫尔松省因病辞职的特别委托官"马卡罗夫等人的意见书，更不用说几百位名不见经传的县司法稽查官和县法官。他们当中还有那时不为人知的但很快声名大振的律师 A. A. 亚历山德罗夫（B. 扎苏里奇案辩护人）和后来成为守旧主义思想柱石之一的梅谢尔斯基公爵。

　　M. A. 菲利波夫所引用的各地对《基本条例》的反馈意见与后来出现在《司法章程》文本的内容惊人地（可能也并不是偶然的！）一致[2]。除了一致支持改革的思想、基本原则以外，其中还可以找到一堆关于俄国法院"可悲惯常做法"的文献[3]，这实质上是关于俄国法院状况和改进这种状况即进行改革的社会舆论的一个横切面。

　　考虑到提出反馈意见的绝大多数人——用 И. B. 格森的话说——都是"穷乡僻壤的改革前法官"，那么，那种认为司法改革的反对者只是把法院变

---

〔1〕　回馈的意见在《俄国司法改革卷宗》中占六卷之多，而单独的一卷（按条款整理的意见集）是《反馈意见概述》，参见 Судебные уставы...за 50 лет. Т. 1. С. 166-177; Гессен И. В. Судебная реформа С. 77-106.

〔2〕　Филиппов М. А. Указ. соч. Т. 1. С. 73-75, 174-182, 195-196 и др.

〔3〕　《反馈意见概述》，见 Гессен. И. В. Указ. соч. С. 77-97.

成了"肥缺"的司法官员的看法是值得怀疑的[1]。对反馈意见的分析表明，法院的改革是倍受期待的，而且改革完全符合高层和低层对改革必要性的认识。

《基本条例》的发表是政府承认俄罗斯人民已经成熟的行动，也是可能考虑社会舆论的行动。社会的期待在某些情况下甚至比"司法改革之父"们的激进主义更为激进，之后保守主义的同时代人还曾长期责难他们的激进主义，那些保守主义追随者甚至到了21世纪初还在责难他们。换言之，如果说反馈意见没有成为《司法章程》文本司法的直接渊源，那么，它们的内容也使"司法改革之父"们确信，他们站在俄国法院改革的正确道路上。

**俄国的政论**也对期待中的司法改革和《基本条例》作出了积极的反响。以下这些重要政论杂志和报纸刊登了大量的关于法院改革的政论文章：《当代人》（1863年第1期—第4期）、《祖国记事》（1862年第11期）、《俄罗斯通报》（1862年第40期、第42期、第45期、第46期）、《日报》（1863年第7期、第8期、第11期）、《呼声报》、《俄罗斯参考消息报》、《俄罗斯言论》月刊、《俄罗斯残废军人报》、《祖国之子报》、《圣彼得堡新闻》、《我们的时代》、《当代大事记》、《北方蜜蜂报》、《北方邮报》、《人民财富报》、《军事汇编》月刊，等等。[2]

虽然社会政论文章传统上就是众说纷纭的，但是对于法院改革却都一致采取了赞同的态度，这是毋庸置疑的。著名的国务活动家 M. T. 洛里斯·梅利科夫看得非常准确，他说："在欧洲，新闻界是社会舆论的表达者，而俄罗斯与欧洲不同，新闻界却在影响着社会舆论的形成。"[3]

然而，应该牢记的是司法改革历史学家 M. K. 科罗特基赫的保留意见。他认为，在评价俄国政论对司法改革的反应时必须记住：其一，在19世纪60年代的俄国，报刊中还不存在反对政府报刊中发表反对派意见的传统；其二，

---

〔1〕 可参见 например：Российское законодательство X‐XX вв. Т. 8. Судебная реформа. М.：Юрид. лит.，1991. C. 7.

〔2〕 与司法改革的准备有关的政论文章的完整目录，可参见 Систематический указатель русской литературы по судоустройству и судопроизводству гражданскому и уголовному：в 2 т. / сост. А. Поворинский. СПб.，1896；СПб.，1905.

〔3〕 Всеподданнейший доклад М. Т. Лорис-Меликова // Былое. 1918. № 4. C. 160.

当时的报刊还取决于书刊检查，所以在合法报刊中便不可能出现直接谴责君主所批准的措施的那种材料。

斯拉夫主义者对《司法章程》编纂者们依据外国模式的做法唠唠叨叨，站出来提出批评的还有一些农奴制改革家——舍维廖夫、科舍廖夫、萨马林、切尔卡斯基公爵[1]。原则上拥护司法改革的人也对某些规定提出批评，如法官不可撤换，因为这是有危险的，在法官不足时就会有一些坏人进入，而再也不能把他们拿掉了；В. Д. 斯塔索维奇对检察院条例提出批评。因此，我们应该指出的是，不知书刊检查为何物的外国报刊却对司法改革作出了正面的回应。

关于社会舆论的意义，前面提到过的米特尔迈耶尔在1864年写道："俄国立法最近两年对诉讼制度的改革可以成为社会舆论力量和意义的极好证据。它向我们表明，过时的秩序不能再继续存在下去的这种信念逐渐加深，它如何摧毁了最强大的障碍。激发人们去实行新的、更好的制度。"[2]

"知识渊博的人们"的意见和建议与有关外国立法，以及我国法学家们的理论研究，一起构成了对司法改革草案进一步加工的基本材料。在那些岁月，这样的公开性被理解为前所未有的相互信任和执政当局与知识分子良好协作的特征。


# 第三章　司法改革：原则和基本制度


《司法章程》，正如那些言词犀利的政论家们所说的，这部"俄国法律工作者的第二《福音书》"[3]，于1864年11月20日由沙皇批准了。它翻开了俄国法院史上新的光辉的篇章。它的内容如果说不是法院的主权化，也至少是法院的自治化。

亚历山大二世在《关于批准〈司法章程〉的宣言》中强调指出：重建的

---

〔1〕　Судебные уставы...за 50 лет. Т. 1. С. 158 и след.

〔2〕　Судебные уставы...за 50 лет. Т. 1. С. 131.

〔3〕　ПСЗ. Собр. 2-е. Т. XXXIX № 41475-41478.

司法机关的权力适用于"所有阶层的人和所有的案件，无论是民事案件还是刑事案件"，同时又保留着一系列特别的法庭——宗教法庭、军事法庭、商事法庭、农民的乡法庭和"异族人法庭"。皇帝自己也不受新法院的管辖，皇帝依法在任何情况下不得被任何人追究法律责任。[1]

在专门谕令中，亚历山大二世也让人们注意新法院的普遍性和代表一切等级的性质，该谕令同时规定将《司法章程》报送参政院公布。沙皇写道："在审查了这些草案以后，我们发现，它完全符合我们的愿望：在俄国建立快速、公正、仁慈和我们国民人人平等的法院，提高司法权的地位，赋予它应有的独立性，并且在我们的人民中树立对法律的尊重，没有这种尊重就不可能有社会福利，同时对法律的尊重也应该成为不分高低贵贱的所有人的永远的指南。"[2]

一个半世纪以前的这个最高谕令，即使在今天仍然没有失去自己的现实意义，它被当时的法官们所接受，是作为写在最高当局授予新司法部门职业大旗上的一个口号。它，也就是这个部门，用同时代人的话说，"不仅应该高举这面旗帜，保持这面旗帜的荣耀和尊严，而且必须时刻如履薄冰一般不要背叛自己的职责，让它没有污点没有损坏地一代一代地传下去。"[3]

1880 年 А. Ф. 科尼在圣彼得堡法律协会所作的《司法改革与陪审法庭》报告中不无根据地指出："俄国司法改革的起源和发展是有意义的而且将永远有着巨大的意义。这个意义不只是对一个历史学家，而且对法学家也是存在的……。法学家会在司法改革的历史中找到审判程序发生根本性变化的广阔而光辉灿烂的画卷，会了解立法工作，而这个立法工作就其完整性和意义而言值得深入的研究。"[4]

1864 年 11 月 20 日《司法章程》在那个时代所有的法律文献中占据着独一无二的特殊地位。任何文献都不曾引起过而且也不曾到今天仍然引起如此矛盾的甚至是完全相反的评价和议论。我们认为这个现象的原因在于：《司法

〔1〕 Там же. № 41475.

〔2〕 Там же. Отд. 2. Т. XXXIX. С. 180.

〔3〕 *Муравьев Н. В.* О судебной службе（1886 г.）// *Муравьев Н. В.* Из прошлой деятельности. Т. 1. Статьи по судебным вопросам. СПб. ，1900. С. 277.

〔4〕 *Кони А. Ф.* Собр. соч. : в 8 т. Т. 4. М. ，1967. С. 201.

章程》不仅仅是关于法院组织的法律和关于诉讼的法律，而且它的思想内容和政治内容、它的"宪政潜力"意义也毫不逊色。

无论多么难以置信，对司法改革这个方面的评价上，自由主义者的观点和即使是最肆无忌惮的保守派（包括他们的现代追随者）的观点竟然惊人的一致：不管是自由主义者或者保守主义者，都认为改革是与"我们国家生活与社会生活的特点"相抵触的。关于这一点，例如，著名的自由主义者 A. A. 日日连科说："不能不承认，《司法章程》确实如同一个楔子打进了我们建立在改革前时代基础之上的国家生活和社会生活的一般条件之中。"[1]

但是，司法大臣 H. B. 穆拉维约夫在 1894 年重审《司法章程》委员会成立的报告中说："由于这个（西方的——作者注）影响，俄罗斯获得了相当严整的诉讼法典，它完全适合在任何西欧国家适用，但却并不完全适合具有自己历史特质的我们祖国的条件。"[2]

此外，可以得出一个结论认为：正是《司法章程》使国家制度具有了某些宪政法律秩序的要素（独立自主的司法权）[3]，1864 年司法改革使俄国专制制度"染上了宪政体制的微生物"[4]。

虽然也在某种"许可"的条件下，H. H. 波利扬斯基直截了当地指出："《司法章程》——这是我们的第一个宪章。它第一次规定了反对专横和政府裁量的法律保障。"[5]

即使是像 B. Я. 福克斯那样的保守派也承认："1861 年—1864 年的理论家们所考虑的不仅是改善民事案件和刑事案件的审理方式，而且要建立能够促

---

[1] *Жижиленко А.* Общий очерк движения уголовно-процессуального законодательства после 1864 г. //Суд и права личности: сб. статей под ред. Н. В. Давыдова, Н. Н. Полянского. М. : Статут: РАП, 2005. С. 76.

[2] Дело Выс. Учр. Особого в составе Государственного совета совещания для подробного обсуждения законопроектов по пересмотру законоположений по судебной части// РГИА Ф. 1587. Оп. 1. Д. 1.

[3] *Скрипилев Е. А.* 《Императорская партия》 в борьбе против конституции и конституционализма // Государственный строй и политико-правовые идеи России второй половины XIX столетия. Воронеж, 1987. С. 85.

[4] *Szeftel V.* The Form of Government of the Russian Empire Prior to the Constitutional Reforms of 1905-1906 // Essays in Russian and Soviet Hisrory / ed. by J. S. Curltiss Leiden, 1963. P. 1-24.

[5] Судебная реформа / под ред. Н. В. Давыдова и Н. Н. Полянского. Т. 2. М. , 1914. С. 26.

进国家机制本身随着时代潮流进行改革的法院"，"新的法院不仅要保障民事案件和刑事案件的正确解决，而且要成为反对警察擅权和反对行政干涉公民个人自由的强大武器，成为一种政治上的人身保护令，即成为不久的将来整个宪法秩序武库中的出发点"[1]。

1864 年政权与法院之间产生了众所周知的紧张关系。保守派官僚们主张维护"警察国家"，而自由主义改革派力争变革俄罗斯专制制度，使之适应时代的要求（也与法院相适应），他们之间进行着思想斗争。

改革派法学家们认为，法和法制的思想超出了工具性功能的范围，而成为规范性的功能，也就是说，法和法制不再是执行统治者意志的手段，而起到决定性的作用。归根结底，这就会导致限制君主的权力和承认国民享有公民权。摆脱这种矛盾的办法是集权制国家朝着宪政秩序发展的现代化，"拖着"它接受已经走在前面的《司法章程》，或者保留国家制度不可侵犯并且使司法制度重新回到集权统治习惯观念的窠臼。

可能，将来专制主义的集权传统让位于"司法改革之父"们的法律浪漫主义，**政权本身的形式和本质**也会发生变化。但是政权选择了第二种方案。在改革后的几十年里，当局都借助于对《司法章程》的大量修订，努力"恢复和谐"，而使法院回到听命于专制制度的习惯状态[2]。

那么，《司法章程》所确定的新司法制度的最重要参数是什么呢？众所周知，《司法章程》由四部书组成。第一部书是《法院组织章程》，用现代语言来说就是法院组织法。第二部书和第三部书是《民事诉讼章程》和《刑事诉讼章程》，也就是成文法，是两部诉讼"法典"，分别规定民事诉讼和刑事诉讼。稍微特殊的是第四部书——《和解法官可以科处的刑罚》，这实质上是一部和解法官在审理轻微刑事案件时应该适用的"小刑法典"。

**司法权**　在俄国立法史上，《司法章程》里第一次出现"司法权"这个术语。"司法改革之父"们按照孟德斯鸠的三权分立理论原理，规定建立自主的、独立于行政权的司法制度，由《法院组织章程》第 1 条所列举的司法机

---

〔1〕　*Фукс В. Я. Суд и полиция：в 2 ч. М.，1889. Ч. 2. С. 2.*

〔2〕　正是在 1917 年 2 月沙皇专制制度垮台和开始实际建设资产阶级国家体制以后，才成立了恢复《司法章程》的专门委员会，这就不足为奇了。

关行使司法权。

但是不应该就此得出结论，认为这位法国思想家的思想已经在《司法章程》里被直截了当地固定下来了。这不足为怪，因为改革毕竟是在一个绝对君主制的国家进行的。人们把 1864 年出现的司法权的起始基础称为它来源于君主政权的派生性，而且这里指的不是君主主义者们的著作[1]，他们甚至在 1906 年以后还认为俄国依然是一个专制主义的君主制国家。

自由主义法学家们却承认司法权派生于沙皇政权的现实性[2]。1832 年基本的国家法律还"不知道"司法权为何物。只是到了 1906 年，法律才规定"由法律规定的法院以皇帝陛下的名义行使司法权，法院的判决以皇帝陛下的名义执行"[3]。法院的每个民事判决和刑事判决的开头就要有"根据沙皇陛下的命令"语句（《刑事诉讼章程》第 796 条）。

在立法中很容易发现司法权与皇帝最高权力相联系的痕迹（任命普通法院的法官、对最高三等的官吏提起法律追究——而从 20 世纪初开始，则是对参政院和国家杜马成员提起刑事追究，将案件移送参政院特别法庭或最高刑事法庭审理，特赦令、减轻刑罚、对特别重大的国事罪任命人员进行调查，等等）。

但是其他国家机构（例如省当局），首先是涉及行政权的机构对司法权的干涉，在 1864 年以后应该是终止了。生活表明，在同法院的关系上，行政权很难告别旧的集权主义习惯，在改革后的时期特别是 20 世纪初，还经常寻找一些"游击"方式去干涉司法机关的活动。

尽管司法权是新的俄国政治法律现实，但是《司法章程》生效后不久便出现了针对俄国改革后的实际来分析这一现象的研究成果[4]。司法权的合法

---

〔1〕 可参见 *Захаров Н. А.* Система русской государственной власти. М., 2002. Гл. 5. Судебная власть. С. 170-175（该书写于 1902 年）。

〔2〕 参见 *Случевский В. К.* Учебник русского уголовного процесса. Введение. Ч. 1. Судоустройство. М., 2008. С. 105. 该书于 1891 年—1892 年首次出版。

〔3〕 Свод законов Российской империи. Т. 1. Ч. 1. Ст. 22. 1906 年版。

〔4〕 对实现《司法章程》中独立司法权思想的第一部严肃研究成果是 М. А. 菲利波夫的基础性著作《俄国的司法改革》（СПб., 1871: в 2 т. Т. 1. С. 39-47, 422-622）。

性、充分性、排他性和独立性被认为是其本质特征。[1]

司法权的**合法性**表现在规定司法机关必须服从实体法和程序法的要求。必须服从法律，在全部活动中必须遵循法律的规定，从而使司法权成为一个受法律约束的权力，并且决定着司法机关只有基于法律规定的行为才具有法律效力。

司法权的**排他性**意味着不应该由法院和其他国家机关来瓜分司法权；这应该保障高质量地行使法院职能，并预防分属不同权力分支的国家机关之间发生交叉，促进司法传统和司法统一的形成。《司法章程》的一系列条款规定只有法院才能审理和判决民事案件和刑事案件，从而确立了司法权排他性的思想（《法院组织章程》第1条—第2条、《民事诉讼章程》第1条、《刑事诉讼章程》第1条和第14条）。

司法权的**充分性**表现在它毫无例外地适用于俄罗斯帝国的全体国民；全体国民在国家法院面前一律平等。而法院则有权和有可能得到所有机构和人员的支持，这种支持对于完成司法的任务可能是必不可少的。

司法权的**独立性**表现为它独立于其他权力，首先是独立于行政权，不允许任何人干涉审判事务。Л. 托克维里准确地指出：法院干涉行政部门是有害的，而行政干涉司法活动则会使人们沦丧，并使人们中间产生奴隶和革命者。然而在俄国，执政者当局的习惯最终比法律更强大，所以在改革后的几十年里又实行了大规模的行政权干涉司法的措施。

**法院组织与诉讼原则** 《法院组织章程》第1条开宗明义地规定了法院独立和司法权与行政权分立的基础原则。它标志着附属性法院时代的终止和行政干涉法院活动时代的终结。

法院成为一切等级的法院，也就是规定了帝国的全体百姓在法院面前一律平等。然而，1864年《司法章程》本身却含有偏离这一原则的内容，对农民保留了原来的等级法庭和对"异族人"的特别法庭。

---

〔1〕 参见 *Случевский В. К.* Указ. соч. С. 106-112；*Розин Н. Н.* Уголовное судопроизводство. Пг.，1916. С. 107-111. 包括19世纪后半期俄国在内的司法权问题文献概览，可参见 История российского правосудия / под. ред. Н. А. Колоколова. М.，2009. С. 10-57；*Его же.* Судебная власть：о сущем феномена в логосе. М.，2006.

《司法章程》在严格规定各个审级法院权限的基础上建立法院体系。法院独立性是通过法官**独立性**来保障的。实践表明，建立新法院的所有这些原则，以及以下叙述的刑事诉讼原则，都受到过有目的的腐蚀。

1864 年《司法章程》也给俄国审判程序带来了深刻的变化，发生变化的基础就是自由主义原则（苏联文献中称之为资产阶级民主原则）。首先表现为民事诉讼和刑事诉讼赖以建立的四项基础原则：诉讼的**言词原则**、**直接原则**、**公开性原则和辩论制原则**。

这就是说，侦查中搜集的或诉讼当事人提交的所有证据，都应该在法庭调查中重新审查，改革前法院允许的"书审"消失了，法院的大门为公众而打开，这就为审判的社会监督创造了条件。法庭审理成为当时唯一公开进行的国家活动领域。法院成为老百姓"培养法律意识"的独特的学校，这不能不有助于法院在社会公众心中威信的提高。对于民事和刑事两种形式的诉讼都具有决定性意义的是辩论制，它表现为在法院主持下的刑事诉讼中控辩双方和民事诉讼中原、被告双方提交证据、审查证据、解释案情等方面均享有平等的可能性。

除了这些共同的诉讼原则外，1862 年《司法改革基本条例》还分别规定了刑事诉讼和民事诉讼的原则，在《刑事诉讼章程》和《民事诉讼章程》中这些原则都得到了更详细的规定。

**刑事诉讼原则**包括：

——废除形式证据理论，根据法官基于在侦查和审判中发现的案情的总和而得出的内心确信作出刑事判决；

——要求作出明确判决，也就是说，要么对受审人判刑，要么宣告受审人完全无罪；不允许像旧法院实践中那样留下嫌疑；

——《刑事诉讼章程》第 1 条表述的要求："未依照本《章程》规则规定的程序追究责任（即已经生效的刑事判决确定刑事责任），任何人均不得因犯罪或其他违法行为受到刑事追究"；

——侦查与警察侦缉分开；起诉权与审判权分开；

——对受审人实行无罪推定；

——保障受审人的辩护权；

——在应该判处刑罚并处剥夺或限制公权的犯罪案件中，应该由陪审法庭确定受审人的罪过和无罪（国事罪案件除外）；

——每个案件实行两审终审。

这些原则保证了在西方经过几个世纪检验的刑事诉讼原则基础上实现刑事诉讼的现代化。

民事诉讼原则包括：

——取消基于主观权利和合法利益与一般民事诉讼和世袭领地法庭诉讼之间的区分以及各种民事诉讼的区分；

——各方当事人均享有获得专业法律帮助的权利；律师可以作为代理人参加民事诉讼；

——实行两种诉讼程序：普通程序和简易程序；

——对当事人提交的证据不再由警察审查，而由法庭自己审查；

——限制当事人在民事诉讼中递交文件的数量（每方不超过 2 份）；

——整个诉讼程序和诉讼文件均向当事人公开；

——取消递交不正确诉状的罚金和递交被法庭认为不正确的上诉状的罚金。

所有这些规则和原则都使民事诉讼更为机动灵活，更少形式化、更公开和更直接，这在俄国改革后时代经营活动迅速发展的条件下是非常重要的，当时需要快速和可靠地保护民事流转主体的财产权和债权。

有意思的是，民事诉讼基本原则与刑事诉讼的原则不同，在改革后的时期和 20 世纪初并未遭受重大的改变，这在很大程度上是由于它无关乎对政治反对派的追究（政治司法）。

**新的法院体系** 《司法章程》建立了两个"平行的"法院体系——地方司法机关和普通法院（《法院组织章程》第 1 条）。按照"司法改革之父"们的想法，和解法院应该成为"依良知审判的法院"与和解调停人。法院的第二个分支被认为是"依法律审判的法院"。后来这个区别完全消失了，不论是和解法院还是普通法院，都成了"依法律审判的法院"。

地方法院的代表是代表一切等级的和解法官（区段和解法官、县和解法官）。

作为普通司法机关设立了区法院（俄国总共设立了 106 个区法院）、高等法院（截至 20 世纪共有 14 个）、参政院上诉审判庭。

特别重要的一点是，必须指出，区法院和高等法院的活动区域称为法院辖区，它的边界与各省和县的地域是不一致的，而依照一个地区的人口和诉讼案件量来设立法院（《法院组织章程》第 77 条和第 110 条）。一般说来，一个省的范围内有两、三个区法院，而在一个高等法院的辖区内则包括几个省。这个原则成为行政权干涉审判活动"传统"的相当大的障碍，所以它引起行政权的特别恼怒就毫不奇怪了。[1] 上诉法庭的权力及于俄国全境。

改革按照法院的权限把法院分为一审法院、二审（上诉审）法院和三审（申诉审）法院。

例如，和解法院作为第一审级审理了轻微刑事案件和标的额微小的民事案件。超出和解法院管辖的其余案件则由区法院作为一审法院进行审理，但法律规定由高等法院作为一审法院审理的案件除外（国事罪案件和宗教犯罪案件以及职务犯罪案件）。

作为上诉审法院的有县和解法官联合法庭（审理和解法官独任审结的刑事案件和民事案件）和高等法院（审理区法院审结的民事案件以及区法院审结的无陪审员参加的刑事案件）。

参政院上诉审判庭（刑事上诉审判庭和民事上诉审判庭）是唯一的最高上诉审级，它的建立是为了对已经发生法律效力的刑事案件判决和民事案件判决按照形式根据进行再审。参政院还负有一个使命，那就是保证司法实践的一致性、维护司法程序规则和保障帝国各级法院适用诉讼规则的一致性，以及进行法律解释等。

1864 年《司法章程》（《刑事诉讼章程》第 1062 条—第 1065 条）规定作为特别审级的法庭建立的最高刑事法庭，"如果在国家的不同地方发现共同阴谋反对最高政权或反对法律规定的执政方式或皇位继承方式，就会遵照最高

---

〔1〕 参见 Выс. учр. Комиссия для пересмотра законоположе-ний по судебной части. Подготовительные материалы. Т. X. СПб. , 1895. С. 3 и след. 有意思的是，2013 年在讨论俄罗斯建立行政法院的问题时又重新建议回到法院辖区与行政单位"不得重合"的原则，但这个建议被推翻了。

命令在该法庭审理案件（《刑事诉讼章程》第 1030 条）"。它不是一个常设机关，而是一个 ad hoc（临时专设）法庭，亦即"准程序"，它审理最危险的"最不一般的"反国家行为，一般是针对沙皇本人的犯罪行为。最高刑事法庭的构成由《刑事诉讼章程》明文规定：庭长是参政院主席，成员是参政院各厅的厅长以及参政院上诉审判庭庭长和部务会议主持人。

《司法章程》规定实行新的法官干部**遴选办法**。和解法官由县国民会议选举产生（在城市则由市杜马选举）并由参政院第一厅批准。区法院和高等法院的皇家法官以及参政院上诉审判庭的法官则由沙皇根据司法大臣的提名任命。

司法改革最重要的新政是"人民分子"参加刑事案件的审理。例如，区法院审理刑事案件，如果受审人可能被判处刑罚并剥夺或限制公权（人身与公民权利和优待），则陪审员参加庭审。陪审员遴选办法是：将省里符合法律（《刑事诉讼章程》第五章）规定条件的居民列入一个总名单，再由诉讼各方当事人从总名单中抓阄选出 12 位普通公民担任陪审员。陪审员只是独立地、在没有任何人参与的情况下解决一个事实问题：受审人对被指控的行为是否有罪。

高等法院在作为一审法院审理国事罪、宗教犯罪和职务犯罪时，参加庭审的有等级代表（省和县的贵族代表、法院辖区内某一个市的首脑和一名乡长）。他们与陪审员不同，他们既要参加解决事实问题（有罪无罪），还要参加解决法律问题（行为的定罪和处刑），而且他们与皇家法官一同来做这些事，皇家法官人数也更多（5 名），这样一来，实际上就已经预先决定了刑事判决的实质。

在改革后的时期，这两种制度都受到抨击，而且如果说陪审法庭受到的批评来自保守派、反动新闻界[1]，那么贵族代表法庭则让职业法官们难以接受[2]。

除和解法院和普通法院外，还有军事法院系统（在司法改革后它们很快

---

〔1〕  然而，甚至是像 B. Я. 福克斯那样的保守主义者也承认，"陪审法庭是我国司法改革的重心"，参见 *Фукс В.* Указ. соч. Ч. 1. С. 97.

〔2〕  Выс. Учр. Комиссия для пересмотра законоположений по судебной части…Труды. Т. 1. СПб. , 1895. С. 232 и след.

也被改革了）、教会法庭和商事法庭[1]。

由此可见，《司法章程》规定了在完全现代的（即使是按照今天的标准）原则基础上建立和运作的相当简单、明确和有机的法院体系。

但是，我们在分析新法院体系的进步性时还是应该说明，在俄罗斯帝国于广袤的大地上不慌不忙地推行《司法章程》的时候，《司法章程》遭到了变异、修正甚至"阉割"。

旧的法院，用 А. Ф. 科尼的话说，"这座没有公正审判和不守法律的可悲的纪念碑"[2]，已经渐渐成为过去[3]。"改革前法院的罪过是如此显而易见和骇人听闻，不论在 19 世纪后半期的政论当中还是在科学文献中，都受到如此广泛的和根本的谴责[4]，更不用说苏联的文献了。以至于给人的感觉，用一种形象的说法，就是改革前的制度'被打进了杨树楔子'而永世不得翻身。但完全令人意想不到的是，改革前的法院竟然在 Б. Н. 米罗诺夫当代的基础性研究《俄罗斯社会史》中实质上得到的是颂扬。"[5]

杰出的俄罗斯法学家、
五等文官 А. Ф. 科尼

他阐述了一系列的观点。有些人认为改革前的法院在所有指标方面都不如 1864 年《司法章程》所建立的法院，

---

〔1〕 我们不把它们看作 1864 年《司法章程》所设立的司法制度之外的制度。

〔2〕 *Кони А. Ф.* Отцы и дети Судебной реформы. М., 1914. С. II.

〔3〕 然而，这个过程持续了 40 年之久：正是花了这么长的时间，《司法章程》才在俄罗斯帝国的某些角落里得到施行。在它们产生之前，那些地区仍然是改革前的"旧的"法院在进行审判。

〔4〕 详见 *Джаншиев Г. А.* Основы Судебной реформы（к 25-летию нового суда）. Историко-юридические этюды. М., 1891. С. 10－26.

〔5〕 *Миронов Б. Н.* Социальная история России периода империи（XVIII-начало XX в.）. СПб., 2003. Т. 2. С. 56 и след.

他的观点正是对这种根深蒂固的否定改革前法院的态度提出了质疑。他认为一个重要的论据是改革前的俄国犯罪率更低、破案率更高，而且改革前法院的刑事判决与改革后相比甚至更为公正。同样令人难以置信的是，他实质上是赞扬改革前法院的受贿行为，说什么贿赂并不是腐败的工具，而是加快诉讼的手段。

我们的任务并不包括对 Б. Н. 米罗诺夫的著作进行专门分析，我们只是要指出，犯罪率取决于法院机关状态的程度也许是排在最后的[1]，而将被撤销的刑事判决数量与判决的公正程度进行关联，而完全不考虑全新的上诉制度，这是不完全正确的；至于受贿这种现象，还是应该倾听一下同时代人的大量评价，他们毕竟曾经亲眼看到它如此肆虐。[2]

但是 Б. Н. 米罗诺夫的另一个观点更值得进行详细的回应，它与作为本书研究对象的司法权有着密切的联系。譬如，他在质疑对改革前法院的传统批评时，阐述了一个难以置信的但实质上是一个反问的问题："法院如此腐败和绝对无所作为，社会和国家又怎么可能存在几百年（1864 年改革前——作者注）？"这个问题值得我们研究和回答。

法对于政府合法化的作用问题，对于其他统治者而言是重要的，但在俄国，在专制制度面前却是不存在的。传统执政者的政权对自己信心满满，没有"无聊的法律"也一样不成问题。在专制制度的政治文化中，司法活动从来都不曾受到重视。不受任何约束的统治是它的自然状态；它赋予俄国君主制一种光环和魅力，它使君主制的最伟大胜利成为可能[3]。

各个时代（19 世纪中叶以前）的法院都只不过是宏伟而威严的行政体系中不令人看好的附属品。此外，在很多情况下，譬如说，在追究政敌以及各种"沙皇和祖国的敌人"的问题上，司法形式的镇压和行政形式的镇压是很

---

〔1〕　早在 19 世纪和 20 世纪更替之时，俄罗斯犯罪学就对犯罪的原因提出了很有分量的评价。参见 *Гернет М. Н.* Социальные факторы преступности. М.，1905；*Чарыхов Х. М.* Учение о факторах преступности. Социологическая школа в науке уголовного права. М.，1910. С. 135—136.

〔2〕　也许，参议员 К. Н. 列别捷夫最为形象地表达了这一现象的本质。他写道，一个近距离了解俄国司法机关的人"可能患病或精神失常，因为它是如此腐臭"。参见 *Колмаков Н. М.* Старый суд：очерки и воспоминания // Русская старина. 1886. № 12. С. 527.

〔3〕　*Уортман Р.* Властители и судьи. Развитие правового сознания в императорской России. М.，2004. С. 469.

难区分的。不仅在政治司法上，而且即使在刑事诉讼和民事诉讼中，法院也不是完全独立的。内务大臣 C. C. 兰斯基有一句名言，说在改革前的俄国"行政骑着司法"，它极其准确地说明了法院在专制俄国的国家体制中的地位。

因此并不能认为，16 世纪到 19 世纪中叶的俄国法院是制度的可靠支柱，法院的状况可能对它的稳定性产生严重影响。相反，由于 1864 年司法改革的结果，司法权便作为一个独立的权力现象分立出来，这产生了久远的后果。当局在 1864 年"让杜松子酒从瓶子里流出来"以后，又对此感到可惜，就试图再让它回去，这也不是毫无成效的。然而在新的条件下，司法权很快具有了对社会和整个国家机器的重要意义。正是在 19 世纪后半期可以将司法权视为国家制度的重要组成部分。

但正如保守派报刊所写的那样，法律工作者们，特别是司法部门自由主义者们，力求感觉到自己是"官僚阶层的老爷"，大谈自己的独立性。这就导致了司法部门和内务部的长期对立，而内务部恰恰是一个极其重要的、关键的行政机构，这就不能不影响到 19 世纪后半期到 20 世纪初期整个国家机体的健全。

**法律制度的改革** 1864 年司法改革的系统性、综合性要求对与法院有关的、保障法院运作、实现诉讼基本原则（如辩论制）的法律制度进行相应的改革。

1. **法院侦查员**。侦查的改革稍早于司法改革本身。1860 年 6 月 8 日通过了《法院侦查员规章》和《对法院侦查员的训示》[1]，这两个文件确立了俄国职业侦查部门的出现。而且这不是一个从前警察所从事的行政活动部门，而是一个司法部门。

在 1862 年的《俄国司法改革基本条例》中，这个新的制度是与设计中的法院体系相配合的，确定了刑事诉讼中这个（审前）阶段的原则，首先是起诉权与司法权的分立。

依照《司法章程》的规定，只有在侦查中搜集的材料才在法庭上具有证

---

〔1〕 Выс. утвержденное. Учреждение судебных следователей от 8 июня 1860 г. // ПСЗ. Собр. 2-е. Т. XXXV. Отд. 1. № 35890. Выс. утв. Наказ судебным следователям от 8 июня 1860 г. // ПСЗ. Собр. 2. Т. XXXV. Отд. 1. № 35891.

据效力。"侦查员是诉讼的基石、基础，他决定着以后整个诉讼的基调和方向"——П. Н. 奥布宁斯基这样高度评价这一制度对于刑事诉讼的意义[1]。法院侦查员具有法院工作人员的法律地位，享有不可撤换权[2]。在进行侦查时，他们接受区法院检察长的监督（《刑事诉讼章程》第二编《侦查》）。

2. **检察院的改革。** 从 1722 年起就存在的并且由于司法改革而被改组的检察院，除了昔日"对一致地准确地遵守法律"实行监督的职能外，又第一次获得了在刑事诉讼中的起诉职能。检察院设置的原则是"设立于法院而独立于法院"，并且由两条线的机关组成：参政院检察厅和高等法院检察院（即高等法院的检察院和区法院检察院）。这些检察院都是相互独立的，只由司法大臣作为总检察长把它们联合在一起（《法院组织章程》第 124 条）。

区法院的检察长们由司法大臣根据高等法院检察长的提名任命，而参政院上诉审判庭的检察长则由沙皇根据司法大臣的提名任命（《刑事诉讼章程》第三编）。

3. **律师组织的建立。** 如果没有独立的、享有崇高道德威望的律师，《司法章程》规定的辩论制诉讼程序是不可想象的。这样的律师组织是以律师行（协会）的形式附设于高等法院的。加入律师协会的先决条件是教育资格（必须具有高等法律文凭）和在法律部门的工作经验。只是到了 1864 年，俄罗斯律师组织才建立起来，它成了欧洲最年轻的律师组织（《法院组织章程》第九编第二章）。

4. **公证机构。** 1866 年批准了《公证暂行条例》，该条例也列入《司法章程》。各地依法撤销以前的所有公证机构、公证官员以及"公共公证员"。公证行为的实施和文书的认证由初级公证员和高级公证员或者代理其职务的公职人员完成。

公证处虽然在法院监管下开展工作，但是它使法院摆脱不属于法院职能的各种文件和法律行为的认证事务，这样一来，法院又得以减少处理大量与违反法律行为形式有关的诉讼案件。

---

〔1〕　*Обнинский П. Н. Сборник статей к юбилею Судебной реформы.* М.，1914. С. 155–156.

〔2〕　后来由于实行"代理侦查员"制度，法院侦查员的不可撤换权（连同他们的独立性）实际上被取消了。

公证员办公室 （19 世纪 90 年代初）

彼得堡公证员 K. Ф. 勒里赫和家人

右起第一人是他的儿子 H. K. 勒里赫，曾就读彼得堡大学法律系学生
后来成为伟大的画家尼古拉·康斯坦丁诺维奇·勒里赫

**5. 法警**。法院得以设置独立的执行机关——法警，这成了法院与行政分立的最后组织阶段。每个普通法院——区法院、高等法院、参政院上诉法庭——均设立法警，法警的任务是执行法院裁判。法警由法院（区法院或高等法院）院长们或者由参政院检察总监从"守法"的人们中"选举"产生（《法院组织章程》第九编第一章）。

**司法改革的文化法律后果**　与司法改革联系在一起的是俄国出现了严格意义上的法律职业。独立的法官、律师、不可撤换的法院侦查员，他们与法院工作人员、检察官、公证员、法警一起构成了职业法律工作者群体。

新法院中的工作人员获得了对那些以前属于行政管辖并且决不与他人分权的领域的权力。他们把自己的权力归功于职业化，也就是 T. 帕尔松斯所描绘的"职能的独特性"。职业化赋予职业法律工作者现实的权力，当然只是在各自的领域。职业法律工作者行使权力的对象"往往是那些在专门地位、智力成就或道德品质上优越于他们或者自认为超越他们的人们"。由于这一专门化，不仅产生了新的权力形式，而且产生了使法律职业工作者意识到自己的责任、目标和重要性的那种特殊人文精神。在俄国，职业法律工作者不时会碰到目无法纪和主张法律虚无主义的人，这种人文精神就升华为使命感。他们把进行审判视为自己的个人责任，视为以前属于君主特权的权力[1]。

司法改革对于俄国的法学还有一个（虽然是间接的）良好后果，那就是法学教育和与之相联系的法学的迅猛发展。确实，感觉到法律职业吸引力的青年人坐满了俄国各大学法律系的教室。在 19 世纪 70 年代至 19 世纪 80 年代之交，俄国每三个大学生就有一个是学法律的。派遣优秀的法律系毕业生到国外的大学进修、搜集硕士论文和博士论文的材料成了非常普遍的做法。

《司法章程》的通过激励着法学家们积极性的极大提高[2]。著名的民法学家 A. X. 戈里姆斯坚 1905 年 2 月 8 日在毕业典礼上的讲话"法律科学的代表参加民事案件的审理"中，把法律科学和审判称为社会机制的两个强有力的杠杆。他说："法学的兴趣并不因人类大脑求知欲和钻研精神的满足而穷

---

〔1〕　*Уортман Р.* Указ. соч. С. 455.

〔2〕　Вличние реформы на развитие юридической науки // *Судебные уставы ... за 50 лет*. Т. 2. С. 752—765.

尽；法学的兴趣还包括社会服务，促进审判的进行；而审判离开了法学的帮助和促进是不会成功的。"他指出，在司法改革之后，法律科学与俄国司法之间的联系变得更为密切，包括法院与诉讼当事人请求法学家们提出结论意见的做法也开始达到相当的水平。"伟大的 1864 年司法改革去除了法院身上疯狂的形式主义镣铐，使每个法院在所担负的任务的限度内有了行动的自由，而把法院的大门向法学家们的结论稍稍地打开了。"[1]

1864 年以后，以前的法律协会，例如莫斯科大学法学会，开始积极地开展工作，又产生了一些新的法律协会：基辅大学法学会（1876 年）、圣彼得堡大学法学会（1877 年）、喀山大学法学会（1879 年）、新俄罗斯大学法学会（1879 年）以及其他大学的法学会[2]。《司法章程》的各个方面以及适用《司法章程》的实践成了报告和讨论的对象。

1866 年 7 月，莫斯科法学会建立了自己的机关报《法律报》，著名法学家、历史法学派的代表人物 B. H. 列什科夫担任它的主编。从 1806 年起（此处 1806 年为 1860 年之误——译者注）开始出版《法律通讯》月刊。19 世纪 60 年代末开始形成了部门性的法律出版物系统[3]。1859 年出版的《司法部杂志》，虽然它具有官方性质并因而具有某种保守性，但它仍然成为全国最权威的科学出版物之一。还应该指出的是司法部报纸《法律新闻报》，它于 1866 年创刊，1869 年改组成《法律杂志》，司法改革的题目是它版面上讨论最多的内容。

所有俄国大学的法律系都开始出版自己的学报或者学者的著作；地方法学会也出版自己的法律杂志。在法律评论期刊中占据显著位置的是 1871 年创刊的《民事与刑法杂志》（《法律学刊》）。

早在 1875 年，莫斯科就举行了第一次俄罗斯法律工作者代表大会，大会是根据莫斯科大学法律系教授 C. И. 巴尔舍夫、B. H. 列什科夫和国民教育部

---

〔1〕 转引自 Судебные уставы...за 50 лет. Т. 2. С. 754.

〔2〕 *Степанский А. Д.* История научных учреждений и организаций дореволюционной России. М., 1978. С. 48. 详见 *Кожевина М. А.* Становление и развитие отечественной юридиче-ской науки в XVIII-XIX вв. Омск, 2013.

〔3〕 *Кожевина М. А.* Указ. соч. С. 182.

的提议举行的[1]。A. 波沃林斯基的法院组织法和诉讼问题文献指南的问世，成为我国法律文献蓬勃发展和水平提高的独特文献总结[2]。

И. Я. 福伊尼茨基正确地总结说："俄国法律思想总的高涨是《司法章程》的直接和最近的作用。《司法章程》颁布以来的 35 年证明，它是我国立法的丰碑，是伟大解放运动最有价值的骄傲之一，是在我们的生活中确立法制和真理珍贵萌芽的纪念碑。每个俄罗斯法律工作者的神圣职责现在已经明了：那就是维护《司法章程》原则最本原的纯洁性，维护它振奋人心的精神和思想免受任何明目张胆的或者隐蔽的倒退到旧秩序的歪曲和篡改，并且用这些原则的精神促进立法继续发展。"[3]

总之，司法改革为俄罗斯国家体制和社会制度真正实现法制创造了必要条件。庄严宣告法院独立是法制的首要保障，这标志着出现对专制政权的潜在限制。

# 第四章　法院服务与法官职务

行使法院公职人员职能的人被认为是司法官员，而他们的权力与义务以及履行职务行为的总和称为法院服务[4]。按照活动的种类，法院服务分为两类：

（1）具有法官称号的职务（法官，即司法部门具有法官资格的公职人员）。

（2）无法官称号的职务。

我们将在本章探讨具有法官称号的人员进行法院服务时的某些一般规定。

---

〔1〕 Первый съезд русских юритов в Москве в 1875 г. / под. ред. С. И. Баршева, Н. В. Калачова, С. А. Муромцева, А. М. Фальковского. М., 1882.

〔2〕 Систематический указатель русской литературы по судоустройству и судопроизводству гражданскому и уголовному / сост. А. Поворинский. Т. 1. СПб., 1896 (литература за 1801 - 1895гг.); Т. 2. СПб., 1905 (литература за 1896-1904гг.). Всего 18777 наименований. 全书总共收入 18 777 个篇目。如果说 19 世纪后半期法学家们曾经抱怨研究司法改革的专门著作太少，那么 20 世纪初这类文献就足够了。现在说这些著作数量太多了也是对的。

〔3〕 Фойницкий И. Я. Указ. соч. Т. 1. С. 44-45.

〔4〕 Фойницкий И. Я. Курс уголовного судопроизводства. Т. 1. С. 217.

法院体系各个环节中法官的具体法律地位，将在论述相应法院的各章（第二编第一分编）中进行具体阐述。无法官称号的职务（法院侦查员、检察长、律师、法警、公证员）的法律地位将在相应各章（第二编第三分编）中介绍。截至 1892 年，在"内地省份"审理刑事案件的法官人数见表 1.1[1]。

表 1.1　截至 1892 年"内地省份"审理刑事案件的法官人数

| 法官职务 | 人　数 |
|---|---|
| 参政院刑事上诉法庭的参议员（包括部务会议主席） | 20 |
| 高等法院院长和刑事法庭成员 | 95 |
| 区法院院长、副院长和刑事审判庭成员 | 358 |
| 法院侦查员 | 1161 |
| 115 个和解法院联合法庭的区段和解法官与额外和解法官 | 721 |
| 上述和解法院联合法庭的名誉法官 | 788 |
| 区法院的各县法官 | 335 |
| 城市法官 | 355 |
| 1889 年各法院的和解法官 | 2572 |
| 缙绅法官 | 1814 |
| 合　计 | 8219 |

　　本表未列入民事上诉审判庭和民事法庭的人员（400 名）以及华沙区[2]、梯弗里斯区[3]、草原各州和西伯利亚[4]、中亚各地区（45 人）、阿尔汗格尔省、奥洛涅茨、沃洛格达、乌法和阿斯特拉罕等州（424 人）的法

---

　　〔1〕　Там же. Т. 1. С. 219.

　　〔2〕　高等法院和区法院的院长、副院长、法官共 125 人，法院侦查员 121 人，地段和额外和解法官 133 人，格米纳（村社）法官 377 人，高法的法官 1131 人，总共 1887 人。

　　〔3〕　高等法院和区法院的院长、副院长、法官共 117 人，法院侦查员 53 人，名誉和解法官 62 人，地段法官 90 人，法官助理 130 人，候补侦查员 23 人，总共 475 人。

　　〔4〕　省法院和州法院共 30 人，区法院和县法院共 130 人，总共 160 人。

院人员以及参政院其他审判庭（60 人）和商事法院的人员（40 人）。加在一起共计 10 310 人。如果从这个数字中除去所有区段和解法官和名誉和解法官以及波兰的市法院审判员（共计 6315 人）和缙绅法官（1814 人），那么帝国普通法院的法官只剩下 2181 人了。

在涉及 19 世纪末构成法官队伍的这 2000 人大军法院服务的一般问题中，我们想请读者注意司法部门的干部培养和干部政策。司法改革过程中新法院的出现要求在这些问题上进行质与量的改变。

**司法部门干部的培养**　司法部门的法律工作者主要是在各大学法律系培养的。但是随着改革开始进行，就连皇家法律学院这所封闭型的特权学校也明显扩大招生了。这所学校是国务委员会民事厅厅长奥尔登堡亲王彼得·盖奥尔基耶维奇 1835 年"为了教育高尚青年从事司法服务"而用自己的钱开办的（1840 年第一届毕业）。用一位同时代人的话说，在改革后的年代，这所学院成了真正的"法律实际工作者的摇篮"，而且是全国最优秀的高等专业学校之一。

如果说从 1840 年到 1863 年底全俄罗斯有 3500 多一点的人接受了法学教育，那么到 19 世纪末，仅这一所法律学院的毕业生就接近 2000 人。它的毕业生中有赫赫有名的司法活动家和国务活动家，包括区法院的院长和许多检察长——И. И. 柳米纳尔斯基、Д. А. 罗文斯基、П. А. 杰伊耶尔、Ф. П. 伊夫科夫和未来的伟大音乐家 П. И. 柴可夫斯基以及政论家和出版家 И. С. 阿克萨科夫。

在不同年代在该校任教的有俄国的法学名流，如 А. Ф. 科尼、Н. С. 塔干采夫、Ф. Ф. 马腾斯、Л. И. 彼得拉日茨基、В. Д. 拉博科夫（司法大臣之子、著名作家之父）。该校毕业生都会得到一枚镀金胸章，上面的图案是司法部门的徽记，四周用拉丁文书写 *Respice finem*（行事理智，考虑后果）。

1834 年在雅罗斯拉夫开办的杰米多夫学校于 1868 年被改组为杰米多夫法律学校。除亚历山德罗夫学校（皇村学校）、尼古拉耶夫学校和法政学校外，俄国又有了一所专门化的高等法律学校。

**皇家法学院的学生在读报　（1914 年照片）**

但是，司法部门的主要"干部供应者"仍然是各大学的法律系[1]。《司法章程》、新的法院吸引青年人密切关注的目光和兴趣。大学法律系人满为患。19 世纪 60 年代末到 19 世纪 70 年代初，各大学里一半的大学生都是未来的法律工作者[2]。所以顺理成章的是，在很短时间里就为司法部门培养出了相当多的年轻干部，受过高等法律专业教育的司法工作者迅速增加：截至 1880 年，受过高等法学教育的法官在区法院已经占到 83%，在高等法院已经占到

---

[1]　关于司法改革后俄国法学教育的发展，详见 *Ганин В. В.* Государственная политика в области подготовки юридических кадров России（конец XIX–XX в.）：дис. …докт. юрид. наук, М., 2003；*Рассохин. А. В.* Юридическое образование в пореформенной России（вторая половина XIX – началоXX в.）：дис. …канд. юрид. наук. Екатеринбург, 2004.

[2]　Судьбы привилегированных и непривилегированных юристов（к статистике юридического образования в России с 1863 г.）//Журнал гражданского и уголовного права. 1881. № 1. С. 74.

97%[1]。新司法机构中法官的教育程度（截至 1870 年）见表 1.2。

表 1.2　新司法机构中法官的教育程度（截至 1870 年）[2]

| 学　校 | 高等法院，人数（%） | 区法院，人数（%） | 合计人数（%） |
|---|---|---|---|
| 大　学 | 23（44%） | 153（50%） | 176（49%） |
| 法律院校 | 27（52%） | 65（21%） | 92（26%） |
| 皇村学校 | 1（2%） | 9（3%） | 10（3%） |
| 其他学校 | 1（2%） | 80（26%） | 81（22%） |
| 合　计 | 52（100%） | 307（100%） | 359（100%） |

　　但是我们认为，法律工作者所受到的教育，只能部分地说明他们的理想和世界观、法律意识水平和政治忠诚度。例如，不同年代在圣彼得堡大学法律系毕业的就有君主主义者 Б. В. 施蒂默尔、社会革命党人 А. Ф. 克伦斯基，以及后来摧毁俄国司法制度并把俄国司法制度"妖魔化"的布尔什维克 В. И. 列宁和 П. И. 斯图奇卡。在莫斯科大学法律系毕业的有著名的保守派 Н. В. 穆拉维约夫、В. К. 普列韦和未来著名的苏联法律活动家 Д. И. 库尔斯基和 В. П 安东诺夫-萨拉托夫斯基。根据 В. А. 布科夫的统计，在夺取政权的斗争中曾起过积极作用的左翼激进党人（社会革命党、社会民主党、人民社会主义党、无政府主义者）有一百多位拥有大学法律系文凭[3]。

　　不仅法律系可以被认为是"法律干部的熔炉"。为了培养实践技能和经验又建立了专门的法律职务候补人员学院（《法院组织章程》第 407 条—第 419

――――――――――

　　〔1〕　Образование лиц судебного ведомства//Юридический вестник. 1880. Т. IV. С. 144-145. 应该公正地指出，苏联法官的职业教育程度也只是到 20 世纪 70 年代才达到这个指标。

　　〔2〕　Список чинам Правительствующего сената, департаментов Министерства юстиции и судебных мест, образованных на основании Судебных уставов 20 ноября 1864 г. СПБ., 1870.

　　〔3〕　Буков В. А. От российского суда присяжных к пролетарскому правосудию: у истоков тоталитаризма. М., 1997. С. 96.

条)[1]。希望得到任何司法部门工作的求职者，应受过法学教育、经过法律审查委员会面试并具有国家考试资格，由高等法院院长签署命令，取得"司法职务初级候选人"资格并在该高等法院所辖一个区法院得到任命。这种"初级候选人"在首都大量涌现。例如，1885 年—1890 年在莫斯科区法院，"初级候选人"数量一直在 44 人—60 人之间摇摆，其中 2/3 是贵族、莫斯科大学法律系的毕业生，年龄在 25 岁到 30 岁之间。[2]

"每年区法院院长都要向高等法院院长提交总结报告并统计候选人，而高等法院院长再同高等法院检察长协商后提交给司法大臣"（《法院组织章程》第 419 条）。尽管如此，"初级候选人"在区法院担任这个最低司法职务过一年，区法院就要对他进行书面考试，考试中他应该表现自己对刑法和民法的通晓程度和制作起诉书、法院结论意见书和其他司法侦查文书的能力。

只有在司法机关顺利工作一段时间之后，他才能取得"司法职务高级候选人"的称号，然后才能担任法庭书记官助理或地段侦查员助理的职务。只有在此之后才渐渐把一些司法事务交给他独立办理，但交给他的当然是最简单的、典型的事务，而且必须是在更有经验的官员监督之下。

与法院中"司法职务候选人"地位有关的首要问题是他们的劳动是没有报酬的[3]，虽然"因为勤勉和有

1894 年 5 月 25 日御批的司法部门
官员制式服装

---

〔1〕 Подробнее см. ：*Ильина Т.* Оранизационно-правовые основы подготовки кадрового резерва для системы правосудия в России в 1864–1917 гг. （историко-правовое исследование）：дис. … канд. юрид. наук. М. , 2011.

〔2〕 *Муравьев Н. В.* К воросу о кандидатах на судебные должности（1890-1891 гг. ）//*Муравьев Н. В.* Из прошлой деятельности. Т. 1. Статьи по судебным вопросам. СПБ. , 1900. С. 376-378.

〔3〕 只是从 19 世纪 80 年代末才开始给他们发工资，而且是相当少的，每年才 125 卢布—140 卢布，统计表明，他们中每五个人才有一人"有自己的钱过上小康生活"。诚然，如果相信穆拉维约夫的话，"候选法官中并没有真正的贫穷"。参见 *Муравьев Н. В.* К вопросу о кандидатах на судебные должности. С. 378.

益的服务"可能个别地给他们规定少得可怜的职务工资（每年 600 卢布以下）。必要时，如果律师不够，法院院长可以任命司法职务高级候选人为刑事案件中的受审人辩护（《法院组织章程》第 417 条）。这个候补阶段总共大约需要 3 年—4 年的时间。获得实践技能以后再进行宣誓，他才能成为名副其实的法院侦查员、检察官或法官（而且服务时间必须满法律对相应职务规定的年限）。

H. B. 穆拉维约夫写道："司法部门工作人员的构成，由于某些特殊条件，……在法律意义上构成了一个具有一定行业特征的独特阶层。"[1] 为了更进一步着重强调进入司法行业的特殊意义和随之产生的责任，未来的法官不是像其他俄国官员那样只进行一次宣誓，而是要进行两次庄严宣誓。第一次是在取得"司法职务初级候选人"称号和确定服务岗位之后，年轻人亲吻十字架和神父的手，同时保证"忠诚而公正地服务"，"不惜流尽最后一滴血"，"按照自己的良知认真执行"政府的决定、规则和命令，"决不为了自己的贪利、为了自己的亲属、朋友或者出于敌意而违背自己的职务和本誓言"[2]。

第二次宣誓也是在神职人员的见证下进行的，由司法官员在担任法官职务前以书面形式进行。这个"庄严誓词"全文如下：

"向万能的上帝、向上帝神圣的福音书、向使万物充满生机的十字架，我保证和宣誓：忠诚于伟大的俄罗斯君主皇帝陛下，神圣地执行帝国的法律，以圣洁的良知进行审判，决不徇私枉法。我的一切行为符合我的称号，时刻牢记向法律和上帝负责。如有违反，我将受到上帝的严厉审判。我亲吻救世主之圣经和十字架以证我誓言。阿门。"[3]

一般说来，地段侦查员和"皇家法官"的职务都是从县或县级市开始的，无论如何都不是在首都，而且只有从这个时候起，他有了职衔并编入国家薪俸名册。充任区法院人员、区检察官助理和首都的地段法院侦查员的一般是

---

〔1〕　Там же. С. 280.

〔2〕　ЦГИАМ. Ф. 142. Оп. 27. Д. 129. Л. 22. 1892 年 9 月 21 日 Н. И. 阿斯特罗夫在莫斯科老库兹涅茨教堂在大祭司马特维·索洛维约夫见证下进行的司法职务初级候选人宣誓。

〔3〕　Там же. Л. 44. 1894 年 8 月 20 日司法职务高级候选人尼古拉·阿斯特罗夫誓词，修士祭司多西费监督。

V 等—VII 等的高级官员（五等文官到七等文官）。区法院院长和区检察长职务是"有尊号的"职务，担任这些职务的总是四等文官，偶尔也有五等文官。

在法庭审理过程中，审判长即四等文官的胸前佩戴金链银环，上有镀金的参政院法柱标志和双头鹰。司法部属于文职部门，它的官员有自己的制服，那是早在 1856 年御批的，1894 年 5 月和 1904 年 9 月又有变更。所有这些标志物更加提高了司法部门及其工作人员在同胞心目中的威望。

**干部政策**　要使司法系统正常行使职能，最重要的就是干部问题。司法大臣 Д. Н. 扎米亚特宁在 1864 年总结"奏章"中强调指出："如果司法部门不能吸引和留住有能力的和诚实的人，那么法官的不可撤换就会弊大于利。让这样的人有广泛的活动空间、巨大的权力并委托他们捍卫最重要的国家利益，那对政府甚至是危险的。"[1]

总的来说，新法院并不需要不学无术、手脚不干净的略普金-贾普金[2]们的服务，所以司法部此时的关键任务之一就是卓有成效地为法院寻找"品行端正、忠诚老实和头脑发达的人"。这里指的只是在施行《司法章程》之初为首都高等法院一次性任命不多不少 8 名参政院上诉审判庭的参议员、50 名高等法院和区法院的院长和副院长、144 名法官、192 名法院侦查员、123 名检察监督员和几百名法警。多亏 Д. Н. 扎米亚特宁大臣精力充沛和坚持不懈，这个任务终于顺利地完成了。

司法改革家们早已认识到未来法官个人品质的重要性。例如，Д. Н. 扎米亚特宁在挑选新司法部门的官员时，尽量同每个人认识，同每个人谈话，在"社会"中发放关于法官职位申请人的"调查问卷"，找出时间在他们参与下出席庭审。这样一来，用 Г. А. 占希耶夫的话说，"他获得了关于法官候选人道德品质和智力水平生动而正确的印象"。

司法大臣提出了法官的个人能力以及当时人们所说的"道德品质"原则取代法官职务年资的旧标准。他对法官职位申请人的出身、血统、与上流社会的联系不太感兴趣，而首先关注的是法学教育、"道德品质"和"服务中表

---

〔1〕 引自 Судебные уставы…за 50 лет. Т. 1. С. 190.

〔2〕 略普金-贾普金（Ляпкин-Тяпкин）是俄国作家果戈理戏剧《钦差大臣》中的法官，一个不学无术的贪官典型。——译者注

现出的能力"[1]，这几项正是按上面这样的先后顺序排列的。在改革后的年代，办法有所改变（有了可能更近距离地在实践中了解法官候选人和更注意地对他进行观察），但是 Д. Н. 扎米亚特宁所开创的传统即使在他退休之后仍然在法官中继续存在。

在改革后的法院，特别是作为法官，对于履行自己的职责是非常负责而且是很用心的，不仅体力非常紧张（开庭可以持续进行 12 小时—16 小时），而且心理负担特别重。同时与改革前的法院不同，新的法院是领取高薪的服务岗位，但首要的是，是光荣的、受尊敬的和具有重要社会意义的。报刊认为："旧法院与新法院的区别正在于，旧法院毁人，而新法院改造人教育人。"[2]

法官服务在贵族阶层，一般在多子女家庭中很受欢迎。在法院工作，特别是在司法改革后的最初年代，是人们很乐意做的一件事。年轻的贵族们会带着父母的祝福去法院工作，而且不仅如此，Е. И. 科兹利宁娜回忆道，贵族青年"努力把自己的精力贡献给司法事业，当时对司法工作寄予如此光明的希望，他们纷纷登记成为律师助理和司法职务候选人"。[3]

这样一来，在相同区法院担任不同司法职务的往往是近亲属——父子、亲兄弟或堂兄弟，渐渐形成了许许多多的法官世家。例如，1860 年—1890年，莫斯科市区法院先后就有洛普欣父子——他们是古老贵族家庭的代表，一位医生和五等文官的儿子——尼古拉·伊凡诺维奇、巴维尔·伊凡诺维奇兄弟，还有另一个古老的莫斯科贵族姓氏的堂兄弟 Н. Н. 谢普金和 Н. И. 谢普金，等等。

这样一来，在 19 世纪 60 年代到 19 世纪 70 年代初，到司法领域工作的都是在司法改革、社会振兴时代培养出来并在这个时期已经成为自由思想温床的大学里受过教育的法律干部。司法改革使俄国诞生了新型的受尊敬而且一丝不苟的贵族法官，他们在自己的判决中恪守公平和正义的原则。用 А. Ф. 科尼的话说，司法改革给俄罗斯的是"作为人的法官，而不是签署起草好的

---

〔1〕 *Джаншиев Г. А.* Основы Судебной реформы. С. 78–79.

〔2〕 Московские ведомости. 1866. № 263.

〔3〕 *Козлинина Е. И.* Указ. соч. С. 20–21, 91.

公文的冷漠无情的机器"。А. Ф. 科尼在自己的《司法改革之父与子》（莫斯科 1914 年版）一书中列举了不少"第一批应征入伍的"卓越司法活动家的杰出代表。新的职业尊严感产生了，这种尊严以美妙的方式体现在改革后最初年代司法活动家们的团结一致之中，正如同时代人所下的格言式的定义：那是个"初恋"的年代[1]。

在新法院存在的头十年，俄国的法官群体处于欢欣鼓舞之中，正如 Е. И. 科兹利宁娜所说的：他们不是"敌对的帮派，而是友善的大家庭"，这个大家庭意识到自己的社会意义，相互尊重和充满团队精神。她断言："任何时候，无论是之前还是之后，法院都没有站在它刚刚改革之后的那个时期的高度。法院坚定人道的方针也反映在司法程序的所有其他部门。无论是法院、检察院，还是侦查部门、律师，都深刻地理解所担负任务的重要性，表现出罕见的团结。人们看法院，就像看审判的圣殿；负有使命进行这些审判的人如同在举行神圣的宗教仪式。"[2]

但是 19 世纪 70 年代，在帕连伯爵担任司法大臣的时候，对法官的干部政策变得令人费解。司法部的一位工作人员 В. А. 拉季科夫·罗日诺夫是[3]这样描述的："随着帕连伯爵上任，司法部就完全改变了，昔日忒弥斯女神的圣殿……成了所有渴望迅速升官的人的舞台，简直变成法院院长和其他法官们取得各种地位和好职务而拼命讨价还价的市场……。司法部的接待大厅挤满了新来的外地人，他们嗅到丰厚的收益，感觉到能飞快地进入达官显贵之列……，于是开始离开其他各部里的服务，几乎没有任何准备就获得在新司法机构里的任命。此前从来不曾有过的个人干涉职务升迁的做法无可争议地属于帕连伯爵的发明，而他是那样符合许多人的口味，以至于接待大厅里经常出现许多穿着礼服的人。他们从各省来，不是为了报告案情，也不是为了

---

〔1〕 Ф. М. 陀思妥耶夫斯基的小说《卡拉马佐夫兄弟》中区法院院长的形象，是作者描写的"新一代"法官的典型。19 世纪 60 年代—70 年代人们心目中法院服务的崇高性质和 19 世纪 80 年代以后对它的负面态度，Н. Э. 霍利维茨卡雅有过描述［见：*Холявицкая Н. Э.* Магистратура в России после Судебной реформы 1864 г.（60—90 гг. XIX в.）: автореф: дис. ...канд. ист. наук. М. , 1993. C. 18］。

〔2〕 *Козлинина Е. И.* Указ. соч. С. 128，109.

〔3〕 В. А. 拉季科夫-罗日诺夫担任国家职务差不多五十年，从参政院的秘书开始直到维亚特卡副省长。曾在帕连、纳博科夫和马纳谢因等人担任司法大臣时在司法部工作。

弄清楚服务上的难题，而只不过是专门为了向大臣大人提醒自己的存在。请求者很少满足于调到其他区，但却在这过程中努力为自己争取到某种升迁。"有位官员断言，帕连伯爵"强邀各管理部门的官员担任新的司法职务，连普斯科夫省的警局也不放过，同时不加掩饰地让参政院的称职人员靠边站"〔1〕。

帕连的接班人 Д. Н. 纳博科夫的干部政策从 В. А. 拉季科夫·罗日诺夫那里得到的也不是最好的评价："在任命司法官员时，和他的前任一样，纳博科夫所遵循的与其说是公正，不如说是个人的好恶。"〔2〕

结果，到了 19 世纪 80 年代初，很多新人来担任法官，而司法机构的"总面貌"显然变得昏暗了。同时代人科兹利宁娜证明说："改革后的新法院连同它的人道原则被束之高阁，而代之以个人名利至上、市侩的妄自尊大和官僚形式主义……。（19 世纪）60 年代的人们推行的……真正的文化被某些人的豺狼本性所取代，而 60 年代的改革家们竟然曾经天真地努力培养这些人适应这种文化，甚至曾不吝惜自己的幸福，也不吝惜自己的生命。"身着法官长袍的知识分子的地位开始被平庸的官僚所占据。"新的一代进入了生活，但不是朝气蓬勃的和热爱生活的一代，不是像过去那样怀着爱和希望奔向未来的一代，——这新的一代愁眉苦脸，疑心重重，心怀忌妒，生性残忍，无论成败均不善于宽恕他人……。60 年代人们的人道主义理想在不知不觉间但却是非常顽强地被排斥了，在他们的假面具下不可遏制的是对人类的仇视。"〔3〕

Л. Н. 托尔斯泰在《复活》这部小说中非常细腻而准确地观察到 19 世纪末俄国司法干部身上发生的这种变异。聂赫留朵夫问："哦，我理解警察，他不过奉命行事，但是助理检察官制作起诉书，要知道他是个有文化的人呐。"

---

〔1〕　ОР РНБ. Ф. Ратьков – Рожнов В. А. （ф. 1000. Оп. 2. № 1148). 《Служебные воспоминания. 1854–1894 гг. 》Л. 35, 43.

〔2〕　Там же. Л. 55.

〔3〕　*Козлинина Е. И.* Указ. соч. С. 322, 374, 396, 400. 这个评述从对立面也可以找到证明。1918 年左翼社会革命党的领袖，34 岁的女贵族和官吏的女儿 М. А. 斯皮里多诺娃承认："我们受过世代的教育，我们的心中都有仇恨，我们相互憎恨，我们憎恨压迫者。"杰出的社会学家皮季里姆·索罗金作为社会革命党的成员，对许多"职业革命家"很熟识。他指出：不管这听起来多么离奇古怪，许多"为人民幸福而斗争的战士实际上对人类的生命和痛苦充满残酷的敌意、蔑视和仇恨"。（См.：*Сорокин П.* Дальняя дорога М. , 1992. С. 85. ）在革命的过程中，这两个阵营进行的斗争不是为争取胜利，而是为了消灭对方，这就毫不奇怪了。

律师回答说："我们习惯于认为，检察院、法官，一般说来，都是新人，自由主义的人，其实这也是错的。他们某个时候也真的曾经是那样的人，但是现在完全不同了。这是一些只关心每月 20 号的官僚（20 号是给俄国官吏发薪水的日子——作者注）。他领薪水，他需要更多，他的所有原则都受制于这件事。他想起告谁就告谁，想审谁就审谁，想判谁就判谁。"著名的政治案件辩护人 М. Л. 曼德尔施塔姆对此用警句般的语言指出："新版的……法官，增补不多，修订不少。"[1]

但是，司法检察工作人员个人品质和职业素养形成的主要方法就是履职本身。从在法院担任最低级的职务开始，只是担负"候补法官"或者"代理法院侦查员"等并不轻松又没有薪水的工作，不断出差，他们学习官僚的生活法则，适应环境，明确地掌握一条真理：他的前程、他的福利大多取决于他的上司。听话的人很容易从省里调到中央，桀骜不驯的人则可能在帝国某个"熊出没的穷乡僻壤"待上很多年。

在对司法职务和法官干部政策进行总结的时候，应该指出的是，整个俄罗斯法官的基本轮廓和性格特征由于司法改革而得以形成。

Н. Д. 穆拉维约夫作出了这样的评述："①受过高等法学教育，当然也就受过普通高等教育，这一要求本身在一定程度上就对思想品德教育提出了要求——这是在与自己相似的人中间生活、使有知识的人区别于野蛮人的伟大而必要的艺术。②社会道德的可靠性，而这种可靠性的衡量标准是用他们不具有任何损害其个人身份的形式要件（前科、破产等）。③司法职业的纯洁性和完整性，不兼任其他任何职业。④独立从事司法活动的实践培养，衡量标准就是从事司法活动的实践培训期。⑤任命司法职务的一定条件和程序以及提拔晋升的正确顺序，从而保障劳动有成绩、立功能受奖，同时给才能和功绩留下发展空间。⑥独立于官衔并在整个司法阶梯上具有相对高的地位。⑦职务地位与活动的独立性，它表现为：a. 只要法官自己没有实施法律规定的行为而玷污或贬损自己的称号，法官不得根据上司的裁量进行撤换或调动；b. 检察官合法的信仰自由和言论自由。⑧司法官员的一致性，它既表现为外

---

[1] *Мандельштам М. Л.* 1905 год в политических процессах. Записки защитника. М., 1931. С. 76.

在的一致，也表现为法院在内部规章的自我管理和检察监督人员在程序上不可分割。⑨关于在职和退休物质保障（退休储备金）的明确规定。"〔1〕

应该同意美国学者 P. 约尔特曼的观点。他断言，司法改革后那一代法官的权限应该归功于职业化，这种权限在文献（T. 帕尔松斯）中被称为"职能特色"。这种职业化使法官具有一定的权力，但只是在自己独立的领域……由于这个专门化而出现了（分离出了）不仅是新的权力形式，而且是一种特殊的人文气质，它让从业者意识到自己的责任、目标和重要性。在职业法律工作者时常会遇到目无法纪和法律虚无主义的俄罗斯，这种人文气质发展成为高尚的使命感。他们把进行审判视为自己的责任，从而行使过去属于君主特权的权力〔2〕。

法官配置组织法律机制的改革和法官法律地位的形成，使当代研究学者 B. B. 扎哈诺夫有理由论及俄国司法职务作为一种国家职务的制度化。《司法章程》明确地划分了不同的公职人员在司法过程中的职责。这样一来，就能够根据其职能对司法部门的工作人员更明确地提出要求。俄国产生了形成法官这一社会共同体的条件。这样一来，就有可能更加明确地根据其职能对司法部门的各类人员提出要求。俄国出现了形成法官群体的条件。新的资格条件提高了司法工作人员的水平。法官的法律地位、独立性提高了他们在社会中的地位，给他们以精神满足。法官具有进行审判的强烈动因，不是因为恐惧，而是出于良知。如果考虑到他们的工作条件与物质保障，情况总的说来正是如此。〔3〕

---

〔1〕　*Муравьев Н. В.* О судебной службе. С. 295-296.

〔2〕　*Уортман Р.* Властистели и судии. С. 455.

〔3〕　*Захаров В. В.* Основные этапы реформирования российского суда и института исполнения судебных решений в сфере частного права в 1832-1917 г. : историко-правовое исследование: дис. ... докт. юрид. наук. М. , 2009. С. 286.

# 第二编 《司法章程》中的法院组织

## 第一分编 帝国普通法院

### 第一章 和解司法

御前办公厅二处起草的 1861 年《司法改革基本原则》指出："和解法院与其他的法院有很大的区别。某些案件的特殊性质和全国市民生活中某些条件要求就地审理，但又不具备实行合议制、检察官参加和司法部门辅助官员协助等条件，所以才需要设立和解法庭。由于自身的需要和司法部门精力不足，和解法庭不能是合议制的法庭；所以和解法官应该独任审理，没有合议庭，他集调停人、侦查员、代理人、法官、公证员和法警的身份于一身，也就是说，将法庭成员和不属于法庭组成人员的司法部门官员的职责集于一身，而在一般法院审判中，它们的分工是严格区分的。……和解法官虽然也包括在一系列普通法院的设置中，但就其法律地位的特点和意义而言，它应该不同于一般规则。"[1]

和解法院体系是建立在选任制[2]、代表一切等级和独立性原则基础上

---

〔1〕 引自 *Лонская С. В.* Мировая юстиция в России. Кали-нинград，2000. С. 36.

〔2〕 在某些地区，例如波兰、高加索地区、波罗的海沿岸和俄国的亚洲地区等，和解法官由政府任命。

的。和解法官在任期内享有不可撤换权〔1〕。和解法院体系包括两级和解法院：区段和解法院和县和解法官联合法庭，第一级由一名独任和解法官为代表，第二级则是合议制法院。

和解司法组织与普通法院系统的原则性区别在于，和解法院的设置是与行政区划完全一致的〔2〕：县为一个和解司法区，分为若干个区段，每个区段有一名和解法官（《法院组织章程》第 14 条—第 15 条）。彼得堡和莫斯科（从 1865 年起还有敖德萨）各分为几个和解司法区（《法院组织章程》第 12 条—第 13 条）。这种状况无疑会让人质疑法官独立这一司法改革的基本原则。

建立和解司法的基础是想让司法最大限度地接近老百姓这一理念，因此对于无论是口头的还是书面的请求（诉状），和解法官在任何时候都应该接受，即使和解法官身处和解司法区段之外。

"司法改革之父"们所想象的和解法官形象是："和解法官负责审理所有不太重大的案件，这些案件在大多数居民之间几乎每天都要发生，而且其中相当大一部分人并不懂得法律。不能容忍拘泥于形式，应该尊重自然公平并且珍惜时间，因而首要的问题是快速和自认为有根据地解决案件。这些案件中相当大一部分均由和解法官审结，而且是独任审判。和解司法的首要任务和最高目标就是和解。为了顺利履行如此重要的使命，和解法官应该受到本地居民的特别信任，而他能够赢得这个信任与其说是因为他受过法学教育，不如说是因为他懂得人民对事物的理解，懂得风俗习惯和本地生活的环境条件，特别是因为他们具有健全的心智、诚实的性格和无可挑剔的生活。"〔3〕

遴选和解法官的工作由县地方自治会或市杜马进行（在"非地方自治"区域，例如顿河地区，则由区特别选举委员会进行），从符合《法院组织章程》第 19 条规定条件的人员中挑选，其条件是：年龄（不得低于 25 岁）、教育资格（高等或中等学校毕业或在可能提供实践知识和办理诉讼案件的司法

---

〔1〕 除法律规定的情形（长期缺席、重病、实施犯罪等）外，在任期内，非经本人要求，和解法官不得被解职，不经本人同意也不得调动。

〔2〕 众所周知，这种一致性隐含了相应级别行政权干预司法权的危险（例如县行政长官干预县和解法院）。

〔3〕 引自 *Джаншиев Г. А. Из эпохи великих реформ. Исторические справки.* M., 1893. C. 454.

机关工作 3 年以上）和财产资格[1]。法官任期 3 年，由参政院一厅批准任命。

《法院组织章程》第 21 条—第 22 条对担任和解法官职务作了以下限制性规定：实施犯罪或其他违法行为被侦查或被审判，因违法行为被法院判处监禁或其他更重刑罚，以及由于应判处上述刑罚的犯罪或其他违法行为正在受审又没有被法院的刑事判决宣告无罪的人；由于不良行为被从法院、神职部门开除或者根据所属等级的判决被从贵族阶层和贵族会议开除的人；被宣告破产债务人；由于浪费被设定监护的人、神职人员和教会中的无教职人员。

俄国的和解法官制度是半职业化的。立法者规定和解法官承担宗法制度下仲裁调停人的使命，与其说是依照法律，不如说是按照良知与习俗去解决纠纷和冲突。所以立法者没有规定和解法官必须受过法学教育，而且在当时的法学教育发展水平之下，要选拔几千名受过法学教育的独任和解法官简直是不现实的。了解地方习俗、具有健全平常的思想和对人明智善良的态度这些个人品质才是更为重要的。

研究者指出，担任和解法官的人中受过教育的干部明显不足。[2] Е. П. 卡尔波维奇断言，各省（特别是在改革后的头十年）担任和解法官的有的只受过中等教育，这对于顺利开展法官工作显然是不够的。从这个意义上说，没有大学的顿河哥萨克兵团州却比大俄罗斯别的省更为突出，在这个州，绝大多数和解法官都有大学的法学文凭，而且许多人有法学副博士称号。[3]

财产资格对于法官候选人同样是个不小的障碍。有意思的是，形式上俄国有不少贵族地主，他们完全符合担任和解法官职务的财产资格（5 万卢布以上）。但事实上他们并不是都想当法官。从和解法官的设置开始，许多省和

---

[1] 法官候选人或其近亲属（父母、妻子）应该拥有 400 俄亩土地或其他价值 15 000 卢布以上的不动产，而在城市，应占有价值不少于 3000 卢布（首都为 6000 卢布）的不动产。在顿河哥萨克兵团州，"土地资格"降低到 400 俄亩，相反，某些省却提高到 950 俄亩甚至 1300 俄亩。由于不把动产计算在内，显然是针对农村居民进行的，这在原则上是正确的方法。

[2] См., например: *Лонская С. В.* Указ. соч. С. 48; *Шутило О. В.* Становление и модернизация мировой юстиции в России（вторая половина XIX‐начало XX в.）: историко‐правовое исследование. Саратов, 2006. С. 14‐15.

[3] См.: *Краковский К. П.* Судебная реформа в Земле Войска Донского: дис. …канд. юрид. наук. Ростов н/Д., 1981. С. 156‐157.

县就发现候选人匮乏。还有一些地方（县）根本就没有希望当选和解法官的人[1]。

这样一来，各县的地方自治会就有了相当广泛地利用《法院组织章程》第 34 条规定的可能性：对于不能通过资格审查，"但以自己的功绩和有益活动赢得了社会信任和尊重"的人，可以通过协商一致原则担任和解法官。在《司法章程》生效一年之后，"法定人数一致同意"的措辞被"所有到会人一致同意"所取代，从而使选举更为容易地进行。[2]

选举和解法官的实践表明，在首都和大城市，和解法官的构成与各省份有着相当大的区别。在首都，和解法官主要来自所有等级，并不以财产资格为转移，突出的是受到高等教育（包括法学教育）的人占相当大的比例。[3]在地方，和解法官主要由贵族地主担任。尽管各县地方自治会中占多数的是农民，但他们一般也都给贵族候选人投票。北方"非贵族"的省份是例外（例如，彼尔姆省、奥洛涅茨省、维亚茨基省等），这些省份的和解法官中，退伍军人相当多，也可以看到农民和解法官。

由于和解法官职务要求"常年办公，不得离开所在区段"，因此禁止和解法官兼任其他国家职务或社会职务，但教会和学校的名誉职务除外（《法院组织章程》第 42 条）。

和解法官的职务属于国家职务，相当于"官阶表"的五等（五等文官，与上校军衔相当）。和解法官的工作是有薪酬的，他的薪水与区法院的法官相同。和解法官的薪酬（住房费和伙食费与普通法院的法官一样，都没有规定）在首都为 2200 卢布，在其他地方为 1500 卢布。[4] 这个数目包括生活费、出

---

〔1〕　Данные о проблемах с выборами мировых судей в 1860–1870 гг. См.：Судебные уставы…за 50 лет. Т. 2. С. 8–17.

〔2〕　Выс. утв. Мнение Государственного совета 19 января 1867 г. // ПСЗ. Собр. 2-е. Т. XLI. № 44207.

〔3〕　А. А. Головачев в 1870 году初指出：在首都"法官的人员构成……要比各省高得多；所以在那里不正常的现象很少，而监督在更为合理的基础上进行，这就不足为奇了"。См.：*Головачев А. А.* Десять лет реформе 1861–1871 гг. СПб. , 1872. С. 331. Также см.：*Березин В.* Мировой суд в провинции. СПб. , 1883.

〔4〕　См.：*Максимов Е.* Содержание судебно‐мировых учреждений в ряду других земских расходов // Юридический весник. 1887. Кн. 5. С. 154.

差费、雇用文牍员费、发送文件费以及办公费（《法院组织章程》第 44 条）。但是，有时地方自治机关会找到更多的经费。例如在彼得堡，和解法官的薪酬在有些年份达到 4500 卢布。和解法官也可以放弃领薪水，同时获得"名誉区段和解法官"的称号。

《法院组织章程》第 18 条规定："对和解法官应授予特殊的称号标志和特殊的印鉴。"

和解法官不受侵犯权和独立性的保障是和解法官工作失误时追究其纪律责任的特别程序。它与区法院法官的纪律责任相同（《法院组织章程》第 228 条）。纪律诉讼由和解法官联合法庭提起，可以由和解法官自己主动提起，也可以根据司法部的建议提起。侦查由高等法院进行。

和解法官在任期内，非根据本人请求不得被解除职务，但不工作一个月以上（《法院组织章程》第 228 条）、患病一年以上（《法院组织章程》第 229 条）、受到刑事罚款或刑罚（《法院组织章程》第 295 条）的情形除外。不经本人同意，和解法官也不得从一个地区调到另一个地区。只有被交付法庭审判方允许临时停职，而根据刑事案件的判决才能完全解除和解法官的职务（《法院组织章程》第 72 条）。在《法院组织章程》第 228 条、第 229 条规定的情况下，由法官大会（这种情况下为县和解法官联合法庭）根据区法院助理检察官的"听审"意见书决定提出解职报告；和解法官退休由司法大臣签字（《法院组织章程》第 230 条）。

和解法官如果实施与职务无关的违法行为，包括因债务被羁押或者被宣告为破产债务人，则可以被解职（《法院组织章程》第 296 条），因为这种情况使法官的独立性受到威胁。和解法官因职务上的失误只能受到警告，警告由参政院上诉庭宣告。

名誉和解法官应在自己的辖区（与区段和解法官不同，他不必住在该区）进行"所有案件的审理和判决"，如果双方当事人请求他担任居间调停人（《法院组织章程》第 46 条），在这种情况下，他享有区段和解法官的权利，他的工作当然是没有报酬的。在名誉和解法官中不仅可以找到作家（Л. Н. 托尔斯泰）、杰出的法学家（А. Ф. 科尼），甚至还可以找到省长。但应该指出的是，这一制度并无突出良好的表现。《适用 1864 年 11 月 20 日〈司法章程〉

中的新法院组织规定意见汇编》指出："从所有和解法官联合法庭收到的意见看，名誉和解法官参加审判是极其有限的，也是鲜有成效的"。[1]

1867 年开始设立额外区段法官职务[2]，这主要是在一些边远地区。这些法官不固定在特定的区段，他们执行和解法官联合法庭的委托并临时代理各区段因休假或患病等原因而缺席的法官。

和解法官在"办公处"进行听审，特别是实施初期，那简直是人山人海。有时夏天不得不在露天的地方、在院子里开庭。正是因为观众太多，有时，报纸上详详细细描述和解法官进行庭审的场面，人们把这些报道背诵下来，再像家庭戏剧一般地进行表演。

总的说来，和解法官立刻被各个阶层的老百姓所接受并且在它存在的整个时期里享有稳定的良好声誉。А. Ф. 科尼回忆说："从和解法官出现才过了屈指可数的几个月，就开始听到'和解法官'简化后的'和解'二字，它好像是一个早已熟悉、早已习以为常、早已渗入日常生活的血肉不可分割同时又让人不禁肃然起敬的事物。……不久以前还是警察分局和警察局进行司法警察审判，一下子变成和解法官审判，这个过渡实在是太明显了。那里，在警察分局那里，占主导地位的曾是相当坚决的，而且直到体罚废止以前，还是改革前警官凭感觉的自由裁量，……那里，在那个充斥着因循苟且和请求哀伤的王国里可以感觉到，即将进行的审判对于许多自己的代理人而言以及对于隐匿在附近的寄生虫而言，那就是一个'肥缺'。而在这里，在和解法官这里，实际上是一个快速的法庭，而最早的那些法官的个人品质就保证它不仅是一个快速的法庭，而且是在人类理智限度内的一个公正的法庭，同时还是一个仁慈的法庭。……和解法官的总方针使他们办公处不仅成了进行人民可以接受的审判的场所，而且成了培养遵纪守法和尊重人格精神的学校。"[3]

同时代的一位研究者认为："和解法院的巨大优越性，最初在于它实际上是免费的。所有的审判都免交诉讼费和各种税费。只规定了发给判决书和其

---

〔1〕　Цит. по：*Полянский Н. Н.* Царские военные суды в борьбе с революцией 1905 г. М.：Изд-во МГУ，1957. С. 259.

〔2〕　ПСЗ. Собр. 2-е. Т. XLI. № 45278.

〔3〕　*Кони А. Ф.* На жизненном пути. Из записок судебного деятеля. М.，1914. Т. 1. С. 490-492.

他文件副本的一点象征性的办公费，而且实际上还往往根本不收。和解法庭是人人可以打得起官司的地方。"

但是，1877 年 5 月 10 日颁布了《关于实行和解法院审理的民事案件收取诉讼费的法律》，该法规定提高国家规费，其数额为普通法院相同收费的 2 倍：递交诉状的时候应交纳印花税，起诉、反诉、上诉时原告方都要交 10 卢布以上的诉讼费，还规定了传唤证人、鉴定人等的特别费用，对办公费也规定了一些收费标准[1]。

这些税费当然不会增加老百姓对和解法庭的好感，但是它们要划入自治地方机关的财政，也就变成了自治地方一项可观的收入，而且这些税费要比西欧国家规定的诉讼费低得多。

和解法官管辖法律（《和解法官可科处的刑罚章程》《刑罚与感化法典》和其他法律）规定其管辖范围为可以适用警告、劝诫与申斥、不超过 300 卢布的罚金、不超过 3 个月的拘役、不超过 1 年监禁的犯罪案件（《刑事诉讼章程》第 33 条[2]）。直接符合和解法官活动性质的案件也由和解法官管辖，这就是依法可能判处更重刑罚，而根据被害人的告诉提起并可能达成和解的刑事案件。和解法官的任务包括"促成当事人和解"。

和解法官也审理民事案件，它们是：标的额不足 300 卢布的私人债权债务与合同等案件、与致人损害有关的标的额不超过 500 卢布的民事案件、欺凌侮辱案件以及确定占有权的案件。[3] 但是任何关于不动产权利的争议都不属于和解法官管辖。

和解法官在处刑时援引《和解法官可科处的刑罚章程》（《司法章程》第四部），而审理民事案件的实体法根据主要是《俄罗斯帝国法律大全》第 10

---

〔1〕 *Лонская С. В.* Указ. соч. С. 87.

〔2〕 后来和解法官的管辖权有所扩大（罚金数额增加到 1000 卢布以下），他们开始按照赋役和贸易章程适用刑罚，而在 1903 年《刑法典》产生以后，和解法官开始审理违反宗教信仰的犯罪案件（1903 年《刑法典》第 75 条—第 77 条、第 81 条）和下流行为案件（第 526 条和第 529 条，如果不满 21 岁的妇女涉足下流场所）。在西伯利亚地区，和解法官的权限扩大很多（2000 卢布以下的民事案件和相当多种类的刑事案件）。

〔3〕 一位同时代人（В. П. 别佐布拉佐夫）证明，和解法官管辖案件中如此大的标的额总是不多的。"超过 100 卢布的争议是少有的例外，而超过 50 卢布的案件数量比起更小的案件来说也是微不足道的。"

卷（《民事法律》）和地方习惯。

此外，和解法官还管辖某些种类的行政案件（保护遗产责任的公证，参加陪审员名单的编制，参加省智力能力证明委员会会议，参加县酒业事务会议，等等）。

除了正确审理案件、遵守管辖权和审判程序的职责外，法律还规定和解法官承担下列专门义务：

（1）法官宣誓的义务。

（2）和解法官必须处在所在区段范围内的义务。

每位和解法官都有自己管辖的区段，区段相当于大城市里的一个警察"管片"、整个县级市或市外的县。若干和解法官区段构成一个和解法官辖区。和解法官经和解法官联合法庭同意在本区段只选择一个常驻地，一般他们自己划分区段，法官选择自己的居住地，而和解法官的办公处就在他家里。有时法官也租专门的公寓，但在这种情况下由于办公场所经常更换，所以是不方便的。办公地点在当时也是个大问题。地方自治会尽自己的能力解决这些问题，但能力是极端有限的。法律允许必要时可在案件发生现场审理，但这是非常罕见的。[1]

**合法性监督**　《刑事诉讼章程》第10条规定，对任何人实行羁押均应进行合法性监督，非法剥夺自由的必须立即释放。在俄国顺利实现这一义务（同时也是权利）的时候也可能出现类似英国法经验中著名的 Habeas corpus（人身保护权）机制。但是，一位法律实际工作者（M. П. 格列博夫）证明："社会生活条件形成的状况使法律失去了自己的意义，法官不再视察羁押场所，这样一来，司法权对拘捕合法性的监督就不复存在了。"[2] 该作者含蓄地称为"社会生活条件"的东西，我们认为，应该理解为行政坦率表示不愿意置于法官的监督之下，更何况是在"拘捕"这样一个敏感的领域。

有意思的是，参政院的行为也如出一辙，遏制法官们严格意义上的"自

---

〔1〕 *Лонская С. В.* Указ. соч. С. 51.

〔2〕 Право. 1906. Стлб. 1945.

由主义"首创精神，从而使和解法官对羁押实行监督的企愿化为泡影。[1] 和解法官想对地方行政包括警察在内的专横指令进行"缴械"的企愿也遭受到同样悲剧的命运。[2]

立法者最初对和解法官活动的意图在于让他们"不是依照法律，而是根据良知（习俗）"审理案件、争议。这是源于农村经营形式的简单、不复杂，而农民缺乏法律意识的考量，而这却反过来又造成农民之间的契约不具备应有的手续。

"区段和解法官了解当地的情况和关系，能以最贴近本地居民的手段去审理那些首先需要就地快速判决的案件"[3]，这是最初的设想。但是在实践中，和解法官被迫走上了相反的道路，即形式法律的道路。根据习俗或按照"良知"解决案件的尝试很快就被参政院制止了。参政院大量撤销这类不具有形式法律根据的判决，从而把一般程序的全部形式引入和解法官的审判。[4] 但是，和解法官并非都受过法律培养，而且还不得不对各种案件独任作出判决，因此和解法官便被置于一种尴尬的境地。这在 19 世纪 70 年代—80 年代引起如潮的抨击，这些意见往往形式上正确，而实质上却是不公正的。

名誉和解法官、区段和解法官和补充和解法官会议组成和解庭的上诉审和申诉审，即县和解法官联合法庭（在哥萨克兵团州为区和解法官联合法庭）。

和解法官联合法庭在指定期限内开庭[5]，以便（通过上诉程序）审理对和解法官审理的民事案件和刑事案件提出的上诉和抗诉，以及通过申诉程序审理对和解法官终审判决的申诉和抗诉（《法院组织章程》第 51 条）。所有的

---

[1] Подробнее см.: *Полянский Н. Н.* Мировой суд // Суд и права личности: сб. статей / под ред. Н. В. Давыдова и Н. Н. Полянского. М. : Статут; РАП, 2005. С. 236–238.

[2] 国民真正亲身感受到行政不受司法监督并根据 1881 年《保卫国家秩序和社会安宁措施条例》而享有广泛权力的肆无忌惮的后果。

[3] Объяснительная записка к проекту Учреждения судебных мест. С. 20. Цит. по: Судебные уставы…за 50 лет. Т. 2. С. 5.

[4] См.: *Иванов В.* Наша мировая юстиция // Отечественные записки. 1878. № 6. С. 167–169.

[5] 还可以举行额外的（特别的）联合法庭，这一般是在积案较多的情况下进行（《法院组织章程》第 54 条）。

区段和解法官、补充和解法官和名誉和解法官均参加联合法庭，每个案件的判决应该至少有三名法官参加。在和解法官联合法庭开庭时，区法院的助理检察官应该参加，他对正在审理的案件提出结论意见（《法院组织章程》第58条）。和解司法中没有专门的起诉机关；起诉职能由被害人行使，而在某些情况下由警察或某些部门的代表负责。

和解法官联合法庭的审判庭　（圣彼得堡）

　　出席和解法官联合法庭是相当麻烦的事情。交通问题（从边远的地方到县城是不易的）、因为没有法官而造成的积案等，致使法官以各种借口不出席联合法庭，联合法庭往往被宣布不能举行（三名法官都不够），被传唤的当事人、证人和其他人花费了时间损失了金钱，却只能很不满意地各自返回。由于联合法庭的临时性质，案件的审理是匆匆忙忙的，而文书办公却是拖拖拉拉的，案卷没有章法。在一些法官任期届满，而新的选举还没有进行的"空缺"时间，联合法庭更是难办。所有这一切不会给和解司法的威信加分[1]。

对联合法庭的判决可以向参政院（根据案件的归属向参政院相应的上诉审判庭）提出申诉或抗诉。

至于和解法官的实践活动，在这一制度实行的最初年代，他们既得到法律部门的好评，也得到社会舆论的一致赞许，这在报刊与政论文章中均有反映[2]。

在司法大臣 Д. Н. 扎米亚特宁关于新法院活动的第一份奏章中就曾经指出："从和解法官开始新的事业起，和解法官进行审判的简易、完全的公开和没有繁文缛节，使人们对和解法官制度产生普遍的信任。……还有一点特别能证明人们对和解法官的信任，那就是自从和解法官开始审判之时起，提起了大量的民事诉讼，而这些案件要么因为微不足道，要么因为原告人没有形式证据，在从前的法院是根本不会受理的。同样，和解法官还受理了关于欺凌的大量告诉以及对小偷小摸、小额诈骗的告诉，而在从前被害人是不予追究的。"[3]

Д. Н. 扎米亚特宁的接班人 К. И. 帕连在自己 1867 年撰写的关于设立和解法官的呈文中认为："和解法官快速公正地审理大量的轻微案件，完全证明它的目的是正确的。……和解法官完全成功地开始自己的活动，并且实际上已经提供了相当多的服务。大量的判决并未被上诉，这证明它在人民中赢得了信任，而他们判决的大量案件（说明）他们已经给法院审判事业带来的巨大好处。"[4]

1867 年司法部的奏章指出："和解法官制度的基本性质对于人民是再有利不过了，它使所有轻微案件快速、不受形式主义拘束而就地审理。"[5] 司法部 1868 年的奏章中也有对和解法官的类似好评。[6]

---

[1] *Лонская С. В.* Указ. соч. С. 59.

[2] Подробнее см. : *Джаншиев Г. А.* Основы Судебной реформы: сб. статей. М. : Статут; РАП, 2004. С. 317 и след.

[3] Всеподданнейший отчет министра юстиции за 1866 г. СПб. , 1869. С. 2 – 3. Также см. : Министерство юстиции за 100 лет. 1802–1902. Исторический очерк. СПб. , 1902. С. 131–132.

[4] Судебные уставы…за 50 лет. Т. 2. С. 55–56.

[5] Всеподданнейший отчет министра юстиции за 1867 г. СПб. , 1870. С. 14.

[6] Всеподданнейший отчет министра юстиции за 1868 г. СПб. , 1871. С. 18.

和解法官活动初期的欢愉也闹出了不少笑话。彼得堡一位和解法官想象自己是消防专家，戴上法官的佩饰就开始处理自己区段里发生的一场火灾，同时给消防员下命令。另一位和解法官深夜回彼得堡的时候，他认为特洛伊茨桥开桥[1]早了，于是就戴上法官佩饰要求合桥。[2]

但是，从 19 世纪 70 年代开始，就已经可以看到司法部门领导人 К. И. 帕连对和解法官活动日益加深的不满。司法部给和解法官联合法庭主席的一份通报说："司法部现有的材料说明了某些地区和解法官活动极其不能令人满意的状况。案件诉讼缓慢，偏离法律，五花八门的对于当事人极不方便的办公程序，个人服务行为不正确，法官放任文员和法官办公室其他人员滥用权力，在某些地区已经成为司空见惯的现象，这就有破坏当地老百姓心目中对法官信任的危险。"[3]

然而，即使在这个时期也可以听到支持和解法官制度的言论：国务委员会六名委员（包括 Н. И. 斯托扬诺夫斯基、К. П. 波别多诺斯采夫在内），于 1887 年评价和解法官制度实行十年的经验时承认："和解法官属于司法改革所建立的最成功的机构。"[4]

应该公正地指出，也是和解法官自己给了当局以及老百姓产生不满的理由。遗憾的是，随着时间的推移，情况没有得到改善，而是和解司法人员构成被削弱[5]。在形式主义（书面诉讼在和解法庭越来越普遍，而 1864 年《司法章程》并无一字规定和解法院办公室）、和解司法"法律化"、诉讼丧失和解性质（和解法官审理的案件以和解结案的越来越少）的条件下，人员法律培训不足让人感觉尤深，和解法官为此也受到了司法部的批评。

确实，和解法庭注定要走入死胡同："和解"诉讼以"根据公正""根据良知"进行判决，就不能不导致法律"声名败坏"，而和解法官努力站到法律

〔1〕　圣彼得堡涅瓦河及其支流大涅瓦河上有几座桥可以开合，按当地政府公告，一般在夜间有两个小时桥上交通中止，桥面从中间打开，以便让大型船舶通过。——译者注

〔2〕　*Кони А. Ф.* Мировые судьи // *Кони А. Ф.* На жизненном пути. СПб., 1912. Т. 1. С. 430-431.

〔3〕　Судебные уставы…за 50 лет. Т. 2. С. 57.

〔4〕　Там же. С. 59.

〔5〕　См.: *Даневский В.* В защиту выборного мирового института // Юридический вестник. 1888. № 9. С. 94 и след.

的基础之上，从而变成"形式"法庭，丧失"司法改革之父"们要求它具有的"和解"性质。"司法改革之父"们关于习惯应该在和解法庭所起作用的设想也并未被证明是正确的。

在总结俄国和解司法的第一阶段直至1889年完全被撤销的历史时，应该指出的是，司法改革建立的这个制度，总体上顺利地完成了审理轻微案件的职能。

与自己的"皇家法官"同事们不同，区段和解法官的工作量从一开始就铺天盖地，更不用说更大的工作强度了。在1866年的几个月中，莫斯科所有17个区段和解法院就审理了约38 000件案件，其中几乎半数（约18 000件）以当事人和解而告终。[1] 后来在一年的时间里，首都一名和解法官平均审理3000件案子，或者说每一个工作日审理15件—20件案子。到19世纪末，由于莫斯科人口增加几乎一倍，和解法官区段也翻一番，而同时他们所审理的案件数也增加一倍。1890年案件数达到66 987件，其中包括38 137个民事案件和28 850个刑事案件（1925年全国和解法院年平均案件为55 000件）。[2] 在莫斯科市和解法庭存在的头25年，在688 000名出庭的受审人中，有57%被宣告无罪。在64 000被判有罪的人中，有8000人是因吵嘴、打架和"横行霸道"被判拘役，也就是依照《刑事诉讼章程》第38条被判刑的。[3]

和解法官判决的案件上诉到参政院的不超过1%，虽然这已经是1886年到1887年参政院刑事上诉审判庭案件总数的3/4和民事上诉审判庭案件总数的84%以上。同时应该指出，参政院判决撤销原判的比例总的并不高：1867年占参政院刑事上诉审判庭所审理刑事案件的20%和占民事审判庭所审理案件的11%，而在1889年，两个审判庭都平均为24%。[4] 这也说明了和解司法实践取得了良好的成绩。

受审人总数中被和解法官判刑的平均约60%。被和解法官判刑的不同阶

---

〔1〕 25-летие московских столичных судебно-мировых учреждений. 1866–1891 гг. М. , 1891. С. 8.

〔2〕 Лонская С. В. Указ. соч. С. 73.

〔3〕 25-летие московских столичных судебно-мировых учреждений. С. 41–42. 而且7910名被判有罪的人仅被判一天拘留，只有一名被判处26天监禁。

〔4〕 Судебные уставы…за 50 лет. С. 46.

层的人数比例很有意思（表 1.3）[1]。

表 1.3　1874 年—1893 年被和解法官判刑的人的阶级构成（%）

| 年　代 | 1874—1878 | 1879—1883 | 1884—1888 | 1889—1893 |
|---|---|---|---|---|
| 贵　族 | 0.1 | 0.1 | 0.0 | 0.0 |
| 神职人员 | 0.2 | 0.0 | 0.0 | 0.0 |
| 世袭荣誉公民 | 0.0 | 0.0 | 0.0 | 0.0 |
| 下级军官 | – | – | – | 0.1 |
| 商　人 | 0.2 | – | – | – |
| 小市民 | 20.6 | 18.5 | 17.9 | 18.5 |
| 农　民 | 75.5 | 78 | 79.7 | 78.9 |
| 哥萨克 | 1.9 | 1.8 | 1.1 | 1.2 |
| 移　民 | 0.2 | 0.2 | 0.2 | 0.2 |
| 外国人 | 0.6 | 0.6 | 0.6 | 0.5 |
| 其他阶层 | 0.7 | 0.6 | 0.3 | 0.2 |
| 流浪者 | – | – | – | – |
| 身份不明者 | 0.1 | 0.2 | 0.1 | 0.2 |

从表 1.3 可以看出，二十年间，在和解法庭被追究责任的人中，特权阶层的代表占不到 1%，虽然 1870 年在全国人口总数中他们和神职人员一起占到 2% 多一点，而且在被判刑人中比例更低，这很可能是因为贵族和神职人员守法程度更高。被判刑的农民的比例与他们在全国人口中所占比例相当。

在民事案件中，原告胜诉或部分胜诉的占 70%—80%。1866 年由和解法官达成和解的占 26%。后来这个指标逐年降低，1888 年降到 9%。[2] 这当然

---

〔1〕　Итоги руссой уголовной статистики за 20 лет（1874 - 1894）/ сост. в статистическом отделении при Министерстве юстиции при участии Е. Н. Тарновского. СПБ. , 1899. C. 187.

〔2〕　Там же. C. 45.

不能称之为良好的发展趋势。

在谈到和解司法的意义时，重要的是应该指出它不可估量的法律教育作用。用 B. П. 别佐布拉佐夫院士的话说，和解法庭把法引入一个连法的幽灵都不存在、对法的可能性连概念都没有的领域。[1] 和解司法的使命是使良好社会的第一要素进入日常民事关系领域，即让公民意识到自己的权利和义务。如果人们把新的公开审判称为公民教育学校（这种称呼是正确的），那么和解法庭连同那几千个囚室就是这所学校第一个也是最重要的阶梯。和解法官所做的一切，就是为了使人民乐于接受它，努力动摇根深蒂固的法律无用、同"有钱有势的人"争斗没有好处等信条，它不是为了拨弄是非和与人争讼，而是为了养成自我尊严感、在法庭上去寻找权利的这种法律意识。广大农民整体上对和解法庭给予良好的评价，说它是"实现自己权利和自由的手段"[2]。

还是那位 B. П. 别佐布拉佐夫写道，相信和解法官受欢迎和它使人意识发生转变是容易的："应该看到人们的惊讶，他们竟心甘情愿地服从和解法官的判决；应该看到惊讶——听这些和解法官的有罪判决时无比惊讶，如五雷轰顶，甚至震怒：主人赶走了仆人，扣了半年的工钱，只是因为仆人不招主人喜欢；工人违反书面契约，在雇佣期届满前擅自辞工，只是因为工钱涨价了；醉汉们从来也没听说过他们不应该倒在大街上骂人；男人们对于不应该把老婆打个半死也没有任何概念；老爷的三驾马车飞驰而过，甚至都不回头看一下被他撞倒在路上的孩子；等等。在所有这些情况下都首先必须付出难以置信的努力，以便不同身份和不同阶层的人们都明白，他们被传唤到和解法官这里来不是开玩笑，法官的判决能够付诸执行。这是真正的思想意识的转变。"[3] 对于俄国的和解法官，正可以用孟德斯鸠的话来形容："公民遗失了证明自己权利的文件，而和解法官把遗失的东西找到了并还给了他。"[4]

我们认为，和解法庭不能得到一致的评价，而这种评价应该对于沙皇俄国和解司法整个复杂而离散的历史道路具有普遍的意义。

---

〔1〕 Цит. по: *Джанщиев Г. А.* Из эпохи великих реформ. С. 449.

〔2〕 *Анциферов Д.* Наблюдения над уголовной практикой нашей мировой юстиции // Юридический вестник. 1883. № 1. С. 127–128.

〔3〕 Русский вестник. 1866. № 10. С. 78.

〔4〕 Цит. по: *Джаншиев Г. А.* Основы Судебной реформы. С. 317.

和解司法无论是与改革前的地方法院相比，还是与同时存在的地方法院（乡法院和民族地区的习惯法院）相比，都显示出自己的优越性：更快速、更简便的审理、文案极简、公开审理、允许辩论（辩论制）、法律中确认的审理案件的和解性质、当事人免交诉讼费，等等。

法官中有不少人力图诚实地履行自己的职责，他们在改选时多次得到人民的支持。А. Ф. 科尼曾经非常精彩地描述了这种类型的法官[1]。和解法官在很大程度上证明把数量极大的但比较轻微的刑事案件和民事案件交给他们审理是正确的，他们当之无愧地赢得了威望，实质上成了改革之后司法体系的基础。

和解司法行使职能问题成了法律制度体系本身困难的准确指示标，因为这一法律体系是建立在西方模式基础之上，却又是建立在一个落后的（用欧洲尺度衡量）传统社会，这个社会习惯于没有深刻法律传统的直接行政命令。

和解法庭没能成为"良知的法庭"，它存在不少缺点，部分是源于法律所确认的活动方式本身。还应该指出《司法章程》条款规定的缺陷，如关于和解法官可判处的刑罚，关于实体暴力、擅断、蛮横（相当普遍的构成）。法律所规定的和解程序，在实践中并未得到大力推行而且后来大大地缩减了。

## 第二章　区法院和陪审法庭

所有法院中的第一法院，并不是排序中的第一个，而是普通法院中第一重要的法院，那就是区法院。一个区法院辖区包括几个县，辖区的边界并不与所辖各县的边界重合，而是按照当地的人口和发生的案件数量划定的（《法院组织章程》第 77 条和第 110 条）。就法官所享有的权力程度和法律地位来看，俄罗斯帝国的区法院相互之间是平等的，不论它们属于哪个级别。

---

〔1〕　*Кони А. Ф.* На жизненном пути. СПб., 1912. Т. 1. С. 429 и след.

**沙皇亚历山大二世于 1866 年 4 月 17 日来出席彼得堡区法院揭幕**

该大楼未保留下来

区法院的设置是合议制的，由院长、副院长和法官组成（《法院组织章程》第 77 条）。法官是平等的，但俄国区法院法官的人数却不相同，人数取决于应该由他们审理的案件的实际平均数。

区法院的所有法官（皇家法官）皆由皇帝任命，这证明在 19 世纪后半期俄国绝对君主制条件下最高权力机关的干部特权。同时，皇家法官享有不可撤换权，这反过来又与专制思想矛盾，但绝对符合那个时代宪政国家所确立的自由主义资产阶级的法官独立原则。

司法活动作为自主的和相当独特的社会政治领域而独立出来。因此，挑选法官候选人和赋予他们法官权限的组织法律机制的改革就变得特别重要了。为了普通法院（区法院、高等法院和参政院上诉审判庭）能够顺利行使职能，就必须有文化水平高的职业法官。这一任务的完成首先要借助于法律规定的资格制度。

**克里姆林宫中的法院大楼（莫斯科高等法院和区法院，参政院的莫斯科审判庭）**
现在这座大楼是俄罗斯联邦总统办公厅

哈尔科夫高等法院和区法院

敖德萨高等法院和区法院

诺沃切尔卡斯克高等法院

罗斯托夫区法院

叶卡捷林堡区法院

要担任区法院的成员，候选人应该符合一系列的条件：

1. **身体（自然）条件**。它规定有身体缺陷（盲、聋、哑和失智）的人不能当法官。这源于对担任国家公务人员的一般禁止性规定，而对于陪审员职务则在法律中作了专门说明（《刑事诉讼章程》第82条）。同时还有一个条件就是规定只有男性才准许担任法官（妇女甚至无权在法院办公室工作）。还有一个自然条件——要求达到一定的年龄。法律并未直接规定担任法官的最低年龄，但是其他要求（教育程序和法律实践经验）决定了法官的起码年龄是25岁。

2. **社会条件**。社会条件包括具有俄国国民身份（《法院组织章程》第299条），以及禁止兼任国家职务或社会职务、禁止参加商业和工业合伙和公司，禁止参加公共或私人信贷机构等限制性规定。后来，在20世纪初，又有了禁止法官加入政党的规定。社会条件还包括法官必须属于某一东正教派，但这一要求并不是普遍性的，只涉及反对宗教和教会的犯罪案件。虽然实际上区法院的所有法官几乎都是信奉东正教的（当然是俄罗斯东正教）。

3. **道德条件**。要求法官道德"无可指责"。例如法律（《法院组织章程》第20条和第21条）规定，下列人员不得被任命为法官：正在因犯罪而被侦查或审判的，以及被法院的刑事判决判处监禁和更重刑罚的（即使他们被特赦或被大赦，或因时效期届满或和解而被免除刑罚的也不行），因犯错误被开除法院职务或被剥夺宗教封号，或者根据所属等级的等级会议决议被开除出贵族会议的。因此，法官在职务之外实施有损于道德的行为，首先和与高尚的法官称号不相称的或者使法官丧失必要信任和尊重的不法行为的，也应依照特别程序被解除法官职务。

4. **智力条件**。要求法官受过法学教育和具有实践经验。关于法学教育的要求，《司法章程》并没有硬性规定，而允许二择其一：也允许"在服务中证明自己具有法律知识"的人担任法官职务（《法院组织章程》第202条、第211条）。这种"法学教育与实践经验的竞争是由于'司法改革之父'们担心19世纪60年代俄国没有那么多具有法学教育的人可以来担任法官职务"。

必须指出的一点是，法官对干部政策的参与：区法院（以及高等法院）的法官由皇帝根据司法大臣的提名任命，但还要考虑法官位置空缺的那个法院的意见（《法院组织章程》第 213 条）。在区法院（或高等法院）全体会议上通过候选人提名，候选人表示同意任命担任空缺的职位。法院的意见上报给司法大臣，司法大臣可以在名单中添加符合条件的其他候选人。这无疑就是法官群体形成的道路。然而行政很快就"醒过神来了"，法院的意见被考虑得越来越少[1]，新任命的法官重新又都是司法大臣的亲信。

区法院里还有检察官和助理检察官以及所谓的司法辅助人员：律师（有时区法院之下设有相应高等法院律师协会的分会）、公证员、书记官（法院办公室人员）、司法警察机关即法警（法警负责执行法院判决），最后是法官职务候选人。此外，有时法院还有私人律师、官方翻译人员和勤杂辅助人员。

区法院是一审法院，但是 19 世纪末到 20 世纪初《司法章程》修订以后，某些地区的区法院也认为自己对和解法官所审理的刑事案件有上诉审的权力（《刑事诉讼章程》第 1264 条、第 1415 条），甚至有申诉审的权力。

法律按照"剩余原则"规定了区法院的管辖权。例如，民事案件的管辖按下列办法确定：所有诉讼，如果不归其他法院（乡法院、村法院、宗教裁判所、和解法院、商事法院、高等法院和参政院、土地规划委员会）管辖，则自 1906 年 3 月 4 日起属于区法院管辖（类推适用第 31 条、第 202 条）。

如果将这个反面措辞改成正面措辞，则区法院管辖下列民事案件：

（1）不动产物权之诉和混合之诉。

（2）关于专属权的争议。

（3）婚姻家庭关系所产生的人身权利之诉。

（4）确认遗嘱或认定遗嘱无效之诉。

（5）离婚之诉和旧礼仪派教徒婚姻无效之诉。

（6）标的额超过和解法庭或其代理法庭管辖的而又不属于专门法院管辖或几个区法院联合审理的所有其他诉讼。

区法院对刑事案件的管辖规则也相同。一般说来，凡超过和解法庭权限的又不属于高等法院管辖的（如国事罪、职务犯罪和宗教犯罪）刑事案件，都属于区法院管辖。

---

[1] См.: *Краковский К. П.* Политическая юстиция в России во второй половине XIX‑начале XX в.: историко‑правовое исследование. М., 2012. С. 410‑411.

**陪审员** 如果刑事案件中依照《刑罚与感化法典》应该判处刑罚并褫夺所有公权，则皇家区法院对这类案件的审理还应该有陪审员参加。陪审员应该独立于皇家法院，单独地作出陪审团判决，该判决仅涉及事实问题和受审人是否有罪的问题。这一制度曾激起最热烈的讨论和完全对立的评价，它毫无疑问是新司法体系制度中最有趣的制度，我们认为有必要更详细地对它进行探讨。

编制陪审员名单的县临时委员会应该将全县符合法定陪审员要求的所有居民都列入一个总名单，"因为陪审员称号是任何一个能够具有这一称号的社会成员都不能逃避的社会责任"[1]。神职人员（教士、和尚）除外，因为教士的事情不是惩罚罪过，而是饶恕罪过，和尚们则不问俗事（《法院组织章程》第 85 条）。

符合土地资格、财产资格或职务资格的人被列入总名单，但盲人、聋哑人、精神失常的人除外（《法院组织章程》第 84 条）。年龄资格——年满 25 岁不满 70 岁的男子。履行陪审员职责的另一障碍是不通晓俄语（《法院组织章程》第 82 条），这就表示没有文化。有意思的是，候选人的民族和宗教信仰没有意义。但是信仰东正教的必须在名单上注明，因为只有信仰东正教的人才能被选出来审理反对宗教信仰和教会的犯罪案件（《刑事诉讼章程》第 1009 条）。

居住资格是必须在选举陪审员的县居住满 2 年以上（《法院组织章程》第 81 条）。

独特的资格是"守法"——被侦查或被审判并被判有罪的人，根据法院判决被开除公职或神职的人，因罪过被社会组织或贵族会议开除的人、破产的债务人以及被设立监护的人，等等，都不能列入总名单（《法院组织章程》第 82 条—第 83 条）。

土地资格要求拥有 100 俄亩的土地或其他财产（500 卢布以上，在省城为 1000 卢布以上，在首都为 2000 卢布以上），或者领取薪俸、从资本收益、从事工业、从事手工业、小作坊年收入不少于 200 卢布（在首都不少于 500 卢

---

[1] Судебные уставы 20 ноября 1864 года с изложением рассуждений, на коих они основаны. СПб. , 1867. Ч. 3. C. 78.

布）（《法院组织章程》第 84 条）。

名单里还列入名誉和解法官、所有担任国家文职的人员、根据贵族会议和城市会议选举担任地方职务的五等文官以下人员、军事机构的军官。总名单还包括在乡法院担任法官的农民和被选入农民自治机关的农民。

被免除"陪审员责任"的有：所有现役军官以及军队中的许多文职官员（《法院组织章程》第 85 条），在私人家做奴仆的公民（仆人）（《法院组织章程》第 86 条）。职业法律工作者（法官、检察官、公证员、律师）、警官也不得列入名单，因为他们会从法律观点看待审理中的案件，这是违背陪审员任务的（《法院组织章程》第 84 条）。不能列入名单的还有副省长、市长、国家银行的司库和出纳员、灯塔看守员、公立学校教员（《法院组织章程》第 84 条—第 85 条），显然，这也是为了让他们专心履行本职工作。

陪审员总名单由省长审查和修订，之后在省报上公布，省报还要说明，他们在一年的哪个季度履行陪审员职责（以便人们早做准备）。

从列入总名单的人中，委员会编制一个轮班的名单，列入里面的人"根据自己的裁量和认真讨论，每个人……因其道德品质和其他原因……能够履行陪审员职责"（《法院组织章程》第 99 条）。履行陪审员职责每年一次，而且没有报酬。

由此可见，规定相当严苛的资格条件能保证——在当局看来——陪审员"妥当的"构成，从而保证区法院管辖的各种案件都由"妥当的"法官审理。陪审法庭活动给高层产生的第一个印象非常好。司法大臣 Д. Н. 扎米亚特宁在陪审员工作的最初几年曾经说：他们"完全没有辜负对他们的希望；他们经常面对那些对于刑事案件法律解决具有丰富经验的人而言都难以解决的问题，而所有这些问题由于陪审员投入案件时令人惊讶的专注而正确和令人满意地解决了"[1]。

但是从 19 世纪 70 年代初开始就展开了对陪审员制度的批评。用 А. Ф. 科尼的话说："攻击不只是在书刊中和社会上，后来甚至在官方和政府机构也堆积如山。"[2] 保守的政治评论给陪审员贴上一个"街头法庭"的标签。与预

---

〔1〕　Цит. по：Судебные уставы…за 50 лет. Т. 1. С. 154.

〔2〕　*Кони А. Ф.* Присяжные заседатели // *Кони А. Ф.* Собр. соч. Т. 1. С. 331.

期相反的是，全国区法院中陪审员的构成结果都是农民（因此可以更准确地称之为"乡村街头法庭"）[1]。政府限制陪审员制度的另一个重要得多的动机是陪审员的"无罪判决综合征"。确实，类似的说法有一定的根据。让我们进行一番认真的探讨。

对陪审团的形成产生影响是的控辩两方对回避权的不同态度。由于控方很少行使回避权，"罪过在辩方"[2]。按照司法部的意见，辩方利用回避权，以便从社会分子中挑选那些可能更宽容地对待犯罪的人，从而争取到对受审人更有利的判决[3]。通常律师简直是滥用自己的回避权。在一个案件中，律师因为申请回避竟然收了商人的钱，因为商人没时间出庭；律师还规定了价码：案子越大（根据审理的时间），金额越高。[4] 还可以看出陪审员名单的编制在某些方面也不能令人满意[5]。

另一个问题是陪审团经常作出无罪判决，而且往往是在受审人自己认罪的情况下作出无罪判决。但这一切也并非那么简单明了。А. Ф. 科尼曾经在三十多年里观察陪审员的生活和劳动，他了解情况并负责任地说："有一些判决不符合严格的法律逻辑和法律的形式定义，一些判决皇家法官对之难以苟同，但是从生活的观点来看，就根本没有不能理解或不能解释的判决。只要认真思考一下陪审员的想法，……就不得不承认，在他们那些看起来不正确的判决中却往往蕴含着实在的真理，这些真理不是冰冷的说教，而传达的是心声。"[6] 换句话说，俄国的陪审员们在"实施"与"有罪"之间划出了界限。

---

〔1〕 在 20 世纪 70 年代，著名的苏联历史学家 П. А. 扎伊约恩奇科夫斯基的学生 К. А. 阿法纳西耶夫答辩的学位论文《俄国陪审法庭（1866 年—1885 年期间的组织、构成和活动）》（莫斯科 1978 年版）证明，与"奠基人们"的论断相反，资产阶级社会的法庭可能是"农民的法庭"。然而，我们并不同意某些历史学家的评价，他们认为这是一个将目光转向沙皇法庭的开端。那个时代的许多人（А. Ф. 科尼、С. 赫鲁廖夫、Н. П. 季莫费耶夫、А. М. 博布里谢夫－普希金、С. 莫克林斯基等）撰写了关于"旧俄"陪审法庭的农民构成的文章，这从科学上证明和解释了前面所描述的事实。

〔2〕 *Громницкий М. Ф.* Роль прокурора на суде по делам уголовным // ЖМЮ. 1896. № 2. С. 34.

〔3〕 Министерство юстиции за сто лет. 1802–1902. Исторический очерк. СПб., 1902. С. 163.

〔4〕 *Тимофеев Н. П.* Суд присяжных в России. Судебные очерки. М., 1881. С. 236.

〔5〕 Там же. С. 83 и след.; *Кони А. Ф.* Сбор. соч. Т. 1. С. 338–337.

〔6〕 *Кони А. Ф.* Собр. соч. Т. 1. С. 336.

A. M. 博布里谢夫-普希金甚至试图在研究大量陪审团判决的基础上，按照不同种类的犯罪得出俄罗斯陪审法庭的活动规律[1]，而 H. П. 季莫费耶夫根据自己对陪审员制度的长期观察进行同样的尝试[2]。

确实，除上述情况外，陪审团的无罪判决是千差万别的，有时甚至是出人意料的，然而从生活的观点来说却都是可以解释的。

人们认为出现这种状况的原因还有：侦查状况不能令人满意（而这是客观情况）；罪与罚不相当（就连那个时代的人也承认，《刑罚与感化法典》没有弹性和非常严峻的规范在 19 世纪后半期确实已经过时）；长期羁押，而且是在俄国监狱极其恶劣的条件下羁押——陪审员们认为，已经有足够的理由认为受审人已经用坐牢赎罪了。

受审人疾病、伤残、年轻特别是被迫实施犯罪往往会导致无罪判决。有个姑娘被诱骗后又被抛弃任由命运摆布，她被指控杀死新生婴儿；有个父亲为了给儿子治病而盗用了别人的钱；有个 17 岁的少年，他偷改自己的年龄（从 17 岁改成 18 岁），以便有权与因他而怀孕的姑娘结婚；有个工人，偷了价值 25 戈比的 5 块劈柴，为的是给饥寒交迫的家人取暖；或者是一个小市民女人，杀死了使她堕落折磨她并与她保持 13 年乱伦关系的父亲。在判决这些人无罪的时候以及在类似的情况下，陪审团似乎是想告诉人们，法律通常对所有人提出的要求，在这种情况下是这些人力所不能及的，向他们提出这样的要求就表示要求一个人做得比他所能做的更多，比社会法律意识所能要求他做的更多。[3]

但是，陪审团作出无罪判决也有宗教意义的"特殊原因"。那个时代的人把这个现象称为法庭上的"幸运日"：陪审团在大斋的第一周、第四周的最后六天作出无罪判决。法院甚至决定这些天不开庭或不审理轻微案件。[4]

无疑，律师的发言对感情容易被打动的陪审员会产生影响（按照 K. П. 波别多诺斯采夫愤怒的定义"诡辩和文字游戏的艺术是为了作用于那一群形

---

〔1〕 *Бобрищев-Пушкин А. М.* Эмпирические законы деятельности русского суда присяжных. М., 1896.

〔2〕 *Тимофеев Н. П.* Указ. соч. С. 383.

〔3〕 Сдебные уставы…за 50 лет. Т. 1. С. 125; *Кони А. Ф.* Собр. соч. Т. 1. С. 340-341.

〔4〕 *Тимофеев Н. П.* Указ. соч. С. 135.

形色色的陪审员"）〔1〕，这些言语不仅包含着法律和生活的智慧，而且包含着各种各样灵活多变、并非永远正确地达到既定目的的方法，这个既定目的就是无论如何要给被辩护人脱罪。

相反，研究人员、同时代人也举出了陪审员一般作出非常严峻的有罪判决的根据（对纵火、走私、杀子、弑父案件）。从这个意义上说，Ф. M. 陀思妥耶夫斯基小说《卡拉马佐夫兄弟》中的米佳·卡拉马佐夫实际就注定要被陪审团判决有罪。这个判决实质上是不正确的（《男孩子们为自己辩护》这一章），即使这并不是虚构的主人公，而是现实的人。

然而，陪审法庭和等级代表法庭的惩罚力度的比较（有罪判决百分比）〔2〕表明，等级代表法庭要比陪审法庭严峻得多。（见表 1.4）

表 1.4　1882 年—1893 年期间
陪审法庭和等级代表法庭有罪判决的比较（%）

| 年　份 | 陪审法庭 | 等级代表法庭 |
|---|---|---|
| 1883 | 56 | 71 |
| 1884 | 59 | 79 |
| 1885 | 60 | 80 |
| 1889 | 63 | 66 |
| 1890 | 66 | 69 |
| 1891 | 66 | 68 |

但是让政府感到不安的不仅是无罪判决本身，更多的是对职务犯罪和反对管理秩序的犯罪作出无罪判决。陪审团作出这样判决的情形占 58%，而皇家法官作无罪判决的仅为 24%，也就是说，两者相差 33 个百分点〔3〕。现在

---

〔1〕　*Победоносцев К. П.* Великая ложь нашего времени. М., 1993. С. 155.

〔2〕　*Даневский В. П.* Сравнительное обозрение некоторых форм народного суда（суд шеффенов, сословных представителей и присяжных）//Русская мысль. 1916. Кн. 1. С. 10-11.

〔3〕　*Демичев А. А.* История суда присяжных. С. 12.

政府不愿意容忍这样的"街头法庭"的"司法政策"了。针对不满的主要理由，政府采取了措施，改变陪审员构成和改变陪审法庭所管辖的刑事案件的范围。此外，还做出了专门的努力去调整陪审员的活动。

**改变陪审员的社会构成和教育构成**　19 世纪 70 年代后半期到 19 世纪 80 年代初，司法部搜集的材料令人信服地证明："陪审法庭所参与案件的诉讼实践表明，进入陪审团的远不是社会中最优秀的人，不是法律希望在刑事司法活动家中所看到的代表人物。"[1]

1884 年特别会议（由司法部门的高层官员组成）审议了排除陪审法庭活动中的"不正确"的问题。会议确认，有两个情况是陪审员构成不妥当造成的后果：规定哪些人可以被邀请坐到陪审团席上的法律不完善，以及调整编制陪审员名单的机构（临时会议）活动的法律有缺点。后通过了几部法律，

区法院开庭审理刑事案件　（圣彼得堡）

---

〔1〕　Цит. по: *Демичев А. А.* История суда присяжных. С. 176.

以便纠正这些缺点。例如，1884 年 6 月 12 日通过了《关于变更陪审团决定的暂行办法》[1]（有效期一年），之后又两次延长了这部临时性法律的有效期。根据这部法律，编制陪审员总名单临时委员会的组成人员增加了和解法官联合法庭主席、县地方自治会主席、市长、县农民事务法庭永久成员、县警察局长、城市警察局长和区法院的地方助理检察官（即出现了以前所没有的法律工作者，我们认为这是一个正确的步骤）。

委员会应该挑选他们个人所了解的、最能够履行陪审员职责的、名誉最好的人列入陪审员名单。

1887 年 4 月 25 日的《关于修订陪审员名单编制规则的法律》[2]也是为了（从政府的观点）改善陪审员的构成。该法变更了编制陪审员总名单的办法——现在名单按县和按等级分别由各等级的县自治会的领导人或警察局长编制。临时委员会只编制陪审员轮职名单；陪审员的构成发生了很大的变化。

这部法律改变了对陪审员的要求。新法规定陪审员必须具有俄语阅读能力（以便能明白法官提出的问题）。Г. А. 占希耶夫认为，这部法律打击了陪审员的农民成分（首先是不识字的农民）[3]。对陪审员的财产资格也进行了修订：不再像 1864 年《司法章程》那样硬性规定（100 俄亩的土地），而是因地制宜。例如，为当陪审员，必须拥有《地方自治机构条例》对小土地所有者所规定的土地数量（在大多数省为 10 俄亩—20 俄亩）。规定土地所有者为司法权和审判的基础，这对政府是有利的。同时还提高了城市居民担任陪审员的财产资格，从而把没有财产或财产极少的人排除在外（当局认为，这是一些不可靠的分子，他们不严肃地对待自己的职责——原则上这是对的）。

职务资格原则上也朝着"减轻"的方向变更了。首先是对国家官员，但是对他们要同时考虑财产资格，这无疑会妨碍低级官员成为陪审员。然而这一法律的首要后果是农民成分在陪审法庭中减少了。司法大臣 Н. А. 马纳谢因当然对这一措施作肯定的评价，他说，"陪审员的构成改善了：来了识字的

〔1〕 ПСЗ. Собр. 3-е Т. IV. № 2314.

〔2〕 Там же. Т. VII. № 4396. 研究者对这部法律的评价各执一词。详见 *Демичев А. А.* История суда присяжных. С. 180–181.

〔3〕 *Джаншиев Г. А.* Основы Судебной реформы. С. 176.

人，判决变得更有根据了。"

**陪审法庭组织方面和陪审法庭审理程序的某些变化**　根据 1884 年 6 月 12 日的法律，无论是辩方还是控方，都可以要求 3 名以下的陪审员回避，而无须说明理由。[1] 1886 年 5 月 15 日的法律允许陪审员提出声明，说明必须更正或补充法庭提出的问题（虽然对于法院而言是建议性质的)[2]。1882 年 4 月 27 日和 1883 年 5 月 3 日的法律也具有同样积极的意义。这些法律规定有下列情形之一的，应该终止刑事案件：发现被告人在实施犯罪时精神错乱或类似的精神状态；或者发现被告人在实施犯罪之后发生痴呆和类似的精神状态；夏天不指定开庭，因为农民工作繁忙；以及禁止在夜间继续开庭（为了不使陪审员过度疲劳）。对出庭的要求规定得更为强硬（如果候选陪审员不到庭，则他的名字将移到下次开庭时的名单）。

1894 年 6 月 3 日的法律是规定陪审员宣誓规则的[3]。依照 1910 年 3 月 2 日的法律，陪审员有权知道受审人会受到何种刑罚和产生的其他后果。这就消除了产生误会的根源：陪审员往往作出无罪判决，是因为担心受审人会面临严峻的惩罚。[4] 1913 年 11 月 26 日法律规定给陪审员付费和支付交通费，从而大大减轻了来自低收入阶层的陪审员负担。[5] 所有这些措施，与陪审员构成的变更和临时委员会工作程序的变更一样，都受到赞扬，包括来自陪审员制度的热情支持者 А. Ф. 科尼的称赞[6]。

当局向陪审法庭的坚决转变发生在 1894 年。这与"穆拉维约夫委员会"的活动和新任司法大臣 Н. В. 穆拉维约夫召集的高等法院院长和检察长会议的活动有关。正如 А. Ф. 科尼所说，会议的大多数参加者都表示："就其活动而言，法庭（陪审法庭——作者注）不仅完全符合自己的目的，而且是审理大多数严重案件所能想象的最佳形式的法庭，特别是当严重的指控涉及需要生

---

〔1〕　ПСЗ. Собр. 3-е. Т. IV. № 2314.

〔2〕　Там же. Т. VI. № 3696.

〔3〕　Там же. Т. XIV. № 10710.

〔4〕　Там же. Т. XXX. № 33152.

〔5〕　Собрание узаконений и распоряжений правительства. 1913. № 273. Ст. 2825.

〔6〕　См. : *Кони А. Ф.* Собр. соч. Т. 1. С. 332–333.

活智慧的细致罪证的情况下"[1]。H. B. 穆拉维约夫委员会在自己的草案中就保留了陪审法庭。

在探讨陪审法庭这一重要问题的最后，应该提醒读者注意两个情况。即使是这一制度最激烈的反对者也实际不能不承认这个制度没有贪腐的成分。根据革命前著名的法学家 H. H. 罗津的统计，从 1879 年至 1892 年底的 15 年间，陪审团审理了 208 000 个案件（陪审员的数量相同），而因受贿被判刑的是 29 名陪审员，也就是占总数的 0.0012%（按照 A. Ф. 科尼的定义，"这只不过是陪审员活动完全无可指责的汪洋大海中的一滴水"）[2]。

此外，与其他法庭相比，陪审法庭的一个特点是"它们表现了社会法律意识的创造力，体现了人民群众关于刑事法庭的概念是什么样的，刑事法庭的判决应该根据什么，行为刑事违法性的界限在哪里，刑法罪过的尺度何在，哪些刑决效应作为罪罚相当是可以接受的和适当的等概念，表现出了自己的创造力"[3]。它实质上已经成了社会真理的表达者，而这正是它永不消失的价值所在。今天，这一制度在当代的俄罗斯又复兴了，说明它的价值仍然存在。而它的缺点，正是它在其中进行工作的那个社会和它所植根的那个社会本身所存在缺点的反映。

那个时代的人注意到新司法制度的人道性质，尤其是与改革前的制度相比。确实，从改革时代的基础性原则之一（"宁纵数人毋枉一人"）出发，皇家法院审理刑事案件时，判处无罪的占所有受到刑事追究的人的一半，而判决中 7%—8% 被认定有罪的人免于服刑。区法院判处重刑的情况很少，只是在特殊情况下才判处重刑。例如，1899 年在莫斯科高等法院的辖区被追究刑事责任并被判有罪的有将近 2000 名男犯和 250 多名女犯（每两个人中就有一人是因为偷窃和抢夺），被判处苦役的总共 19 名男犯和 2 名女犯。[4] 同年依

---

[1] См.: *Кони А. Ф.* О суде присяжных и о суде с сословными представителями // Собр. соч. Т. 4. С. 279.

[2] *Розин Н. Н.* О суде присяжных. Томск, 1901. С. 22. 科尼在总结1894年会议的时候使用了这一论据，对1894年关于陪审法庭的优越性的会议进行总结（*Кони А. Ф.* Собр. соч. Т. 4. С. 264）。然而，某些现代的研究者质疑这个数字。*Демичев А. А.* История суда присяжных. С. 186.

[3] Судебные уставы…за 50 лет. Т. 1 С. 115.

[4] ЦГИА Москвы. Ф. 142. Оп. 16. Д. 59. Л. 3-6.

照"杀人"条款被判有罪的人中，只有 4 名男犯被判处苦役，而女犯一名也没有。

在总结对区法院首先是陪审法庭问题的研究时，应该指出，在几十年的时间里，它们的工作原则上是良好的。

**革命前的历史学**，以及大多属于自由主义阵营的实际工作者——他们都是见证过这一制度行使职能的同时代人，基本上都对这一制度作出了正面的评价。只有极少数保守思想的著作者批评陪审法庭，他们实际上只利用了两个论据："陪审员构成过分的民主"（"街头法庭"）和陪审团所作的无罪判决的数字比其他法院的比例稍高。

在**苏联时代历史学**中，对陪审法庭的评价都是跟随在列宁的"指导性指示"后面建立起来。列宁曾对"街头法庭"有过肯定的评价[1]，所以，苏联时代史料对陪审法庭的评价也是肯定的。在苏联时期，对陪审法庭的研究基本上是在研究 1864 年司法改革和 19 世纪 70 年代—80 年代法院立法的背景下进行的。至于区法院的活动，它作为专制制度的司法机制（按照苏联学者的定义，是惩办主义机制）的组成部分，对它的评价都被纳入阶级分析方法的共同轨道。

在关于我国陪审法庭的**后苏维埃时期的历史学**中，对司法改革后时期国家法发展的评价都经历过重点变更、克服教条主义思想和舆论、研究新的评价方法等过程。尽管"立场变了"，后苏维埃时期的历史学文献一般对沙皇俄国陪审法庭的作用还是给予高度的评价，对于作为沙皇俄国基层普通法院的区法院也是如此。

从整体来看，如果把对俄罗斯帝国区法院审理民事案件和审理刑事案件的活动分开来，那么对于在区法院框架内进行工作的陪审法庭，还是应该说明对它的独特性产生原则性影响的两个情况：第一，这个资产阶级的司法体系是在半封建的、集权主义国家的土壤中产生的。它注定或早或迟都要与权力独占的集权主义习惯发生冲突；社会的下层（农民）、平民知识分子参与行使不受当局监督的重要职能之一——司法权，就不能不引起难以接受的反应。

---

〔1〕《列宁全集》（第 2 版增订版第 4 卷），人民出版社 2013 年版，第 352 页。

特别由于它实际活动产生的结果（低水平的镇压，"无罪判决的做法"），就更是如此。

第二，应该记住的是，陪审法庭，这个西欧的法律制度，它是在罗马法体系的土壤中产生的，却不能不置于俄国人独特的法律文化影响之下，而这种法律文化是承认道德价值优先于法律价值的。这就首先在它的无罪判决实践上打上自己的烙印。这一革命前的制度在当代俄罗斯复兴的事实，显示了即使依照我国当代国家法的发展标准，它也具有自己的实现意义。

还应该牢记的是，区法院的工作方向之一就是民事诉讼，它是按照文明国家公认的原则进行的，区法院的民事诉讼对所有权和商业的法律保护，对19世纪后半期开始蓬勃发展的俄国资本主义的法律保护都发挥了伟大的作用。有趣的是，这个领域比其他领域较少受到司法反改革时代新规定的影响。

# 第三章　高等法院和等级代表

依照1864年《司法章程》，每个大区设立一个高等法院。每个大区包括几个省或几个州，因而相应地也就包括几个区法院（《法院组织章程》第110条）。最初（1866年）设立了两个首都高等法院。随着司法改革的推行，又开设了新的高等法院：到20世纪初一共有14个高等法院[1]。

高等法院分为两个审判庭：民事审判庭和刑事审判庭；每个审判庭都有庭长和一定编制的法官，他们被称为高等法院成员。在几个大的高等法院（圣彼得堡高等法院、华沙高等法院），审判庭的数量接近十个。高等法院的法官均由皇帝任命；法官享有不可撤换权。高等法院的法官要从担任不低于区法院法官或检察官职务3年以上的人中任命。高等法院院长由皇帝根据司法大臣的提名，从担任不低于高等法院法官或检察官职务3年以上的人中任命，或者从高等法院法官、区法院院长或副院长中任命（《法院组织章程》第

---

〔1〕它们是：圣彼得堡高等法院、莫斯科高等法院、哈尔科夫高等法院、敖德萨高等法院、喀山高等法院、萨拉托夫高等法院、基辅高等法院、维连斯克高等法院、华沙高等法院、伊尔库茨克高等法院、鄂木斯克高等法院、塔什干高等法院、新切尔卡斯克高等法院、梯弗里斯高等法院。

207 条）。高等法院的实际人数从 6 人（鄂木斯克高等法院）至 30 人（哈尔科夫高等法院）不等，首都的高等法院 40 人至 50 人不等。

高等法院院长的薪俸为每年 6000 卢布（包括薪水、餐饮费和住房费），审判庭长的薪俸每年 5000 卢布，高等法院法官的薪俸为每年 3500 卢布。如果说在进行司法改革的 19 世纪中叶，这个工资数目的确是很大的，但是到 19 世纪末，由于物价飞涨，这个工资就非常低了。报刊开始越来越频繁地呼吁提高法官的工资水平。在边远地区（西伯利亚、远东、突厥边疆区），物价水平比俄罗斯欧洲部分更高，这个问题就变得尤其尖锐。此外，高等法院法官通过个别程序可以向司法大臣申请金钱补助（例如由于生活困难）。

对高等法院法官的一般要求（身体资格、道德资格、智力资格）与对区法院法官的要求类似。具有任职时间的形式要求意味着，高等法院法官的年龄，以及任命前的职务年限，要比区法院的法官多几年（一般需要 20 年—25 年才取得担任高等法院法官的资格）。

至于高等法院法官的权利和义务，可以说，与区法院法官的权利和义务相当。高等法院的法官可以获得奖励（勋章和奖章）、根据沙皇的裁量晋升官职（《法院组织章程》第 248 条）。高等法院院长提出倡议，他向司法大臣呈送正式履历表、申请奖励或晋升官职的建议。区法院院长通过高等法院院长提出这样的请求。在司法改革后的时代，这是使独立的法官非正式地服从于高等法院院长的有效手段。

应该说，对改革后头十年区法院法官的总评价完全适用于高等法院法官。他们当中的不少法官、法院院长具有新型法官的品格。

高等法院的构成后来有所恶化。此外，在 19 世纪 70 年代特别是 19 世纪 80 年代，高等法院院长的作用加强了，按照 primus inter pares（同侪之首）原则变成了地方长官，也加强了对他们的监督。国务委员会承认，为了在司法部门里加强对他们的监督，必须在地方建立一长制权力机关，该机关应该享有全权终止所发现的无序状态，根据情况向所有下属发出指示和提醒。保守主义者的思想是简单的：参政院和司法部密切监管所有的人，所以必须扩大高等法院院长的权限，因为他们是离法官最近的权力机关。

**等级代表**　等级代表实质上是司法改革前的一种法律制度，但是《司法章程》的编纂者们仍然在高等法院审理国事罪和某些其他犯罪中保留了等级代表（从 1872 年起，他们还是参政院特别法庭的组成人员），将他们作为社会中主要等级的权威代表人物而寄予很大的希望。[1]

"司法改革之父"们所依据的是这样一个真理："人民分子"即"独立和新鲜的人的参与，而不是政府任命的法官"[2]，将赋予法院判决更大的权威性。后来的实践表明，这一制度辜负了他们的希望。

有等级代表参加的高级法庭作为法院组织和诉讼程序的一般程序的例外，它是一个追求既定的有限目的的法院设置。国务委员会认为它首先是一个审理反对国家和最高权力的重要政治犯罪的专门法院。这一法院成为陪审法院二择其一的选择，因为当局不愿意把受审人的命运托付给陪审法院来决定，似乎是担心人民会给沙皇和祖国的敌人想出"最恐怖的死刑"。

高等法院特别法庭是作为"公正的和完全开明的法院"而设立的。国务委员会认为：必须设立由具有崇高社会地位的法官组成的大法庭，它能够给受审人提供一般诉讼规则所规定的所有辩护手段，法官与所有等级的最高代表平等地参加审判。

等级代表不进行选举，而为法院的 ex officio（当然）成员，它不是所有等级的（人民的）代表，而是狭义等级的代表（除市长外，还往往从商人中选出）。等级代表中仍然是贵族享有特权（起初 4 名等级代表中有 2 名贵族）。等级代表的总人数少于皇家法官，一起出庭，前者处于后者的权威性影响之下。

审理国事罪案件的高等法院特别法庭的构成是：5 名皇家法官（自 1889 年起为 4 名）和 4 名等级代表（自 1889 年起为 3 名）：省贵族代表和县贵族代表各 1 名（1889 年起只有省贵族代表），法院辖区的市长 1 名和乡长 1 名，

〔1〕 Судебные уставы 20 ноября 1864 г. с изложением рассуждений... СПб., 1866. Ч. 2. С. 393.

〔2〕 *Зарудный С. И.* Общие соображения о составе уголовного суда. Цит. По: *Игнатенкова И. А.* Суд сословных представителей. Саратов, 2007. С. 113.

也就是从行政经济职务或名誉等级职务中选举的人，不要求必须通晓法律。[1]

**高等法院的管辖**　高等法院作为一审法院的管辖权在半个世纪的时间里与1864年《司法章程》的规定相比发生了重大的变化。

在19世纪70年代，它对国事罪案件的审判管辖权时而缩小时而扩大。在19世纪80年代的特点是，因为陪审法庭制度的变化而高等法院的管辖权在一直扩大，这就是司法反改革的要素之一。关键是1889年7月7日的法律，它将大量种类的案件（对官员的暴力案件、所有的职务犯罪案件、反对管理秩序的案件，等等）从陪审法庭的管辖中排除而转交给了高等法院。

由此可见，有等级代表参加的高等法院特别法庭从一个审理特殊种类案件（国事罪）的法庭变成了一个如同陪审法庭那样的普通法庭，只是对国家而言它贵得多了，虽然更"可靠"了。

**刑事管辖**　高等法院和区法院对案件的管辖，首先是刑事案件的管辖，可以和连通的导管相比。当局对（区法院里的）陪审法庭的不满就会导致"液体改道流向""高等法院的管道"：高等法院的管辖权由于区法院管辖权的削减而扩大了（1889年7月7日法律）。另一个"有利于"高等法院的论据是当局力求保证毫不动摇地但合法地镇压政治犯罪，因此，新《刑法典》生效的后果就是扩大高等法院的管辖权（1904年6月7日法律、1905年6月16日法律和1906年3月18日法律）[2]。

按照《刑罚与感化法典》，高等法院管辖下列案件：①某些针对外国的国事罪（第260条）；②某些反对管理秩序的犯罪（第263条—第270条、第276条、第282条、第286-1条和第315条）；③某些违反森林法的犯罪（第823条、第824条和第830-1条）；④某些违反电报章程的犯罪（第1143条和第1144条）；⑤某些违反信贷规则的犯罪（第1154条—第1156条）；⑥重婚罪（第1154条）；⑦杀害公职人员的犯罪或在公职人员履行公务时或因公职

---

〔1〕　在国事罪的诉讼程序中，从县贵族代表、市长和乡长中请来参加高等法院庭审的人主要是担任这些选任职务一届以上的人，而且只因为这样的人不够才邀请初次担任这些职务的人（《刑事诉讼章程》第1050条）。

〔2〕　Подробнее об этих законах см.: *Краковский К. П.* Политическая юстиция в России. Гл. 4. Уголовно-правовая политика самодержавия второй половины XIX–начала XX в.

人员履行公务而对公职人员实施暴力行为的犯罪；⑧破坏城市公共设施和城市规则的犯罪：未经许可而制造、保管和销售爆炸物或弹药，"如果犯罪人不能证明没有犯罪目的"（第987-1条）；⑨下列人员实施的职务犯罪：

——省和国家的官员和担任八等文官至五等文官职务的选任人员；

——陪审员违反陪审员职责；

——归区法院管辖的公职人员，如果法律对其犯罪规定刑罚合并剥夺公权的；

——玛利亚皇后慈善机构中奉旨任职的女性公职人员。

此外，在不实行陪审法庭的地区，高等法院还管辖"聚众闹事"（游行）案件（第269-1条）和某些暴力反抗护林队等案件。

**民事管辖**　一般诉讼程序的民事案件不归高等法院管辖。高等法院只作为一审法院管辖行政部门人员或者选任官员玩忽职守、轻率行为或拖延造成损失的案件（《民事诉讼章程》第1317条—第1330-1条）。为了更权威地判断被告人职务行为正确与否，高等法院要设立法官和行政官员参加的混合审判庭。[1]

原告人可以是与被告人没有职务关系的个人。高等法院特别审判庭审理起诉第八等到第五等文官、县贵族代表、市长、市自治会和地方自治会主席和成员的案件（《民事诉讼章程》第1317条、第1320条—第1322条、第1330-1条—第1330-4条）。对提起诉讼规定了很短的期限：自向原告人宣布该公职人员的指令之时起的3个月或者自指令施行之时起的6个月。

高等法院审判庭的构成包括高等法院院长（担任审判长）、省长、2名高等法院的法官和2名地方政府管理官员。参加审判庭的地方官员是省财政厅管理人员和国有资产管理人员，或者是他们中职务最高的和被告人所属管理机构最近的长官（《民事诉讼章程》第1321条、第1330-3条—第1330-5条）。如果被告人担任的是选任职务，则审判庭还要请等级代表出庭而财政厅

---

〔1〕　公职人员出于贪利的动机或其他个人目的所造成的损失，在刑事案件审理之后，按照管辖权一般规则进行追偿（《民事诉讼章程》第5条—第7条）。См.：*Курас Т. Л.* История Иркутской судебной палаты（1897 - февраль 1917 г.）：дис. … канд. ист. наук. Иркутск, 2002（параграф 《Рассмотрение судебной палатой гражданских дел》）；*Ее же.* Рассмотрение гражданских дел судебными палатами России（1864-1917 гг.）// Власть. 2009. № 7. С. 119-121.

管理人员不必出庭（《民事诉讼章程》第 1330-3 条）。

高等法院审理这种案件数量是极少的。如果说在 1867 年至 1971 年它们仅占案件总数的 4%—5%，那么 1908 年至 1917 年则只占 0.5%。有趣的是，上述两个时间区间这些诉讼请求得到满足的都仅占 8%。[1] 高等法院表现出了对官员们很大的体谅偏袒。

对于高等法院管辖的区法院在没有陪审团参加的情况下审理的刑事案件以及区法院审理的各种民事案件（《刑事诉讼章程》第 877 条、第 892 条），高等法院是二审（上诉审）法院。

此外，在外高加索（《刑事诉讼章程》第 1267 条）、西伯利亚（《刑事诉讼章程》第 1421 条）、草原各州和突厥斯坦的和解法庭，高等法院还是三审（申诉审）法院（《刑事诉讼章程》1459 条）。

依照《法院组织章程》第 150 条的规定，高等法院通过审判庭进行自己的活动。审判庭划分是：其一，按照参加的法官构成，分为大审判庭、审判庭（普通审判庭、混合审判庭和联合审判庭）；其二，按照所审理案件的性质分为处理庭、审判庭和纪律审判庭。[2]

在审判庭直接审理和判决民事案件和刑事案件。除法律规定闭门审判的以外，审判庭都是公开的。依照《法院组织章程》第 140 条，高等法院审判庭联合审判庭至少由 3 名官员组成，包括审判长在内。法律规定，如果人员不够，可以邀请本高等法院其他审判庭的法官参加，如果不可能邀请其他审判庭的法官参加，则邀请本地的区法院法官，该法官由区法院院长指定。

如上所述，将陪审法庭与等级代表的惩办力（有罪判决比例）进行比较，就可以看出，等级代表法庭要比陪审法庭更严峻一些，但也不是严峻太多。

1881 年彼得堡高等法院检察官 H. B. 穆拉维约夫的报告，在论及等级代表法庭所做的刑事判决时承认，这种形式的法庭价格昂贵，却几乎达不到自己的主要目的——加大刑事镇压的力度[3]。由此可见，将等级代表法庭与陪审

〔1〕　Судебные уставы... за 50 лет. Т. 1 С. 370.

〔2〕　Подробнее см.: *Курас Т. Л.* Вопросы деятельности судебных палат в Российской империи // Сибирская ссылка: сб. науч. статей. Иркутск, 2009. С. 167–183.

〔3〕　См: *Кони А. Ф.* Отцы и дети Судебной реформы. М., 1914. С. 223.

法庭进行比较，就可以得出一个结论，那就是"不仅没有理由把前者说得天花乱坠而贬低后者，而且前者也不是后者的某种真正的替代品，因为它归根结底与职业法律工作者的法庭没有任何区别"[1]。

换言之，在差不多五十年（1866 年—1872 年和 1878 年—1917 年）的时间里，等级代表参加国事罪、职务犯罪、反对管理秩序罪和其他犯罪案件的审理，并未对高等法院的惩办水平产生什么重大的影响。

在评价高等法院本身以及有等级代表参加的审判庭的意义时，应该记住的是，首先，它是作为陪审法庭二择其一甚至是"替代品"建立起来的，为的是审理对当局最敏感的几类刑事案件（政治犯罪、涉及官员的犯罪以及反对宗教信仰的犯罪）。政府认为把这几类案件托付给陪审员去审判是不能允许的。建立这种专门构成的法庭应该保证作出当局可以接受的刑事判决。也就是说，建立这种审判机关的办法本身就让人对其客观性产生明显的怀疑。

实践表明，这些怀疑和担心是不无道理的。在 19 世纪 60 年代—70 年代已经有所表现，在 20 世纪前则完全如此。刑事案件管辖权在陪审法庭和高等法院间进行再分配，将高等法院变成了通常的法院，而"司法改革之父"们最初的设想并非如此。这说明"高等法院特别法庭"结构是完全不适当的：等级代表在诉讼中表现出完全的依赖性、不独立性和消极性。对上述案件作出判决的实际上只是皇家法官。

虽然在职业法律工作者和社会的眼里，高等法院特别审判庭对国家而言昂贵得没有道理，但政府还是保留它未受动摇，并不断扩大它的管辖权，一直到沙皇制度垮台。原因很容易理解：特别法庭在作出刑事判决方面对于政府而言最具"可靠性"。然而，即使是在职务犯罪这类对于当局最敏感的案件方面，高等法院也表现出对受审人的"同情心"。

19 世纪 60 年代末到 19 世纪 70 年代初，当局曾经对高等法院特别法庭的忠诚度有过怀疑，但在 20 世纪，由于高等法院积极投入与政治反对派的斗争，这种怀疑便完全消除了。所以，高等法院特别法庭被临时政府作为专制制度的一种惩办机构而撤销，就毫不奇怪了。

---

[1] *Джаншиев Г. А. Указ. соч. С. 273.*

# 第四章 参政院上诉审判庭

对刑事判决提出上诉对于俄国的刑事诉讼而言是一个新鲜事物，它是在 1864 年《司法章程》的框架内出现的。[1] 但是问题不仅在于新，而且在于对刑事判决形式根据的这个再审制度是"司法改革之父"们从法国借鉴来的。在法国，上诉思想在大革命时期的立法中得到了发展。

1866 年 3 月 19 日，根据 1864 年《司法章程》（《法院组织章程》第 114 条），按照皇帝的敕令，第一次在参政院成立了上诉审判庭（刑事上诉审判庭和民事上诉审判庭)[2]，是"为了作为最高上诉审法院对实行《司法章程》的地方的法院进行管理"。

沙皇给这两个审判庭任命了（原则上是终身的，因为他们享有不可撤换权）受过高等法学教育、有 3 年以上担任参政院总检察长或副总检察长或担任 3 年以上高等法院的院长、法官、检察长的有司法工作经验的人。总检察长和副总检察长根据司法大臣的提名由皇帝御令任命。

参议员的称号不要求必须在参政院任职。参议员（非上诉审判庭人员）中有不少人是国务委员会或其他最高机构的成员。上诉审判庭的参议员无权担任全体国家职务或社会职务，人们认为，这应该是他们独立性的保证。

参议员享有一定的豁免权：只有根据"国务委员会的意见"他们才能因职务犯罪被交付审判，并且只能通过参政院上诉审判庭的审判才能因实施的犯罪被判刑（《民事诉讼章程》第 1097 条）。

两个上诉审判庭的参议员人数并不多。例如，参政院刑事上诉审判庭起初为 10 人；到 19 世纪 60 年代末，随着《司法章程》的推广[3]，他们的人数逐渐增加，从 19 世纪 80 年代起直到革命前始终保持不变。[4]（见表 1.5）

---

〔1〕 关于上诉，详见 *Случевский В. К.* Учебник русского уголовного процесса. Ч. П. Судопроизводство. М., 2008. С. 436—448.

〔2〕 ПСЗ. Сбор. 2-е Т. XLI. № 43130.

〔3〕 只是到了 20 世纪，也就是《司法章程》通过之后 40 年，《司法章程》才推广到俄国全境。

〔4〕 См.: ПСЗ. Собр. 2. Т. XLIII. № 46066; Т. XLVIII. № 51782; Т. LII. № 57471.

表 1.5　参政院刑事上诉审判庭人数

| 职　务 | 1881 年 | 1884 年 | 1897 年 | 1898 年 | 1901 年 | 1906 年 |
|---|---|---|---|---|---|---|
| 参议员 | 25 | 22 | 20 | 20 | 20 | 20 |
| 总检察长 | 1 | 1 | 1 | 1 | 1 | 1 |
| 副总检察长 | 12 | 10 | 10 | 10 | 10 | 10 |

俄国审判体系的最高审级第一次这样完整地配备了职业法律工作者。根据我们的统计，所有的参议员都具备高等法学学历，而且主要是在精英学校（法学院，少数在皇村学校）取得的，只有很少的人（总共 2%）是在其他学校取得的。[1] 在参政院的检察机关，各大学和这些精英学校毕业生的比例也基本相同。（见表 1.6）

表 1.6　参政院上诉审判庭的参议员和检察长受教育的学校

| 毕　业 | 庭　长 | 参议员 | 总检察长 | 副总检察长 |
|---|---|---|---|---|
| 法学院、皇村学校 | 5 | 32 | 2 | 15 |
| 大　学 | – | 29 | 3 | 17 |
| 其　他 | 2 | 3 | – | 1 |
| 总　计 | 7（100%） | 64（100%） | 5（100%） | 33（100%） |

上诉审判庭成员的一般规则是任期相当长（基本上是 20 年—30 年），一直到被任命为帝国最高法院法官。（表 1.7）

---

〔1〕 这个统计数据据引自《Личный состав кассационных департаментов Правительствующего сената за 1866–1891 годы》. СПб., 1891.

表 1.7　参政院上诉审判庭的参议员和检察长的任职期

| 服务时间 | 庭　长 | 参议员 | 总检察长 | 副总检察长 |
|---|---|---|---|---|
| 10 年—20 年 | – | – | 2 | 26 |
| 20 年—30 年 | 2 | 52 | 3 | 7 |
| 30 年—40 年 | 2 | 12 | – | – |
| 40 年—50 年 | 3 | – | – | – |
| 总　计 | 7（100%） | 64（100%） | 5（100%） | 33（100%） |

后来参政院两个上诉审判庭的人员构成削弱了很多。曾在参政院工作多年的 А. Ф. 科尼指出：“1877 年的参政院改革[1]，完全从根本上歪曲了我们的上诉法庭，消灭了观点的一致性和实践的统一性，并引入了令人反感的不说明理由的判决；由于这些原因，上诉审判庭变成了我戏称的‘快速判决工厂’，而这使幽默风趣的洛霍维茨基有理由说：‘不管怎么说，这可是参政院判的。’上诉审判庭本身的构成已经不是我 7 年前见到的样子。它越来越是东拼西凑的了。”[2]

**程序与活动**　参政院上诉审判庭的权限可以根据它活动的空间和受理的案件来研究。上诉审判庭的活动空间由《法院组织章程》第 4 条和第 5 条规定。第 4 条规定：“参政院审判部门的管辖及于帝国全境。”

属于参政院上诉审判庭管辖的案件分为：①两个审判庭各自审理的诉讼案件；②审理申诉和抗诉的案件；③对法院进行监督的案件。

例如，刑事上诉审判庭作为一审法院审理五等及以上等级的官员以及高等法院法官、检察官和助理检察官（助理——作者注）的职务犯罪案件（《刑事诉讼章程》第 1076 条）。这些案件要在等级代表的参与下审理；不那么严重的案件则在刑事上诉审判庭审理（《刑事诉讼章程》第 1075 条）。刑事上诉审判庭对这类案件的判决还可以向两上诉审判庭联合法庭提出上诉和抗

---

〔1〕　起初申诉审职能交由人数不多的两个庭的参议员行使，但是 1877 年他们的人数增加了并被分配到两个审判庭的各个处。

〔2〕　Там же. С. 319.

诉。对高等法院在没有等级代表的参加下作出的刑事判决，也向两上诉审判庭联合法庭提出上诉和抗诉（《刑事诉讼章程》第 1213 条—第 1217 条）。

从 1872 年起，参政院成为国事罪的一审法院，但仅仅是在"圣上颁旨"由参政院审理这类案件的情况下，而且案件应在参政院特别法庭审理。

依照《法院组织章程》第 5 条的规定，参政院"作为最高审级的法院，不对案件进行实体审理，而是监督法律是否得到准确遵守和帝国所有审判机关是否一致地执行法律"。

这一规定出于 1864 年《司法章程》规定的两条原则：①案件的实体审理应该两审终审；②对终审判决的申诉（抗诉）不是针对它的实质而是对它的形式缺陷，存在形式缺陷是撤销判决的理由。

由此可见，申诉只能对已经发生法律效力的终审判决提出。这就决定了两个上诉审判庭所审理案件的范围。以下判决被认为是终审判决：①和解法官联合法庭的判决；②区法院的判决，如果这些判决是在有陪审团参加的情况下作出的；③高等法院的判决。对上述判决可以通过申诉程序再提出申诉和抗诉。

参政院刑事上诉审判庭和民事上诉审判庭是分开的。刑事上诉审判庭负责审理基于法律规定的理由提出的申诉和抗诉。

只有存在对法律或诉讼规则严重违反的情况下，才允许被判刑人和检察长对终审判决提出申诉和抗诉。显然，法律并不可能列举所有申诉或抗诉的理由。每个诉讼都有如此千差万别的特点，以至于给控辩双方都在指出判决缺陷方面留下了充分的余地。参政院上诉审判庭的事就是讨论申诉或抗诉提出的理由有多少根据。

此外，参政院上诉审判庭还审理关于案件重审的申请。

参政院民事上诉审判庭的权限是由《民事诉讼章程》规定的，该章程规定通过特别程序撤销民事案件判决的规则：对判决提出申诉的请求；要求对判决进行再审；非案件参加人的请求（《民事诉讼章程》第 185 条、第 792 条）。通过民事上诉审判庭的申诉程序，下列判决应予撤销：和解法官作出的金额不超过 30 卢布的判决；和解法官联合法庭和高等法院（作为二审法院）对区法院判决提出的上诉所作出的判决。

对二审法院裁定的申诉被认为是特别程序，不允许对案件的事实方面进行评价。在改革后的时期，对违反实体法规范的解释是相当宽泛的。即使高等法院对当事人之间过去的法院判决解释不正确也可被视为申诉的理由。虽然参政院民事申诉庭仅仅审查案件的法律方面而不审查其事实方面，但如果双方当事人提出法院在确定和评价法律事实时违反了法律规定，那么往往也会对事实情节进行审查。[1]

对判决已经生效的民事案件，如果当事人或没有参加案件的第三人提出原判决所依据的文书是伪造的因而请求对案件进行重审，或如果发现了新的情况，则允许对案件进行重审。实践中，只有当第三人不拥有其他手段维护自己被该判决所侵犯的权利时，才承认第三人的再审请求是正当的。

没有任何俄国机关接受对参政院的判决提出上诉和抗诉。判决撤销的后果是将案件移交给另一法院作出新的判决。接受案件审理的法院"在解释法律涵义方面"必须服从参政院的两个上诉审判庭（《刑事诉讼章程》第930条）。

参政院两个上诉审判庭开庭审理案件的程序基本上是按照1864年《司法章程》制订的一般规则。参政院两个上诉审判庭开庭是公开的。由一名参议员报告案情，案件参加人可以进行解释以维护自己的权利，检察长提出结论意见。参政院"听完之后"作出判决（《刑事诉讼章程》第918条），判决由庭长公开宣布。

参政院两个上诉审判庭有权对涉及司法的法律进行解释，这对俄罗斯帝国适用法律的活动以及对法律的一致解释和适用具有重大的意义。

应该同意 C. K. 戈格里的这样一个结论："上诉审判庭对诉讼法和实体法规范的解释在19世纪70年代所导致的结果是参政院的主要任务——建立和巩固新的司法制度——完成得很顺利。"[2] 但是，参政院对法律的解释具有什么样的法律意义？它是否建立起现代意义的判例呢？这仍然是一百多年来

---

〔1〕 *Васьковский Е. В.* Учебник гражданского процесса М. , 1917. С. 287–288.

〔2〕 *Гогель С. К.* Правительствующий сенат в XIX столетии. СПб. , 1911. С. 192.

都在争论的问题〔1〕。让我们更详细地探讨一下这个问题吧。

因为司法改革（当时对司法权和立法权进行了形式划分），过去禁止对法律进行解释的规定也被取消了。法院受命根据现在法律判决任何案件，不得以法律不完备、不明确或相互矛盾为借口中止判决（《民事诉讼章程》第10条和《刑事诉讼章程》第13条）。违反这一规则的，以拒绝审判论处。只有对法律进行自由解释才能执行这一要求。

对于自己的判决，参政院认为可以秉持一个观点，那就是在它提出的法律涵义的解释方面，宣布它们对俄罗斯帝国的所有法院均具有强制力。参政院通过对《刑事诉讼章程》第930条和第933条的解释提出了这样的结论。这两个条款规定，对案件进行再审并作出新判决的法院，"必须在说明法律的准确含义方面服从参政院的看法"，以及"参政院的判决应该公布，以便指导对法律的一致解释和适用"。参政院对这些条款的解释是：它的判决应该对其他所有的法院（而不仅是对判决被申诉的法院）均具有强制力。

参政院认为它的判决就是法的渊源，从这一观点出发，参政院坚称，凡不与参政院现有解释一致的法律解释都是提出申诉的理由〔2〕。

然而，参政院对自己判决法律效力的这种理解遭到了法律实证主义拥护者们的抨击。他们的理由是：法院在自己的判决中偏离参政院的范例判决，并没有任何责任，参政院的判决往往是相互矛盾的，仅凭这一点就不能承认参政院的判决具有无条件的强制力。〔3〕

人们对参政院提出批评，还因为它在自己的"广义"解释中走得太远了。恰如著名的参议员 H. A. 涅克留多夫以嘲弄的口吻所说的：参政院甚至创造出了法律实际上并未规定的"上诉审犯罪"，例如恐吓。但是生活的迫切要求在很大程度上证明参政院活动的这个方针是正确的，参政院被迫对不完全符

---

〔1〕 关于参政院实践作为法律"派生"渊源的意义，可参见 *Марченко М. Н.* Судебное правотворчество и судейское право. М.，2009. С. 365–383；*Краковский К. П.* Политическая юстиция в России. М.，2012. С. 329–347.

〔2〕 Решение гражданско-кассационного департамента Сената за 1870 г. № 1598.

〔3〕 См.，например：*Случевский В. К.* Учебник русского уголовного процесса. Введение. Ч. I：Судоустройство. М.：Зерцало，2008. С. 24.

合生活条件和犯罪状况的刑事法律稍加修改。[1]

应该再谈一谈参政院对和解司法申诉审（即审理对和解法官联合法庭的判决提出申诉）的实践[2]。《司法章程》在规定和解法院服从参政院监督时，在一定程度上就决定了这一制度的进一步发展。参政院对和解法官联合法庭正确解释和适用法律进行监督"培养和解法院具有了这样一种意识：在解决属于它管辖的案件时应遵循法律要求和考虑对法律规定的形式解释"[3]。

这种监督的一个方向是参政院对司法检察官员的纪律监督。1885 年设立的参政院最高纪律审判庭[4]成了行政手中对司法官员的"惩罚利剑"。许多革命前的、苏维埃的和后苏维埃的历史学家都认为，它在一定程度上破坏了法官不可撤换原则[5]。

参政院两个上诉审判庭的判决首先要作为对全俄罗斯帝国所有法院的指南而正式公布[6]，同时由于大量的非官方政治评论而获得了极其广大的讲台[7]。参政院上诉审判庭裁定集公布了三万多个判决。两个审判庭的裁定有一百多卷。参政院的法律工作者们经常在里面进行历史的回顾。参政院的一个意见有时会有几十页之多。

"参政院法学培养了我们两代司法人员，甚至是我们的法学家在涉及祖国法学的著述中也都对它予以相当大的关注"，著名的参政院活动研究学者

---

〔1〕 См. : *Гогель С. К.* Указ. соч. С. 190.

〔2〕 1889 年，几乎各地都撤销了和解法院，和解法院不再受参政院监督。1912 年根据地方法院法恢复和解法院时，它们又归参政院监督了。用杰出的律师 В. Д. 斯帕索维奇教授的形象说法，这"在参政院漂亮的长袍上扯开一道缝，在它下面，整个俄罗斯司法都以法的精神找到保护"。转引自 *Гогель С. К.* Указ. соч. С. 193.

〔3〕 См. : Петроградский мировой суд за пятьдесят лет. М. , 1916. Т. 1-2. С. 1213.

〔4〕 ПСЗ. Собр. 3-е. Т. V. № 2959.

〔5〕 Подробнее см. : *Шабанов А. С.* Несменяемость судей в России : 1864 – 1917 гг. : дис. … канд. юрид. наук. Саратов, 2001.

〔6〕 每半年出版一期《参政院刑事上诉审判庭解决的刑法与诉讼问题综述》。

〔7〕 См. , например : Систематический указатель вопросов, разрешенных определениями общего собрания кассационных и с участием , 1866 年至 1900 年 1 月 1 日《参政院申诉庭在第一厅和第二厅参与下的联席会议裁定所解决的问题索引》, Н. Н. 贝斯特罗夫主编，圣彼得堡 1901 年版；1893 年—1900 年《参政院刑事上诉审判庭所解决的问题清单》, М. 什拉姆琴科编，圣彼得堡 1910 年版；《参政院全体联席会议和两个审判庭（1902 年—1912 年）和最高纪律审判庭（1885 年—1912 年）实施法院监督裁定汇编》/ под ред. Н. М. Рейнке. СПб. , 1913.

K. K.戈格里的这种看法并非毫无根据[1]。

**参政院大楼，上诉审判庭在这里开庭　（圣彼得堡）**
现在俄罗斯联邦宪法法院在此办公

还应该注意参政院活动的另一个重要方向，即政治司法。对于审理国事罪的非军事法院（高等法院和参政院特别法庭）而言，对已经生效的判决进行再审的最高审级的法院就是参政院，具体地说，分别如下：

第一，对普通组成人员的高等法院作出的刑事判决（刑罚不涉及剥夺公权），为参政院上诉审判庭（《刑事诉讼章程》第 1058 条、第 1059 条）。

---

〔1〕　*Гогель С. К.* Указ. соч. С. 195.

第二，对有等级代表参加的高等法院作出的刑事判决，为参政院刑事上诉审判庭（《刑事诉讼章程》第 1058 条、第 1059 条）。

第三，对参政院特别法庭的刑事判决，为参政院两个审判庭联合法庭（《刑事诉讼章程》第 1061-7 条）。

在总结对参政院两个上诉审判庭的组织、法律地位和活动的分析时，应该指出，这个制度——俄国"司法贵族的庇护所"——在革命前的历史学文献中得到了相当高的评价。然而，如果说在不少人（H. 施赖伯、C. K. 戈格里、H. 赖因克等）的著作中可以听到对参政院申诉审判庭的赞歌，那么，曾在参政院服务多年的 A. Ф. 科尼对它的评价却大相径庭了：如果说他对帝国最高审判机关的活动头十年评价相当高，那么 19 世纪末到 20 世纪初的参政院从他那里得到的却是相当负面的评价了（首先是由于其干部构成的恶化和司法部干涉它的活动，特别是在 H. B. 穆拉维约夫和 И. Г. 谢格洛维托夫担任司法大臣期间）。

在苏维埃历史文献中，如前所述，参政院总的被纳入对专制制度国家机制的阶级分析轨道，参政院的上诉审判庭得到的评价是负面的。

后苏维埃时代的历史学研究重点开始转移，研究者们放弃教条主义的方法，把注意力集中到参政院上诉审的如下作用上：推行和巩固新司法制度、保证审判实践的统一、完成司法改革后俄国现实提出的一系列新的法律任务。当然，评价主要是正面的。

从参政院上诉审判庭干部的法律培训水平看，前 20 年完全能够胜任俄罗斯帝国最高审判机关的任务，相当顺利地行使了司法监督职能，从而实质上成了"司法贵族"。我们可以同意上述的观点。此外，通过行使法律、诉讼法与实体法规范的解释来说明这一职能，参政院开辟了一个实质上接近于判例的法律领域（虽然并未成为这样的领域）。

参政院上诉审判庭在确立 1864 年司法改革所建立的新的诉讼形式方面起着重要的作用。正是它们首先没有辜负参政院作为"法律保护者"（《参政院规则》第 2 条）的崇高称号。然而，到了 19 世纪末 20 世纪初，这个定义越来越不适用于它了。

1880 年以后和 19 世纪的最后几年，偏离了上诉审法院统一原则（建立了

43 个省法庭，实质上是 43 个上诉法院，于是上诉审的权限在某些地区落到了区法院和高等法院头上），而参政院两个上诉审判庭被赋予新的职能（例如司法管理职能），参政院上诉审判庭的效率是有所降低的。

但毫无疑问，1872 年参政院设立特别法庭审理国事罪，从而使参政院纳入政治司法机制，这也并不是它活动的最光明的一个方面。参政院框架内所发生的进程，甚至成了法律精英代表人物是否准备将政治忠诚度置于对法律的忠实之上的一个指标。[1]

〔1〕 Подробнее см.: *Краковский К. П.* Политическая юстиция в России. С. 422–434, 439–450.

**宣传员被捕（1887 年）　И. Е. 列宾　画**

藏于国立特列齐亚科夫画廊

用美术研究学者 И. Э. 格拉巴里的话说，这幅画的题材变成了对沙皇专制制度的
严峻审判，载入了反动时代的恐怖编年史

**等待法庭判决（画稿）（1895 年）　К. А. 萨维茨基　画**

藏于国立特列齐亚科夫画廊

被判无罪的女人（1889 年）　　B. E. 马科夫斯基　画

藏于国立特列齐亚科夫画廊

被判刑人（1879 年）　　B. E. 马科夫斯基　画

藏于国立特列齐亚科夫画廊

**乡法庭（1888 年）　　М. И. 佐先科　画**

藏于国立特列齐亚科夫画廊

**被捕者靠岸（1861 年）　　В. И. 雅科比　画**

藏于国立特列齐亚科夫画廊

画家因这幅画于 1862 年获得皇家艺术学院金质奖章

## 第二分编　特别法庭

特别法庭是指那些管辖权不是由一般的法律而是由专门法律规定的法庭。[1] 这类法庭包括最高刑事法庭和参政院特别法庭。

## 第五章　最高刑事法庭

最高刑事法庭是 1864 年设立在参政院之下的审理国事罪、最高公职人员犯罪的特别法庭，它与其说是一个可以用来打击政治反对派的现实的司法机关，毋宁说是顺应传统。无论是在司法改革前还是司法改革后的俄国，它都不是一个常设机关，而是 ad hoc（临时专设）法庭，是"准诉讼"。它处理最危险的"最不一般的"反国家行为，一般是直接针对沙皇本人的犯罪行为。

在一百多年（1764 年—1889 年）里，最高刑事法庭总共设立过 6 次[2]。第一次是在 1764 年因米罗维奇案件而设立，指控他的罪名是企图释放施吕瑟尔堡要塞的"1 号囚犯"伊万·安东诺维奇[3]。1771 年最高刑事法庭审判了莫斯科"鼠疫暴动"的参加者，在"鼠疫暴动"中阿姆夫罗西大主教被杀[4]。1774 年设立最高刑事法庭审判普加乔夫及其追随者[5]。最高刑事法庭最著名的审判是 1826 年对十二月党人起义案件的审判[6]。

这个法庭的构成当然没有明确的规定，每次都由沙皇决定。参加最高刑

---

〔1〕 *Случевский В. К.* Учебник русского уголовного процесса. Ч. 1. Судоустройство. М., 2008. С. 368-369.

〔2〕 某些著作者在这个数字上增加了最高刑事法庭审理的波兰起义者案件（1832 年—1834 年）和最高（特别）军事审判委员会审理的彼得拉舍夫案件（1849 年）。我们认为，并没有足够的历史根据和形式法律根据得出这样的结论。

〔3〕 ПСЗ. Собр. 1-е. Т. XVI. № 12228.

〔4〕 Там же. Т. XIX. № 13695.

〔5〕 Там же. № 14230.

〔6〕 Там же. Т. I. № 381.

事法庭的通常有参政院和正教院主席[1]、各委员会的主席、国务委员会成员，有时还任命特别高级的官员（在对十二月党人的审判中）。

仅是由于 1864 年《司法章程》，最高刑事法庭得以经常开设（《刑事诉讼章程》第 1062 条—第 1065 条）。但是《司法章程》的编纂者似乎有先见之明，在设立特别法庭的事情上为自己开脱，因为特别法庭的概念是与那个时代的自由主义精神背道而驰的。在许多欧洲国家，宪法规定自己的公民不受特别法庭的审判。

在讨论未来司法改革的文件时，起初最高刑事法庭并未作为审理政治案件的一个可能的审级。在 1862 年《俄国司法改革基本原则》中，只是捎带着提及最高刑事法庭是审理最高公职人员犯罪案件的一个法院（第 144 条）[2]。

1863 年国务委员会各个司进行的讨论也没有涉及最高刑事法庭。国务委员会办公厅原则上允许按照案件"重要程度"进行类别管辖，但完全**不允许设立特别法庭**审理国事罪案件，因为这可能让人产生一种怀疑，认为会特别挑选法官以作出有罪判决。

开始谈到它作为审理国事罪案件的一个审级是在 1864 年国务委员会的全体会议上，那时已经是讨论《刑事诉讼章程》草案了。委员们的意见分歧：20 名赞成，因为高等法院不能保证高水平地审理最重要的、具有全国意义的刑事案件[3]。主张设立最高刑事法庭的另一论据是：在查明帝国各地的犯罪阴谋时，可以排除不同地区高等法院对同一案件的管辖权竞争[4]。

最高刑事法庭是作为特别审级建立的，"当在国家的不同地区发现反对最高权力、反对法定政体或反对皇位继承顺序的共同阴谋时，皇帝陛下命令在该法院审理案件"（《刑事诉讼章程》第 1030 条）。此外，依照《刑事诉讼章

---

〔1〕 正教院成员不在刑事判决书上签字，因为崇高的神职不允许他们这样做。他们用以下方式叙述自己的意见："在最高刑事法庭听了关于实名的国事罪犯以及同案犯的侦查，看到他们自己认罪和揭发，我们一致同意，罪犯应该受到最严厉的死刑，当然，我们不反对任何判决；鉴于我等系神职人员，所以将不在判决书上签名。"

〔2〕 皇帝陛下 1862 年 9 月 29 日批准的《俄国司法改革基本原则》简要回顾了从古罗斯时代直到当时的诉讼制度史以及斯佩兰斯基伯爵的政治生平。М. , 1863.

〔3〕 *Фойницкий И. Я.* Курс уголовного судопроизводства: в 2 т. СПб. , 1996. Т. 1. С. 326.

〔4〕 *Судебные уставы* 20 ноября 1864 г. с изложением рассуждений, на коих они основаны. Ч. 2. СПб. , 1866. С. 382–383.

程》第 1076 条，高级官员（国务委员会成员、各部大臣和某些部门的首脑）的职务犯罪也属于最高刑事法院的管辖范围。但是最高刑事法庭为此只开庭过一次，那已经是在 20 世纪初了。

当代人认为最高刑事法庭是君主司法特权的象征之一。它每次均须依照圣旨开庭，但它的庭审人员是由《刑事诉讼章程》规定的，他们是：国务委员会主席担任审判长[1]，法庭成员有国务委员会各司的司长和参政院两个上诉审判庭的庭长和两审判庭联合法庭主席。在解释最高刑事法庭这样的构成时，"司法改革之父"们指出："在涉及整个国家安宁和福祉的案件审理中，参加的不仅是最高的法官，还应有负责国家管理的其他最高官员，因为他们能够近距离地了解与国家设置和管理秩序有关的那些事实的意义。"[2]

侦查应该由参政院上诉审判庭的一名参议员进行，而检察官职责则由司法大臣承担。受审人享有辩护权，但是对于最高刑事法庭进行的诉讼，只允许具有律师资格的人担任辩护人。《刑事诉讼章程》第 1112 条在最高刑事法庭保留了一般法律对受审人的全部诉讼保障（但排除了对判决的上诉权）。该法庭的判决被认为是终审判决，只允许被告人向沙皇请求特赦或减刑。

在当局看来，最高刑事法庭的过度高级，对于普通革命者而言，法庭组成人员层级过高而仪式感又太强，所以在司法改革后的整个时期只设立过两次。第一次是根据 1866 年 6 月 28 日给参政院的御旨设立的，为的是审判向沙皇开枪的德米特里·卡拉科佐夫和准备进行国家政变的秘密革命团体的参加人（尼古拉·伊舒京等人）[3]。

---

〔1〕 有趣的是，在 19 世纪后半期最高刑事法庭两次开庭时担任审判长的都是不同的人——国务委员会副主席 П. П. 加加林（1866 年）和国务委员会法律厅长 С. Н. 乌鲁索夫（1879 年）。看来，当局不便任命国务委员会主席、已故沙皇的亲戚康斯坦丁·尼古拉耶维奇大公担任法庭的审判长。

〔2〕 Там же. С. 383.

〔3〕 Подробнее см. : Покушение Каракозова. Стеногр. отчеты по делу Д. Каракозова, И. Худякова, Н. Ишутина и др. Т. 1-2. М. , 1928; *Шилов А. А.* Каракозов и покушение 4 апреля 1866 г. Пг. , 1919; *Гернет М. Н.* История царской тюрьмы Т. 2. М. , 1961. С. 363-369; *Троицкий Н. А.* Безумство храбрых: Русские революционеры и карательная политика царизма. 1876-1882 гг. М. , 1978. С. 71-74; Алексеевский равелин: Секретная государственная тюрьма в России в XIX в. Кн. 2 / сост. А. А. Матюшев. Л. , 1990. С. 5-42; *Звягинцев А. Г. , Орлов Ю. Г.* Под сенью русского орла. Российские прокуроры. Вторая половина XIX—начало XX в. М. , 1996. С. 54-63; *Ларин А. М.* Государственные преступления. Россия. XIX век. Тула, 2000. С. 220-242.

将卡拉科佐夫和"伊舒京分子"交付最高刑事法庭审判在法律意义上说是颇为牵强的，对《刑事诉讼章程》有些随意解释。伊舒京在莫斯科成立"组织"这个秘密团体被定性为政治阴谋，而卡拉科佐夫在彼得堡的行为与"组织"无关。"俄罗斯闻所未闻的犯罪"——刺杀亚历山大二世沙皇——被定性为"在不同地区被揭露的政治阴谋"[1]。

侦查（1866 年 4 月 4 日—1866 年 6 月 28 日）由两个侦查委员会（彼得堡的 М. Н. 穆拉维约夫的委员会和莫斯科的 В. А. 多尔戈鲁基的委员会）进行。对于如此短时间的侦查而言，近 6000 页的案卷真是非常多了。

卡拉科佐夫和"伊舒京分子"案于 1866 年 8 月 10 日至 10 月 1 日合并审理。法庭闭门在彼得保罗要塞司令的住宅进行，也就是在 1846 年听审彼得拉舍夫分子案件的地方。必须指出的是，这是根据 1864 年《司法章程》实行新的法院组织法和新的诉讼制度后的第一次政治审判。正如历史学家 Б. Б. 格林斯基所指出的："加加林公爵……第一个对政治犯罪适用了新的诉讼程序。"[2]最高刑事法庭书记官 Я. Г. 叶西波维奇参议员留下的关于这次审判的大量详细资料，包含着对这次特别法庭成员们饶有兴味的评述[3]。

他认为，П. П. 加加林公爵（法庭审判长、国务委员会副主席）和 В. Н. 帕宁伯爵是两个主要角色。帕宁遵从的规则是："当然，处死两个比处死一个好，而处死三个比处死两个更好。"法庭成员之一某某人[4]也"在庭审中表达了自己对罪犯的愤怒，并且给他们找寻最严峻的刑罚，几乎都是死刑或苦役"。海军上将 Н. Ф. 米特林"表现得如此持重，以至于对他无话可说"。

参政院上诉审判庭的庭长 А. Д. 巴舒茨基和 М. М. 科尔尼奥林-宾斯基是"法律要素的代表人物"。用 Я. Г. 叶西波维奇的话说，前者不是任何重要原则的代表，只是在做事业。科尔尼奥林-宾斯基被认为是俄国一流的犯罪学家之

〔1〕　*Ларин А. М.* Указ. соч. С. 222.

〔2〕　*Глинский Б. Б.* Революционный период русской истории（1861–1881 гг.）: Исторические очерки. СПб., 1913. Ч. 1. С. 344.

〔3〕　Записки сенатора Есиповича // Русская старина. 1909. Т. 137（январь）. С. 123–144; Т. 137（февраль）. С. 260–261; Т. 138（май）. С. 304. Адвокатский взгляд на ход это（系这个之误——译者注）процесса представлен: *Стасов Д.* Каракозовский процесс（некоторые сведения и воспоминания）// Былое. 1906. № 4. С. 276–298.

〔4〕　Я. Г. 叶西波维奇没有说出他的名字，但很容易猜出来，他就是 П. Г. 奥尔登堡亲王。

一，但在最高刑事法庭他却"行动半死不活，因为他都不能够从马车走到自己的法官席，竟然是用担架把他抬到审判庭的"。"他的声名人所共知：爱动肝火，严酷无情。第一次看见 11 名主要受审人，他对我说：'这些人都是绞刑架的战利品'。"——Я. Г. 叶西波维奇回忆说。

司法大臣 Д. Н. 扎米亚特宁依法（ex officio）在最高刑事法庭履行检察长的职责。Я. Г. 叶西波维奇这样评论他："一个没有个人主见的人，任何时候也不坚持自己的看法。那一刻，在他的位置上需要一位伟大的法学家、思维缜密的政治家和具有崇高坚定性格的人，而 Д. Н. 扎米亚特宁身上既不是一，也不是二，更没有三。"

根据到庭人员的反应，审判的这两位参加人"没有犯任何偏离《司法章程》的错误"。总的说来，审判长行为的突出特点是"特别的公正"，而公诉人的行为特点则是"沉着"。甚至辩护人也受到法庭"最殷勤的和最客气的对待"[1]。有意思的是，无论是自由主义者 Д. А. 米留金还是保守主义者 М. Н. 卡特科夫，都同样高度评价审判卡拉科佐夫的最高刑事法庭，说它是一个准确遵守法律的法庭[2]。

判决是"相对宽缓的"：36 名被告中"总共"只有 2 人——卡拉科佐夫和伊舒京——被判处死刑，真正被处死的只有卡拉科佐夫（伊舒京的死刑被改判苦役）。沙皇因此甚至在审判结束后斥责 П. П. 加加林："您作出的判决没有给我的仁慈留下余地。"[3]

司法改革后另一次开设最高刑事法庭是为了审理亚历山大·索洛维约夫 1879 年 2 月 2 日谋杀沙皇亚历山大二世的案件[4]。以参议员 С. И. 列昂尼多夫为首的侦查委员会，行动非常快捷，在上流社会调查"远古的传说"。沙皇于 1879 年 4 月 11 日设立的最高刑事法庭在一天之内（5 月 25 日）就审结了

---

〔1〕 См.：*Шилов А. А.* Указ. соч. С.41.

〔2〕 *Милютин Д. А.* Воспоминания：1865–1869 / под ред. Л. Г. Захаровой. М.，2005. С.288–300；*Катков М. Н.* Собрание передовых статей《Московских ведомостей》за 1866 год / изд. С. П. Катковой. М.，1897. С.448. 但是后来 М. Н. 盖尔涅特指出了最高刑事法庭背离 1864 年《司法章程》诉讼要求的问题，他的结论是：审判 "在许多方面仍然是按照老办法进行的"。См.：*Гернет М. Н.* История царской тюрьмы. Т.2. С.366.

〔3〕 Записки сенатора Есиповича // Русская старина. 1909. Т.137（март）. С.562.

〔4〕 ПСЗ. Собр. 2-е. Т. LIV. № 59495.

А. К. 索洛维约夫案件。

С. Н. 乌鲁索夫公爵担任庭长的法庭还包括下列人员：国务委员会成员 А. А. 阿巴扎、Д. Н. 扎米亚特宁、В. L. 杰利亚诺夫、参政院两个上诉审判庭的庭长 В. Г. 切尔诺格拉佐夫和 М. И. 科瓦廖夫斯基；书记官由国务委员会的国务秘书 И. И. 沙姆申担任。司法大臣 Д. Н. 纳巴科夫依法（ex officio）提起公诉，为索洛维约夫辩护的是律师 А. Н. 丘尔恰尼诺夫。受审人对于在社会革命学说影响下谋杀沙皇的罪行供认不讳。他被判处死刑，三天以后就被处死了。[1]

最高刑事法庭改革的问题在新刑法典起草委员会和穆拉维约夫的委员会都讨论过。但后来没有任何实际的变化。只是到了 1905 年底，在 Д. М. 索里斯基的委员会审议最高刑事法庭的命运问题之后，由于国务委员会的改革，司法部才制订了将最高刑事法庭改组成为仅审理职务犯罪的机关。鉴于此，最高刑事法庭作为审理国事罪的最高特别法庭的历史即告终结。

最高刑事法庭作为国事罪的审判形式并不是不能证明自己的正确性，而实质上是很少对它进行分析[2]。可能的原因是当局不希望提高那些已经成为法庭审理对象（要知道，在最高刑事法庭审判这一事实本身就"提升"了对犯罪行为的承认）的政治活动的社会意义，不想强调审判程序的高大上以及案件由这个审级的法庭管辖的形式标准具有多高的水平（"需要"根据参加人卷入的程度确定政治阴谋涉及全俄国或大半个俄国）。

可以赞同 К. Г. 博连科的看法。他认为，参政院特别法庭在权限、构成以及帝国最高法庭的地位等方面均与最高刑事法庭相近，它的存在是对最高刑事法庭的威胁。确实，由两个最高法庭来审理国事罪是多余的，而且也给革命者们太大的面子了。

在 19 世纪末通过了涉及最高刑事法庭审理职务犯罪活动的法律。依照 1891 年 7 月 11 日法律，最高刑事法庭的管辖权扩大到省长和高加索民政总局

---

[1] 详见 Заседание Верховного уголовного суда 25 мая 1879 г. по делу об А. К. Соловьеве. СПб., 1878；*Звягинцев А. Г., Орлов Ю. Г.* Под сенью русского орла. С. 148–155.

[2] 《帝国革命宣传案件》（"193 人审判"）显然符合最高刑事法庭的形式要件，但该案和杀害亚历山大二世案件都是由参政院特别法庭审理的。

局长[1]。1889 年 2 月 15 日的法律对最高刑事法庭审理职务犯罪时的人员构成以及侦查及交付法庭的规则作了一些修改[2]。但是在 19 世纪，这个机构仍然是不需要的。

1906 年 4 月 22 日宣布《刑事诉讼章程》第 1062 条—第 1065 条失效，并撤销了最高刑事法庭这个为审判国事罪而设立的机关。它作为审理《刑事诉讼章程》第 1076 条所列人员（国家杜马议员、国务委员会成员、政府首脑、大臣和总局局长、总督和省长）实施职务犯罪而设立的常设审判机关[3]。依照该法律，最高刑事法庭保留了全部诉讼保障（上诉除外）。

但是最高刑事法庭作为审理最高公职人员职务犯罪的法院仅开庭了一次。第三届国家杜马中社会民主党党团的议员 Г. С. 库兹涅佐夫、И. П. 波克罗夫斯基和 Е. П. 格格奇科里被依照《刑法典》（1913 年—1915 年）第 1535 条提出指控。该法庭审理了该案，但始终没有作出终审判决。这个案件的起因是社会民主党人在国家杜马讲话谴责黑色百人团分子和支持他们的政府。当局指望利用法庭追究来打击国家杜马的言论自由。但是在 1915 年，由于被告人之一的波克罗夫斯基医生被征兵入伍服现役而案件中止，该案始终没有再重启。[4] 临时政府 1917 年 3 月 4 日的决议撤销了最高刑事法庭，而法庭管辖的案件转交给参政院上诉审判庭。

当时的犯罪侦查学家们认为，刑事诉讼理论和司法政策不允许这种特别法庭的存在，而不论它管辖何种案件和何种犯罪人。[5]

现代的研究学者（Н. М. 科尔涅娃、К. Г. 博连科）认为，在专制制度下的俄国，长期保留最高刑事法庭这个审理最高公职人员职务犯罪案件的机关是有重要根据的。所有必须把以下两种思想联合在一起。首先，宣告除君主

---

[1] ПСЗ. Собр. 3-е. Т. XI. № 7818.

[2] Там же. Т. IX. № 5787.

[3] Там же. Т. XXVI. Отд. 1. № 27762. 1906 年 5 月成立最高军事刑事法庭，对于高级军官案件享有上诉审的权限。

[4] 详见 *Корнева Н. М.* Верховный уголовный суд в России в XIX—начале XX в. // Вопросы архивоведения и истории государственных учреждений / ЦГИА СССР. Л., 1989. С. 113–129. 手稿保存在联邦档案馆全俄文献与档案研究所，1991 年 1 月 22 日，第 086–91 号。

[5] *Розин Н. Н.* Устав уголовного судопроизводства за 50 лет // ЖМЮ. 1914. № 11. Отд. 2. С. 115–116.

以外的所有行政代表人物的责任，包括司法责任。很久以来主张专制制度应
受法律限制的思想就要求这样做，而1864年司法改革的精神提出了更迫切的
要求。其次，需要将各部大臣与最高官僚机构的其他代表分开，以此保证有
法律地位更高、法官水平更高、在君主制本身程序中地位更高的法院去管辖
他们的案件。大臣们在官僚和政治等级中的地位本身是一个完备的、在实行
大臣体制的俄国发展进程中形成的，这种地位本身提出了这样的要求。

在俄国进行司法改革时，职务犯罪的侦查改变得不多，这是另一回事了。
老的"大陆法系"中，对官员职务犯罪责任的追究完全取决于上司的意志，
实行连环作保的传统，面临交纳巨额政治罚金、对君主集权造成损失的危险，
而这是当局不愿意也不能够或者自认为不能够允许的。这实际是设立了一堵
穿不透的墙：只有国家机器的中低级人员才是比较容易受到追究的。卡拉姆
津表述的一个思想是：为了保持君主制的威信，应该悄悄地、采取不会引起
广泛注意的方式撤换大臣。这个思想仍然具有现实意义：我们没有见到对最
高官员进行法律追究的情形。[1]

为了使最高刑事法庭成为一个审理职务犯罪的有效机关，君主同上层官
僚之间就或者必然发生不断的冲突，或者君主完全被排除在内阁的形成之外。
一方面是强大的革命运动和自由主义思潮，另一方面是专制君主制传统在不
同社会阶层的生命力，使这两个场景都变得不可思议，至少在1905年—1907
年革命之前是如此。

根据1906年《国家基本法律》，沙皇仍然保留着全部行政权，这使得最
高刑事法庭这个审理职务犯罪的机关仍然保留着立法上必要而实际上虚设的
机构的职能。虽然最高刑事法庭地位的普遍降低是朝着职务犯罪立法自由化
方向迈出的一小步，因为大臣与国家杜马议员的地位是相当的。

---

〔1〕 *Корнева Н. М.* Указ. соч.；*Боленко К. Г.* Верховный уголовный суд в системе российских
судебных учреждений первой половины XIX века：дис. …канд. ист. наук. М.，2009. С. 279 и след.

# 第六章　参政院特别法庭

1864 年《司法章程》没有规定参政院特别法庭为一个审级的法院。它是作为国家对不断高涨的革命运动的反应之一出现的，并且可以被认为是司法反改革的要素之一。1872 年 6 月 7 日通过了修订后的《刑事诉讼章程》第三部第二编[1]。它规定设立参政院特别法庭并规定了法庭的人员构成（法官和等级代表）以及案件审理的基本原则。御批的国务委员会 1878 年 5 月 9 日《关于国事罪案件管辖权的临时变更与审理程序的意见》[2] 使这类案件的管辖权重新回到高等法院手中，将参政院特别法庭变成一个根据沙皇对具体案件发出的圣旨而设立的 ad hoc（临时专设）法庭。

参政院特别法庭依照《刑事诉讼章程》的一般规定和 1872 年 6 月 7 日法律不多的例外规定以及《刑罚与感化法典》（1904 年以后根据新的《刑法典》）各章的规定审理案件。

例如，1872 年 6 月 7 日法律[3]规定，国事罪案件，如果依法对犯罪判处的刑罚并不合并剥夺或限制公权，才仍由高级法庭管辖（没有等级代表参加）。因为侮辱皇室人员的案件只能依照沙皇的特别谕令立案（1868 年法律），那么高等法院管辖的便只剩下追究那些被发现保存旨在煽动对最高当局不尊敬或煽动暴乱的印刷品的人了（该法第 2 条第 1 款）。

设立了新法庭即参政院特别法庭（由庭长和 5 位参议员组成），开庭时有等级代表参加（上述所有人员均每年由沙皇颁布御令任命）。他们审理的国事罪案件不是反对最高当局或反对现有政体或皇位继承办法的一般政治阴谋（这些案件归最高刑事法庭管辖），而是对罪犯须合并处以剥夺或限制公权的

---

〔1〕　ПСЗ. Собр. 2-е. Т. XLVII. Отд. 1. № 50956（новая редакция ст. 1061$^1$ УУС: ст. 1061$^1$–1061$^9$ УУС）.

〔2〕　ПСЗ. Собр. 2-е. Т. LIII. Отд. 1. № 58489.

〔3〕　ПСЗ. Собр. 2-е. Т. XLVII. Отд. 1. № 50956（новая редакция ст. 1061$^1$ УУС: ст. 1061$^1$–1061$^9$ УУС）.

刑罚的案件（第 2 条第 2 款和第 21 款）。这不是一个通常意义上的审判机关，而实际上是参政院结构中的一个"审判庭"（《刑事诉讼章程》第 1030 条第 2 款和第 3 款）。

沙皇根据司法大臣的提议，将侦查的任务交给圣彼得堡高等法院和莫斯科高等法院的一位法官（也就是说，在全俄国仅有 2 名侦查员负责对政治案件进行侦查），侦查在高等法院检察官和助理检察官的参与下进行。

移送法庭作为独立的诉讼阶段被取消了。在这个问题上，在参政院特别法庭履行检察官职责的人员必须遵照的规则，与区法院检察官将由区法院没有陪审员参加的情况下审理的案件移送区法院的有关规则相同（该法第 14 条）。

这类案件的终止由参政院第一厅（即一个不具有审判机关性质的机构）负责，举行会议时应邀请御前办公厅第三处的处长和内务大臣或外交大臣（在叛国罪案件中和反对"人民权利"的案件中）参加，他们都有参加表决的权利。

法庭辩论应该分别进行：①受审人有罪还是无罪；②如果有罪，受审人应被判处何种刑罚。此外，还出现了限制法庭审理公开性的新规则：法庭有权根据自己的裁量决定不仅是侮辱皇帝言论的案件不公开审理，而且也可以决定其他种类的国事罪案件不公开审理。

只有在定罪和量刑时违反法律和不正确解释法律时才允许提出上诉和抗诉。上诉或抗诉应该由参政院民事上诉审判庭和刑事上诉审判庭联合法庭审理。在必要时联合法庭自己重新作出新判决（第 29 条）。《刑事诉讼章程》第 1061-8 条规定，如果参政院两个审判庭联合法庭认定上诉是有根据的，则自行作出关于被判刑人刑罚的终审判决。但是我们并不知道曾经是否有过参政院特别法庭的判决被撤销和重新作出判决的情形。

国事罪审判的新规定身上有着对普通法院和诉讼一般程序不信任的印记。这是力图使政治司法集中化和加强政府对政治司法影响的一个证明。

1872 年 6 月 7 日法律得到 A. Ф. 科尼的公正评价："集中……所有的政治案件到圣彼得堡的参政院特别法庭，以及案件审理远不是完全公开的，这在社会上，尤其是外省的社会上，引起不信任，对政府与之斗争的那些反社会意图的实质产生了极大的怀疑。我们所描绘的图画不能被认为是令人宽慰的，它没有让渴望司法公正的心得到满足。"[1]

参政院特别法庭作为"普通政治司法机关"之一在 1872 年—1878 年间依法受理案件，而在此时期之后，则是根据沙皇的指令作为与军事法院或高等法院二择其一的法院受理案件。1874 年第一次开庭（多尔古申分子案件），最后一次开庭是 1912 年（亚美尼亚"达什纳克楚纯"党案件）。

对参政院特别法庭也适用诉讼的一般原则，但公开性是受到限制的：案件在参政院特别法庭既可以在公开审判庭审理，也可以（像通常那样）在闭门审判庭审理。用 А. Ф. 科尼的话说，参政院特别法庭审判的进行"是悄无声息的，没有任何有声有色的戏剧性审判场面"[2]。

А. Ф. 科尼是非常熟识参政院特别法庭构成的。他写道：特别法庭审理政治案件的法官是从"忠诚的参议员"中任命的[3]。例如，在亚历山大三世执政的 16 年间，被任命担任参政院特别法庭法官的是最高级别的官员：审判长是二等文官，检察长是三等文官。换句话说，参政院特别法庭的构成人员都是经过"双重挑选"的人员：先是在任命最高刑事法庭时的挑选，然后是任命参政院特别法庭时的挑选。

参政院特别法庭在自己存在的 40 年间（1872 年—1912 年），一共审理了48 起案件，大约每年一件。但实际上比例是不平均的。1872 年—1878 年审理了 37 件，1881 年—1890 年审理了 7 件，1905 年—1912 年审理了 4 件。比较一下：所有的高等法院在 1872 年—1878 年仅审理了 3 个政治案件[4]。与此同时，在参政院特别法庭进行了最大的政治审判，包括多尔古申分子案件、"193 人案件"、"50 人案件"、1876 年 10 月 6 日喀山教堂外游行案、南俄工人联盟案（1877 年），等等。

1878 年 8 月 9 日法律扩大了军事法院对政治案件的管辖权，这部法律生效之后，参政院特别法庭审判的案件急剧减少了。从 1881 年—1894 年底，参

---

〔1〕 ОР РНБ. Фонд Победоносцева（Ф. 587）. Д. 16. Л. 18-19.

〔2〕 *Кони А. Ф.* Собр. соч.；в 8 т. М.，1966. Т. 2. С. 29-30.

〔3〕 Там же. Т. 2. С. 34-35.

〔4〕 *Троицкий Н. А.* Безумство храбрых. М.：Мысль，1978. С. 85.

政院特别法庭总共审理了 8 个案件[1]，它们是：亚历山大二世被暗杀案（热利亚博夫、彼得罗夫斯卡雅等人，1881 年）；"20 人案件"（米哈伊洛夫等，1882 年）；"17 人案件"（M. 格拉乔夫斯基等人案件，1883 年）；"15 人案件"（准备刺杀亚历山大三世）和"第二个 3 月 1 日案件"（A. 乌里扬诺夫等，1887 年）；8 人被指控暴动案（"顿河审判"，1887 年）；Б. Д. 奥尔日格审判（1888 年）；准备刺杀亚历山大三世的 5 名恐怖分子案（C. 金斯贝格等人案，1890 年）[2]。

以后直到 1905 年都没有审判。参政院特别法庭历史的最后阶段是与四大审判联系在一起的：И. П. 卡利亚耶夫案（暗杀谢尔盖·亚历山德罗维奇大公，1905 年）；关于国家杜马 55 名社会民主党党团议员的审判（1907 年）；A. A. 洛普欣案件（泄露关于"保安特工"阿泽夫的国家机密案，1909 年）；亚美尼亚"达什纳克楚纯"党案件（1912 年)[3]。

A. Ф. 科尼指出，参政院特别法庭诉讼的进行似乎有点脱离整个司法生活，而且对它也没产生任何影响。确实，俄国最高审判机关进行闭门审判，而且在 19 世纪 70 年代后很少进行，而它工作的这些"戏谑式"成果实质上是特别政治审判"怪异的"例证。专制制度在过去的几个世纪采用这种政治审判，而这些政治审判也就成了背离 1864 年所宣布的法院组织原则和诉讼原则的时代错乱现象。

政治审判数量急剧增加，这些案件又"细小化"，非军事法庭的工作因为 1904 年 6 月 7 日的法律而变得非常紧张，同时军事司法的工作也更紧张了，这一切导致参政院特别法庭在 20 世纪初实际上无论怎么说都是无案可审。只是到了二月革命以后，临时政府的决议才把它给撤销了。

显然，参政院特别法庭作为审理政治案件的专门法庭，无论是在革命前的文献中，还是在苏维埃时代的文献中，都理所应当地得到了反面的评价。

---

〔1〕 Обзор деятельности Министерства юстиции и Прави-тельствующего сената за царствование императора Александра III. СПб. , 1901. C. 204.

〔2〕 关于这些审判，详见 *Троицкий Н. А.* Безумство храбрых С. 79 – 85；*Его же.* Царизм под судом прогрессивной общест-венности. С. 56 – 120.

〔3〕 关于这些审判，详见 *Краковский К. П.* Политическая юстиция в России во второй половине XIX–начале XX в. М. , Юрист. 2012. C. 545 – 608.

例如，M. H. 盖尔涅特从苏维埃历史学的角度，以一种对沙皇时代惩办制度特有的严厉态度指出："沙皇政府认为担任参政院特别法庭审理国事罪案件的法官的参议员们是司法制度最听话的奴才，政府怎么说，他们就会怎么一字不差地照着写出判决书。"[1]

我们认为，参政院特别法庭审理国事罪的制度，表现出沙皇制度对普通法院和审理对于沙皇制度而言十分敏感案件的普通机制（包括的诉讼机制）深感失望。为设立参政院特别法庭所采取的措施，证明它又回到司法改革前建立"手工式"的、容易管理的法庭的习惯。这种做法，不仅从当代的立场来看是不正确的，甚至从 1864 年《司法章程》所确认的那些观点来看，也不能说是正确的。

## 附一：19 世纪轰动一时的审判

### Д. В. 卡拉科佐夫和伊舒京分子审判（1866 年）

将 Д. В. 卡拉科佐夫和伊舒京分子交付最高刑事法庭审判在法律意义上是牵强的，是对《刑事诉讼章程》的某种随意解释。伊舒京在莫斯科成立的秘密团体"组织"被定性为政治阴谋；而卡拉科佐夫在圣彼得堡所实施的行为与"组织"无关，是"俄国闻所未闻的犯罪"——刺杀亚历山大二世，竟被定性为"在各地进行政治阴谋"[2]。

**德米特里·符拉基米罗维奇·卡拉科佐夫**于 1840 年 10 月 23 日出生在萨拉托夫省一个小贵族家庭。1861 年考入喀山大学法律系，同年因参加大学生闹事被开除，并依据警察的命令被放逐出喀山。后来又考入莫斯科大学，1865 年又因不交费被开除。在莫斯科，他参加一个由其表兄弟 H. A. 伊舒京组织的大学生革命小组。正是因为卡拉科佐夫属于伊舒京的小组和他们的亲戚关系，所以才有了将刺杀沙皇案件与许多人加入伊舒京小组的案件并案审理的形式根据（直截了当地说，是臆想出来的根据）。

---

〔1〕 *Гернет М. Н.* История царской тюрьмы. Т. 3. С. 61.

〔2〕 *Ларин А. М.* Государственные преступления. Россия. XIX век. Тула. 200. С. 222.

卡拉科佐夫由于不满足于小组的宣传工作，决定刺杀沙皇。1866 年他为达到这个目的主动到了彼得堡。卡拉科佐夫在一份手书的传单《致工人朋友》（这个恐怖分子被捕时在他口袋里被发现了一张传单）中写道："我变得悲伤、难过，因为……我挚爱的人民正在毁灭，我决定消灭沙皇这个恶棍并为我所爱的人民而死。如果我的计划成功，我将带着我的思想死去：我的死将使我的另一个朋友——一个俄罗斯男子汉受益。如果不成功，我仍然坚信，一定会有人沿着我的路走下去。我没有成功，但他们一定成功。对他们而言，我的死将成为一个榜样并将鼓舞他们。"

1866 年 4 月 4 日，卡拉科佐夫在夏园大门口向亚历山大二世开枪，但是没有击中。卡拉科佐夫没有击中的原因是一位农民奥西普·科马罗夫推了他的手，后来这位农民被授予贵族封号，赐姓为科米萨罗夫-科斯特罗姆斯基。

该案的侦查（1866 年 4 月 4 日—6 月 28 日）由两个侦查委员会（圣彼得堡的 М. Н. 穆拉维约夫委员会和莫斯科的 В. А. 多尔戈鲁基委员会）进行。对于如此短时间的侦查而言，案卷数量很大——几乎有 6000 页之多。

从 1866 年 8 月 10 日到 10 月 1 日，卡拉科佐夫与 35 名伊舒京分子案合并审判。法庭在彼得保罗要塞司令的住宅闭门进行。也就在同一个地方，1846 年也曾审判过彼特拉舍夫分子。必须指出的是，这是依照 1864 年《司法章程》实行新的法院组织法与诉讼程序后的第一次政治审判。历史学家 Б. Б. 格林斯基的看法很正确，他认为："加加林公爵……第一个将新的诉讼程序适用于国事罪。"[1]

最高刑事法庭书记官 Я. Г. 叶西波维奇参议员留下了有关这次审判的大量记录，包含对这次特别法庭法官们的饶有兴味的评述[2]。他认为，П. П. 加加林公爵（法庭审判长、国务委员会副主席）和 В. Н. 帕宁伯爵是审判的主要角色。帕宁伯爵所遵循的原规则是"当然，处死两个比处死一个好，而处

---

〔1〕 *Глинский Б. Б.* Революционный период русской истории（1861–1881 гг.）. Исторические очерки: в 2 ч. СПБ. , 1913. Ч. 1. С. 344.

〔2〕 Записки сенатора Есиповича // Русская старина. 1909. Т. 137（Янв.）. С. 123–144. Т. 137（Февр.）С. 260–261；Т. 138（Май）. С. 304. 律师对这次审判的观点在有代表性的：*Стасов Д.* Каракозовский процесс（некоторые сведения и воспоминания）// Былое. 1906. № 4. С. 276–298.

死三个比处死两个好"，法庭成员之一 N[1] 也 "在庭审中表达了自己对罪犯的愤怒，并且给他们找寻最严峻的刑罚，几乎都是死刑或苦役"。海军上将 H. Ф. 米特林 "表现得如此持重，以至于对他无话可说"。

参政院上诉审判庭的庭长 A. Д. 巴舒茨基和 M. M. 科尔尼奥林-宾斯基是"法律要素的代表人物"。用 Я. Г. 叶西波维奇的话说，前者不是任何重要上司的代表，只是在做事业。科尔尼奥林-宾斯基被认为是俄国第一流的犯罪学家之一，但在最高刑事法庭他却 "行动半死不活，因为他都不能够从马车走到自己的法官席，竟然是用担架把他抬到审判庭的"。"他的声名人所共知：爱动肝火，严酷无情。第一次看见 11 名受审人，他对我说：'这些人都是绞刑架的战利品'。"——Я. Г. 叶西波维奇回忆说。

司法大臣 Д. H. 扎米亚特宁依法（ex officio）在最高刑事法庭履行检察长的职责。Я. Г. 叶西波维奇这样评论他："一个没有个人主见的人，任何时候也不坚持。那一刻在他的位置上需要一位伟大的法学家、思维缜密的政治家和崇高坚定的性格，而 Д. H. 扎米亚特宁身上既不是一，也不是二，更没有三。"

根据到庭人员的反应，审判的这两位参加人 "没有任何犯偏离《司法章程》的错误"。总的说来，审判长行为的突出特点是 "特别的公正"，而公诉人的行为特点则是 "沉着"。甚至辩护人也受到法庭 "最注意的和客气的对待"[2]。有意思的是，无论是自由主义者 Д. A. 米留金还是保守主义者 M. H. 卡特科夫，都同样高度评价审判卡拉科佐夫的最高刑事法庭，认为它是一个 "准确遵守法律的法庭"[3]。

受审人的辩护人是：Д. B. 斯塔索夫、B. П. 加耶夫斯基、A. A. 多布罗留波夫、A. H. 图尔恰尼诺夫、B. B. 萨马尔斯基-贝霍维茨、Г. Г. 普林茨、A.

---

〔1〕 Я. Г 叶西波维奇出于尊敬没有说出他的名字，但是很容易想到，这就是沙皇的亲戚 П. Г. Ольденбургский 亲王。

〔2〕 *Шилов А. А.* Каракозов и покушение 4 апреля 1866 г. Пг., 1919. С.41.

〔3〕 *Милютин Д. А.* Воспоминания 1865–1869 / под ред. Л. Г. Захаровой. Л. Г. М., 2005. С. 288–300; *Катков М. Н.* Собрание передовых статей 《Московских ведомостей》 за 1866 год / изд. С. П. Катковой. М., 1897. С.448. 但是后来 M. H. 盖尔涅特指出了最高刑事法庭背离 1864 年《司法章程》诉讼要求的问题，他的结论是：审判 "在许多方面仍然是按照老办法进行的"。参见 *Гернет М. Н.* История царской тюрьмы. М., 1961. Т. 2. С.366.

П. 奥斯特利亚科夫、Н. А. 季姆罗特、С. И. 彼得连科、В. Э. 克劳佐尔特和
Я. М. 谢列布良内[1]。由于大多数被告人都认罪、悔过和请求宽恕，辩护人
着重强调，被告人年轻、轻信，他们对政权不构成实际威胁[2]（当然卡拉科
佐夫除外，侦查将他的行为定性为"思想阴暗"）。

　　当时的内务大臣 П. А. 瓦卢耶夫证明，亚历山大二世以及 М. Н. 穆拉维
约夫，虽然也期待第一类（共 11 名）被告人全部被判处死刑。8 月 20 日，即
在作出判决的 11 天之前，他在日记中写道："早上，特列波夫（彼得堡市长，
薇拉·扎苏里奇未来的'靶子'——作者注）准备了 11 个绞架、运尸车、刽
子手，等等。所有这一切都是遵照皇帝陛下的御旨。不可思议！还要法庭
审判！"[3]

　　判决是"相对宽缓的"：36 名被告中"总共"只有 2 人——卡拉科佐夫
和伊舒京——被判处死刑，而真正被处死的只有卡拉科佐夫。他于 9 月 3 日
在圣得堡瓦西里岛被当众绞死。画家 И. Е. 列宾在斯摩棱斯克空地看到了行刑
场面，还留下了一幅素描作品"行刑前的卡拉科佐夫"。伊舒京的死刑被改判
苦役。沙皇因此甚至在审判结束后斥责 П. П. 加加林："您作出的判决没有给
我的仁慈留下余地。"[4]

## 典型的政治审判

### （"涅恰耶夫分子案件"，1871 年）

　　1869 年 11 月 25 日，在彼得罗夫斯基农学院的彼得罗夫斯克-拉祖莫夫斯
基花园一个结冰了的池塘里，发现了一个名叫伊万诺夫的大学生的尸体，头
部从后面被子弹打穿。这件事成为提起涅恰耶夫分子案件的由头。所谓涅恰
耶夫分子，就是 С. Г. 涅恰耶夫所领导的追求革命目的的秘密反政府宣传团体

---

〔1〕 См. *Троицкий Н. А.* Адвокатура в России и политические процесс процессы 1866–1904 гг.
Тула. 2000. С. 229–232.

〔2〕 Покушение Каракозова. Станографический отчет по делу Д. Каракозова, И. Худякова,
Н. Ишутина и др. М. -Л. 1930. Т. 1–2.

〔3〕 *Валуев П. А.* Дневник. М., 1861. Т. 2. С. 144–145.

〔4〕 Записки сенатора Есиповича // Русская старина. 1909. Т. 137 (Март). С. 562.

的成员[1]。

必须指出的是，调查是完全根据1864年《司法章程》进行的。这是第一例也是最后一例贯彻1864年《司法章程》所规定的国事罪诉讼程序的案件。最早的调查行为是由莫斯科的几位检察官进行的，而侦查则是由参议员切马杜罗夫进行的，因为根据最初的推测，案件将由最高刑事法庭管辖。当政治阴谋的全国性质没有得到证实以后，案件就交由圣彼得堡的高等法院审理了[2]。

对于如此"具有震动效应的"案件，之所以允许完全的公开性[3]，是因为政府要在社会舆论面前让政治反对派蒙羞。大学生 И. И. 伊万诺夫被涅恰耶夫组织成员凶残杀害的事实已经得到法律证明，令人反感的《革命者基本信条》以及涅恰耶夫伪造第一国际成员身份——当局握有这几张王牌，希望能使俄国革命名誉扫地。

临时管理司法部的 В. Э. 埃森亲自出席了第一次庭审（1871年7月1日）以后，就向亚历山大二世写了一份奏折，讲述自己对该案的印象，并表示坚信：由于案件材料的出版而实现的公开性，对参加庭审的公众"将产生最良好的影响（亚历山大二世批注：'上帝保佑！'），向他们展示了当今世界上有人想用来动摇社会的犯罪和愚昧的教义，以及那些要把这些野蛮思想和教义付诸实行的可怜的活动家"。

司法大臣 К. И. 帕连确信案件会有一个（对政府）有利的结局，包括由于法官的"支持"而有这样一个结局。他的信心是如此坚定，以至于他都不关心起诉的准备是否根据充分。著名律师 А. И. 乌鲁索夫、К. К. 阿尔先尼耶夫、В. Д. 斯帕索维奇、Д. В. 斯塔索夫、В. Н. 格拉尔德、Е. И. 乌京、П. А. 波捷欣、А. М. 温科夫斯基、А. Н. 图尔恰尼诺夫、В. М. 普热瓦利斯基、

---

〔1〕 详见 Нечаев и нечаевцы: сб. материалов. М. -Л., 1931. 这个故事成了陀思妥耶夫斯基《群魔》这部小说情节的基础。参见 Достоевский Ф. М. письма. Т. III. М. -Л., 1934. С. 50.

〔2〕 依照管辖规则，案件应当由莫斯科高级法院审理，因为无论伊万诺夫被杀害，还是"人民惩办"组织的建立，都发生的莫斯科。按照 А. М. 拉林的意见，这样做是为了加强宫廷、第三厅和司法部对审判进程的监督。

〔3〕 160人被追究，后来对73人撤案了；有意思的是，薇拉·扎苏利奇和亚历山大·多尔古申都曾经过该案审判，他们后来成为"轰动"案件的主角。

А. А. 奥利欣、К. Ф. 哈尔图拉尔等人（共 23 名律师）进行辩护，他们最大限度地行使了自己的权利并与控方进行了真正的角力。律师们甚至在斯帕索维奇那里开会，"以便解释案件进行的方式和讨论辩护计划"[1]。彼得堡高等法院的法官们对案件的结局却没有司法大臣那样的信心。

审判从 7 月 1 日进行到 9 月 11 日，历时几乎两个半月，进行开门审判。这次审判引起了公众空前的兴趣，来这里听审的有达官显贵，也有普通看热闹的人，还有文学家（Ф. И. 秋切夫、Н. С. 列斯科夫，也许还有 Ф. М. 陀思妥耶夫斯基）。根据第三处的材料，"所有在场的人都相当同情受审人"[2]。

首都高等法院（法律学校毕业生的避难所）法官们的做法无可挑剔。公诉人——首都高等法院检察长 В. А. 波洛夫采夫和副检察长 П. А. 亚历山德罗夫（薇拉·扎苏里奇未来的辩护人）表现得很克制而且毫无偏颇，并不坚持适用重刑。法庭分析了政治阴谋犯罪（《刑罚与感化法典》第 249 条）与秘密结社罪（《刑罚与感化法典》318 条）的区别，从而得出与起诉不同的结论：受审人所犯之罪只是秘密结社罪，所以应根据《刑罚与感化法典》第 318 条对被告人处刑，而该条规定的刑罚要轻得多。与法庭作出政治罪判决这一期待相反，"法律倾向"的第二个重要表现是确定了量刑的标准。法庭认为，将秘密结社仅作为减轻罪过的情节是"完全站不住脚的"，这只是出于纯法律的考量，没有对革命者的任何同情，判决的作出也是如此。

辩护人作了不少的工作，以便划清"刑事犯罪分子"、"涅恰耶夫分子"（杀害伊万诺夫的涅恰耶夫和他的 4 名同案犯）与其余涅恰耶夫分子为抗议反动制度而自然而然地进行的政治活动之间的界限。毫不奇怪，律师"抬高受审人人格"的行为在高层引起了不满。

В. Д. 斯帕索维奇提出涅恰耶夫是"世界痈疽的体现"，因为他"给世界各地带来疾病、死亡、逮捕、杀害"，而《革命者基本信条》所宣言的理想——用 В. Д. 斯帕索维奇的话说——就是"一片混乱，世界末日"，目的就是"要把现存的一切搞个底朝天，恰如用扫帚将高尚阶级扫除干净，再熬一

---

[1]　*Троицкий Н. А.* Адвокатура в России и политическое процессы 1866–1904 гг. Тула. 2000. С. 236–245.

[2]　Нечаев и нечаевцы. С. 16.

锅粥，不仅是俄国的粥，而且是欧洲的粥，……再有 50 年我们的子孙后代也喝不光的粥"[1]。啊，这位律师可谓是一针见血，他甚至预言了俄国在 1917 年 10 月以后发生的事情！而且他的正确之处还在于：并非所有的涅恰耶夫分子（更广义地说，是革命者）都是涅恰耶夫思想和理想的追随者，他们并非都是"魔鬼"。

皇权对这次审判的期待有多大，对判决结果的失望就有多大。87 名被交付审判的人中，有 54 名由于证据不足而被判无罪，27 人被判处监禁，4 人（直接参与杀害大学生的人）被判处流放苦役，2 人被终身流放。[2] 这个判决被保守主义者用来指控法庭对皇帝的敌人表现出毫无道理的自由主义。

这次审判最重要的后果是政府人士开始产生对法院的不信任。对此，А. В. 尼基坚科曾在自己的口记（1871 年 8 月 28 日）里写道："最高当局对法庭有诸多不满意，因为：第一，审判长对涅恰耶夫案件受审人的表现太过人道太过温情……，没有在律师们滔滔不绝地大谈政治阴谋与秘密团体的本质与区别的时候阻止他们；第二，法庭判决某些人无罪，而不是对所有人判处刑罚。据说，帕连伯爵请求原谅，因为他错选了一个审判长；而当埃森想解释为什么法庭没有对所有人统统都定罪时，人们根本不想听他说话。不管怎么说，我们的司法失宠了。"[3]

谢尔盖·涅恰耶夫本人过了一年半（1873 年 1 月）才受到审判，因为他在杀害伊万诺夫后成功逃到国外并躲藏到瑞士。根据俄国政府的请求，瑞士当局拘捕并引渡了他。但引渡的条件是涅恰耶夫不是作为政治犯，而只作为刑事犯按普通杀人罪受审，这样就能保证他活命。莫斯科区法院由 П. А. 杰伊耶尔担任审判长，有陪审团参加，可能"限于"法律的规定，最重的刑罚只是苦役。涅恰耶夫不承认审判，因为他已经是一个政治流亡者，并拒绝辩护[4]。陪审团判决他犯杀人罪成立，而法庭判处他 20 年苦役。

---

[1] *Троицкий Н. А.* Указ. соч. С. 241–242.

[2] Государственные преступления в XIX веке в России. СПб. , 1906. Т. 1. С. 166–167, 188, 210, 222, 227.

[3] *Никитенко А. В.* Записки и дневник: в 3 т. Т. 3. М. , 2005. С. 315.

[4] *Глинский Б. Б.* Революционный период русской истории（1861–1881 гг.）: Исторические очерки. Ч. 1. СПб. , 1913. С. 439 и след.

"涅恰耶夫审判"最重要的后果是通过 1971 年 5 月 19 日法律和 1872 年 6 月 7 日法律，这两部法律修订了国事罪案件的侦查和审理程序，从而奠定了司法反改革的基础。采取了限制律师的措施。1872 年 2 月 28 日司法大臣通报称："审判长不应该允许辩护人发表直接与法律相抵触的言论。"[1]

## 克罗年贝格案件（1876 年）

银行家 С. Л. 克罗年贝格[2]被交付陪审法庭审判，起诉他的原因是他在 1875 年夏天有意识地折磨自己 7 岁的女儿玛丽亚：不断地用树条抽她，打得她青一块紫一块的。克罗年贝格因此面临苦役的刑罚。1876 年 1 月 23 日—24 日进行庭审。圣彼得堡区法院院长 А. А. 洛普欣亲自担任审判长，他是后来的警察局长以及再后来"阿泽夫案件"的被告人[3]。

这次审判虽然看起来是一件小案子，但却引起了极大的社会关注。正如《俄国律师史》所指出的，这个案件之所以变得特别重要，"是因为当时最杰出的作家们都参加了辩论，从而所有对律师的奢望都被提炼出来加以评论。"克罗年贝格案件引起极大社会共鸣的另一个原因，也是同样重要的原因，在于各种不同的家庭教育观点发生碰撞。保守主义者们担心这个案件会成为国家干涉家庭事务的先例；相反，自由主义者对审判表示欢迎，他们认为通过审判可以遏制某些父母虐待子女的行为。的确，同一年俄国还进行了几桩类似的审判。

陪审团作出了无罪判决。这在很大程度上是因为辩护的作用（律师是 В. Д. 斯帕索维奇）。律师的辩护职业水平高超，但是同时代人却认为，它经不起道德层面的批评。

В. Д. 斯帕索维奇以对陪审团说出这样的话来结束自己的辩护："我认为，你们也都承认，有的家庭，父权处罚之于子女是由于天性，而在本案的情形

---

〔1〕 Устав уголовного судопроизводства с позднейшими узаконениями, законодательными мотивами, разъяснениями Правительствующего сената и циркулярами министра юстиции. СПб., 1902. С. 1188.

〔2〕 Суд присяжных в России. Громкие уголовные процессы 1864 - 1917 гг. / сост. С. М. Казанцев. Л., 1991. С. 187.

〔3〕 См. С. 455-456.

下，即使依照法律，父亲也有权处罚无法无天的子女；你们承认，父母也有处罚子女之权。我想，你们不能否定，你们在这里的即在法庭上的权力来自于同一个渊源——你们在进行着的本质上属于另一种形式的体罚，一种适合更成熟年龄的体罚。由此可见，要否定父权，即否定刑罚权，可是又要让这个处罚起作用，那么，不否定自身的权力、刑法的权力，你们是做不到的。一位父亲究竟为什么受到审判？因为滥用权力。试问：这个权力的限度又在哪里？谁规定了父亲可以打几下以及在何种情况下可以打，而在进行处罚的时候又对子女的身体没有伤害呢？"

Ф. М. 陀思妥耶夫斯基的长篇纪实作品《作家日记》就写了克罗年贝格案件。他一方面同意 В. Д. 斯帕索维奇对事件的法律评价，但他不能原谅 В. Д. 斯帕索维奇违背道德的辩护策略，折磨儿童只是因为没有被写入《刑罚与感化法典》的条款而被否定，而且 В. Д. 斯帕索维奇在为父亲辩护的时候还诋毁了女儿。"听众几乎忘记了她才 7 岁；斯帕索维奇先生机敏地把年龄这个对自己最危险的东西拿走了。"Ф. М. 陀思妥耶夫斯基不能认为那个"如此长时间、暴跳如雷、没有理智，随心所欲地（！）"折磨女儿的克罗年贝格无罪，因为"不应该没有理智，任何愤怒都有界限，何况对一个 7 岁大的没有反抗能力的幼儿，只是为一个黑李果子和弄断一根毛衣针"。作家也不能为斯帕索维奇辩护，这位律师为了自己客户的利益和博取名望而牺牲了自己的良心和自己的天赋。Ф. М. 陀思妥耶夫斯基以这样一句话来结束关于这个案件的文章："当社会不再怜悯弱者和受压迫的人的时候，那社会自己也就不妙了：它会变得冷酷无情，它会枯萎，会道德败坏，会毫无成果。"

陀思妥耶夫斯基对这个案件的意见得到了社会上持有各种观点和不同地位的人们的赞同，从 М. Е. 萨尔蒂科夫-谢德林到 К. П. 波别多诺斯采夫，从青年大学生到中年的司法工作者。М. Е. 萨尔蒂科夫-谢德林写道："向斯帕索维奇先生提一个问题是再自然不过了：如果说您既不赞成打耳光，又不赞成用树条抽，那您为什么要卷入这样一个全是打耳光和用树条抽的案件呢？"[1]

---

〔1〕 Цит. по: Суд присяжных в России. С. 188.

## 大审判（1878 年）

"193 人审判"的结果对国家法律现实所产生的后果可以同"涅恰耶夫案件"相提并论。《帝国革命宣传案件起诉书》（我们所研究的这个时期政治审判史上篇幅最大的，共有 302 页），参政院刑事上诉审判庭检察长 B. A. 热列霍夫斯基为此差不多工作了一年。他在起诉书的开头写道："1874 年 5 月中旬芬兰出生的约翰·佩利科年，在萨拉托夫市察里津街佩列符拉图欣娜的家里开办了一间鞋厂，住在里面的人行为古怪令人怀疑，很快就引起了警察的注意，于是在 5 月 30 日对该鞋厂进行搜查。"[1]

落到警察手里的有几十个地址和代号。"保卫者们"发现了分散在俄国大地上大量小组的踪迹。1874 年夏天，某些单独进行的侦查行为（最早逮捕宣传小组人员还是在 1873 年 11 月）相互之间没有任何联系，后来被集中起来人为地合并在一起：干劲十足的检察官和宪兵们提出一个任务就是"把案子办大"，将尽可能多的指控拼凑在一起，并且用前所未有的大规模（37 个省 4000 多人被捕）"恶毒的政治阴谋"吓唬一下社会[2]。虽然他们被宣布为"统一犯罪团体"的成员，实际上是代表 40 个小组，把他们联系在一起的只是对革命宣传的共同兴趣。令 K. П. 波别多诺斯采夫愤怒不已的是，宪兵当局"在全俄国办理这件可怕的案子，由于无知、因为专制、出于卑劣的忠诚，夸大事实、添枝加叶、东拼西凑，虚妄地把许许多多的人搅和在一起"[3]。

然而，司法大臣帕连根据搜集到的材料向皇帝上了一道奏折《俄国革命宣传的成效》，耸人听闻地"描绘"了社会主义思想在全国传播的过程，实质上是用国内产生了一个以推翻国家政体为目的的巨大秘密非法团体去吓唬沙皇。他指出，危险在于对俄国社会中的宣传者没有进行反击[4]。

调查进行了 3 年多（案卷达 147 卷之多）。在这段时间里，许多被捕的人

---

〔1〕《帝国革命宣传案件起诉书》（1877 年 5 月 5 日由参政院刑事申诉审判庭副检察长 B. A. 热列霍夫斯基制作），未指出地点和年份，连同附件共 302 页。

〔2〕 *Троицкий Н. А.* Безумство храбрых. М.：Мысль, 1978. С. 80.

〔3〕 *Победоносцев К. П.* Письма к Александру III. М., 1925. Т. 1. С. 86.

〔4〕 Записка министра юстиции графа Палена《Успехи революционной пропаганды в России》. Женева, 1875.

患病、发疯、死亡或自杀，许多人躲起来了。结果有 193 人应该交付审判，依照《刑罚与感化法典》第 114 条和第 251 条提出指控（参加非法团体，编制和传播号召进行暴乱的呼吁书）。虽然当时担任司法部厅长的 А. Ф. 科尼力争说服帕连终止案件，但案件仍然还是被移送到了法庭。

1877 年 10 月 18 日，这个怪胎诉讼就在参政院特别法庭开始了，法庭小得听众都没地方坐，所以实质上就是闭门审判。审判长是参议员 К. К. 彼得斯，公诉人是起诉书的作者 В. А. 热列霍夫斯基。俄国政治辩护的全部精英律师（В. Д. 斯帕索维奇、П. А. 亚历山德罗夫、В. Н. 格拉尔德、А. Я. 帕索韦尔等，总共 15 名律师）都出现在这次审判里。

我们不谈这次审判中被文献广泛描述的大量精彩场面。与过去的审判一样，这里也发生了受审的革命者与法庭的残酷对立[1]，以及辩方超越一切赞扬的表现[2]。

这次审判的 193 名被告人中，有 91 名（占 47%）被判无罪；对 2 名被告人，参政院特别法庭向沙皇请求特赦；对 33 名被告人（占 17%），向沙皇请求减轻刑罚；对 61 名被告人（占 31%），以羁押期折抵了刑期，只有 6 名被告（3%）被判处实刑。[3] 这就是帝国最高政治法庭的判决。

"政治蒙难的诱惑"（Н. И. 西贝尔语）结出了果实——从监狱释放出来的人，和许多人一样，现在成了现存制度的坚定反对者。政府对刑事判决不满，便采取了行政强制措施（80 人被行政流放），这又激起了新一波的不满浪潮。

1878 年的恐怖行动和上层的普遍惊恐，证明政治司法机制的运作是无效的，镇压是没有结果的（或者，毋宁说是造成了相反的结果）：它不仅没有吓住任何人，没有使人放弃国事罪；相反，它推动人们走上现在已经有人闯出来的道路。可以部分地同意保守主义者梅谢尔斯基的观点，他断言："193 人案件"的判决"成了 3 月 1 日暴行的原因之一"。[4]

---

〔1〕 См.：*Коваленский М. Н.* Русская революция в судебных процессах и мемуарах. Кн. 1. М.，1924. С. 195 и след.

〔2〕 *Троицкий Н. А.* Адвокатура в России и политические процессы 1866–1904 гг. Тула，2000. С. 256–266.

〔3〕 Государственные преступления в XIX веке：в 3 т. СПб.，1906. Т. 3. С. 297–298.

〔4〕 *Мещерский В. П.* Мои воспоминания：в 3 т. Т. 2. СПб.，1898. С. 515.

第二年，即 1879 年，举行了利佩茨基代表大会，成立了"民意党"，它从革命宣传转而采取恐怖方法同专制制度进行斗争。"大审判"的一些人物对该党的建立和党纲的制订起了不小的作用，他们很快又将坐到审判恐怖行动的被告席上了（热利亚博夫、佩罗夫斯卡亚，等等）[1]。

## 薇拉·扎苏利奇案件（1878 年）

著名的俄国记者 Г. К. 格拉多夫斯基把薇拉·扎苏利奇[2]与夏洛蒂·科黛（杀死法国大革命活动家马拉以对抗专横残暴）相提并论。薇拉·扎苏利奇案件自始至终都是依照《司法章程》进行的。

案件的情节是这样的：1877 年 7 月彼得堡市市长 Ф. Ф. 特列波夫在视察看守所的时候，下令鞭笞因（1876 年）参加彼得堡喀山教堂前的游行而被判刑的 А. С. 博戈留波夫，原因是他在市长面前没有脱帽。市长命令的执行不仅在看守所，而且在全俄国社会都激起了公愤，看守所暴发了抗议暴动。

某些民粹组织开始准备针对特列波夫的恐怖行动。薇拉·扎苏利奇也没有袖手旁观。她以前曾因参加革命活动而受到追究：在调查"涅恰耶夫案件"时，她曾坐过一年多监狱，之后遭到流放和逮捕。被监禁大学生受到的折磨太令人印象深刻了，虽然她并不是亲眼所见。她决定孤注一掷——1878 年 1 月 24 日谋杀市长：她来到市长特列波夫接待室，向市长开了两枪，使他身受重伤。

侦查开始了，侦查结束后她被交付审判。按照《刑罚与感化法典》第 9 条和第 1454 条（刑事犯罪，而不是政治犯罪）提出指控，她面临着被剥夺全部公权和 15 年—20 年苦役的刑罚。这也许是当局最后的踌躇满志的尝试——要打击革命运动，通过审判给革命意图和行动挂上"刑事犯罪"的标签而显示其凶恶。对于当局而言，重要的是通过案件外在的去政治化来显示其刑事犯罪的烙印，说明它不同于革命，当然也就能败坏革命的声誉。薇拉·扎苏

---

〔1〕 *Троицкий Н. А.* 《Народная воля》перед царским судом（1880–1891 гг.）. Саратов, 1971.

〔2〕 详见 *Воспоминания о деле Веры Засулич // Кони А. Ф.* Собр. соч. Т. 2. С. 5 – 252; *Карпиленко Ю. С.* 《Дело》Веры Засулич. Российское общество, самодержавие и суд присяжных. Брянск, 1994. 这次审判也吸收了外国研究者的注意。参看 Bergman J. Vers Zasulich: A Biography. Stanford, 1983. XIII. 261 p. ; Siljak A. Angel of Vengeance: the 《girl assassin》, the governor of St. Petersburg, and Russia's revolutionary world. N. Y. , 2008.

利奇案件为此被交付陪审法庭审判，当局考虑的是刑事犯罪将在社会上"激起极大的憎恶"，而国事罪则"因其特殊本质"是无不可能做到这一点的[1]。社会的谴责会赋予刑事判决更大的权威性。同时，А. Ф. 科尼有一种说法，他认为另有原因：帕连（由于自己的愚蠢）和高等法院的检察长洛普欣（由于轻信）指望利用薇拉·扎苏利奇案件抬高陪审法庭，使它免受攻击。[2] 然而，帕连希望得到作出有罪判决的保证，就试图向 А. Ф. 科尼施加压力。但科尼拒绝丧失客观性原则，对司法大臣要求他为最高当局服务的请求作了如下的回答："法庭不提供服务，而是实现司法公正。"

案件于 1878 年 3 月 31 日由彼得堡区法院审理（法庭组成人员为：审判长 А. Ф. 科尼，法官 В. Л. 谢尔比诺维奇和 А. Н. 杰恩），有陪审团参加审判。检察官 К. И. 凯塞尔出庭支持公诉，辩护人是 П. А. 亚历山德罗夫。庭审是公开进行的，法庭人满为患。彼得堡政治上流社会的人都来听审，甚至首辅大臣戈尔恰科夫以及某些皇室成员也来了。在记者席上还可以看到 Ф. М. 陀思妥耶夫斯基。

检察官放弃了要求 6 名候选陪审员回避的权利，律师 П. А. 亚历山德罗夫利用了这个机会。当要求候选陪审员回避的权利轮到律师时，亚历山德罗夫知道官员们对 Ф. Ф. 特列波夫非常反感，于是他就让官员们留在候选陪审员名单上，而要求几乎所有商人回避。结果陪审团的成员就是 9 名官员、1 名商人、1 名贵族、1 名画家。

公诉人认为犯罪行为事实清楚，受审人又承认自己向 Ф. Ф. 特列波夫开枪（虽然她拒绝承认有罪），于是

**БИЛЕТЪ**

для входа 31 сиаря 1878 года

въ залъ засѣданія „ 1 „ Отдѣленія

С.-Петербургскаго Окружнаго Суда

№ 1.

За Секретаря

**杰出的俄国作家陀思妥耶夫斯基作为媒体
代表旁听扎苏利奇案审判的入场券**

---

〔1〕 Судебные уставы 20 ноября 1864 г. с изложением рассуждений, на коих они основаны. СПб. , 1867. Ч. 2. С. 391.

〔2〕 *Кони А. Ф.* Воспоминания о деле Веры Засулич. // Собр. Соч. Т. 2. С. 67.

就发表了一篇过于自信而且程式化的有气无力的公诉词。

辩护人 П. А. 亚历山德罗夫的辩护词成为俄国司法史上最出色的辩护词之一。辩护人考虑到当时俄国社会上的情绪和 Ф. Ф. 特列波夫的行为所激起的公愤，对薇拉·扎苏利奇的行为进行了深刻的心理分析。由于 19 世纪 60 年代司法改革所宣布的自由和新法规，社会还沉浸在一片欢欣之中。亚历山德罗夫在自己的辩护词中出色地利用了所有这一切，他研究了薇拉·扎苏利奇的生活，向陪审团讲述了被告人自己所受到的侮辱和折磨，讲述她为什么会采取那么激烈和病态的方式去可耻地惩罚一个她并不认识的人。

"第一次站在这里的是一个女人，犯罪对她并无个人利益、个人复仇可言。这个女人是把自己犯罪与为思想而斗争联系在了一起。……博戈留波夫是她什么人？他不是她的亲戚，不是她的朋友，她也不认识他，她从来没有见过他或知道他。但是，难道说要对一个道德上被碾碎的人的外表产生不满，因一个孤立无援的人受到可耻的嘲弄而发怒，就一定要成为他的姐妹、他的妻子、他的情人才行吗？难道说博戈留波夫所受到的严厉判决还需要加上对他人格更严重的贬损吗？"

律师强调了自己对陪审员们深深的敬意，称他们是"社会良知的优秀代表"："她来把自己受伤心灵的全部负担放在你们面前，展示自己一生所遭受的一切痛苦，真诚而坦率地陈述她曾经忍受和感觉到的并促使她走向犯罪的一切，因为犯罪而等待她的又是什么。"

结果陪审团判决薇拉·扎苏利奇无罪。[1] 无罪判决受到全社会的一片赞扬，一大群人聚集在法院大楼游行。关于薇拉·扎苏利奇被判无罪的消息在

---

[1] 发现了一个有趣的文件，说明为什么会作出无罪判决。1878 年 4 月 6 日有人在三处投入了一封"陪审员"来信。信中说："鉴于对扎苏利奇被判列罪原因的荒谬传说，我有幸进行说明。我们，陪审员们，虽然对她的暴行感到无比愤怒，但不得不对她作出无罪判决，是因为：①出于自我保护；②使政府免受更大丑闻的困扰，说什么由于警察的无能就一定作出有罪判决。问题在于，当我们早晨挤进法庭时，**我们不仅看见狂怒的无耻之徒**。……假如我们判决扎苏利奇有罪，那就不仅是我们当中一些人会在法庭门口就会被打得遍体鳞伤，而且会被打死的大概还有检察官、审判长，可能还有某些来听审的赫赫有名的人物，如首辅大臣……我们丝毫不怀疑，无罪判决使很多人产生了极端荒唐的印象，而且都怪警察使我们走投无路。"参见 Записки из истории революционного движения в России（до 1913 г.）. Издание Департамента полиции / сост. подполковник Рожанов. СПб., 1913. С. 120—121. М. Н. 盖尔涅特认为这封信是保守分子伪造的。

国外也引起了极大的兴趣。法国、德国、英国、美国、意大利和其他国家的报纸都详细报道了审判的信息。沙皇制度的敌人们认为，这一判决对俄国革命而言具有攻占巴士底狱对于法国人的意义，而保守主义者称它是"对国家高级公仆的可怕嘲弄和叛乱者厚颜无耻的胜利"[1]。

很快，由于检察院在抗诉书中提出了意想不到的原因（传唤辩方证人、囚犯博戈留波夫刑罚见证人到庭被认为是不正确的），参政院撤销了扎苏利奇案的判决，案件移送到诺夫戈罗德区法院重新审理。法庭对扎苏利奇进行了缺席裁判，而她已经逃亡到国外去了。

### 19世纪最轰动的审判
### （1881年3月1日杀害亚历山大二世案）

从19世纪70年代末开始，"民意党"就准备实施一系列对沙皇亚历山大二世的谋杀，但都以失败告终：1879年秋天有三次谋杀，1880年2月5日的冬宫爆炸，春天准备在敖德萨的意大利街进行刺杀，夏天准备在彼得堡大石桥进行谋杀，1881年1月和2月又在小花园街挖地道进行暗杀[2]。

1881年3月1日杀害得以成功：沙皇受了致命的伤。他乘坐的四轮轿式马车，有警卫随行，下午两点多钟沿着叶卡捷林娜运河街行驶。在工程局街拐角附近，马车里被扔进一枚炸弹。马车受损，但沙皇没有受伤。沙皇走出马车，仔细察看了爆炸地点。扔炸弹的雷萨科夫这时已经被拘捕，沙皇走到他跟前问："这就是扔炸弹的那个人吗？"并用手指威胁了他一下。得到肯定的答复后，沙皇离开雷萨科夫，在随从和士兵的簇拥下沿着滨河街林荫道往回去。但是他刚走几步，就在他脚边发生了新的爆炸。沙皇受了致命的伤。扔这枚炸弹的人叫 И. 格里涅维茨基，这枚炸弹使他自己也受了致命伤。他的姓名只是在审判之后才得以确定。

---

〔1〕 *Мещерский В. П.* Мои воспоминания: в 3 т. Т. 2. СПб., 1898. С. 517. 有意思的是，当代美国历史学家 П. 派普斯 也对扎苏利奇案件作出过这样的评价（"反常的审判"）（Россия при старом режиме. М., 1998. С. 387）.

〔2〕 详见《Народная воля》перед царским судом. М.: Изд-во Общества политкаторжан, 1930；1 марта 1881 года: Казнь императора Александра II / сост. В. Е. Кельнер. Л.; 1991；*Троицкий Н. А.* Адвокатура в России и политические процессы 1866-1904 гг. Тула, 2000. С. 281-287.

И. И. 格里涅维茨基 1856 年生于格罗德诺省的一个小地主家庭，他在彼得堡工学院读书，加入民意党以后，他成了准备恐怖行动的战斗行动队的成员。

暗杀的参加者 Н. И. 雷萨科夫，一个矿业学院的学生，在被捕后详细地讲述了这次恐怖行动是根据"民意党"执行委员会的决议而策划和实施的。他坦白承认，他认识化名为扎哈尔的热利亚博夫，讲述了热利亚博夫在准备暗杀中的作用，还描绘了他的外貌特征。热利亚博夫当时被关在监狱，他因为 1879 年 11 月准备在铁路上刺杀沙皇而被判刑。当向热利亚博夫宣布新的指控时，他表示很高兴并且声言："我之所以没有亲自实际参加这次谋杀，只是因为我被捕了；我精神上参加了，完全参加。"

很快，由于雷萨科夫的供述，对 Г. 格尔弗曼、Т. 米哈伊洛夫实施了拘捕。同时还提取了大量关于准备恐怖行动的物证。

3 月 9 日侦查终结。3 月 10 日又逮捕了索菲亚·佩罗夫斯卡娅，她与热利亚博夫生活在同一住宅，警察获悉她参加了恐怖行动。她被提到雷萨科夫面前，雷萨科夫指认她是 3 月 1 日暗杀沙皇的主要领导人：是她把两枚炸弹带到马车街 Г. 格尔弗曼的住宅。她解释了暗杀计划，对每个人给予了详细的指示：如果沙皇马车的行车路线发生改变，每个人应该怎么办以及待在什么地方。

佩罗夫斯卡娅承认自己参加了 1881 年 3 月 1 日的暗杀和 1879 年 11 月 19 日在莫斯科郊外的暗杀。她解释了民意党转而进行恐怖活动的动机：民意党人"到民间去"是和平的，政府却对它加强了镇压。

对 1881 年 3 月 1 日刺杀沙皇案件的再次侦查结束了，起诉书制作完毕，案件定于 3 月 26 日开庭审理。但是 3 月 17 日又逮捕了基巴利契奇，他是雷萨科夫多次提到的那个技师。侦查继续进行。

基巴利契奇承认，他是执行委员会的技师之一，制造了 3 月 1 日刺杀沙皇的炸弹，此前还参加了所有暗杀亚历山大二世的炸弹和爆炸装置的制造。对他的侦查结束了，补充起诉书于 3 月 21 日制作完毕。

案件在参政院特别法庭公开审理，审判长是参议员 Э. Я. 福克斯，审判从 1881 年 3 月 26 日进行到 3 月 29 日。Н. В. 穆拉维约夫作为公诉人发言。真是命运的嘲弄，他从小就认识索菲亚·佩罗夫斯卡娅，有一次他掉到池塘里，索菲亚·佩罗夫斯卡娅还救了他的命。为受审人辩护的是著名律师 Е. И. 克德林、А. М. 温科夫斯基、В. Н. 格拉德、К. Ф. 哈尔图拉里、А. А. 格尔克。热利亚博夫拒绝律师辩护，他自己为自己辩护。

审判引起了俄国和国外的极大兴趣。所有俄国报纸和许多外国报纸充斥着关于审判过程的报道。到审判庭旁听的有皇室成员、几位大臣、许多国家高官、将军，甚至还有英国大使；十家外国报纸和五家俄国报纸的记者被允许到现场采访。

被交付审判的有 А. И. 热利亚博夫和 С. Л. 佩罗夫斯卡娅（他们是民意党执行委员会成员）、基巴利契奇（爆炸实验室领导人、民意党的"首席技师"）和投掷炸弹的 Т. М. 米哈伊洛夫和 Н. И. 雷萨科夫。

审判前夕热利亚博夫发表声明，说他不承认沙皇的（政府的）法庭，因为政府作为受害方是与本案有利害关系的一方当事人，所以不能成为自己案件的审判者；法庭由政府官员组成，他们必须为了自己政府的利益而工作，遵循的就不是良心的指示，而是政府的指令。他认为，只有陪审法庭作为社会良知的法庭才能审判他们。这个申请当然被驳回了，因为这类案件不属于陪审法庭管辖。

所有的受审人都被指控参加企图通过暴力手段推翻现行国家制度和社会制度的秘密团体，"而且该团体的犯罪活动表现为一系列侵害沙皇陛下生命的、杀害和谋杀官员以及武装反抗当局的行为"以及参加3月1日刺杀沙皇。某几个人（热利亚博夫、佩罗夫斯卡娅和基巴利契奇）还被指控1879年刺杀沙皇未遂（《刑罚与感化法典》第241条）。

受审人不否认自己准备暗杀沙皇的罪过，并承认参加革命党。

法庭调查时以证人身份出庭的有"密探"、市警察局及更高级的警官、看院人、皇家卫队的哥萨克、宪兵上尉科赫、军人（从列兵开始的各级军官）、某几个被告人的女房东、工程将军姆罗温斯基。鉴定人是费多罗夫少将、利索夫斯基上校、沙赫-纳扎列夫中校（鉴定爆炸物、炸弹），挖掘地道的鉴定人是建筑师雷洛、土地测量员斯维林和工程上尉斯米尔诺夫等。

检察长 Н. В. 穆拉维约夫发言支持公诉，完全支持对所有受审人的指控。鉴于指控的事实方面已经清楚，固定了大量物证，而且受审人自己也不否认自己参与了谋杀，公诉人便更多地注意到政治方面，谴责俄国的革命运动。

他用一句响亮的话结束了自己的公诉意见："在上帝的世界，不能有受审人的位置。他们是信仰的否定者，世界性破坏和普遍野蛮无政府状态的斗士，道德的反对者，青年的无情腐蚀者，他们把暴动与流血的可怕说教传播到各地，用一次次杀人留下自己的罪恶脚印。以后他们将无处可去：在 3 月 1 日，他们已经超越了暴行的尺度。他们让沙皇宝贵的鲜血洒到我们祖国大地，我们的祖国已经因为他们而饱受痛苦，——你们代表俄罗斯对他们进行审判。让最伟大君主的被害成为他们在祖国大地上最后的犯罪行为吧。"[1]

虽然辩方的处境很困难，律师们仍然想法改善自己当事人的境遇。雷萨科夫（他尚未成年）的辩护人——律师温科夫斯基，以自己的当事人年轻、轻信和受其他被告的影响才参加刺杀沙皇等为由而请求宽恕。

T. 米哈伊洛夫的辩护人——律师哈尔图拉里力求证明，对米哈伊洛夫参与刺杀沙皇的指控在法庭调查中仅有雷萨科夫的诬告作为证明。律师格尔克作为格尔弗曼的辩护人证明说，她并没有积极参加刺杀沙皇。

律师格拉德是基巴利契奇的辩护人，他发表了最大胆的辩护词，谴责沙皇制度的惩办机器过分残忍。此外，他还试图将法庭和公众的注意引到基巴利契奇的工作上：他参与过世界上第一架喷气发动机飞行器的设计工作。

佩罗夫斯卡娅的辩护人——律师克德林，试图说明他的当事人参加革命党的真正原因。

格尔克律师请求法庭注意的是，格尔弗曼起着次要的作用，并请求减轻刑罚："如果这被认为是超出了法庭所能给予的仁慈的界限，那么我请求：对此提出申请总还是可以的吧。"

法庭作出的判决是：所有受审人（包括未成年的雷萨科夫，依法本不应被判处最高刑罚）一律判处死刑。规定了对判决提出上诉的期限是一昼夜，但被告人中谁也没有提出上诉。雷萨科夫和米哈伊洛夫请求沙皇特赦，但参政院特别法庭认为"雷萨科夫和米哈伊洛夫请求特赦的奏折不值得尊重"，所以根本没有转呈沙皇。

对所有被判刑人的判决都得到了沙皇的批准。

---

〔1〕　Дело 1 марта 1881 г. Правительственный отчет. СПб. , 1906. С. 284 и след.

# 第三分编　法院的辅助机关

依照《司法章程》的规定，司法部门的公职人员由两类人组成：①法官本身；②不行使法官职能的官员。后者以某种身份保证法院的活动，在民事诉讼和刑事诉讼中起着一定的作用或者行使其他辅助职能（包括技术职能），从而在某种程序上促进法院的活动。除公职人员外，法院还有与审判活动有关的人员，他们（律师、见证人）没有公职人员的身份。

所有这些辅助机关（公职人员）构成了"附属于法院"的机构，它们当中的一些可以成立联合组织。

首先是起诉机关（检察院）。由于司法改革，地域性的检察院被撤销，新建的检察院被纳入相应的法院范畴（区法院检察官、高等法院检察长、参政院申诉庭上诉审判庭检察长）。

刑事诉讼中的辩护人和民事诉讼中的代理人由司法改革过程中设立的律师组织人员担任。律师的联合组织设立在高等法院之下。

司法改革前夕设立的法院侦查员行使侦查职能。各个审级（区法院、高等法院）都有侦查员在进行工作。由于侦查（调查）分为两个阶段，即调查和侦查阶段，所以我们将探讨调查机关，虽然它不属于司法机关而是行政机关，调查机关的活动也不是司法活动，但是调查机关的活动在刑事诉讼的框架内进行，《司法章程》及司法改革后根据《司法章程》通过的法律都对之作了相应的规定。

民事案件判决的执行由法警进行。普通法院（区法院、高等法院、参政院上诉审判庭）都有法警工作。

此外，以前属于法院的某些职能，包括法律行为的认证，在司法改革的过程中也移交给了法院中的公证员[1]。

我们将逐一进行研究，不仅要探讨它们的历史和组织本身，鉴于本书的

---

〔1〕　除上述人员外，法院还有完成辅助职能（技术及组织职能）的人员——办公人员、法官候补人员、翻译人员、摄影师、见证人、公勤人员。20世纪初也出现了司法鉴定处，本书未对它们的地位和职能进行分析。

研究对象，还要探讨它们同法院的相互关系，以及它们对法院活动所发挥的辅助作用。

# 第七章　审前调查机关

19 世纪前半期根据《俄罗斯帝国法律大全》自相矛盾的规定而设立的刑事案件调查由两部分组成：审前调查和正式侦查（两者都由警察机关承担）[1]。这一制度在 19 世纪 60 年代的司法改革过程中被改变了。现在刑事诉讼的第一阶段由两个阶段组成：调查和侦查，都是由相应的机关来保障的。

但是从司法改革一开始，改革后调查和侦查机关及其法律调整本身的历史都是极其复杂的，这首先是因为当局力图以对自己有利的形式规定对最敏感的一类案件即政治案件（国事罪案件）的侦查。我们将认真地探讨调查机关和侦查机关活动的组织及法律基本原则，包括普通刑事犯罪以及国事罪的调查和侦查机关。

## 第一节　调查机关

**普通刑事犯罪的调查机关**　侦查和警察调查的一般改革早于司法改革，也稍早于农奴制改革，这绝非偶然。正是由于农奴制改革草案的制订，地方警察改革问题的研究也开始同步进行，以便使警察能够以新的、改革后的形式有效地、有组织地应对改革后时期的挑战和危险，而农民对农奴制改革作出强硬或无序的反应就有可能造成这样的挑战和危险。具体地说，就是为了有效地镇压可能发生的农民暴动和骚乱。[2] 但是，进行警察改革就要讨论警察职能的改变问题——免去警察的侦查职能，因为警察具有行政性质，侦查

---

〔1〕　Подробнее см.：Развитие русского права в первой половине XIX в. С. 245 и след. Об сыску与形式调查的区别，*Рощина Ю. В.* Судебный следователь в уголовном процессе дореволюционной России：дис. …канд. юрид. наук. М.，2006. С. 31 и след.

〔2〕　关于警察改革与农奴制改革的联系，可参见 *Бразоль Б. Л.* Следственная часть //Судебные уставы…за 50 лет. Т. 2. С. 67.

就不应该是它的职能，从而加强警察的行政职能（这也与当时设计的司法改革是一致的，而法院独立于行政则是司法改革的关键思想），虽然这样做的后果会削弱警察对法院活动的影响力。

1859 年 3 月 25 日，亚历山大二世批准了县警察局改革的主要原则，它规定尽可能地让司法权与行政权分离，而将侦查权从警察的权限中除去。由于这些法律的通过，Д. Н. 布卢多夫建议取消将侦查分为侦查和正式侦查，而建立这样的侦查制度："①侦查，必要时吸收地方警察参加；②搜集和审查直接罪证，此项工作由侦查法警进行；③对搜集到的直接罪证和其他证据进行法庭调查。"[1]

沙皇原则上赞同这个提纲，于是建议把它列入了草案，该草案于 1860 年初进行了修订，但是后来就无疾而终了，因为它不符合正在起草中的农奴制改革文件和当时正在讨论的《法院侦查员规章》草案。

依照 1860 年 6 月 8 日的谕令，侦查部门与警察分离。[2] 它的职权仅限于调查以及轻微犯罪的侦查并将结果提交给警察机关分析和判断，此外，盗马和私酿酒（非法酿酒）案件的侦查由专门官员负责。

在《司法章程》中，警察的职责仅限于：①进行犯罪和其他违法行为的调查或侦查，并将情况依照所属关系报告给和解法官或法院侦查员或检察官；②在犯罪现场制止犯罪，直至法院侦查员到来，采取措施制止刑事被告人逃避侦查和审判；③当法院侦查员缺席时，在各种紧急侦查行为中代替法院侦查员。

根据一般规则[3]，进行普通刑事犯罪调查的人员一般是低级警员（县警察局的低级警官和村警、城市警察局的警员；根据特别条例设立的某些地区

---

〔1〕 *Плетнев В. С.* Работы по составлению проектов судебного преобразования до 1861 г. // Судебная реформа / под ред. Н. В. Давыдова и Н. Н. Полянского. Т. 1. С. 289. О проектах 1858–1860 гг. Подробнее см.: *Мамонтов А. Г.* Становления института предварительного следствия. М., 2005. С. 61 и след.

〔2〕 ПСЗ. Сбор. 2-е. Т. XXXV. Отд. 1-е. № 35890.

〔3〕 在某些情况下，负责调查的是乡和村的警察（村长和乡长），即"等级警察"机关、军事长官（对军职罪而不论是否属于民事法院或军事法院），普通民事长官（对官员的职务犯罪），而法院则对法官实施的犯罪进行调查。

低级骑警）[1]。

调查的目的在于确定所发生事件的犯罪性质。法律（《刑事诉讼章程》）规定，在这个阶段，只是制作确认事实本身和犯罪要件的原始材料；调查人员固定痕迹（进行搜查、初步调查、秘密监视、保留物证），不让犯罪人脱逃，以及采取措施搜查被盗财物。换句话说，调查人员的劳动包括回答如下的问题：实施了什么犯罪（也就是说，哪个法院管辖该案），可以指控什么人犯罪和在哪里可以找到被告人、证人和被盗窃的财物（如果犯罪侵害了他人的所有权）[2]。C. B. 波兹内舍夫教授形象而准确的形容就是："调查之所以必要，是为了审判机关省力省时。"[3]

调查是非审判行为，而且是具有"提供信息"的意义[4]。但是这一规则有一个例外：如果在法院侦查员到达现场之前犯罪痕迹有可能湮灭，或者警官发现正在实施的犯罪或刚刚实施的犯罪，则警察有权进行某些侦查行为（勘验、检验、搜查和提取）。这也涉及一项禁止警察询问涉案人的规定：如果有根据确信，该人在侦查员到来之前可能死亡，则警察可以进行询问。

警察进行调查的法律根据是《各省设置》第 2 卷和《刑事诉讼章程》第 261 条。警察的权利和义务在《刑事诉讼章程》的以下条款中规定：第 48 条—第 53 条、第 249 条—第 261 条、第 269 条—第 272 条、第 377 条—第 386 条、第 390 条—第 395 条、第 398 条—第 402 条、第 483 条—第 488 条。1865 年 10 月 11 日命令规定了警察在尚未实行《司法章程》的地区的职责[5]。

在一昼夜的任何时候接到口头申请或书面申请时，警察都要行动。实施调查行为的根据也可能是传闻——警察都应该进行调查。此外，即使是匿名的"告状举报信"，只要涉及"重要的犯罪预谋或者威胁社会安定的犯罪"，也都能成为警察进行侦缉的理由。

---

〔1〕　СЗ. Т. 2. Ч. 1. Общее учреждение губернское. Ст. 665.

〔2〕　Дознание, его цели и способы производства. Руководство для чинов полиции, волостного и сельского начальства: в 2 ч. / сост. С. А. Гисси. Казань, 1878.

〔3〕　*Познышев С. В.* Элементарный учебник русского уголовного процесса. М. , 1913. С. 229.

〔4〕　*Селиванов Н.* Судебно-полицейский розыск у нас в России // Юридический вестник. 1884. No 2, 7.

〔5〕　ПСЗ. Сбор. 2-е. Т. XL. No 42548.

《刑事诉讼章程》的编纂者并没有对于调查机关应对五花八门的案件该如何行动作出准确的规定。他们只是在《刑事诉讼章程》的第 254 条对警察作了一般性的指示：警察通过搜查、言词询问和秘密监视搜集它所需要的一切材料，而不得在住户家中进行搜查和提取，也不进行正式询问。

警察在一昼夜的任何时候接到关于"含有犯罪要件或其他违法行为要件"的信息材料之后，必须将情况通知法院侦查员和检察官，或者根据属地通知和解法官。在法院侦查员到达现场后，警官必须将所有搜集到的证据、文件、关于证人的信息等一并交给法院侦查员。在侦查开始后，警察根据法院侦查员的委托再进行情况搜集和进行补充调查。

如果警察没有找到能够说明最初犯罪要件的证明，则警察应将调查材料交给检察官，以便终止调查。在和解法官管辖的刑事案件中，警察可以主动开始进行调查。警察的调查权由于 1881 年的《保安条例》而有所扩大。

警察一般千方百计地让被告人认罪，因为在司法改革前的俄国，认罪被认为是"证据之王"。虽然新的《刑事诉讼章程》规定，在调查时向警察作出认罪并不具有证据效力。参政院刑事上诉审判庭 1874 年第 184 号和 1875 年 5 月 16 日在杜金斯基案件的判决中写道："被告人在法庭之外的认罪，如果没有在法庭上得到受审人的证实，不应该成为对他不利的罪证。"鉴于此，警察调查的批评者认为，争取犯罪嫌疑人认罪不仅是无益的，而且是有害的。

**国事罪案件的调查** 如前所述，调查这一个看似相当无足轻重的诉讼职能（这个刑事诉讼阶段），当案件涉及国事罪的时候，就变得特别重要了。这是"职能为机关增光"这一规则的例外。在这种情况下恰恰相反："机关使职能生色"——政治警察[1]这个最强大部门的参加，便赋予这个职能以特殊重要的意义。

1871 年 5 月 19 日沙皇批准了《宪兵调查犯罪行为规则》[2]。于是，国事罪就由宪兵军官调查；特别重大的案件的调查可以（根据沙皇的御旨）由"特别的人"担任（《宪兵调查犯罪行为规则》第 21 条）。对调查的监督由高等法院的检察长或司法大臣和宪兵司令负责。

---

〔1〕 E. B. 塔尔列写道："专制制度在任何地方任何时候都不曾像政治警察这个俄国专制制度那样拥有如此的行为能力和强大的工具。"（*Тарле Е. В.* Сбор. соч. : в 12 т. М., 1961. Т. 4. С. 439.）

〔2〕 ПСЗ. Сбор. 2-е. Т. XLVI. Отд. 1. № 49615.

**宪兵司令部进行政治案件的审讯　（审讯的真实场景照片）**

图片藏于俄罗斯国家档案馆

　　《宪兵调查犯罪行为规则》规定，宪兵军官的职能和行动在进行调查时"似乎"具有侦查的性质，因此法律对他们规定进行检察监督，即参与案件的起诉和对整个"调查"过程的经常性监督[1]。此外，《宪兵官员指南》指出，宪兵对国事罪的调查"不是别的，而是侦查，但只是由宪兵军官在检察监督之下进行的侦查"[2]。这是一句"颇有力量的"但我们认为并不太准确的话语，因为1864年《司法章程》的一个根本原则在于：对于法院而言，具有法律意义（证据意义）的只是侦查材料。仅仅过了30年，连这个"微不足道的妨碍"也被1904年6月7日法律排除了。

---

　　〔1〕　*Муравьев Н. В.* Прокурорский надзор в его устройстве и деятельности. Т. 1. Прокуратура на Западе и в России. М.，1889. С. 455.

　　〔2〕　Руководство для чинов корпуса жандармов припро-изводстве следствий и дознаний. СПБ.，1885. С. 18.

调查根据高等法院检察长的提议或者直接根据宪兵官员的裁量启动（实践上几乎总是由宪兵司令启动）。在调查过程中，宪兵享有警察调查普通刑事犯罪的所有权利（《刑事诉讼章程》第253条、第254条、第256条—第258条），此外，还享有在政治性质上与法院侦查员相当的全部权利。在进行政治调查时，宪兵的权限包括：搜查、言词询问、秘密监视、保留犯罪痕迹，以及采取为侦查规定的防止被告人逃避调查的强制措施、勘验、检验、搜查、提取以及审前询问并制作询问笔录，笔录应由陈述人签字，如果他拒绝签字，则由见证人签字（前述《宪兵调查犯罪行为规则》第26条）。此外，与侦查员一样，宪兵也可以羁押被告人，甚至在指控他的犯罪并不会导致剥夺或限制其公权的情况下也可以羁押。

宪兵能不能将一个人作为被告人进行审讯呢？法律上并未规定，但是宪兵在实践上所作的回答是肯定的。由此可见，宪兵随意介入司法活动，是违背行政权与司法权分立的原则的。

关于案件终止的法律规定也同样重要，因为立法者认为："将国事罪案件进行到法庭审判阶段，有时从仁爱的角度考虑是不适宜的。"然而，后来当局也承认，通过行政程序终止调查是出于"政治性质的考量"，是"出于刑事政策的考虑"[1]。

《宪兵调查犯罪行为规则》的最后一条，即第29条规定，国事罪的任何调查都应该在调查终结后由高等法院检察长向司法大臣报告，司法大臣在同宪兵司令协商后应该作出进行侦查的决定，或者请求皇帝陛下终止诉讼程序。在后一种情况下，案件或者不发生后果，或者通过行政程序进行解决。这一条规定使政府在33年里（1871年—1904年）有可能通过非诉讼程序处理大多数国事罪案件。

司法部1871年3月26日给国务委员会的报告，阐述了新程序的广泛根据，除了对"出于轻信或偏信旁门左道"而实施国事罪者的"仁爱思想"外，还包含了"不便进行法庭审理"的论断，也就是"虽然犯罪嫌疑人显然有罪，却对他没有搜集到足够的罪证使法院能作出有罪判决"。立法者认为，

---

〔1〕 О некоторых изменениях в порядке производства по делам о преступных деяниях государственных…С. 20.

由于"这种人对社会安定的危害性"就可以采取行政手段同他们作斗争，以预防累犯[1]。

处理国事罪案件的行政机制就是如此，它是与《司法章程》完全背道而驰的。尽管如此，国务委员会在1871年的奏折中竟毫不难为情地说，1871年5月19日法律完成了一个任务："建立这些官员根据与《司法章程》一致的法令而不是根据过去的宪兵工作细则进行国事罪调查的行为程序。"[2]

有时（特别是19世纪90年代到20世纪头十年初）这一程序实际上已经取代了国事罪案件的法庭审理。行政流放的人数太多，以至于行政当局在20世纪初自己都深信：行政流放走向它自己的反面，促使"革命的瘟疫"在俄国的大地上传播。

1871年5月19日法律最重要的后果是在国事罪调查（和审查）中引进宪兵这个新的强力部门，使宪兵的活动合法化并使之与法院检察机关的活动协调一致。

可见，宪兵活动有两个基本方向（预防和制止侵害国家基本原则和社会秩序的犯罪——对居民进行全面监视，包括研究社会舆论）[3]，从1871年起又加上一个纯刑事诉讼职能——进行国事罪的调查[4]。

这个调查由各省宪法司令部（共有73个司令部）的官员和铁道宪兵局（共22个局）的宪兵军官进行。[5] 对担任宪兵规定了相当高的要求：世袭贵族、军事学校或士官学校毕业，没有官方和私人债务，在作战部队服役5年以上。[6] 这样的要求是为了保证负责保卫君上任务的这些"穿制服的笨蛋"

---

〔1〕 Там же. С. 7–8.

〔2〕 Всеподданнейший отчет Государственного совета за 1871 г. СПБ. , 1872. С. 11–14.

〔3〕 Подробнее см.: Краткий систематический свод действующих законоположений и циркулярных распоряжений, относящихся до обязанностей чинов губернских жандармских управлений по наблюдению за местным населением и по производству дознаний. СПб. , 1903.

〔4〕 Н. П. 海纳克认为，宪兵既进行调查，又进行侦查，他的看法是不准确的。（Хайнак Н. П. Уголовно-процессуальные формы борьбы царизма с революционным движением в России во II пол. XIX в. : дис. …канд. юрид. наук. М. , 1990. С. 31. ）

〔5〕 Систематический сборник циркуляров Департамента полиции и Штаба отдельного корпуса жандармов, относящихся к обязанностям чинов корпуса по производству дознаний. СПб. , 1908. С. 12–13.

〔6〕 См.: Спиридович А. И. Записки жандарма. Харьков, 1928. С. 33.

对专制制度的绝对忠诚。

各宪兵团军官的人员构成根据军官的个人意愿从各军兵种部队进行调配。宪兵吸收军衔不高于上尉和骑兵大尉、未受过审判或侦查的军官。有几种人不允许担任宪兵：波兰出身的军官、信奉天主教的军官、和天主教徒结婚的军官和犹太人——即使已经受过东正教洗礼也不允许。作家 В.Г. 柯罗连科证明了军方对宪兵的极端挑剔态度。他以一位老将军同一位志愿到"蓝制服"部门年轻人的谈话为例："我叫您来，是为了看一看一位决心把受尊敬的炮兵制服换成间谍制报的军官。"[1] 在类似的情况下，斯科别列夫将军同样愤怒地说："请别对我说他！一位勇敢的军官就这么完蛋了！"

后来《宪兵团招收军官条例》把招收军官的年龄资格规定为 24 岁以上 33 岁以下。之所以想从作战部队调入宪兵部队，往往有物质待遇考虑（宪兵的薪水是作战部队军官的两倍），也考虑到宪兵的特殊地位[2]。但也有不少人是真诚地希望成为一个保证国家安全免受敌人侵害的人。

为了列入宪兵候补名单，军官们要在宪兵团参谋长主持下在宪兵参谋部经受考验。斯皮里多维奇证明，起初对军官的挑选是如此严格，希望当宪兵的又那么多，以至于没有背景想成为宪兵是根本不可能的[3]。

宪兵担任调查职能需要新的知识和新的技能。政治秘密侦探早已成为宪兵的首要事业，这不是在犯罪之后而是在犯罪之前就开始了（它的目的就是提前查出和尽可能在反政府活动出现的最早的阶段就将它镇压下去）。宪兵在几十年间里常常不是处理犯罪事实，而是处理犯罪**意图**。

现在局势大大地改变了。宪兵应该根据《司法章程》和 1871 年 5 月 19 日法律对违法行为进行调查，并为审判进行准备（固定事实），而由法庭评定证明该违法行为事实和行为人罪过的证据。但是从前这类的程序并没有教给过宪兵们，而且宪兵团人员的文化水平是比较一般的：截至 1873 年 1 月 1 日，486 名宪兵将军和军官中受过高等教育的仅 17 人（占 3.5%），受过中等教育

〔1〕 См.: *Короленко В. Г.* История моего современника. Л., 1976. Т. 1-2. С. 427-428.

〔2〕 См.: *Мартынов А. П.* Моя служба в отдельном корпусе жандармов // 《Охранка》. Воспоминания руководителей полити-ческого сыска: в 2 т. М., 2004. Т. 1. С. 34.

〔3〕 *Спиридович А. И.* Указ. соч. С. 29.

的为 277 人（占 57%），受过不完全中等教育的为 11 人（占 2.2%），受过小学教育的 55 人（占 11.4%），只在家庭接受教育的 126 人（占 25.9%）[1]。当然，当局没有时间来为战斗军官开办大学课程。当局决定仅限于最低限度的培训。

从 1871 年起规定所有进入宪兵团的候补人员均必须在彼得堡宪兵团进行专门的法律培训（2—3 个月），后来情况并没有实质性的改变。19 世纪末进入宪兵团的 А. И. 斯皮里多维奇指出，宪兵团的教学水平不高（讲课的都是宪兵团的文书），所讲授的题目范围相当狭窄（"讲刑法、调查和侦查、铁路规章"）[2]。进行调查的实践课程归结为"研究几卷暗杀亚历山大三世的案例，而不加以任何说明"[3]。

我们之所以注意宪兵的干部构成，是因为它在很大程度上决定着宪兵们对研究国事罪具有相当"狭隘的"和简单的观点。这也可以在很大程度上说明，为什么对国事罪调查进行监督的检察官们具有智力上的优势。对此，А. Ф. 科尼曾经指出："检察官们在进行调查方面是务实的而且享有全权的主人，而宪兵官员则只是在检察官口授之下撰写决定和笔录的司书而已。"[4]

宪兵没有法律职业素养，然而却因具有政治调查人员对自己正确性的内心确信而"得到补偿"，这种信念的基础就是秘密监视和侦探。我们所研究的几百个宪兵调查表明，调查本身是相当简单的材料，它们往往是在证明事实的时候，没有提供充分的根据去证明当事人的罪过[5]。它们开始的章法都是

---

〔1〕 *Оржеховский И. В.* Самодержавие против революционной России. М. : Мысль, 1982. С. 157.

〔2〕 1912 年扩大了法律与普通教育课程。См. : *Перегудова З. И.* Политический сыск России. 1880–1917. М. , 2000. С. 343.

〔3〕 *Спиридович А. И.* Указ. соч. С. 37–38. 警界的著名人物也附和他的意见，如 А. П. 马尔蒂诺夫（*Мартынов А. П.* Моя служба в отдельном корпусе жандармов // 《Охранка》. Воспоми-нания руководителей политического сыска: в 2 т. М. , 2004. Т. 1. С. 7）和 П. И. 拉奇科夫斯基（Записка заведующего заграничной агентурой П. И. Рачковского // Записки по истории революц-ионного движения в России（до 1913 г. ）. Издание департамента полиции / сост. полк. Рожанов. СПБ. , 1913）以及波里亚科夫 А. Поляков（Записки жандармского офицера // Жандармы России. М. , 2002. С. 483）.

〔4〕 *Кони А. Ф.* Собр. соч. Т. 2. С. 333.

〔5〕 宪兵将军 В. Д. 诺维茨基就有个有趣的隐喻名字叫"调查枪弹"。

标准化的：援引警察进行的搜查、拘捕等行为所根据的是保安部门获得的材料。

在总结对调查机关的描述和它们对俄国司法机构运行的贡献时，应该说，在 1860 年—1864 年司法改革之后，警察对普通刑事犯罪的调查并未显示出本质的进步。遗憾的是，司法改革前调查所固有的、遭到 19 世纪文献痛斥的许多特点，即使在司法改革后的时期也并没有得到消除。参加刑事案件审前调查程序的警察官员普通文化水平和专业教育程度不高，因而他们达不到《司法章程》（《刑事诉讼程序》）对刑事案件证据基础的很高要求。

鉴于警察对"新鲜的犯罪痕迹"最初所实施的行为很大程度上决定着侦查的成败。所以毫不奇怪，警察的非职业化绑架了侦查，使侦查受到了批评——虽然这些批评也并非完全是有根据的。

对于国事罪的宪兵调查，则情况稍有不同了。从 1871 年起，宪兵官员 de jure（依法）仅享有调查的权利，也就是为进一步调查提供材料而且不具有诉讼意义的起始调查行为，而 de facto（事实上）这种调查却代替警察的调查而具有纯侦查的性质。宪兵被提升到一个独立的而且强力的政治案件侦查的级别，从而限制了司法侦查权。

允许通过非诉讼程序，根据不存在应有证据支持的所谓"有理由的怀疑"就进行国事罪案件的调查，在很大程度上掩饰了宪兵调查的水平低下，造成了这些调查颇有成效的幻想。然而在这些"平庸调查"中，宪兵们并不真正确定犯罪嫌疑人"是想毁灭国家，还是想打督察官"（H. A. 涅克拉索夫的诗歌《三套车之二》），他们催生了相当普通的、存在很多诉讼缺陷的"半法律"办案。但是，对于当局而言，重要的不是保证宪兵调查的法律水平，而是取得打击"叛乱"的成效。

## 第二节　侦查机关

**普通刑事犯罪的侦查**　И. Я. 福伊尼茨基对侦查的定义是"司法机关为了查明犯罪事件、被提出指控的当事人可能有罪或无罪，为了解决将案件是否移送法庭进行最终审理等问题而实施的一系列行为"〔1〕。只对属于普通法院管辖的案件进行侦查，以及应该判处刑罚并处剥夺公权的犯罪案件才进行侦查。

尽管亚历山大二世周围保守主义的群臣们加紧努力，试图以某种形式保留行政对侦查的影响（甚至设计改名为"侦查警察""侦查法警"）〔2〕，这个两难推理还是朝着有利于司法权的方向解决了。在这个阶段起积极作用的是"司法改革之父"之一的 Н. И. 斯托扬诺夫斯基，他依据的是对西欧国家（法国、德国）的经验进行的科学分析。在审前调查的过程中搜集供法庭审查的犯罪证据，是诉讼不可分割的一部分，它的职能是独特的：就其性质而言，这是司法职能。因此从司法改革的一般方法和原则来看，应该将这个职能从警察那里剥离出来而移送给法律性质上属于司法机关的机构。这样的机构就是法院侦查员（在草案的最初版本里被称为侦查法官）〔3〕。

如前所述，1860 年 6 月 8 日谕令将侦察部门从警察分离出来，任命了进行侦查的法院侦查员〔4〕，同时批准了《对法院侦查员的训令》〔5〕。最初计划在根据一般条例管理的 44 个省和县市安排 1000 个左右的法院侦查员职位。

《法院侦查员规章》规定了这些新司法官员的法律地位、权限及责任程序。鉴于《司法章程》正在起草，对法院侦查员地位的法律调整具有"混合"的性质：一方面，法院侦查员属于司法权，从而保证它具有一定的独立性；另一方面，还保留着行政（警察、省长）的某些可能性，从而使这个独立性"归零"。

法院侦查员是县法院的成员，对法院侦查员的干部问题（任命、解职、调动）现在均由司法大臣解决（《法院侦查员规章》第 2 条）。应该任命具有高等和中等学历、办理过刑事案件或"成功进行了几次侦查以及上司了解其

---

〔1〕 *Фойницкий И. Я.* Курс уголовного судопроизводства. СПб. , 1996. Т. 1. С. 450.

〔2〕 关于侦查部门与警察分开，参见 Журнал Государственного совета в департаментах законов и гражд. дел. 19–26 мая 1860 г. № 41. С. 1–2.

〔3〕 О проектах 1858–1860 гг. см. : *Мамонтов А. Г.* Стано-вление института предварительного следствия. М. , 2005. С. 61 и след.

〔4〕 ПСЗ. Собр. 2-е. Т. XXXV. Отд. 1-е. № 35890.

〔5〕 Так же. № 35891.

经验和认真工作态度"的人担任法院侦查员（《法院侦查员规章》第 3 条）。法院侦查员的职务分为 8 级，年薪为 800 卢布[1]，此外，还有 200 卢布的办公费、邮寄费等。住房和出行车马的提供办法与区警察局长相同。只有通过审判程序才能追究他们的纪律责任，只能交付法庭审判才能免除其职务。

保证法院侦查员实施侦查行为时的独立性和自主性的一项重要新规定是：无论检察官、司法稽查官还是法院，均不能要求法院侦查员向他们提交侦查材料供其审查，而应该亲自来找法院侦查员了解材料。只有当被告人对错误拘捕提出告诉时才是一个例外。

在法官配备不全时，法院侦查员还可以参加刑事案件的审理，条件是他不曾亲自参与相关案件的调查。法院侦查员所在的法院才有如下权利：对法院侦查员发出指示和命令，审理对他们的告诉，审查他们的行为，指定补充侦查、中止侦查，将案件从一个法院侦查员移送给另一法院侦查员，等等。

但是法律规定了行政权影响法院侦查员的某些可能性：法院侦查员的任命应根据省长与省检察长协商决定候选人，再根据省长提名进行。法院侦查员的居留地和生活条件由地方行政规定。

《对法院侦查员的训令》所规定的侦查程序实际上仍然是过去的。这是因为《对法院侦查员的训令》大量援引了《俄罗斯帝国法律大全》的条款。这种两种制度共生的侦查（以形式证据为基础的旧侦查但又与保障被告人诉讼权利某些新规定并存）存在了 6 年，直至《司法章程》生效。

研究者提出，法院侦查员从一开始就形成了同警察之间的复杂关系，因为他们从警察手里"抢走了面包"（某些警察只要一有可能，就不执行法院侦查员的要求)[2]，甚至法院侦查员同所在法院的关系也不好，这也是有原因的——那是"旧的"即改革前的法院，在同法院侦查员的交往中，法院甚至

---

〔1〕 一位法院侦查员在自己的回忆录中指出： "法院侦查员的薪俸在 60 年代是令人满意的，……因为住宅、生活用品和仆人工资与现在（1880 年——作者注）相比都是非常低廉的。每月从市杜马领 6 卢布的住房费，而我家庭住宅一年只花 90 戈比；一年取暖不超过 30 卢布—40 卢布，肉价是每普特 5 戈比或 7 戈比，鸡每普特 15 戈比，黑麦面包每普特 1 戈比；黄油和牛奶便宜得像神话；女仆的月工资是 1.5 卢布—2 卢布；文书每月领取 7 卢布—10 卢布。"见 *Костылев П. Н.* За четверть столетия назад（Из дневника бывшего судебного следователя). Елец, 1886. С. 20—21.

〔2〕 См.：*Тарасов И. Т.* Полиция в эпоху реформ. М.，1885. С. 99.

"不顾礼貌和体面"[1]。法院侦查员与法院的这种相互关系只是到了司法改革之后才改变了。当然，行政权力求不让法院侦查员脱离自己的监督，而且还经常非法干涉侦查的进行，甚至撤销侦查员的决定[2]。司法部不得不时时提醒省长们：进行这种干涉是不允许的。

关于侦查法律地位的规定，在1864年《司法章程》中得到了进一步的发展。法院侦查员的地位相当高[3]：已经承认他们是法院工作人员，是司法权的载体，享有不可撤换权，应该保证他们的独立性。在指定给每个人的区段里，法院侦查员被认为是区法院的成员（《法院组织章程》第79条）。现在，他们也和法官一样，由皇帝根据司法大臣的提名任命。

对法院侦查员候选人的要求也提高了：要求受过高等法学教育（虽然仍然保留了一个替代要求：在任职期间证明自己具有司法知识）。在司法改革后的时期，侦查员和特别重大案件侦查员中受过高等法学教育的比例是相当高的——始终占到86%—88%[4]。大多数的侦查员（2/3）都是大学毕业生，而其中的绝大多数又是皇家莫斯科大学的毕业生。不过又有文献曾经援引说，司法大臣 H. B. 穆拉维约夫也曾公开证明，半数法律职务（主要是担任法院侦查员）的候选人都不识字[5]。如果真是如此，那么这毋宁说明高等学校法律人才培养的情况，而不是表明侦查机关的情况。

1869年，司法大臣 K. И. 帕连发布通令，为防止"政治上有污点的"法

---

〔1〕　Записка нижегородского губернатора Муравьева на имя Замятнина 10 апреля 1861 г. Цит. по: *Бразоль Б. Л.* Следственная часть // Судебные Уставы...за 50 лет. СПб. , 1914. Т. 2. С. 70.

〔2〕　См. : *Головачев А. А.* Указ. соч. С. 178; *Костылев П. Н.* За четверть столетия назад（из дневника бывшего судебного следователя）// Колосья. 1885. № 9. С. 295; *Бразоль Б. Л.* Указ. соч. С. 71–72.

〔3〕　值得注意的是圣彼得堡高等法院检察长、未来的司法大臣 H. B. 穆拉维约夫对侦查员所作的分类学分析：侦查员是艺术家（思想家、心理学家、有天才的人——Ф. М. 陀思妥耶夫斯基笔下的波尔费里·彼得罗维奇）；侦查员是道德家；侦查员是形式主义者（Л. H. 托尔斯泰笔下的伊万·伊里奇）；侦查员是老爷（对粗活心存偏见）；侦查员是残废人（冷漠而疲惫）；侦查员是钻营者（总是以这个世界的强者为目标）。См. : Юридический вестник. 1886. № 9. С. 258–259.

〔4〕　См. : Юридический вестник. 1880. Т. IV. С. 145. 苏联侦查机关始终未能达到这样的指标，而且在当代俄罗斯也只是接近这个数字。

〔5〕　Цит. по: *Пасхалов К. О.* мерах к прекращению беспорядков и улучшению государственного строя. М. , 1905. С. 10.

律系毕业生进入司法部门（一般他们都是从法院侦查员岗位上"起跑"的），规定打算进入司法部门的毕业生必须提交校方证明，说明他们"没有不尊重法律、当局和规则的违法表现"[1]。

对年龄的要求是不低于 25 岁，还必须作为司法职务候选人服务 4 年以上。如上所述，与任命法官的情形一样，在已经向司法部提名的情况下，有关法院还要参加同意候选人担任法院侦查员空缺职务的会议。

法律规定法院侦查员的不可撤换权，但有一条限制："在极端必要的情况下"，他可以根据法院全体大会的决定调到（同一法院辖区内的）另一个区段。侦查员独立性的物质保障是他们的职务地位，普通法院侦查员相当于《官阶表》上的六等文官（相当于军队里的上校）[2]。他们的职务工资为每年 1000 卢布，另有 500 卢布的餐饮费（住房费和差旅费照旧）。此外，根据酒类税收司的规定，官营专卖酒铺的老板应该"在白天或夜间的任何时候"向法院侦查员提供"白酒和葡萄酒"以供法医之用[3]。关于法院侦查员责任的规定与对法官的规定相似。

在现实生活中，1864 年《司法章程》的编纂者们关于法院侦查员独立自主的心愿并没有得到完全实现。侦查员的自主实质上由于设立某种"不完全"侦查员（代理侦查员）去取代法院侦查员而被消灭了。从 1870 年起，司法大臣 К. И. 帕连似乎是"为了避免对刚开始司法活动的人提供不可撤换权而产生违背法律的现象"，开始任命"代理法院侦查员"[4]。这样的人员不仅不享有不可撤换权，而且可以调动；不仅能调到别的区，而且还能调到别的法院及别的地区。沙皇准许了这个做法。

公正地说，司法部在 19 世纪 60 年代初有理由说法院侦查员候选人员不

---

〔1〕 См.: *Попова А. Д.* Служители Фемиды (значение кадрового вопроса при реализации Судебной реформы 1864 г.) // Мнемозина. Исторический альманах. Вып. 1. М., 1999. С. 97.

〔2〕 直到最近，俄罗斯联邦内务部侦查员开始服务时的职衔是中尉。

〔3〕 *Алякринский С. А.* Схема предварительного следствия по Уставу уголовного судопроизводства с разъяснениями Правительствующего сената, циркулярными распоряжениями Министерства юстиции и руководящими положениями юридической литературы. М., 1912. С. 18, 62.

〔4〕 Объяснительная записка к проекту новой редакции Учреждения судебных установлений: в 3 т. СПб., 1900. Т. II. Ч. II. С. 17.

足。[1] 结果，在 1860 年改革后就开始任命过去的军官、海关人员、省城中央机关的官员，但主要是任命被撤销的旧司法机构的服务人员担任法院侦查员。但是，司法大臣扎米亚特宁这次的选择也没有错，到 19 世纪 70 年代中期，也就是实行新的《司法章程》十年之后，莫斯科 12 名区段侦查员中有 9 名荣获勋章。[2]

后来，随着法律系毕业生的大幅度增加，这个问题原则上就不复存在了。但司法部对此十分着迷并一直到 20 世纪初还继续坚持这种做法。从 1866 年到 1883 年，在正式法院侦查员职位上工作过的有 332 人，代理法院侦查员713 人。从 1880 年起，这两种侦查员的人数发生特别大的飞跃（表 1.8）[3]。

表 1.8　正式法院侦查员和代理法院侦查员的人数对比

| 职　务 | 1880 年 | 1881 年 | 1882 年 | 1883 年 |
| --- | --- | --- | --- | --- |
| 正式法院侦查员 | 28 | 77 | 9 | 2 |
| 代理法院侦查员 | 177 | 90 | 74 | 61 |

А. А. 列文斯基姆认为："这样的变化对整个法院侦查员机构产生了致命的影响。"[4] А. А. 戈洛瓦切夫正确地评价了代理侦查员制度是与侦查员的独立自主作斗争的手段：检察官任命随时都能使用这个手段——以调到帝国"熊出没的穷乡僻壤"相威胁要求、迫使侦查员们执行检察官的要求。[5]

1867 年 10 月，首次在莫斯科和圣彼得堡高等法院设立特别重大案件侦查员职务。他们负责调查在俄国的任何一地点发生的，用现代术语来说，"具有共振性的"（但不是政治的）案件（建立这种侦查员制度的起因是频繁发生

---

[1]　См.：*Мамонтов А. Г.* Указ соч. С. 104–106.

[2]　См.：ЦГИА Москвы. Ф. 142（Московский окружной суд）. Оп. 27. Д. 1. Л. 10–10 об.，60–62 об.

[3]　*Хрулев С.* Суды и судебные порядки // Юридический вестник. 1884. № 9. С. 118–119.

[4]　*Левенстим А. А.* Предварительное следствие по Судеб-ным уставам, его недостатки и меры к улучшению // ЖМЮ. 1895. № 11. С. 106.

[5]　*Головачев А. А.* Десять лет реформ. С. 291–292. Также см.：*Громницкий М. Ф.* Из прошлого // Русская мысль. 1899. № 6. Ч. 2. С. 30；№ 12. Ч. 2. С. 504–505.

的伪造国家信贷证券）。这种侦查员起初是临时的[1]，但从 1875 年起就成为常设的了[2]。司法实践证明，实行这种侦查员是正确的。而到了 20 世纪初，在很多城市（哈尔科夫、诺沃切尔卡斯克、敖德萨、萨拉托夫、基辅、维尔诺、华沙、梯弗里斯、伊尔库茨克、塔什干和鄂木斯克）都已经有了这种侦查员。А. Ф. 科尼对这一措施的评价也是相当肯定的[3]。

1870 年 5 月 5 日，司法大臣获得了一项权利：在不改变区法院侦查员编制的情况下，从他们中间任命一名侦查员办理整个管辖区内的特别重大案件，而在他所管辖区段内发生的案件由其他同事分管[4]。1904 年，当局将国事罪的侦查"托付"给普通侦查机关办理时，办理这种案件的不是一般法院侦查员，恰恰是区法院的"重大案件侦查员"和高等法院的"特别重大案件侦查员"[5]。

侦查员作为侦查法官必须调查犯罪事实，确定和保存据以解决案件交付法院问题以及被告人是否有罪所依据的材料。侦查虽然按照《司法章程》进行，但也保留了过去侦缉（宗教）裁判的"面孔"，然而已经向辩论制原则作了一定的（有限的）让步。虽然不允许辩护人参加侦查，但向被告人提供一定的自我辩护手段以及某些辩护权利，如申请侦查员回避的权利、在进行侦查行为时在场的权利、了解侦查材料的权利、对侦查员的行为（包括羁押被告人等）提出告诉的权利，等等。

只有在具备"充分根据"的情况下，才允许将一个人作为被告人进行追究，此外，法律要求立即询问被告人（改革前的做法终止了，当时被羁押人要在监狱关押几个星期或几个月，甚至不告知他们为什么受到指控）。现在法律（《刑事诉讼章程》第 405 条）禁止侦查员采取违法手段（许诺、诡诈、威胁等）迫使被告人承认实施犯罪。法律未规定侦查的期限，只是规定"尽快"进行侦查。每名侦查员每年的工作量是 120 个—150 个案件，而在某些省

---

[1] ПСЗ. Собр. 2-е. Т. XLII. 45112.

[2] Там же. Т. L. 55214. Подробнее см. : *Мамонтов А. Г.* Указ. соч. С. 103.

[3] *Кони А. Ф.* Собр. соч. Т. 1. С. 126–127.

[4] ПСЗ. Собр. 2-е. Т. XLV. № 48378.

[5] 在各区，由于侦查干部不足，国事罪案件的侦查甚至也可以由和解法官进行。

份达到 200 个—400 个案件[1]。

《刑事诉讼章程》对侦查程序并未进行规定，但却详细规定了进行某些侦查行为（勘验、检验、询问、选择强制措施、通过周围人进行调查，等等）的程序，这原则上成为对被告人的额外保障。法律规定见证人和案件参加人参加侦查行为。但是，辩护人却没有参加侦查，他们只是可以在法庭调查时对搜集到的证据进行再审查。

开始进行的侦查或可发给检察官转发给法院，可以中止或终止。终止的规模之大成了改革后时期侦查最显著的反面特征，致使大量犯罪没有被揭露，而犯罪人逍遥法外。И. Т. 塔拉索夫依据司法部的统计资料，在分析侦查机关的成效时指出，在 1875 年、1876 年和 1877 年，侦查的案件只有 25% 起诉到法院，其余的都（由法院根据侦查员的报告）终止了，有一些不了了之或者发还进行补充调查；移送法庭审理的案件有 40% 以无罪判决告终[2]。

对侦查的监督由检察官进行。侦查员必须完成检察官涉及犯罪调查和搜集证据的所有要求（《刑事诉讼章程》第 280 条）。如果侦查员不同意，他可以向检察官提出，但不中止指示的执行。只有对检察官要求解除羁押的指示，侦查员才可以向法院提出告诉，同时不予执行（《刑事诉讼章程》第 285 条）。这样一来，侦查员事实上成了检察长的下属[3]。

这种从属关系也反映在侦查员的活动本身。B. К. 斯卢切夫斯基指出："在司法实践中，检察监督人员往往担负起了侦查员领导人的作用，从而把侦查员降低到检察建议的普通执行人的地位，虽然这样的关系完全不符合《司法章程》所规定的这两个权力机关的关系。"[4]

此外，侦查员对检察监督人员的从属关系的保障是因为，司法大臣正是通过检察官来获得关于侦查员职务活动的信息，而这种信息又关系到侦查员

---

[1] *Рощина Ю. В.* Указ. соч. С. 47.

[2] *Тарасов И. Т.* Полиция в эпоху реформ. С. 98.

[3] *Головачев А. А.* Указ. соч. С. 291–292. Также см. : *Громницкий М. Ф.* Из прошлого // Русская мысль. 1899. № 6. Ч. 2. С. 30; № 12. Ч. 2. С. 504–505.

[4] *Случевский В. К.* Учебник русского уголовного процесса. Ч. II. Судопроизводство. М., 2008. С. 293. Аналогичные оценки см. : *Малченко В. С.* Следователь, полиция и прокуратура в их взаимных отношениях // Сборник правоведения и общественных знаний. Т. 8. М., 1898. С. 148.

在司法部门的升迁。司法改革史专家 И. В. 盖森证明侦查员们"因为自己的地位而低三下四和没有信心"。司法部对侦查员的这一政策还有一个同样重要的后果，用 И. В. 盖森的话说，就是"越来越多的司法部黄口小儿开始执行代理法院侦查员职务，他们摆在第一位的不是担心自己在进行侦查时束手无策，于是加强侦查学习，以便将来成为一名真正的侦查员，不，一些人摆在第一位的是迎合警察监督，而另一些人（更麻利一些的）则是更快地当上助理检察官"[1]。

当然，权力间的这种相互关系不会令侦查员满意，从而导致他们与检察官之间的关系紧张。法院侦查员和警官在 1864 年司法改革之后也不是友善的[2]。可以同意 В. К. 斯卢切夫斯基的看法，他的结论是：通过在《司法章程》对法院侦查员法律地位的特别规定（不仅赋予法院侦查员司法职责，而且赋予法院侦查员通常属于进行侦缉和搜集控辩双方证据的机关的那些职责），从而建立侦查员这样一个司法权的公正载体，但由于其活动条件所限，这个目的并没有达到[3]。

司法部的统计数字表明，在改革后的几十年里，侦查机关的工作负担极为繁重。侦查的数量不断增加，既是因为犯罪率升高了，也因为又有很多新区的加入（在新的地区推行《司法章程》）。

1867 年侦查的案件有 3 万件，1872 年约 7 万件，1881 年差不多是 12 万 2 千件，到 1912 年侦查的案件增加到 46 万 3 千件（约为 1867 年的 16 倍）。1872 年—1912 年期间进行侦查的案件总共是 821 万件。

1877 年—1878 年每年被起诉的人数（平均）为 78 500 人。有意思的是，1867 年—1871 年每 100 名被告人中只有 30 人被羁押，而在随后的几年，直到 1881 年，这个数字甚至降低了。也就是说，侦查员并不力求在任何方便的时候逮捕被告人（这与他们以后的苏联同事不同，是的，与后苏维埃时代也有一定的不同）。1874 年—1878 年间，每年被传唤和询问的证人平均超过 60 万

---

〔1〕　*Гессен И. В.* Судебная реформа. С. 145.

〔2〕　Подробнее см. : *Тарасов А. В.* Взаимодействие судебных следователей и полиции в ходе Судебной реформы второй половины XIX века // Юристъ-Правоведъ. 2001. № 2. С. 80 и след.

〔3〕　*Случевский В. К.* Указ. соч. Ч. 2. С. 285–286.

（或者说 70 件中有 10 件完成侦查）。

　　侦查员工作质量的一个重要指标是审前调查时间的长短（需要说明的是，法律并未进行限制）。司法改革后头几十年里侦查的时间，可见表 1.9。

表 1.9　进行侦查的时间（%）

| 年　代 | 1 个月以下 | 1 个月以上 6 个月以下 | 超过 6 个月 |
|---|---|---|---|
| 1867—1871 | 30 | 44 | 26 |
| 1872—1878 | 49 | 35 | 16 |
| 1884—1888 | 51 | 39 | 10 |

（表中数据为案件侦查时间所占百分比。——译者注）

　　为了确定侦查进行得快还是慢，需要进行一个比较。俄国和法国侦查速度的比较分析，[1] 如表 1.10。

表 1.10　1867 年俄国和法国侦查速度比较

| 在侦查总数中 | 俄　国 | 法　国 |
|---|---|---|
| 从侦查开始之日起 1 个月内结束 | 42142 件，或 48% | 35787 件，或 70% |
| 从侦查开始之日起 2 个月内结束 | 59389 件，或 66% | 44362 件，或 89% |
| 从侦查开始之日起超过 3 个月结束 | – | 2456 件，或少于 5% |
| 侦查超过 1 年 | 6317 件，或 7% | – |

　　如表 1.10 所示，俄国侦查员的指标要差得多。

　　侦查员终止刑事案件的数字完全是灾难性的[2]，它表示侦查机关在查明

---

　　〔1〕　Там же. С. 97. 穆拉维约夫委员会在 19 世纪 90 年代末确认，这些数据原则上并未变得更好些。См.：Выс. утв. Комиссия для пересмотра законоположений по судебной части. Труды. Т. 1. С. 133.

　　〔2〕　例如，1889 年在终止侦查的 122 570 个案件侦查中，移送到区法院和高等法院的有 101 993 件，终止了 6 万件，也就是差不多 60%，包括 5 万件根据《刑事诉讼章程》第 277 条，由法院终止。

犯罪人方面的工作效果低下。1870 年代及以后十几年，大量的侦查都是为了终止案件，其中 40% 是因未发现犯罪人而终止，换句话说，侦查机关的工作一定程度上是徒劳的。退回进行补充调查的占 8%—10%，这在当时被认为是一个不高的水平。

司法部由于对 19 世纪后半期"侦查经营"的不满意，就按照官僚主义传统进行了检查，搜集了关于侦查机关状况的材料，成立了几个委员会，试图查明这种不能令人满意的状况的原因，而这种状况的直接反映就是法院无罪判决的高比例（1870 年、1880 年、1884 年）[1]。

Б. Л. 布拉佐利准确地指出："我们的侦查史就是一部对它的责难史。"[2] 发现了两类缺点：实质上是法庭调查的缺点（表现为侦查进行缓慢和结果不能令人满意）和侦查实际组织的缺点。后者表现为侦查的双重性，即一个机关的活动行使两种不同的职能：一种是调查犯罪构成的侦缉职能和固定证据的职能；另一种则是法院职能，即审查和评价通过侦缉所获得的材料并采取措施限制人身权利。侦查往往陷入"调查的盲从翻版"的境地。

在司法部门的所有职务中，法院侦查员的职务是最为灾难深重的，И. Г. 谢格洛维托夫还没当司法大臣的时候就悲伤地承认了这一点[3]。当了大臣以后，他就稍稍地朝着加深侦查员"痛苦"的方向作了调整，后面会谈到这个问题。

**国事罪的侦查**　国事罪侦查的遭遇，与当局认为可以交办政治犯罪的"适当"法院问题一样具有戏剧性。

1860 年侦查改革时通过的法规并不涉及国事罪侦查的基本原则问题。政府下不了决心将对于当局而言如此重要的职能交给一个全新的、还盖上独立自主印章的机关。

但是由于 19 世纪 60 年代初革命宣传的加剧，这类犯罪的侦查组织问题就变得十分突出了，于是政府决定走一条经过考验的道路：建立调查国事罪

---

〔1〕 См. : Материалы для пересмотра законоположений о порядке производства предварительных следствий. СПб. , 1882. C. 264–265.

〔2〕 *Бразоль Б. Л.* Указ. соч. C. 95.

〔3〕 *Шегловитов И. Г.* Следственная часть за 25 лет // Журнал гражданского и уголовного права. 1889. ноябрь. C. 1.

案件的侦查委员会[1]。

1862 年 5 月，彼得堡（后来又在托木斯克、萨拉托夫、敖德萨、喀山、马利因豪斯[2]等地）建立了侦查委员会——进行这类案件侦查的专门机关。侦查委员会成立的由头是彼得堡频繁的火灾（显然不是偶然的）和在军人中进行反政府宣传的事实。侦查委员会按 19 世纪前半期类似机关的传统建立。委员会直接隶属于亚历山大二世并向他报告工作，具有独立的国家（特别侦查）机关的法律地位，不受警察监督，可以在地方设立调查案件的委员会。

侦查委员会由国务委员会国务秘书 А. Ф. 戈利岑领导，它的成员有斯列普佐夫少将（代表军部）、波塔波夫少将（代表御前办公厅三处）、图鲁诺夫（代表内务部）、奥加列夫少将（代表圣彼得堡总督）、司法部第四厅检察长盖达[3]。1862 年 5 月 25 日在 А. Ф. 戈利岑公爵家举行了侦查委员会第一次会议，批准了侦查委员会的《作业纲要》。委员会每周举行三次全体会议，讨论对被捕人和证人提问的要点，之后对他们进行询问。单独询问实行同样的程序，询问结果再由委员会全体会议讨论。我们可以看到，侦查委员会的程序是非常繁复的，只有在政治案件数量很少的情况下才可能有效——侦查委员会成立时人们的希望正在于此。

过了半年，兰斯科伊向沙皇呈送了一份关于 1862 年侦查委员会活动概述的报告[4]。报告里面指出，在侦查委员会开创时，有 7 名罪犯被送交至侦查委员会，但在一年里被侦查的人数达到 112 人，指控的罪名都是从事反国家宣传和旨在最终反对沙皇的活动。

仅第一个起诉的案件就有著名的解放运动的活动家 П. 扎伊奇涅夫斯基、

---

[1] 《法院侦查员规章》第 15 条涉及侦查委员会，它"在特别重要的情况下"建立，用当代语言来说，是一个调查复杂的普通刑事犯罪大案的侦查团队。委员会的任命根据省长的命令由法院进行。侦查委员会的成员有县侦查员，他负责领导侦查委员会，还有县法院的法官或预备法官以及当地城乡的警察官员；此外，省长可以"根据自己的裁量派遣一名他的官员"（同时代的研究者 А. Г. 马蒙托夫认为，这是违反三权分立原则的）；然而法律并未规定后者在侦查部门的权利。

[2] 这些省级机关中特别积极的是迪纳堡政治案件侦查委员会，它在七等文官帕纽京领导下，10 个月内就把 286 人交付法庭审判。См.：Ткаченко П. С. Следственные комиссии 60-х годов XIX в. // Вестник МГУ. История. 1979. № 1. С. 45–56.

[3] ГА РФ Ф. 95. Оп. 1. Д. 1. Ч. 1. Л. 3.

[4] Там же. Л. 88–97.

H. 谢尔诺-斯洛维耶维奇、Д. 皮萨列夫、H. 车尔尼雪夫斯基等，总共 66 人。侦查将军们确定的主犯是：A. 赫尔岑、H. 奥加廖夫、M. 巴枯宁。侦查委员会认定，他们的作品渗透进俄罗斯，在青年里找到同情分子。年轻的俄国革命者受他们思想的感染，"就会联合加里波第义勇军，在所有的斯拉夫国家起义，将俄国的统治限制在大俄罗斯各州，而将波兰和小罗斯分离出去，建立一个以平等和自决为基础的全斯拉夫联邦"。

侦查委员会第一个工作的成果是几十名青年人被交付审判，被军事法院、参政院判刑，受到各种行政处罚（总共 41 人）。对侦查委员会的第一份工作，沙皇作出了令人鼓舞的反应，并指令"继续调查反政府宣传的各种途径（无论是国外的还是国内的）；不仅调查凶犯们为了动摇民众对政府的信任而采取的手段，而且要采取最严厉和最坚决的措施去预防和制止这些凶犯的有害而危险的意图和行为"。各部必须对侦查委员会给予协助并完成它的要求。军部和司法部受命"毫不迟缓地优先解决所有的诉讼案件"[1]。

侦查委员会的活动因《司法章程》的生效而进入了新的阶段，也就马上产生了许多诉讼上的不协调。首先产生的一个问题是：检察监督能否干涉它的活动？由于侦查委员会调查 1866 年 4 月 4 日谋杀沙皇的案件，这个问题就变得特别尖锐了。兰斯科伊坚持认为，由于侦查委员会的特殊地位和案件命运所涉及的关键问题（包括确定审判管辖）都由沙皇决定，所以侦查委员会不受检察监督[2]。

这样一来，在《司法章程》生效之后的五年里（1866 年—1871 年），并存着一个改革前的侦查机关和一个新的侦查机关，而且如果说法院侦查员调查的是普通刑事犯罪，那么所有国事罪案件的调查则是按老办法——由侦查委员会调查[3]。轰动一时的卡拉马佐夫谋杀沙皇（1866 年 4 月 4 日）和伊舒京分子案件（1866 年）起初是由兰斯科伊的侦查委员会调查的，但它不慌不

---

〔1〕 Там же. Л. 105-108.

〔2〕 Там же. Л. 259.

〔3〕 有趣的是，以前在一个政治案件中被判处死刑后改判苦役的 Ф. M. 陀思妥耶夫斯基也让侦查委员会感兴趣了。1862 年 7 月 18 日他从国外回来，在韦尔日博洛夫斯克海关受到最严格的检查，但是，如果不算两本法国书，什么违禁品也没找到，那两本书是为了以防万一而没收的。（ГА РФ. Ф.95. Оп.1. Д. 46.）

忙的工作引起了组织调动。М. Н. 穆拉维约夫被 ad hoc（临时专门）任命为侦查委员会领导人，宪兵上校 П. А. 切列维内、首都警察局长 Ф. Ф. 特列波夫、谢苗诺夫军团御林军上尉 А. Н. 尼基福拉基等进入侦查委员会加强了它的班子[1]。这个侦查委员会"义无反顾地"执行已经生效的《司法章程》。

在 М. Н. 穆拉维约夫的彼得堡侦查委员会将卡拉马佐夫刺杀沙皇案移送到最高刑事法庭审理以后，莫斯科特别侦查委员会继续工作到 1867 年的年中。侦查委员会在自己的总结[2]中说，它总共调查了约 3000 个案件[3]，既有著名的革命家——也就是"暴乱"的传播者[4]；也有非常年轻的人——他们是"反政府犯罪宣传的牺牲品"（例如，农学院的大学生们）。

当局非常清楚的是，或迟或早都会放弃侦查委员会的服务，因为它并未列入新的司法制度。然而把侦查完全交到独立的而且不可撤换的法律工作者手里显然也不合适。同时，以御前办公厅三处为代表的首要保安部门并不希望自己只是一个旁观者的角色或者只跟着司法部门的指挥棒转。这些想法都在侦查委员会成员奥加廖夫将军的笔记中表现出来。也真是命运的嘲弄，当时（1870 年 2 月 27 日）俄国革命运动的主要活动家之一就与他同姓[5]。

他坚持认为，依照《司法章程》，政治性质的案件应该由"御前办公厅三处主动立案和特别注意"。为了保留御前办公厅三处"与之相称的意义"，同时按照刑事诉讼的新程序来协调自己的任务，奥加廖夫建议在侦查委员会闭会期间在御前办公厅三处成立特别办公室，人员由沙皇钦点，负责调查和讨论御前办公厅三处得到的关于政治案件的信息材料和情报。

他建议让这些"准侦查员"有权凭借法律赋予警察的权利（《刑事诉讼章程》第 253 条、第 356 条—第 358 条）进行政治案件的调查。此外，御前办公厅三处的处长有权确定如何处理已经完成调查的案件（对轻微案件申请终止；

---

〔1〕 最初进入侦查委员会的人是司法部司长弗兰格利男爵、彼得堡高等法院检察长切马杜罗夫、彼得堡区法院检察官施赖贝格、司法部刑事处长别洛斯托茨基。

〔2〕 ГА РФ. Ф. 95. Оп. 1. Д. 250 Л. 1-2.

〔3〕 ГА РФ. Ф. 95. Оп. 1. Д. 459. 圣彼得堡侦查委员会 1862 年—1871 年案件简报由 В. 博古恰尔斯基在 1915 年出版（参见 *Богучарский В.* Общественное движение 60-х годов под пером казенных исследователей// Голос минувшего. 1915. № 4. С. 193-220）.

〔4〕 ГА РФ. Ф. 95. Оп. 1. Д. 27, 28.

〔5〕 Там же. Д. 460. Л. 68-69.

对需要侦查的严重案件，特别办公室应将情况通知高等法院检察长）。在这种情况下，侦查就应该由高等法院法官在检察长和特别办公室成员的参与下进行，特别办公室成员享有与检察长相同的权利并同检察长协商一致进行侦查。

1871年5月19日法律所带来的结果就是第一次认真尝试建立某种"侦查共生体"。这部法律赋予宪兵御前办公厅三处的这个内部机关进行国事罪调查之权，而侦查现在实际上已经退居次要地位，被移交到彼得堡高等法院的一位法官手中，这位法官根据司法大臣的提名由皇帝钦点[1]。由于这部法律的通过，侦查委员会终止了自己的存在。

《司法章程》规定了国事罪案件调查的特别程序（《刑事诉讼章程》第1035条）：沙皇根据司法大臣提名钦点的一位高等法院法官在高等法院检察长或副检察长参与下进行全部侦查行为。如果案件应由最高刑事法庭管辖，则侦查由参政院刑事上诉审判庭的一位成员进行，而检察长的职责则由司法大臣履行。

1871年5月19日法律规定，政治案件的侦查应该由彼得堡高等法院的一名法官进行。1872年6月7日法律又给"彼得堡侦查员"增加了一名由皇帝根据司法大臣的提名专门钦点的莫斯科高等法院法官；侦查在这两个高等法院副检察长的亲自参与下进行[2]。换言之，在1872年至1878年期间，在整个俄国只有两名"政治法院侦查员"。

直至1878年5月9日法律才恢复了1864年《司法章程》规定的国事罪侦查制度。然而，这并不意味着当局严格遵守法律程序，相反，它不止一次地偏离了法律规定的两级审前调查程序（调查，然后是侦查）。例如，从1872年起到1878年底，有16起案件（调查材料）移送到审判机关（参政院特别法庭）审理，而根本没有进行侦查[3]。1904年6月7日的法律才使这样的做法合法化了。

---

〔1〕 В. Б. 舍甫丘克犯了一个错误，他说，1871年5月19日法律将国事罪的侦查之权交给宪兵而剥夺了法院侦查员的此项权利，政府比较少利用这一机制（除1905年—1907年革命外）。参见 *Шевчук В. Б.* Реформирование судебной системы России во второй половине XIX—начале XX в. Историко-правовое исследование: дис. ...канд. юрид. наук. СПб., 2004. С. 119-120.

〔2〕 ПСЗ. Собр. 2-е. Т. XLVⅡ. Отд. 1. № 50956.

〔3〕 *Н. З.* Суд и государственные преступления // Юридиче-ский вестник. 1881. № 6. С. 612.

这里的问题并不在于"没有意义的形式",而是一个刑事诉讼的关键制度——它涉及被告人的权利。调查时对被告人权利的保障远不如侦查当中[1]。

1878年在大量政治案件移交军事法院管辖(1878年8月9日法律和1879年4月5日敕令)之后,用调查代替侦查的做法特别广泛。军事法院仅"限于"审查宪兵(或军人)进行调查所搜集到的证据,更何况行政当局(将军衔省长)会对证据基础是否足够表示意见[2]。在1880年的几个月间,决定宪兵所进行调查的命运(包括不经过侦查而直接交付军事法院)的权利属于当时的保护国家秩序和社会安宁的最高执行委员会[3]。

苏联最早研究1864年司法改革的学者之一 Б. В. 维林斯基在档案里发现了匿名笔记《改善政治犯罪案件诉讼程序的措施》(日期大约是19世纪70年代末)。笔记的作者建议从根本上取消侦查,让调查脱离检察监督,仅保留宪兵长官的监督。[4] 幸好这些建议中只有几项在后来的立法中得以确认(例如,根据1904年6月7日法律,宪兵调查材料与侦查材料的地位相当)。

侦查机关(法院侦查员),用现代语言来说,是司法改革框架内最不成功的"方案"。"司法改革之父"们关于赋予侦查员法院工作者的地位、具有独立自主性质的正确思想,不能不与当局昔日发号施令、无障碍地干涉审前程序的集权主义习惯发生冲突,因为1864年以前审前程序都掌握在警察(行政机构)手中。

我们并不认为,当局和社会公众在19世纪70年代—90年代向侦查机关提出的大量投诉都是这一机关源自法律的机体缺陷的后果。当然,不应该忘记警察进行调查的缺点,这些缺点会影响随后进行的侦查的效果和质量,也说明侦查员负有不同种类职能(侦缉、寻找有罪的证据,以及同时确定还被告人清白的情节)的规定不完全是成功的。

但是,这些缺陷在很大程度上是由于当局极其明确地将独立侦查员置于

---

[1]　例如,被侦查人有权要求侦查员回避,在进行某些侦查行为时在场,了解侦查终结的材料,等等。

[2]　ПСЗ. Собр. 2-е. Т. LIV. Отд. 1. № 59491.

[3]　Подробнее см.：*Краковский К. П.* Российское самод-ержавие и политическая юстиция. Разд. 2.1.4.

[4]　*Виленский Б. В.* Судебная реформа и контрреформа в России. С. 315-316.

当局监督之下的行为。利用各种狡诈手段（广泛使用代理侦查员制度）和《刑事诉讼章程》所规定的诉讼可能性（对侦查强硬的近乎干涉的检察监督）导致法院侦查员的崇高气质受到腐蚀，带来严重的道德后果（许多侦查员关心的不再是被侦查案件的命运，而只是自己地位升迁的行情）。

正是刑事案件低水平的侦查，在一定程度上成了区法院（有陪审员参加）大量无罪判决的原因。为此，保守主义文献指责他们，而政府就削减他们的管辖权。

# 第八章 检察监督

由于司法改革而按照法国模式进行改组的检察院，除了过去"监督一致地准确地遵守法律"的职能外，又第一次获得了刑事诉讼中的起诉职能。检察院的组织原则是"在法院之内，与法院分开"，它由两条线的机关构成：参政院检察厅和高等法院辖区检察院（高等法院检察院和区法院检察院）。这两

**彼得堡区法院检察官合影 （1874 年）**

前排左起第五人是检察官 A. Ф. 科尼

个检察机关完全相互独立，只是都要接受司法大臣作为总检察长的最高监督（《法院组织章程》第 124 条）。

检察院工作人员的数量到 19 世纪 90 年代总数为 763 人，其中：参政院上诉审判庭和其他机构共 26 人，在 10 个高等法院共有 42 人，在 80 个区法院共590 人，在过去设置的（在尚未进行司法改革的地区保留下来的）法院共78 人。

这个数字等于所有法官的 1/10，约等于普通法院法官数量的一半[1]。在20 世纪初，由于在俄罗斯帝国各地一律进行司法改革和开设新的高等法院和区法院，这个数字略有增加。立法对检察官职务的任职资格有非常严格的规定，首先是必须具有高等法律教育文凭。（表 1.11）

表 1.11　新司法机构中检察官的学历（截至 1870 年）[2]

| 毕业学校 | 在高等法院 | 在区法院 | 总　　计 |
|---|---|---|---|
| 大　　学 | 3 人（23%） | 108 人（60%） | 111 人（58%） |
| 法学院 | 8 人（62%） | 23 人（13%） | 31 人（16） |
| 亚历山德罗夫学校 | 2 人（15%） | 6 人（3%） | 8 人（4%） |
| 其他学校 | - | 42 人（24%） | 42 人（22%） |
| 总　　计 | 13 人（100） | 179 人（100%） | 192 人（100%） |

在 19 世纪 80 年代，高等法院检察官和助理检察官中，法学高等学校毕业的达到 86%，而在区法院的检察官中则平均为 92%。[3]

除高等法学教育外，还要求相当长的服务年资和政治上特别可靠[4]。

---

〔1〕　*Муравьев Н. В.* Прокурорский надзор в его устройстве и деятельности. Т. 1. Прокуратура на Западе и в России. М.，1889. С. 524.

〔2〕　Список чинов Правительствующего сената，департаментов Министерства юстиции и судебных мест，образованных на основании Судебных уставов 20 ноября 1864 г. СПб.，1870.

〔3〕　См.：Юридический вестник. 1880. Т. 4. С. 145. Анал-огичных показателей，скажем，прокурорская система Советского Союза смогла достичь только к 1960-м гг.

〔4〕　Учреждение судебных установлений. Ст. 202，210，219–222.

H. B. 穆拉维约夫承认，鉴于检察监督的特殊性，这些条件赋予检察院以"政府性质"。严格禁止检察官参加追求政治目的的社团，这也在某种程度上保证了检察官队伍的"纯洁性"。

检察工作人员的物质保障是相当高的，原则上与法官相当。参议员和参政院检察总监年薪相同（7000卢布），而高等法院院长和检察长的年薪也一样（3000卢布）。检察监督官员的职衔相当于六等文官（区法院助理检察官）到四等文官（参政院上诉审判庭检察长）。

检察院的组织原则是统一和严格的上下级关系。检察院的统一原则意味着每一个检察监督官员都不是以自己的名义，而是以整个检察院的名义进行工作。刑事诉讼专家 C. И. 维克多尔斯基指出，我国检察院按照统一原则和检察活动不可分割原则进行组织，因此检察官员权利平等，一个官员有权代替另一官员。

其他原则包括等级结构（下级检察官严格服从上级检察官）和独立原则（这并不是说他可以拒绝执行上级检察官的指示，而是有可能在自己的活动中将工作进行到底）[1]。司法大臣作为总检察长是整个检察监督系统的直接领导，而所有检察监督官员不仅在被任命时，而且在服务时，都要直接从属于他（《法院组织章程》第124条、第129条、第222条等）。高等法院检察长则是整个法院辖区检察院的主要领导人。因此，譬如说，司法部（或高等法院检察长）的指示实际上成为检察官们必须执行的命令。

应该指出的是，司法部对检察院的态度要比对法官的态度更加战战兢兢。它尽力扩大检察院的活动范围，使它成为法院的实际监督机关。反对这种"站着的"官员（检察官站着面对坐着的法官）[2] 对"坐着的"官员（法官）的优势地位在19世纪70年代—80年代，甚至发生了某种对抗。这种对抗还因为检察官的官职的升迁要比法官快得多。在许多法院，院长"是检察官出身"，而且他们当检察官的时间要比副院长和法官的在职时间短得多就被提拔为法院院长了。

---

〔1〕 *Викторский С. И.* Русский уголовный процесс. М., 1919. С. 184.

〔2〕 对此甚至发生过争执，因为检察院的代表认为，检察官在法庭上可以坐着说话。参政院被迫作出解释，说明检察官必须站立着面对法庭。

在 К. И. 帕连当司法大臣的时候，检察官们得到了特别快的提拔；当时人们甚至对他们使用了一个非正式的称呼："司法近卫军"。在 Д. Н. 纳博科夫担任司法大臣后，这种尖锐的对抗开始消失。但是再以后，在 Н. В. 穆拉维约夫担任司法大臣时，而且特别是在 И. Г. 谢格洛维托夫任司法大臣时，检察官升官的阶梯简直是不停地运转。

许多法官不无根据地说，在检察院服务的成功取决于讨得司法大臣的"欢心"[1]。这特别鲜明地表现在 20 世纪初的革命年代，当时检察官们在政治审判中的威严是他们不断快速升官的实际保障。临时政府特别侦查委员会中警察局负责人 С. П. 别列茨基在审讯中也证明了这种情况："我应该说，司法部门存在着两个观点对立的阶级，法官和检察官；这在谢格洛维托夫时代表现得特别明显。一个如日月无光，另一个则官运亨通，当然，这要看他们对内务部长有多大的益处。助理检察官的命运取决于省宪兵司令或保安处长官是否认为他适合，……如果不适合，这个人就会丢掉差事。"[2]

从组建一个特别重要的部门——内务部及其"心脏"——政治警察领导机关的干部政策来看，当局对检察监督官员特别信任也是显而易见的。内务部的整个领导在 19 世纪末到 20 世纪初都出自检察监督部门[3]。警察总局的一位前主任 С. П. 别列茨基在特别侦查委员会质询时证明说："我是总局唯一出自行政部门的主任，而在我之前的所有主任都是高等法院的检察长，例如特列波夫、杜尔诺沃、马卡洛夫——所有这些人都是有法律学历的。内务部所有副大臣也都是学法律出身的。"[4] 一位著名的宪兵 А. П. 马尔德罗夫证明："应该说，检察监督的……保守主义代表，一点也不比宪兵部门官员的保

---

〔1〕 *Селиванов Н.* Прокуратура за двадцать пять лет // Журнал гражанского и уголовного права. 1889. Ноябрь. VI. С. 16.

〔2〕 Падение царского режима. Л., 1924. Т. 3. С. 372–373.

〔3〕 检察院出身的有五位内务大臣（И. Л. 戈列梅京、В. К. 普位维、П. Н. 杜尔诺沃、А. А. 马卡罗夫、А. А. 赫沃斯托夫），大多数内务部副大臣（В. А. 巴里茨、П. Н. 杜尔诺沃、И. М. 佐洛塔列夫、С. Е. 克雷扎诺夫斯基、П. Г. 库尔洛夫、И. Г. 谢格洛维托夫）、警察总局的局长（В. А. 布留恩-德-森特-伊波里特、А. Т. 瓦西里耶夫、Э. И. 武伊奇、Н. П. 祖耶夫、А. А. 洛普欣、Р. 莫洛夫、М. И. 特鲁谢维奇）和副局长（В. А. 布洛耶茨基、А. Т. 祖波夫斯基、К. Д. 卡法罗夫、Н. П. 哈尔拉莫夫）以及内务部很多特别任务官员。（См.: *Казацев С. М.* Указ. соч. С. 190–191.）

〔4〕 Падение царского режима. Т. 3. С. 273.

守主义少，而他们总的文化水平和对宪兵所主管事物的理解，可能培养他们成为非常干练的政治侦查的领导人。"[1]

然而，也有些检察官离职去当律师，但数量很少，而且有时是被迫的。C. A. 安德烈耶夫斯基和 B. И. 茹可夫斯基由于拒绝担任扎苏里奇案的公诉人而被迫离开检察院；稍早一点 П. A. 亚历山德罗夫离开参政院副检察总监的职位，后来担任了薇拉·扎苏里奇的辩护人。成为律师的还有 A. И. 乌鲁索夫、A. Л. 博罗维科夫斯基、A. A. 盖尔克（他放弃的是圣彼得堡区法院副理检察官职务）。莫斯科区法院前检察官 M. Ф. 格罗姆尼茨基和符拉基米尔区法院助理检察官 A. Я. 帕索维尔都成了律师界耀眼的明星。

检察官中有不少真正的俄国知识分子，真正的法学家，即使是在考验政治忠诚的条件下仍然保持着职业的尊严和荣誉（只要说出 A. A. 洛普欣、B. A. 巴列茨这些名字就足够了）[2]。

检察院的职能主要可以分为三类。第一类是非诉讼职能或曰行政检察职能。它包括检察官对案件诉讼和对法院内部规章遵守情况的监察（《法院组织章程》第 253 条）。对发现的违法行为，他们应该报告上级检察长或法院院长。1872 年 5 月 21 日法律扩大了这些职能：规定将军衔检察长有权委托最高检察监督官员（直至高等法院副检察长）巡视区法院和和解法庭的案件诉讼，如法律所规定的，以便"从中获得司法部所需要的材料"[3]。我们认为，这一权限使检察院在某种意义上能够对独立的司法权进行业务监督，向政府"代理人"即司法大臣（当然的总检察长）报告法院的情况。

行政职能还包括检察官参加对被告人心理状态的检验，参与拟定陪审员名单，参加一系列省办公会议，对被监禁人员的关押进行监督，等等[4]。

检察院的第二类职能是监督刑事诉讼各个阶段（从立案到刑事判决的执

---

〔1〕 *Мартынов А. П.* Моя служба в отдельном корпусе жандармов. Т. 1. С. 101.

〔2〕 有一种离奇的、值得怀疑的说法：以某些执法机关代表为代表的当权人物和机构原意支持反政府势力，举出的例子就是成了警察署长的 A. A. 洛普欣和表现出不能维护统治制度基本原则的检察长 B. A. 巴列茨快得令人头晕的升迁和"非同一般的行为"。См.: *Островский А. В.* Кто стоял за спиной Сталина? М., 2002. С. 488–489.

〔3〕 Выс. утв. мнение Государственного совета《О дополн-ении статьи 256 Учреждения судебных установлений 20 ноября 1864 г.》// ПСЗ. Собр. 2-е. Т. XLVII. № 50857.

〔4〕 对于法院诉讼以外的职能，我们不予分析。

行）适用法律的情况。难怪 A. Ф. 科尼把检察监督称为刑事诉讼机制的操纵盘。

至于普通刑事犯罪的调查和侦查，那么它们是在检察官的监督下进行的，警察应该向检察官报告有关犯罪的情况（《刑事诉讼章程》第 250 条、第 251 条），而检察长又可以委托警察进行案件的侦缉和询问。检察官还监督侦查的进行，并有权发出具有强制力的指示，以便对被告人选择强制措施以防止他逃避侦查和审判（《刑事诉讼章程》第 285 条、第 286 条、第 311 条、第 312 条和第 512 条）。侦查结束后，材料应发送给检察长，检察官决定案件下一步的命运（制作终止案件的决定，或者根据审判管辖将案件移送区法院或高等法院的起诉书）。

监督对侦查的进行而且往往是对宪兵调查的进行特别重要。检察官实质上领导着调查的进行，宪兵所有主要的侦查行为都应该在检察官的参加下进行。

起初，在御前办公厅三处和司法监督机关之间的关系就很麻烦，而 1871 年法律推行起来也很不顺利。部分的原因是法院特别是检察院的"法律倾向"，部分原因则是宪兵进行国事罪的调查工作组织得很糟。B. Д. 宪兵将军诺维茨基回忆道："但是后来时间消除了这些小摩擦。"[1] A. A. 洛普欣检察长在成为政治警察的首脑之后证实，宪兵逐渐"与检察院调门儿一致了"。A. П. 马尔德罗夫起初在宪兵里服务，19 世纪末到 20 世纪初则在保安处工作，他回忆起来的宪兵与实行监督的检察长们关系已经非常良好了。他对在进行案件调查中不得不打交道的 10 名检察长给予了模范的和非常善意的评价[2]。

19 世纪 70 年代到 19 世纪 80 年代，反动的加强不仅导致检察院活动发生某些改变，而且使它的法律地位也有所变化。甚至沙皇检察院的辩护士 Ф. 格列金格尔也承认："这个运动（革命运动——作者注）的直接后果是集中政府的全部精力和注意力去打击暴乱，而为此就必须加强行政机关的权力和影响而损害法制的利益。可以理解，在类似的情况下检察监督也就并不总有可能

---

〔1〕 *Новицкий В. Д.* Из воспоминаний жандарма. М. , 1991. C. 47.

〔2〕 *Мартынов А. П.* Моя служба в отдельном корпусе. T. 1. C. 90–102.

行使依法属于它的权利，而有时不得不消极地对待行政机关并非建立在法律之上的行为"[1]。

墨守成规的 А. Ф. 科尼痛楚地指出，检察监督由于参加政治犯罪的调查而大大地矮化了道德和职业的层面。用他的话说，在反动时期，许多检察官"一般说都是规矩人"，却醉心于政治调查和热衷于"斩草除根"；接着，在宪兵调查阶段，检察官"往往开始丧失自己法律维护者和调查人员行为正确性公正监督者的头等意义了"。他证明说："在检察官的队伍里，能够意识到自己所承担职责重要性和荣誉的人是不够的"，甚至走上高级岗位的也都有一些人"沿袭自己的过往，缺乏特别明确的目的和特别正确的手段"[2]。

负责对宪兵调查进行监督的检察官们接受来自上峰的关于应该怎么去"指导他们的活动"的直接或间接的信号。1881 年，司法部里一个由弗里施主持的委员会作出一个结论，认为"领导宪兵调查的检察监督人员，不论法律根据如何，还可以遵照国家政策的考量"[3]。保守派一有机会就不会让自己失去指出检察监督地位的快感。内务大臣 И. Л. 戈列梅金在穆拉维约夫的委员会上就检察监督的有效性和对宪兵调查的领导发表了相当挖苦的意见[4]。Н. В. 穆拉维约夫为检察官们鸣不平，坚持认为他们在调整警察活动的事业中正在带来极大的好处[5]。在《政治犯罪调查程序和内务部不当行为笔记》中，他也表达了检察院必须与内务部合作的思想。按照他的意见，只有"两个部门行动协调一致而且相互开诚布公"才能取得成功[6]。

然而，某些研究者认为，这并不意味着 1870 年—1880 年期间"检察院对

---

〔1〕 *Гредингер Ф.* Прокурорский надзор за 50 лет. СПб. , 1914. С. 38–39.

〔2〕 *Кони А. Ф.* Собр. соч. Т. 2. С. 37, 390, 334. 著名法学家 М. 希林格同意他的观点："检察监督人员在场，……我们认为，未必一定能够在进行宪兵调查时有什么益处，因为由于 5 月 19 日法律措辞不明确，宪兵们可能完全忽视检察长的某个建议。"（См. : *Шиллинг М.* Дознание по государственным преступлениям // Юридический вестник. 1886. № 4. С. 758–764. ）

〔3〕 Цит. по: *Набоков В. Д.* Новый закон о государственных преступлениях // Вестник права. 1904. № 7. С. 190.

〔4〕 Свод замечаний ведомств на выработанное выс. учр. Комиссией для пересмотра законоположений по судебной части, законопроект с окончательными по ним соображениями и заклю-чениями министра юстиции. Б. м. и б. г. С. 56.

〔5〕 Там же. С. 57.

〔6〕 РГИА. Ф. 1405. Оп. 539. Д. 240. Л. 14 и след.

国事罪刑事追究的法制监督丧失了实际的权限或者实现这些权限的可能性"，或者"监督的实现纯粹是名义上的"[1]。这应该是指检察院与宪兵之间落实贯彻 1871 年法律的经验而建立起来的"新关系"。

临时政府特别侦查委员会的文件证明，在政治案件的调查中检察院和内务部是齐心协力的[2]。前面提到过的别列茨基证明：内务部—检察院之间的联系"是自上而下的，特别在政治案件和社会案件的调查中具有时代特征"，他是了解情况才这样说的[3]。这种"接近"是如此紧密，以至于一位法官在写给保护国家秩序和社会安宁的最高执行委员会的一封信里，建议把检察院交给内务部而把它变成"高级警察"[4]。

检察院的第三类职能是司法职能。检察官们参加刑事诉讼，也参加民事诉讼，而在这每一种诉讼中，检察官都分别起着由检察监督实质决定的不同作用：起诉和"法制代表"。

检察院的起诉职能（当然是在刑事诉讼的框架内行使的）包括对犯罪进行刑事追究和在法院提起公诉（《刑事诉讼章程》第 2 条、第 4 条）。警察和侦查员获得的关于普通刑事犯罪和政治犯罪的信息都汇总到检察官那里。个人也可以找检察官举报含有犯罪构成要件的事件。检察官根据所掌握的材料决定启动刑事追究并委托进行侦查或者向法院提交起诉书。

根据审理刑事案件的法院级别，分别由区法院检察官、高等法院检察长、参政院刑事上诉审判庭检察长、司法大臣或副大臣制作起诉书和在法院支持公诉。

检察长在法院行使起诉职能时，是与律师即辩方对立的另一方。H. H. 波利扬斯基正确地指出了控辩双方事实上的不平等，特别是在政治审判中，法

〔1〕 *Коротков А. Г.* Организационно‑правовой опыт деяте‑льности прокуратуры окружного суда в черезвычайных условиях. 1904–1917 гг. : дис. …канд. юрид. наук. Казань, 2007. С. 87–88.

〔2〕 Падение царского режима. Т. 1. С. XVI.

〔3〕 Там же. Т. 3. С. 353.

〔4〕 顺便提一句：该委员会关闭后御前三处撤销，它的权限移交给了内务部，建立了国家警察厅（1880 年 9 月），这时许多高等法院和区法院的检察官就转到那里去了。См. : *N. N.* Заметки о некоторых сторонах нынешнего общественного быта русских коллегиальных судов и судей // Журнал гражданского и уголовного права. 1882. Кн. 1. X. 1. С. 26.

院为控方提供有利条件而对辩方千方百计地进行限制[1]。正如我们的研究者们所说的,对审判庭执行法律情况的监督,特别是在政治案件的审判中,只不过是限制受审人的权利而对法庭完全姑息纵容。有一个细节可以说明这种不平等:法庭上检察官的座位都要高于辩方的位置。

根据法庭审理刑事案件的结果,检察官可以通过上诉或申诉程序对法院的刑事判决提出抗诉。在上诉的情况下,抗诉书应指出法院判决在实体上的不正确;而在申诉审,则对案件审理时违反实体法或程序法提出抗诉[2]。

检察院历史上有趣的而且有些矛盾的一页是检察官参加民事诉讼[3]。早在《司法章程》的起草阶段就有人提出,检察官参加民事诉讼违反辩论制这一基本的诉讼原则。所以在1862年《俄国司法改革基本原则》中所列举的检察官能够参与并提出结论意见、建议限制案件公开审理的面非常窄,可以提出抗诉的只有一类案件,即关于官产案件的判决。就在当时,有些著作者就已经对检察官在民事诉讼中的作用提出批评意见,指出它是无益的。"律师的意见对于法庭是有益的,是因为他们的话语说出了每个案件的弱势一方所寻求的对立利益并向法庭指出谁是弱势一方。"只有认为"'所有法官都是傻瓜,而所有检察官都是理想的'的人,才会提出必须由检察官提出不偏不倚的结论意见"——一位那个时代人的人这样写道[4]。

《司法章程》的编纂者所走的路线是限制检察监督在民事诉讼中的作用。检察官在下列情况下参加一审法院的民事诉讼:

(1)司法机关和政府机关存在管辖争议的各种税费罚款案件。

(2)涉及缙绅机构、城市和乡村协会的案件。

---

〔1〕 参见《国事罪案件的辩护与起诉》——为在犯罪侦查学家国际联盟俄国小组第八次大会上宣读而起草的报告,由于行政当局命令查封大会,报告未宣读。*Полянский Н. Н.* Статьи по уголовному праву. М. , 1912. С. 301-317.

〔2〕 См.:*Гредингер Ф.* Прокурорский надзор за пятьдесят лет истекших со времени его преобразования по Судебным уставам императора АлександраII // Судебные уставы … за 50 лет. С. 214.

〔3〕 Подробнее см.:*Осипов А. М.*О деятельности прокуро-рского надзора в русском гражданском процессе. Казань, 1868; *Казанцев С. М.* История царской прокуратуры. С. 195-213.

〔4〕 *Марков П.* О прокурорском надзоре в гражданских делах // ЖМЮ. 1864. Июнь. С. 605-626.

（3）涉及未成年人、失踪人、聋哑人、精神病人的案件。

（4）司法机关与行政机关关于审判管辖的争议案件。

（5）伪造证件的案件以及在民事案件中发现应该进行刑事审判的情节。

（6）无被告人时的婚姻案件和生育合法性案件。

（7）请求法官回避的案件。

（8）要求提交贫困权证明的案件（《民事诉讼章程》第 343 条）。

检察官有权就法院对婚姻案件和税费罚款案件作出的判决提出抗诉（《民事诉讼章程》第 1345 条、第 1346 条和第 1400 条附注 III 第 14 项）。

换句话说，与《法律大全》（1857 年）相比，"司法改革之父"们缩减了检察官在民事诉讼中的权限，而让检察官在刑事诉讼中作出努力。这样的法律调整使检察院"冷却了"对民事诉讼的兴趣就不足为奇了〔1〕。

可以同意当代研究学者 C. M. 卡赞采夫的意见。他认为，民事案件中毫无用处的检察结论制度，虽然在法律文献中总是受到理论家和实际工作者的抨击，却在民事案件中存在多年。这可能是因为：其一，这个制度的政治冷漠；其二，官僚集团所固有的特点就是希望遵循一朝既定的成规而害怕一切新事物；其三，检察院的精力不是集中到对法制的监督上，而集中到刑事追究和在法庭支持公诉上〔2〕。

在上述参加民事诉讼的所有情况下，检察官都不是一方当事人，而是作为"法制的代表"。所以他不参加同当事人的辩论，他提出结论意见所遵循的是法律，而不是任何民事诉讼一方当事人的利益。显然，检察长的这个活动源于检察监督的性质，时至今日仍保留着自己的意义，虽然它仅具有形式法律性质。

法律还规定了检察官作为法制代表的其他一些活动形式。他在和解法官

---

〔1〕　反面的评价，см.：*Юренев П.* Об участии прокурорского надзора в гражданских делах // Журнал гражданского и торгового права. 1871. Кн. 4. С. 770–771; Роль прокуратуры в гражданском процессе // Журнал гражданского и торгового права. 1882. Кн. 8. С. 15; *Васьковский Е.* Недостатки Устава гражданского судопро-изводства // Журнал юридического общества. СПб., 1895. Кн. 1. С. 29; *Познанский А. Н.* Записка о реорганизации прокурорского надзора. Рига. 1895. С. 17.

〔2〕　在 1911 年就通过了一项法律，规定在民事案件中更多地进行检察监督。См.：СУ. 1911. № 99. Ст. 913.

联合法庭（未成年人案件、聋哑人案件、精神病人案件、管辖权案件、铁路案件等）提出结论意见，在刑事案件中出庭时用不着关心起诉问题。他有权对和解法官联合法庭以及和解法官作出的刑事判决提出抗诉（《刑事诉讼章程》第 173 条）。

在参政院上诉审判庭审理案件时，检察官可以对所有种类的案件是否违反实体法或程序法的问题提出意见书（《刑事诉讼章程》第 922 条），还可以对法院判决提出抗诉：可以是有利于控方的抗诉，也可以是有利于辩方的抗诉。在普通法院审理刑事案件和民事案件时，如果没有听取检察官作为法律代表的结论意见书，法院就不能作出刑事判决或民事判决，甚至不能就个别问题作出任何裁定。检察官还采取措施，使法院遵守法定管辖规则或者将案件从一个区移送到另一个区（《刑事诉讼章程》第 234 条、第 235 条、第 246 条），等等[1]。

检察院在自己存在的最初几十年显示出它是一个具有完全行为能力的机关。在工作的第一个全年（1867 年），检察官（他们的数量为 150 人，当时尚未有参政院检察院）向法院提起诉讼的被告人超过 7000 人，提出了 8100 份终止侦查的结论意见书。此外，他们制作了 1500 份关于变更审判管辖的意见书和超过 4800 份对民事案件提出的结论意见书。换句话说，每一位检察官一年就要制作 1200 份—1300 份法律文书[2]。接下来的一年，检察院工作量增加了 15%—20%，而全俄国检察官的数量只增加了 7 个人[3]。

根据研究人员的计算，1867 年—1913 年检察官移送到法院的总共有 600 多万件刑事案件，附有起诉书和终止案件的意见书，还不算这个期间移送到法院去依照《刑事诉讼章程》第 277 条终止的 1400 万件案件。[4] 这说明检察院也是一个非常谨慎的机关，并没有夸大所获得的侦查材料的意义。

检察官所提出的抗诉（上诉审和申诉审）的数量：在 1867 年—1913 年期间，对普通法院的刑事判决和民事判决提出了 21 600 件抗诉，抗诉成功的占

---

[1] *Случевский В. К.* Указ. соч. Ч. 1. С. 254–255.

[2] Отчет Министерства юстиции за 1867 г. СПб., 1870. С. 22–24.

[3] Отчет Министерства юстиции за 1868 г. СПб., 1871. С. 32–35.

[4] Судебные уставы...за 50 лет. Т. 2. С. 246.

60%（13 000 件）；对和解司法案件，向参政院上诉审判庭提出 4500 件抗诉，抗诉成功的超过 60%。这说明检察院是一个相当有活力的和有工作能力的机关。然而，检察官们对政治案件的精力很充沛，对待普通刑事案件相当积极，只是民事案件不能激发他们的热情。

在总结司法改革后检察监督的组织和活动时，我们必须指出的是，检察院是俄国司法系统中最政府化的法律机关。它在一定意义上成了与法院独立抗衡的对立面。在司法系统中与法院较量争第一，检察院让侦查员从属于自己，"挤压"律师，对行政权即官僚的违法行为毫无积极性，但打击革命却严酷无情。

特别重要的是应该指出，在司法改革后的最初年代，由于对宪兵部门"认识不足"，正是检察院与宪兵同心协力地建立起了打击革命运动的轴心，协同一致地在各地调查政治犯罪，同时把干部安排到政治警察的领导岗位上。

这也就是我们观察到的如下这个历史学现象的原因：即使在最黑暗的年代，当他们强硬地抨击整个司法改革和司法改革的各种制度时，保守派的政治评论也没有攻击过检察院。此外，检察院在司法改革后的时期所展示出的政府性质，即"国家"性质，鼓舞具有保守思想的社会人士建议将检察院变成一个警察机关。这非常有代表性地揭露了司法改革后俄国检察院活动的真实性质。

# 第九章　律　师

俄国的专制制度，和任何集权制度一样，对任何独立的集团都抱有怀疑的态度。更何况是这些人，他们的行为可能破坏制度的计划和期待、可能对制度涉及惩办政策并且首先是对革命者的惩办政策的规划造成障碍。我们认为这正是在沙皇统治最后长达半个多世纪的时间里专制制度对律师持怀疑态度的首要原因。

是什么还在阻止政府去推行和整顿律师职业并对它进行法律调整呢？这

就是面对从西方传给我们的关于律师政治作用的绝非神话的观念而产生的恐惧[1]。甚至在拟订司法改革草案的时期，规定律师制度法律基本原则的意图就胎死腹中[2]。此外，就连社会舆论也远不承认律师存在的必要性。新斯拉夫主义者 H. 谢苗诺夫实质上表达了社会中"具有爱国主义思想的"那部分人的夙愿，他坚持认为民事诉讼中的律师是与俄罗斯人民的精神背道而驰的。[3]

莫斯科高等法院辖区律师协会 （20 世纪初）

---

〔1〕 尼古拉一世与戈里津公爵之间的谈话很具有代表性。公爵建议沙皇在俄罗斯推行律师制度。沙皇说："我看到，你长期生活在法国，甚至在大革命时期就在那里，因此，你学会了那里的制度就不足为奇了。如果不是律师，那又是谁毁了法兰西呢。……米拉波、马拉、罗伯斯庇尔都是什么人，……公爵，只要我在位，俄国就不需要律师，我们的生活不要他们。" Цит. по: *Колмаков Н.* Очерки и воспоминания // Русская старина. 1886. № 12. С. 535, 536.

〔2〕 1857 年沙皇禁止国务委员会涉及律师问题。

〔3〕 См.: Об адвокатуре в гражданском процессе // Русский вестник. 1859. № 3. 147–149.

司法改革前法院的程序需要决定了案件中申请书的存在，但是在进行书审时，申请书的作用是相当有限的。他们当中往往有一些受过法学教育的人，但他们中间又可以找到"受服务之苦的官员"，他们的知识未必高于他们的智力水平。在进行司法改革的前夕，我国只在商事法院存在有组织的律师（商事律师）（《商事诉讼章程》第 32 条—第 39 条），另外根据 1832 年 5 月 14 日法律，在波兰王国和波罗的海边疆区有律师协会存在。

民事诉讼特别是刑事诉讼的改革，关键性的辩论制原则的确立，就需要建立独立的、职业化的、法律与道德高水平的律师组织。俄国的职业律师由于 1864 年司法改革得以建立，是欧洲最年轻的。

"司法改革之父"们说："为了使律师成为道德、知识和诚信的可靠保证，从它建立的一开始就应该严格挑选担任律师的人员并对他们设立监督。这种监督不能剥夺为委托人提供辩护所需要的独立性，一方面能促进快速和有效地保护个人免受律师的拘束，而另一方面又能成为一种手段，使律师之间建立和维持真理感、荣誉感的意识到自己对政府和社会的道德责任。"[1]

1864 年《司法章程》的著作者们利用了奥地利和德国的律师经验：在职能方面，律师将法庭辩护与诉讼代理集于一身。在组织方面，俄国律师与法国律师十分相像（内部自治、纪律程序）[2]。《司法章程》将律师定位为独立的自治社团，还规定了一系列律师的组织原则：兼有法庭辩护与诉讼代理职能；相对的职业自由；与法官没有联系；律师部分地属于社团组织，而纪律责任又部分地服从于法院；根据协议收取律师费。[3] 律师在民事诉讼中进行代理时，可以完全代理当事人（原告人和被告人）。律师为当事人的利益服务，在诉讼过程中遵守和维护他们的利益。律师在作为辩护人时，他是自己委托人的助手，对委托人提供独特的法律保护。

---

〔1〕 Цит. по：*Розин Н. Н.* Уголовное судопроизводство. Пг.，1916. С. 329.

〔2〕 См.：*Васьковский Е. В.* Организация адвокатуры. С. 3–4.

〔3〕 Там же. С. 333.

在 19 世纪 70 年代，人们开始研究律师的法律性质问题[1]。A. M. 帕利霍夫斯基甚至将律师置于法院之上，认为律师的使命在于"在法庭上科学地维护民事案件当事人和刑事案件受审人的利益"。他认为，就其性质而言，律师既不是公法制度，也不是私法制度。[2] K. K. 阿尔谢尼耶夫对律师劳动的解释（"客户在法庭上的法律代理人"）更接地气[3]。

按照 E. B. 瓦西科夫斯基的论断，律师还肩负着另一项崇高的使命。在民事诉讼中，双方当事人为了自己的私利而相互争斗。作为整体的国家并不直接关心其中哪一方的胜诉，所以国家权力也就没有理由干涉他们的争斗。对于国家权力而言，重要的只是防止公民之间发生擅断和暴力，在他们愿意并善于这样做的情况下，使他们有保护自己利益的可能。为此，国家应该以应有的方式组织审判机关，并建立培养受过为当事人办理诉讼案件专门训练的人（律师）的群体。国家的任务到此为止，剩下的就是争议双方的事了。

社会对待诉讼结局的态度却不相同。对于社会而言，重要的是让有理的一方获胜，而不许任何无关的情节对此造成妨碍。如果说有理的一方只是因为对方更熟知法律和对案件诉讼更有经验而输了官司，那么整个社会就不能不感觉到自己的权利没有保障。"流转的自由、人民的道德和家庭的和睦取决于个人都相信诉讼的正义和快捷"（德国法学家 K. И. A. 密特尔迈耶尔），而每当有理的一方输了官司的时候，这个信念就遭到破坏。这就为律师开辟了一个以自己的知识和口才帮助有理的一方胜诉的崇高的竞技场。律师在完成这个使命的时候，他不仅是某个人个人利益的捍卫者，而且也是全社会利益的捍卫者。他出庭不是作为当事人的代理人，而是作为社会利益的代理人，他的行为就像获得了社会的授权一样。他也是为了全社会的利益而维护具体人的个人利益。[4] 这些观点得到了现代的响应：律师被认为是国家寻求社会

---

[1] Подробнее см.: *Черкасова Н. В.* Указ. соч. С. 31. 在当代俄罗斯，人们开始谈论新的知识领域（律师学），这门学问试图回答律师组织与律师活动的所有问题。См.: *Мартынчик Е. Г.* Публичные роли российской адвокатуры: теория, законодательная регламентация и их совершенствование // Адвокатская практика. 2002. № 16. С. 13 и след.

[2] См.: *Пальховский А. М.* О праве представительства в суде. М., 1876. С. 124–125.

[3] *Арсеньев К. К.* Заметки о русской адвокатуре. Тула, 2001. С. 122 и след.

[4] *Васьковский Е. В.* Учебник гражданского процесса. М., 2003. С. 78–79.

利益、公共利益和私人利益之平衡的助手。[1]

И. Я. 福伊尼茨基[2]、Д. Н. 鲍罗廷[3]坚持律师的公共性质，А. Ф. 科尼写道，律师职业具有充实高尚的道德从而决定它的性质。[4]

我们认为，М. 戈利德施因泰所坚持相反的观点并不完全令人信服。他认为，当时不应该把国家与社会对立起来，"在进行审判的问题上，社会与国家不是两个概念，而是一个概念"，因为"社会利益就是国家利益，反之亦然"。他认为，刑事诉讼实际上不是社会同国家进行斗争，而只是"社会同自己有害的成员进行斗争"[5]。

我们认为，律师职业比起其他的法律职业，在其性质中应该更多地结合实质上对立的"一对"原则：法律原则与道德原则，私原则与公原则。只有这两个对立原则的结合与相互作用中达成的和谐，才有可能使这个职业真正变成文明社会中最大可能的自由。

成为律师的条件如下：年满 25 岁，具有高等法学文凭和 5 年司法部门工作或助理律师的经验。然而，为了保证立即招收足够数量的人当律师，使他们能在新法院开张的"第二天"就能履行辩护人和诉讼代理人的职能，1865年 10 月 19 日《〈司法章程〉施行条例》规定了一些临时的变通条件：具有高等学校文凭但不是法学文凭的人也可以当律师[6]；或者没有高等法学文凭，但在司法部门工作 5 年以上，而且在此期间有 1 年以上担任参政院秘书职务或者担任能够获得审理与解决诉讼案件实践知识的职务[7]。这些暂行规则的效力到 1871 年终止。

---

〔1〕　См.：*Фролов В. В.* Гармонизация частных и публичных интересов в механизме законности：история и современность. СПб.，2006. С. 182-183.

〔2〕　*Фойницкий И. Я.* Защита в уголовном процессе как служение общественное. СПб.，1885. С. 25.

〔3〕　*Бородин Д. Н.* Исторический очерк русской адвокатуры. Пг.，1915. С. 70.

〔4〕　*Кони А. Ф.* На жизненном пути. СПб.，1912. Т. 1. С. 102-109.

〔5〕　*Гольдштейн М.* Принципы организации адвокатуры（по поводу книги Е. ВАськовского）// Вестник права. 1900. № 1. С. 55-59.

〔6〕　实际上这种情形是相当少的。例如，1867 年—1974 年总共只有 3 个没有取得法学文凭的人在哈尔科夫法院辖区当了律师。

〔7〕　ПСЗ. Собр. 2-е. Т. XL. № 42587.

法律（《法院组织章程》第 355 条）还规定了一些"否决条件"（外国人，因实施犯罪被判处限制公权的人，因不良行为被教会开除的人，被律师组织开除的人，等等），有其中情形之一的，申诉人将被拒绝进入律师行业[1]。这个清单的某些补充规定包含在《刑事与民事诉讼章程和参政院解释》之中（例如公证员、和尚）。

俄罗斯立法与外国立法不同，对于法律系教授们从事律师活动的权利问题只字未提。但是根据 E. B. 瓦西科夫斯基的意见，这是不允许的，因为不能期待从他们那里得到律师所必需的独立性，他们也没有支配自己时间的自由，因而就不能履行律师的大量职责。确实，教授们服从大学领导，应该从事科研和教学工作。"如果教授不去关注科学的成就，不备课和完善自己的教学体系，而作为律师在法院为当事人或刑事受审人办案，那就不能在大学里让自己的学生满意，而往往会向学生们讲授已经被科学推翻了的东西"—— E. B. 瓦西科夫斯基坚持这样认为[2]。

但是，И. Я. 福伊尼茨基教授不同意这个意见，他认为"法律系的教授们在律师劳动中会为理论修养找到丰富的实践材料，而这会促进学校接近生活"[3]。

---

[1] 关于俄国律师组织吸收妇女的问题非常有意思。虽然《司法章程》没有禁止妇女当律师的规定，但妇女实际上却不能当律师，因为没有取得法律文凭。沙皇 1871 年 4 月 14 日敕令规定了"女性人士有益的国家活动与社会活动范围"，那里没有提到法律工作实践。（ПСЗ. Собр. 2-е. Т. XLVI. № 49137.）司法部 1875 年的指示却禁止法院向妇女发放律师证，后来沙皇 1876 年 1 月 7 日的敕令又确认了这种做法。（ПСЗ. Собр. 2-е. Т. LI № 55455.）在穆拉维约夫委员会，曾经有人提出允许妇女进入律师行业的意见，因为（主要是在国外）接受过法律高等教育的妇女越来越多，于是许多律师协会开始向妇女发放律师证。虽然女律师 E. A. 弗莱伊施茨 1909 年在彼得堡区法院出庭就引发了冲突：检察官表示抗议并且退庭。此后参政院解释说，妇女出庭的权利仅限于民事案件，律师职业又向妇女关上了大门。这个问题在第三届国家杜马也进行过讨论，但赞成的草案后来（1913 年 1 月）又被国务委员会驳回了。国家杜马就这个问题再次提出的议案于 1913 年 12 月被大臣会议认为是不可接受的。只是到了 1917 年 3 月，那已经是在二月革命之后了，临时政府的司法部长 А. Ф. 克伦斯基建议肯定了允许妇女担任律师的问题。妇女从事律师活动的权利于 1917 年 6 月 1 日得到法律的规定。临时政府颁布了《关于允许妇女在法院办理他人案件的决议》。妇女被允许在商事法院作为律师和诉讼代理人，取得私人代理人证书并作为律师助理在律师领导下从事司法实践。 （Собрание узаконений и распоряжений Временного правительства. 1917. № 132. Ст. 706.）

[2] *Васьковский Е. В.* Организация адвокатуры. С. 323–324.

[3] *Фойницкий И. Я.* Указ. соч. С. 37–38. 在争论中，许多当代俄罗斯同行都得出结论，支持大学教师们取得律师资格，他们同时还举出其他论据说明教学工作与律师工作相结合的好处。

有趣的是，只有圣彼得堡律师协会对申请加入律师的人进行知识考查，而且是全员考试（考查实体法和程序法的实践知识，而这个考试只涉及那些没包括在申请人过去活动中的科目）。某些同时代人声言这些考试是非法的（因为律师协会无权进行考试），是多余的（因为申请当律师的人都受过高等教育），是有失体面的（因为律师协会的成员实质上考查的是教授们），是伤害自尊心的（因为完全忽视了申请人已有的实践），是有害的（因为对许多人关上了律师的大门）[1]。但是实践证明了考试的生命力，特别在革命前的俄国还是当代俄罗斯法学教育的总水平下降的情况下。律师资格考试证明了自己，无论是在当代俄罗斯，还是在国外，它都是取得律师资格程序不可缺少的一部分。

除了审查申请人是否适合加入律师协会外，律师协会还可以在作出决定时"考虑它认为必要的全部信息材料"。这就是说，律师协会实际上可以考虑申请人"涉及其私生活和公民生活一般性质的信息"（申请人是否品行端正和工作严肃认真）[2]。这样的考查和信息搜集可能持续几个月，而且如果律师协会拒绝接收申请人加入，律师协会也没有义务向申请人解释拒绝的原因。遗憾的是，这些障碍对于接收不诚实的、人品不端的、"道德上不适当的"申请人加入律师协会毕竟还是不够有效，我们将在后面谈到这一点。

我们想举出著名律师、民法学家 M. M. 维纳韦尔对"标准律师"的有趣评价："在进入律师队伍的时候，律师要进行宣誓。1866 年国务委员会对律师规定了图案为中间是司法部门标志、四周用橡树叶花环围绕的银质胸章。这枚胸章应该别在燕尾服左胸襟上。律师应该有一副仪表堂堂令人肃然起敬的外表，一张坦荡的、彬彬有礼而和蔼可亲的面孔，这副面孔就是对他的推荐；律师不应该高傲而过于自信，相反，他应该以自己谦逊的风貌激起听众的同情；在发言时他不应该做鬼脸；他不应该大喊大叫，但声音应该是饱满洪亮的，调门既不能过高也不能过低；动作应该是经过深思熟虑的，应该与发言

---

〔1〕 *Арсеньев К. К.* Заметка о русской адвокатуре. С. 36.

〔2〕 彼得堡律师协会的第一个总结报告（1866 年—1867 年）指出，不应该允许其行为与律师称号不相称的人当律师。转引自 *Гаврилов С. Н.* История русской адвокатуры: генезис и эволюция форм правозаступничества и судебного представительства（XV-начало XX века）. М. , 2009. C. 237-238.

的内容协调一致。"[1]

在司法改革后的时期，律师的数量迅速增长。1866 年—1880 年首都律师的构成很好地说明了这一点[2]（表 1.12）。在这些年里，圣彼得堡法院辖区律师的增长率为：1866 年—1870 年为 51.9%，1871 年—1875 年为 8.5%，1876 年—1880 年为 9.1%；而莫斯科区在上述年代分别为 46.4%、34.7% 和 16.8%。

表 1.12　首都律师的数量变化

| 年　份 | 律师（人数） | | | | 律师助理（人数） | | | |
|---|---|---|---|---|---|---|---|---|
| | 圣彼得堡区 | | 莫斯科区 | | 圣彼得堡区 | | 莫斯科区 | |
| | 加　入 | 退　出 | 加　入 | 退　出 | 加　入 | 退　出 | 加　入 | 退　出 |
| 1866—1870 | 112 | 28 | 53 | 14 | 53 | 8 | – | – |
| 1871—1875 | 87 | 38 | 137 | 25 | 177 | 89 | 267 | 150 |
| 1876—1880 | 123 | 30 | 201 | 63 | 187 | 213 | 166 | 154 |
| 1880 总计 | 226 | | 279 | | | | | |

20 世纪初律师数量增长得特别快（无论是百分比还是绝对数量）。莫斯科律师的数量在沙皇俄国是最多的，占到俄国律师总数的 1/4。从 1867 年到 1881 年底，莫斯科的律师大约增长了 13 倍，达到 1800 人左右。

按居民数计算律师的平均数是很有意思的：在彼得堡区，每 11 400 居民平均有 1 名律师，而莫斯科则是每 28 400 居民平均有 1 名律师，哈尔科夫区是每 55 300 居民平均有 1 名律师，喀山区则是每 108 400 居民平均有 1 名律师。从这些指标看，那个时期的俄罗斯远远落后于西方国家。不同地区一名律师平均办理的刑事案件和民事案件数量也是不相同的：首都地区是最少的（彼得堡为 32 件，莫斯科为 43 件）；边远地区则是最多的，为 222 件（喀

---

[1]　*Винавер М. М.* Недавнее. Париж，1926.

[2]　История русской адвокатуры（далее—ИРА）. Т. 2 / под ред. М. Н. Гернета. Сословная организация адвокатуры. 1864-1914. М.，1916. C. 7.

山）、227 件（塔什干和鄂木斯克）（1910 年的数字）。应该承认后者负担过重，这不能不影响到俄国边远地区律师法律服务的质量。

律师队伍主要是靠律师助理进行补充的（在不同年代为 60%—80%）；其余的则是从前的官员（一般说来，律师队伍的补充还依靠国民教育部、内务部、外交部、国有财产部系统的国家工作人员）。由于 19 世纪 80 年代初对国家官员的打压，他们急忙改行当律师，所以在律师中他们的比重就增加了。相应的，律师改行担任国家公务的比例是极低的（19 世纪 70 年代—80 年代仅为 1%—3%），这也说明律师劳动具有许多的优越性（首先是物质上的优越性)[1]。

加入律师的人就取得了律师所享有的各项权利，虽然律师并不享有任何国家官员的特权和优先权。律师独立于法院，但在开庭过程中，律师应该服从审判长的要求。

律师的称号是与其他任何称号和职务不相容的（荣誉称号或不领薪酬的社会职务以及御赐称号都不在此列）。但是不禁止他们从事商业代理、当经纪人，甚至从事商业活动[2]。许多律师（像在当代俄罗斯一样）在各公司、银行、城市自治组织等从事法律顾问活动（也出过一些洋相：律师参加酒馆的经营甚至加入演出班子）。

在法庭上律师享有言论自由（在当时这几乎是俄国唯一有言论自由的地方了），然而要记住《刑事诉讼章程》第 745 条规定的限制。在后一种情况下，受到侮辱的人可以根据一般法律追究律师诽谤和侮辱的责任。后来，政府开始因为律师在政治审判中"过于大胆和不尊重当局"的言论而开始迫害律师。[3]

---

〔1〕　Там же. С. 16，19.

〔2〕　首都的各律师协会仍然在自己的决议中认为，这类的活动与律师的荣誉是不相容的。参见 Отчет Петербургского совета присяжных поверенных за 1872–1873 гг. // Судебный вестник. 1873. No 128–129；Отчет Совета присяжных поверенных округа Московской судебной палаты за 1885–1886 гг. М.，1886. 有趣的是，在当代俄罗斯，有不少人主张律师"商业化"。可参见 Буробин В. Коммерциализация адвокатуры –благо для ее развития // Российская юстиция. 2002. No 5. С. 16. 相反，我们认为，这会给律师职业带来不可弥补的损害。

〔3〕　См. : Краковский К. П. Первый адвокатский процесс // Южнороссийский адвокат. 2009. No 1. С. 14–16.

律师有权在全俄罗斯帝国和所有的法院办理民事案件和刑事案件（乡法院例外，在乡法院，律师不能参加诉讼；而在商事法院也必须有关于接受律师为诉讼代理人的专门决定时，律师方可代理案件）。律师办案可以根据当事人授权的委托书，或者由当事人当庭宣布，或者接受法庭的指派。例如，对享有"贫困权"的人，法院可以为之指定律师无偿办案，律师协会也可以根据要求指派律师的申请人的请求轮流指派律师（报酬不根据合同，而按定价）。根据"贫困权"指派的律师，没有足够的理由，不得拒绝办理案件（《法院组织章程》第350条）。

**律师报酬规则** 由《法院组织章程》第395条—第398条规定，包括规定根据双方协议给付律师报酬的原则。司法部依法每三年规定一次律师服务定价总也未能实现。当然，某些律师利用没有限制性规定而谋取利益。确定律师费数额时的基本原则是诉讼标的（按诉讼标的额的百分比）。例如，诉讼标的为500卢布—2000卢布的，律师应收10%；而标的为2000卢布—5000卢布的，头2000卢布按10%收费，其余按8%收费（《法院组织章程》附则第6条第1款）[1]。在不计算标的额的案件中，律师费由法院根据案件的重要性和复杂程度以及律师所耗费的时间和劳动决定，一般为50卢布—1200卢布（《法院组织章程》附则第6条第3款）。在一审法院办案时，律师取得规定报酬的2/3，上诉到二审法院的，取得规定报酬的1/3，在参政院申诉的，取得1/4。在败诉时律师报酬减少：原告律师得全部应付报酬的1/4，被告律师得1/3（《法院组织章程》附则第6条第12款、第14款）。

**律师的义务** 除委托合同规定的义务外，根据律师的誓词，他们还"应该准确地尽可能正确地执行帝国的法律，在法庭上不写、不说有可能削弱东正教会、国家、社会、家庭和道德的文字和话语，诚实认真地履行律师称号所负有的义务，不违反对法庭和当局的尊重"（《法院组织章程》第381条附则）。在法律规定的情况下，律师必须无偿办理案件（《法院组织章程》第390条）。

---

〔1〕 Подробнее см.: *Гребенщиков М.* Права и обязанности присяжных поверенных и их помощников при расчетах с доверителями // Журнал гражданского и уголовного права. 1884. Кн. 1. С. 55 и след.

法律还有对律师有禁止性规定：不得以自己的名义或顶替他人在他所办理的诉讼案件中取得权利；不得作为律师办理针对其父亲、妻子、子女、兄弟、姐妹、叔叔舅舅、表兄弟堂兄弟的案件；不得充当两方当事人的代理人或在同一案件中从一方代理人换成另一方代理人；不得在案件诉讼中或者结案后泄露委托人的秘密（《法院组织章程》第401条—第403条）。

如果将律师同司法改革前不受监督的代理出庭人进行比较，那么应该说，律师的建立是向前跨出的一大步。实质上，对律师存在着三重监督：法院监督、律师协会监督（律师协会的监督警惕性是最高的，甚至司法部从一开始就承认这一点）[1] 和社会舆论的监督。

律师因履行律师职责而实施违法行为的，可以被追究法律责任。律师如不履行律师义务，以及实施"违背道德、不光彩与律师名誉不相称的"行为，如果对其违法行为不追究民事责任或刑事责任，则可以由律师协会或由区法院代替律师协会追究其纪律责任。对律师可以适用警告、申斥、禁止从事律师业务（不超过一年）、开除出律师队伍等处罚。

律师如故意实施损害委托人的行为，可以被追究刑事责任（《法院组织章程》第405条）。例如，刑事法律规定以下行为是犯罪：恶意越权，恶意与委托人的对方当事人串通或勾结而损害委托人（《刑罚与感化法典》第1709条）；律师将提交给他的文件转交或告知自己委托人的对方当事人（《刑罚与感法化典》第1710条）；恶意灭失、损坏、窃取、藏匿或盗用委托人的文件或财物（《刑罚与感法化典》第1711条）。

法律规定律师违反自己的职责（迟误诉讼期限、违反法律规定的诉讼规则与形式——《法院组织章程》第404条）而给委托人造成损失的，可以追究律师的民事法律责任和向律师追偿造成的损失。这一法律规定非常重要，但在实践中很难执行。

《司法章程》确认了关于律师机关的规定，这就是相应高等法院辖区律师全体大会。该机关从自己的成员中选举产生律师协会，该协会享有组织财务

---

〔1〕 ИРА. Т. 2. С. 261.

权和纪律处分权。[1] 早在 1866 年，除建立新的法院以外，首都高等法院还都建立了律师协会。

如果说 19 世纪后半期 1864 年《司法章程》被某些爱说俏皮话的人称为"灰姑娘"，他们指的"上峰"对新法院的态度非常"复杂"，那么就很容易想象当局对《司法章程》的产儿之一——律师，特别是站在受审的革命者一边参加政治审判的那些律师的态度了。И. В. 盖森形象而准确地把这称为"当局和律师的'微妙'关系"[2]。

当局对律师的这个政策表现在哪里呢？沙皇 1874 年 12 月 5 日颁布圣旨[3]中止建立新的律师协会（《法院组织章程》附则第 357 条）。众所周知，"没有协会，就没有律师"。对此 И. Я. 福伊尼茨基写道："这一步是相当令人痛心的，因为对于忙于自己工作的法院而言，对律师的监督要比对律师协会成员的监督困难得多。……同时它从根本上违背了律师独立性原则，妨碍律师不断地自然地发展。"[4] 司法部解释实施这一举措的原因是律师人数少的律师所不方便进行团体构建，它们成员之间的业务联系和其他各种联系过于密切，不能公正地相互执行纪律。

可能，对于 19 世纪 70 年代而言，当局确有真正的理由作出那样的决定，但是过了若干年，城市里律师的数量已经增加了几倍，禁止开设新的律师协会的理由似乎应该不复存在了。然而这种情况并没有发生。只是到了 1904 年，才允许在喀山、诺沃切尔卡斯克、敖德萨、萨拉托夫、伊尔库茨克和鄂木斯克等高等法院设立律师协会。[5]

---

〔1〕 由于律师组织的问题属于律师史的范畴，我们将不予详细论述，对于内容繁多的律师纪律责任问题也是如此。有关问题可详见 ИРА. Т. 2. Раздел《Дисциплинарное производство》.

〔2〕 ИРА. Т. 1. С. 320.

〔3〕 ПСЗ. Собр. 2-е. Т. XIXL № 54130. （原文此处的罗马字 XIXL 系 XLIX 之误。——译者注）

〔4〕 *Фойницкий И. Я.* Курс уголовного судопроизводства: в 2 т. СПб., 1996. Т. 1. С. 343–346.

〔5〕 ИРА. Т. 1. С. 442–443.

彼得堡第一届律师协会成员"语言的巨人与魔术师"（1870 年）

关于这个决定的原因，后来穆拉维约夫委员会的人解释得更坦率：这个决定的出笼"部分只是出于政治性质的考量"[1]。在 20 世纪初，半官方的司法部史的著作者们才表示："已经设立的律师协会不能胜任监督这些组织成员的行为保持人格与道德纯洁性的任务。"[2] 实际上，这个措施只不过是当局打压律师组织和迫使它服从行政监督的一系列努力之一（用 К. П. 波别多诺斯采夫的话说，其目的是为了"终结律师的横行霸道"[3]）。

薇拉·扎苏里奇案的无罪判决真正让政府"惊愕不已"（众所周知，在该审判中，П. А. 亚历山德罗夫出色地履行了辩护人职责）。为了对这个判决作出反应，1878 年 4 月 21 日司法大臣 К. И. 帕连就向国务委员会提交了一个法律草案《对不可靠律师的处罚措施》。按照他的想法，这些人"在自己的发言

〔1〕 Труды Комиссии Н. В. Муравьева. СПб. , 1899. Т. 3. С. 3.

〔2〕 Министерство юстиции за сто лет. 1802−1902. С. 134.

〔3〕 К. П. Победоносцев и его корреспонденты. Т. 1. Полутом 2. М. −Пг. , 1923. С. 508−514.

中，特别是在政治审判中，激烈地攻击政权、攻击现行秩序"。他相当强硬地抨击律师的活动。例如，帕连写道："不能不承认，当今大多数律师所秉持的方向有一个突出特征，那就是他们根本不忠于他们所选择的事业和任务——在刑事诉讼中全面查明真相，维护需要保护的财产利益；相反，个人代理人在法庭上的使命在多数律师的意识里完全丧失了，越来越清晰地表现出他们的目的就只是追逐金钱，不论在何种道德考量面前还是在选择客户时，以及在利用自己的辩护手段时，都不曾停止这种对金钱的追求。"[1]

К. И. 帕连认为，"以下三种情况造成律师活动的不成功：加入律师队伍和律师组织的条件规定得不能令人满意；对律师活动的监督不力；某些地区私人律师和其他外人的过度竞争，使律师们'对待案件的选择相当挑剔'。"[2] 作为"管住"律师的手段，司法部门的领导建议授权它剥夺具有"不道德行为"的那些律师的律师资格。由此可见，实行这一（临时性）措施是出于政治考量（薇拉·扎苏里奇审判的结果），目的是限制律师的独立性。

然而这一动议并未得到国务委员会的支持。国务委员会将草案退回 К. И. 帕连，以便与他所说的其他律师组织草案进行对比，但那些草案实际上并不存在[3]。此外，1878 年 5 月 4 日，沙皇下令"加快提交律师法草案，以便使政府拥有反对律师滥用权利的法律武器"。

历史学家 Н. А. 特罗伊茨基建议在反政府运动高涨的形势下将 К. И. 帕连的动议搁置不予批准[4]。对于作出这种很不寻常决定的原因，Н. В. 切尔卡索娃的解释是，在国务委员会里仍然保留着不多的几位"已经失宠"的《司法章程》的创造者，他们不愿意把《司法章程》歪曲得太严重[5]。我们认为，在这种情况下有两种解释都是有道理的，只是侧重点不同罢了。К. И. 帕连很快就下台了。关于律师改革的问题只是到了 19 世纪 90 年代才又得到进

---

〔1〕 Цит. по：Судебные уставы…за 50 лет. Т. 2. С. 273-274. Полный текст представления Палена опубликован в ИРА. Т. 1. С. 193-196.

〔2〕 Цит. по：*Гаврилов С. Н.* История адвокатуры в России：генезис и эволюция форм правозаступничества и судебного представительства（XV—начало XX века）. Череповец, 2009. С. 303.

〔3〕 См.：Судебные уставы…за 50 лет. С. 273.

〔4〕 См.：*Троицкий Н. А.* Адвокатура в России. С. 160-161.

〔5〕 *Черкасова Н. В.* Указ. соч. С. 37.

一步的审议。

穆拉维约夫委员会（二处）在"波别多诺斯采夫计划""方针"的轨道上起草了遏制律师"横行霸道"的改革方案，实质上是重抄了一遍克拉科夫斯基委员会的方案[1]。

律师作为"法院的附属品"的本质被规定得极端明确："律师作为司法社会活动家，兼备各种不同的资格条件，他们构成法律中有准确规定的团体，这些团体设于法院，接受法院监督，并作为法院必要和重要的**附属品**（黑体字作者加的）与法院进行经常协作。"[2]

委员会主张律师应与法院建立不可分割的密切联系并置于法院的直接监督之下，承担法律规定的实际责任，只有在内部规章问题上享有自治权。还规定了法院对律师进行额外纪律监督的可能性，甚至允许检察官对个人成为律师提出抗诉。

右翼企图限制律师的行为，特别是在政治审判中的行为，从而将律师置于受压制的境地。许多大律师（B. H. 格拉尔德、Ф. H. 普列瓦科、B. Д 斯帕索维契）参加委员会的工作原来是对右翼激进行为的一个遏制因素。然而，众所周知，穆拉维约夫委员会起草的司法改革草案（它的一个组成部分就是律师改革）没有得到批准[3]。

也许，最严重偏离《司法章程》的思想和条文、将"司法改革之父"们关于"享有在法院办案专利权的法律工作者"（K. K. 阿尔谢尼耶夫语）即律师垄断办案的思想化为乌有的就是允许私人律师办案（按照 A. Ф. 科尼的定义，私人律师"完全是与律师不相干的人，……不具有教育和道德资质"）[4]。

起初，这只是一个城市里律师人数未达到法定定额时的"临时措施"。律师人数增加了，而关于"定额"的法律始终没有出现。可是在 1874 年 5 月 25

---

〔1〕 Объяснительная записка к проекту новой редакции Учреждения судебных установлений. СПб. , 1990. Т. 1. С. 65.

〔2〕 Выс. учр. Комиссия для пересмотра законоположений по судебной части. Обсуждение вопроса об изменениях в устрой-стве адвокатуры. СПб. , 1897. Журнал № 6（заседания 18, 19 и 20 января 1897 г. ）. С. 4.

〔3〕 См. : *Немытина М. В.* Суд в России. С. 160-199.

〔4〕 *Кони А. Ф.* Собр. соч. Т. 4. С. 359. О частных адвокатах это негативное суждение, 可参见 *Табашников Н. О* ходатаях по крестьянским делам // Журнал гражданского и уголовного права. 1883. № 2.

日却出现了另一类的法律：该法创立了私人律师这种特殊的律师群体，这是由一些不论在专业上或者道德上都低于律师资格的人组成的，但却享有与律师几乎相同的权利。此外，还允许吸收律师助理作为私人律师[1]。

该法赋予法院吸收私人律师的权利，责成法院事先"查明希望得到在法院办案证明的人是否具备应有的知识并考虑法院认为必要的所有材料"（《法院组织章程》第406-6条—第406-7条）。但是在实践中，法院并不是仔细筛选申请人，而是在审查其职业能力与道德品质时表现出不可理喻的宽容和不拘小节。因此私人律师队伍就混进了一些业务水平和道德品质与司法改革前的诉讼代理人没有区别的人[2]（他们是和解法官从前的文书、被开除的律师、法院和行政机关的司书、退休的法警，等等）。有趣的是，他们甚至在成为私人律师时不用宣誓。由于私人律师没有团体组织，法院也对他们不进行应有的监督，这就使情况更为恶化。私人律师从律师的替代品变成几乎与律帅半起平坐（实质上只存在一种限制——私人律师只能在授予他证书的法院办案），变成了一种特殊的、独立的、稍低一点的、次等的律师[3]。

根据1874年法律，律师助理有可能出庭，实质上也必须持有法律系毕业文凭和法院证书才能出庭[4]。结果，律师助理们不是上"律师培训学校"，而是开始独立实践，同律师本人竞争。这是可能的，因为他们可以并不固定作为某个律师的助理而且实际上也确实如此[5]。

此外，没有获得办案权的所谓"地下律师"（往往是被赶出律师队伍的内行，他们愿意提供任何服务），他们法律服务的质量简直不值一提[6]。这样

---

〔1〕 ПСЗ. Собр. 2-е. Т. XLIX. № 53573.

〔2〕 ИРА. Т. 1. С. 350.

〔3〕 Там же. Т. 2. С. 275.

〔4〕 "司法改革之父"们并不认为可以赋予助理律师以办案的权利。该权利只能产生于他们正式成为律师之后。参见 Объяснительная записка к Учреждению судебных установлений（ст. 354）。

〔5〕 Подробнее см.：Невский С. А. Помощники присяжных поверенных в Российской империи // Адвокатская практика. 2003. № 6. С. 44. 律师助理中最有名的是 В. И. 乌里扬诺夫（列宁），1892年—1893年在萨拉托夫省，他在律师"老板"А. Д. 哈尔金指导下进行实习（参与了14件刑事和民事案件办案）。См.：Стерник И. Б. В. И. Ленин - юрист. Юридическая деятельность В. И. Улья-нова（Ленина）. Ташкент, 1969；（Шалагинов В. К.）Защита поручена Ульянову. М., 1977.

〔6〕 仅依照1912年6月15日的地方法院法就对冒充的诉讼代理人提交法律建议、出于贪利目的制作不真实的诉讼文书以及使用假冒证书代理他人的诉讼案件等行为追究了责任。

就可以理解，除了律师的代表之外，所有各种"诉讼代理人"在职业培训方面都要逊色于刑事案件中他们的对立面即检察官，而且在这种情况下受到损害的不仅是受审人自己，而且是整个司法[1]。

这样一来，律师就不是按照"司法改革之父"们预定的路线发展，不是单一的和统一的律师，不是"有道德、知识和诚信保证的律师"，而是形成了三个"层面"（经过宣誓的律师是最高层，还有两个低层次——私人律师和律师助理），他们的数量在 20 世纪初大约是相等的（每种都是五千多人）[2]。

**律师参加民事诉讼**　在民事诉讼中律师是当事人的代理人（《法院组织章程》第 249 条）。律师与客户之间的关系根据代理合同确定（《法院组织章程》第 390 条、第 391 条、第 393 条）。客户所授予的权限，可以写入代理书，也可以在诉讼中口头声明。两者（委托人、代理人）都可以放弃：委托人放弃委托书，律师拒绝办理案件，但代理人应该提前将此情况通知自己的委托人（《法院组织章程》第 250 条）。在民事案件中，只有在当事人选择的律师拒绝时，才由法院院长指派律师。然而，律师协会也可以在其他情况下进行指派（《法院组织章程》第 367 条）。律师行使《民事诉讼章程》规定的当事人权利，以维护自己委托人的利益。

**律师参加刑事诉讼**　律师活动最重要的方向（И. Я. 福伊尼茨基把它称为法律活动最高尚的舞台之一）[3]，就是在刑事诉讼中根据受审人的选择或根据普通法院院长的指派[4]为受审人进行辩护[5]（《法院组织章程》第 353 条、第 393 条和《刑事诉讼章程》第 565 条、第 566 条）。刑事诉讼中，普通法院广泛采取任命官方辩护人的办法。根据受审人的请求，法院院长从该法院管辖的律师中任命一位辩护人，如果律师不够，则从法院院长了解的可靠候补法官中任命一名辩护人（《刑事诉讼章程》第 566 条）。律师无正当理由

---

〔1〕 *Грудцына Л. Ю.* Российской адвокатуре 140 лет: историческая ретроспектива // Адвокат. 2004. № 10. С. 115.

〔2〕 Юридический календарь на 1914 г. / сост. М. Я. Ост-рогорский. СПб. , 1913.

〔3〕 *Фойницкий И. Я.* Защита в уголовном процессе как общественное служение. С. 62.

〔4〕 如前所述，依法不允许律师在侦查阶段介入案件，而只有在向法院起诉以后才能介入刑事案件。

〔5〕 与受审人自己、法院或检察官进行的实体辩护不同。

不得拒绝辩护（《法院组织章程》第 394 条）。在未成年人犯罪案件中，法院还可以指定辩护人而无须受审人或其父母（保护人）的请求。

根据 А. Ф. 科尼颇为理想主义的定义，刑事案件中的辩护人，是"用知识和深刻诚实武装起来的、举止适当的、物质上无私的、信仰独立的人"[1]。辩护人参加刑事案件的审理才有可能排除审理有罪或无罪证据（确定案件的实体真相）的不全面和不充分，才可能实现辩论制原则和保障受审人为维护自己的诉讼权利而获得高水平的法律帮助的权利，捍卫无罪推定原则（防止对无罪的人判刑）。

换句话说，律师参加刑事辩护不仅是为了受审人的利益即个人的利益，也是为了维护司法公正，为了公共的、法律的利益。И. Я. 福伊尼茨基写道："否定辩护，就是否定司法公正。……在诉讼中，被告人与用国家的全力支持武装起来的控方面对面时，他就配不上法庭审理的名义了，他就变成了猎物。"[2]

在刑事诉讼中，律师（辩护人）实质上所扮演的是监督机关的角色，它的任务就是揭露控方的弱点，检查控方提交的证据"是否可靠和真实"，让法院的注意力去质疑控方所提出的根据。法律推定，辩护应该具有与控方同样的手段，但是实际上辩护人不参加侦查和交付法庭阶段，不能通过自己的调查搜集证据，这就使辩护人在法庭上处于一个完全不平等的地位。然而，法庭对检察长所代表的公诉人"更为尊重"，对他们所提交的证据"更敏感、更注意"，这一切对于案件的结局有着更重要的意义。许多同时代的人，首先是律师们都指出了这一点[3]。

由于辩方在刑事诉讼中的窘迫地位，所以辩方参加法庭辩论就成为第一位的事情了。刑事案件中，辩方的重要任务是在辩护词中解释法律。实质上，

---

〔1〕 *Кони А. Ф.* На жизненном пути. СПб., 1912. Т. 1. С. 105.

〔2〕 Цит. по: *Случевский В. К.* Учебник русского уголовного процесса. Ч. 1. Судоустройство. С. 274.

〔3〕 См., например: *Арсеньев К. К.* За четверть века (1871–1894). Пг., 1915; *Карабчевский Н. П.* Около правосудия. СПб., 1909; *Винавер М. М.* Недавнее. Воспоминания и характеристики. Париж, 1926; *Грузенберг О. О.* Вчера. Воспоминания. Париж, 1938; *Маклаков В. А.* Из воспоминаний. Нью-Йорк, 1954; *Утевский Б. С.* Воспоминания юриста. М., 1989.

律师的发言往往对"法律的精神和词句"作出科学的解释[1]。一般说来，正是由于律师，俄国才有法庭雄辩的出现。

在指出律师活动将公共利益与个人利益结合在一起的时候，应该谈到这两种利益应该是和谐的，不能将其中任何一种利益绝对化。正是由于将受审人个人利益"绝对化"的思想，19 世纪后半期才出现了关于"刑事辩护的道德方面"（如果律师不相信受审人无罪，还是否应该为其辩护，律师可以使用哪些手段进行辩护）的大讨论[2]。

И. Я. 福伊尼茨基从律师在刑事诉讼中的公法任务出发，认为律师在进行辩护的时候应该维护受审人，而不应因为自己认为受审人有罪而难为情[3]。К. К. 阿尔谢尼耶夫号召律师"不说违背信念的话"。他认为，律师根据同当事人的协议承担为受审人辩护的职责，他就应该相信受审人无罪，或者对有罪深感怀疑，或者认为他显然是有罪的，但在道德上却是正确的[4]。相反，Е. В. 瓦西科夫斯基却认为，律师为受审人辩护的程度仅"以社会利益的需要为限"[5]。

我们认为，在解决这个问题时，关于律师活动的公共性质的观念是决定性的：他不是受审人"案件"的辩护人，而是受审人诉讼权利的辩护人和法院寻求案件真相的辩护人[6]。所以对律师而言就不存在不可以接受为之辩护的案件。否则，受审人的辩护权就会受到威胁。А. Ф. 科尼对这一思想有过格

---

〔1〕 См.：*Карабчевский Н. П.* Речи（1882－1914 гг.）. М.，1916；Речи известных русских юристов. М.：Юрид. лит.，1985；Русские судебные ораторы в известных уголовных процессах XIX века. Тула，1997；*Андреевский С. А.* Избранные труды и речи. Тула，2000；*Спасович. В. Д.* Избранные труды и речи. Тула，2000；*Урусов А. И.* Первосоздатель русской судебной защиты. Тула，2001；《Молодая адвокатура》《старой России》. Речи адвокатов на политических процессах начала XX в. / сост. и ред. В. В. Гриб，К. П. Краковский. М.：Юрист，2011.

〔2〕 关于这次大讨论，Подр. об этой дискуссии см.：*Черкасова Н. В.* Указ. соч. С. 49-51.

〔3〕 *Фойницкий И. Я.* Курс уголовного судопроизводства СПб.，1902. Т. 1. С. 70.

〔4〕 *Арсеньев К. К.* Заметки о русской адвокатуре. С. 121.

〔5〕 *Васьковский Е. В.* Организация адвокатуры. СПб.，1893. Т. 2. С. 13.

〔6〕 参政院（参政际上诉审判庭联席会议）也秉持这种观点，即"辩护人在任何情况下不都能因为接受为他不相信无罪的人辩护而获罪"（Сборник решений Правительствующего сената. 1879. № 4）。某些律师协会（如莫斯科律师协会）关于律师在接受刑事辩护时"挑剔"问题的结论则没有这么确定。

言式的表达："对于辩护而言，没有干净的与肮脏的案件、正确的与错误的案件之分，有的只是用自己辩证法的全部力量和精妙与检察官提出的指控理由相对立，为客户的当前利益服务而不用看社会利益的遥远地平线。"[1]

律师应该用何种手段行使自己的职能则是另一回事了。这里甚至不是指利用非法手段（伪造证据、恐吓控方证人等）——因为这是显而易见的；因为这类行为可以追究律师的纪律责任和其他责任。律师应该以避免受到道德谴责的方式，即使确信该人有罪或者怀疑他有罪，也应该在不失去自己尊严的情况下"为自己客户的无罪据理力争"[2] 或者一般地"反对指控"[3]。换句话说，选择案件的谨慎还应该有选择辩护手段的谨慎加以补充。这一原则也完全具有现代意义。

应该指出，《刑事诉讼章程》有一条（第745条）专门针对律师（而不是针对检察官！），它提醒辩护人必须放弃非法办案方法和对诉讼参加人采取侮辱态度："受审人的辩护人不得涉及与本案无关的任何事物，不得违反对宗教、法律和当局的尊重，不得对任何个人使用侮辱性的言词。"法律这一原则上正确的规定，在实践中广泛地被法院用来人为地干扰律师行使其职能（特别是在进行法庭辩论时），在政治审判中首先是如此。

**律师参加政治审判**　律师参加政治审判，从诉讼的角度看，与律师在普通刑事犯罪案件中的活动并无原则性的区别。在政治审判中，毋宁说是这种辩护体现的政治意义，辩护人的特殊气质、被辩护人的独特构成和政治犯罪的特殊性质所决定的辩护任务[4]。

19世纪60年代末—70年代初最早的那些政治审判令人沮丧的结果不仅引起当局对新法院的不满，当然更引起对律师们不满，因为他们认为律师就是作出那些当局看来轻得荒唐之至的刑事判决的原因之一。1872年2月28日，司法大臣就发出通知，说审判长们不应该允许辩护人发表那些直接与法

---

〔1〕　*Кони А. Ф.* На жизненном пути. Т. 1. С. 107.

〔2〕　*Случевский В. К.* Указ. соч. С. 279.

〔3〕　*Арсеньев К. К.* Заметки о русской адвокатуре. С. 121.

〔4〕　Подробнее см.: *Троицкий Н. А.* Адвокатура в России и политические процессы 1866–1904 гг.; *Краковский К. П.* Политич-еская юстиция в России. Гл. 5. 6. 《Пасынки судебной семьи》.

律相悖的言论[1]。

19 世纪 60 年代之前，政治审判是相对少见的现象；19 世纪 70 年代—80 年代，政治审判的数量急剧增长。对于律师而言，政治审判中的辩护成了律师应该庄严迎接的挑战，而且由于律师没有经验，就应该根据政治审判的特点去确定自己的辩护伦理学定向。在民粹派审判中的政治辩护主要是"罪证"辩护（当时证据基础薄弱，例如在伊舒京分子案件中）或者是"心理学"辩护（扎苏里奇案件）。

对于在普通法院甚至是在参政院特别法庭的辩护是怎么称赞也不会过分的。19 世纪 60 年代—70 年代像涅恰耶夫案件、彼得堡喀山广场游行案件、"50 人"案件，特别是"193 人"案件等政治审判，聚集了俄国律师界的全部精英。他们在这些案件中的辩护在形式上最为鲜明，其结果也是最成功的。最为闪光的是薇拉·扎苏里奇审判中的"个人心理学辩护"（П. А. 亚历山德罗夫的辩护）。

律师利用诉讼机会揭露指控的政治倾向性、宪兵调查和侦查的作伪和"教育方法"，反对起诉机关和法院贬低和侮辱受审人人格的企图（"193 人案件""50 人案件""20 人案件"）。辩护人常常在自己的发言中站在"一般性命题的高度"，揭露当局的专横（"193 人案件"），同时指出，国家是以自己的无法无天在挑动革命行为（扎苏里奇案件）等[2]。在 19 世纪的集体政治审判中，被告人开始与辩护人商议，律师们从无罪辩护的目标出发，提出个别辩护的立场，而被告人按照他们的建议行事。在 20 世纪初特别是在有党的活动家参加的审判中，一切都发生了根本的改变。

军事法院一般进行闭门审判，由于法律手段的可能性非常有限，辩护显得不太令人信服：律师在最高刑事法庭更难于履行自己的职业责任，因为审理的案件是谋杀沙皇，这就把辩护的有效性降低到零。

也存在法院限制辩护权的情况，这是与法律的任何规范都不相符的。И. В. 盖森指出，在大的审判中，法院院长提前向辩护人声言，他不允许辩护

---

〔1〕 *Троицкий Н. А.* Царизм под судом прогрессивной общественности. С. 212.

〔2〕 Подробнее см. : *Троицкий Н. А.* Адвокатура в России. С. 267 – 330；*Ларин А. М.* Государственные преступления. С. 264 и след.

人就法庭上发生的行为提出意见，也不允许申请或请求把这些行为和他（院长）的指令写进庭审笔录[1]。

O. O. 格鲁森贝格在吉列尔森案件（1909 年）的辩护词警句般地表述了这个问题："律师进入政治案件的法庭审判已经六年了。艰难的，痛苦的岁月。……政治辩护应该是自由的或者它根本就不应该存在。"[2]

遗憾的是，在 20 世纪的审判中，政治辩护也存在负面的东西，主要是把受审人的政治理想说得如娼妓般不堪——贬低他们斗争的重要性和贬损他们的组织，从而争取尽可能轻的刑事判决（例如多尔古申分子案件）。

И. В. 盖森表述了法院官僚当局与律师地位相互关系的重要而准确的思想："法院对任何外来影响的服从都会在律师地位中得到反映，因为律师捍卫的是合法的秩序，而不去考虑任何'夹带进来的要求和吩咐'。"[3] 可以举出政治审判中法院对律师施加的大量非法压力：对控方随声附和，对控方伪造证据视而不见，阻碍辩方同这些不法现象进行斗争。А. В. 尼基坚科院士在自己的日记中写道："法院院长接到秘密指令驱逐那些行政当局不知为什么不喜欢的律师。"[4] 律师 Г. Б. 斯利奥斯贝格，在他移民国外后回忆道："在民事案件中，对法院没有任何压力；而在刑事案件中，如果案件是政治性的，就有压力了。所以，在 1864 年严整的法院体系大厦里，在以后的时间里所发生的变化正是为了使这种压力成为可能。"[5]

虽然司法改革后俄国律师的功绩和成就是有目共睹的，但也应该承认在这一制度的运作中出现了令人震惊的现象，书刊把它称为"俄国律师的不道德化"。尤其明显的是从 19 世纪 70 年代末特别是从 19 世纪 80 年代初开始，"人们忍受律师只是作为不可避免的恶"——В. 沃罗基米罗夫在 1881 年苦楚地写道[6]。

---

〔1〕 ИРА. Т. 1. С. 347.

〔2〕 Процесс Гиллерсона. СПб., 1910. С. 60 и след.

〔3〕 ИРА. Т. 1. С. 320.

〔4〕 Цит. по: *Гессен И. В.* Судебная реформа. С. 151.

〔5〕 *Слиозберг Г. Б.* Дореволюционный строй России. Париж, 1933. С. 152–153.

〔6〕 *Володимиров В.* К вопросу об открытии советов присяжных поверенных // Журнал гражданского и уголовного права. 1881. Кн. 5. С. 124.

　　一个共同的现象是"为了利益和一时的需要而抛却信仰"，用一位同时代人的话说，律师"在金钱面前没有站稳脚跟，于是就开始证明黑即是白"〔1〕。П. Н. 奥布宁斯基带着刻骨铭心的痛苦却又恰如其分地指出："律师活动开始的第二个十年，它现在导致道德的缺失，这与时代的变化是一致的，一系列彻底伟大的社会改革所激发的社会理想和追求遭到毁灭和嘲笑，而'主流的'报刊费尽气力推出的'期待的战士'争取到的是反改革，重回昔日的司法制度；当需要'事业'时'干事的人'应运而生了，格鲁莫夫决定'等一等'，而在律师刚刚开垦出来的处女地上'巴拉莱卡琴手们'〔2〕就甚嚣尘上了。从这一刻起，大学的教研室开始没有人了，而大学生们变得像威武的受阅士兵；从这一刻起，青年们不去学习道德教义，而是开始遵循为生存而斗争的理论，肆无忌惮而且不加掩饰的利己主义取代了不久前的最后一点利他主义天性；……从这一刻起，可以看到律师开始从参政院广场白色大楼转移到竞标与拍卖的荫蔽之所，不再走单一的诉讼之路，而是干起各行各业，热心地为科卢帕耶夫们和拉祖瓦耶夫们〔3〕辩护，白湖鲫鱼们〔4〕只能孤独地死在法庭上，而在理想消失后留下的空地上出现的是投机买卖、大走马、橡胶轮胎、道具和酒宴。"〔5〕

　　1890 年莫斯科律师协会被迫确认，"律师队伍在缩小，群体的经验和知识水平在下降，荣誉感和责任感、遵纪守法的概念和许可的界限、社会服务的原则正在被遗忘。"〔6〕

　　保守主义者们，用 K. K. 阿尔谢尼耶夫的话说，是"司法改革的一贯反

---

〔1〕　*Гальперин-Гинзбург Е. А.* Под знаменем права. Берлин，1923. C. 216.

〔2〕　巴拉莱卡琴是俄罗斯民间的一种三弦三角琴。作家萨尔蒂科夫·谢德林在《现代牧歌》等著作里，曾用"无弦的巴拉莱卡琴"形容擅长空洞奇谈怪论的人。这里把随时准备搞阴谋诡计和说谎的律师称为"巴拉莱卡琴手"。——译者注

〔3〕　科卢帕耶夫和拉祖瓦耶夫是作家萨尔蒂科夫·谢德林塑造的富农典型。——译者注

〔4〕　白湖鲫鱼是作家萨尔蒂科夫·谢德林童话《鲫鱼——理想主义者》的主人公。它希望鱼儿们珍爱彼此，强者和富者不欺压弱者和贫者。它想说服鲨鱼，但鲨鱼对它的回答却是把它吃掉。——译者注

〔5〕　*Обнинский П. Н.* Откуда идет деморализация нашей адвокатуры? // Юридический вестник. 1890. Т. 6. Кн. 1. C. 28-29. 1917 年以后律师们到了国外，他们在自己的回忆录中往往把 19 世纪 80 年代律师的状态理想化。См.，например：*Гершун Б. Л.* Воспоминания адвоката // Новый журнал. 1955. № 43. C. 135.

〔6〕　Цит. по：Судебные уставы…за 50 лет. Т. 2. C. 274.

对者"，他们当然要利用这个题目大做文章了。例如，В. Я. 福克斯写道："民事案件中毫无节制的、往往是最低俗的夸夸其谈和诡辩，刑事案件中则是千方百计影响陪审员的看法，不惜损害事实真相和公正性。最后，在实行司法改革后，我们这里马上就出现了不恰当的政治倾向性，不论社会还是报刊，甚至是法院，都宽宏大量地把所有这一切归咎于年轻律师的没有经验。"[1]他们坚持认为，律师已经从本质上坏掉了。

但是让律师特别委屈的是来自俄国思想家、作家的并非完全不公正的批评[2]。Ф. М. 陀思妥耶夫斯基（在《作家日记》中断言："律师是注定没有良知的人"[3]，在《卡拉马佐夫兄弟》中把律师称为"卖身投靠的政论家"）认为，律师的活动不符合道德真理，有罪的人被判无罪，而本质上的好人在特别不良环境影响下实施犯罪，"在贫困的气氛中喘不过气来的人，却被判处长期的刑罚"，"我认为，避免欺骗、保持诚实和良心对于律师而言也是困难的"[4]。

对律师最严厉的批评者是"毒舌"萨尔蒂科夫·谢德林，他认为律师组织是"污水坑"，而律师就是"淘污水坑的人"："一边淘污水坑，一边吃面包"（这并不妨碍他与一些律师交好）。他既在自己的文艺作品（《现代牧歌》《外省散记》等）中，也在政论作品（他所编辑的《祖国纪事》里的一系列文章)[5]中嘲笑司法改革后的律师[6]。

对律师的这种态度正中反动派的下怀。伟大作家们的批评被保守派报刊如愿以偿地抓住用来玩弄投机，律师所有的真正缺点被夸大，从而得出他们

---

〔1〕 *Фукс В. Я.* Судебные доктрины 1861－1864 гг. на практике // Русский вестник 1887. № 1. С. 107－108. К. П. 波别多诺斯采夫对律师的批评特别激烈。参见 *Победоносцев К. П.* Великая ложь нашего времени. М. , 1993.

〔2〕 Подробнее см. : ИРА. Т. 1. Гл. 15.《Отношение общества к адвокатуре》; *Троицкий Н. А.* Адвокатура в России. Гл. 5.《Адвокатура, общество, политика и культура》.

〔3〕 *Достоевский Ф. М.* Полн. собр. художеств. произв. М. -Л. , 1929. Т. 11. С. 195.

〔4〕 Цит. по: *Сухарев И.* Блеск и фальшь адвокатуры // Российская юстиция. 2001. № 1. С. 65.

〔5〕 См. : *Троицкий Н. А.* Адвокатура в России. С. 192－193.

〔6〕 И. В. Гессн 试图详细评论俄国报刊和社会对律师的反响从而进行争辩，以维护律师，使他们免受萨尔蒂科夫·谢德林的批评。俄国报刊和社会对律师活动的反映非常强烈。См. : ИРА. М. , 1997. Т. 1. С. 164 и след.

显而易见的结论："律师是不道德的制度，应该予以取缔。"[1]

应该公正地说，"律师的不道德化"并非"纯俄罗斯"现象。研究者、同时代人指出，在 19 世纪后半期，律师的不道德化成了全俄国的现象。应该首先将它与资本主义的蓬勃发展、资本主义进入帝国主义阶段联系在一起。大生产、资本及其流动的作用和意义急剧增长，以及类似的进程决定了私法领域法律行为、法律服务的急剧增长。[2]

应该指出的是，律师组织试图为自己队伍的纯洁性而斗争：律师协会提起了特别多的纪律处分程序，这些程序的结果不仅是有律师受到纪律处分，而且还有的律师被开除出律师队伍[3]。

在进行总结的时候应该承认，律师成了也许是 1864 年司法改革最成功的新举措之一。虽然连"司法改革之父"们对律师的态度也不失双重性：他们意识到必须建立律师制度，同时又对它持怀疑态度。这个二分法的第二部分在改革后的年代加剧了。这既是由于保守派倾向的加强，更是因为道德立场问题。这个原因涉及律师实践本身，因为律师活动引起了社会舆论的负面评价。

当局对律师的态度从怀疑发展到否定，原因主要是在政治领域，与政治审判取得令人垂头丧气的结果有关：法院判决无罪或者轻判首先是由于律师（辩护）"过分积极"。引起政府不满的另一个原因是律师成了不满意在政府服务或者被从政府赶走的官员们的"庇护所"。

和任何自治社团一样，俄国的律师在司法改革后的时期制订了保障其"精神统一"的道德准则和职业规范[4]。

---

〔1〕　Неделя. 1875. № 7.

〔2〕　ИРА Т. 2. С. 261－270. Также См. : *Васьковский Е. В.* Будущее русской адвокатуры. СПб. , 1893.

〔3〕　См. ИРА. Т. 2. Глава《Дисциплинарное производство》.

〔4〕　*Арсеньев К. К.* Заметки о русской адвокатуре. С. 22.

И. Е. 列宾：法学家和作家 А. Ф. 科尼肖像 （1898 年）

藏于国立特列齐亚科夫画廊

К. И 马科夫斯基：亚历山大二世 （1881 年）

藏于国立特列齐亚科夫画廊

区法院院长佩饰

1904 年

高等法院法官佩饰

1904 年

律师证章

和解法官证章

法警证章

# 第三编 《司法章程》规定的诉讼程序

## 第一章 民事诉讼

我们此前指出过，1864 年《司法章程》所规定的新的民事诉讼原则（辩论制、言词原则、公开性、直接原则，等等），但我们仅采取最一般的方式介绍了和解法院和普通法院中的民事诉讼，而没有论述它的所有特点，包括技术性特点（虽然它们对诉讼形式也是有意义的）。我们认为自己的任务在于展示、阐述 1864 年司法改革所带来的民事诉讼与"旧"民事诉讼相比有哪些革命性变化。

我们要指出的是，同改革前繁冗的民事诉讼相比，改革后的程序简化得多了。民事诉讼变得比较透明和受社会"监督"。《民事诉讼章程》包含了一系列旨在简化程序的规范，而且规定了具有"加快诉讼"性质的一些新形式（民事诉讼的简易程序）。1890 年开始对于无争议民事案件实行简易诉讼程序。

我们将要探讨和解法院和普通法院民事诉讼的一般程序，而首先将对民事诉讼法中最关键的一种民事诉讼范畴——证据的新规定进行评述，看它们与司法改革前的《法律大全》相比发生了哪些重大变化。

### 第一节 证 据

证据，这是双方当事人用以说服法官相信其主张正确性的手段。在司法改革前的法院诉讼中，实行的是形式证据原则。司法改革取消了这一概念，在俄国法律史上第一次规定了法官根据自己的内心确信自由评定民事诉讼和刑事诉讼中提交的证据。与此同时，法律（《民事诉讼章程》和《刑事诉讼章程》）规定，法官有权采取措施核实这些证据的真实性而非作伪（证据审查制度）。

但是，法院并没有查明案件事实真相的任务，它的任务就是确定形式（诉讼）真相。诉讼的辩论制性质决定了：法院根据当事人提交的证据作出判决，而法院自己无权搜集有利于民事诉讼任何一方的证据。

依照《民事诉讼章程》第 366 条，原告人应该证明自己的诉讼请求，而被告人则必须从自己方面证明自己提出的异议（但仅对原告所证明的东西提出争议；被告人不必用证据去推翻原告人空口无凭的说法）。但如果被告人没有到庭应诉，则原告人必须向法院提交证据，以证明自己的权利和请求的数额（《民事诉讼章程》第 722 条）。同时，被告人对原告人的诉讼请求或部分诉讼请求予以接受或不提出异议，对法官具有决定性的意义。所以，让我们探讨一下，民事诉讼中哪些证据是可以采信的，法庭如何进行证据审查。

**证据的种类**　法律承认下列证据在民事诉讼中是可以采信的：证人证言、周围人的证言、书证、承认、宣誓。

证人（与诉讼的结局没有利害关系、向法院证明自己作为目击者所看到事实的人）在法庭提供证言时应该进行宣誓（但年满 7 岁不满 14 岁的未成年人和被开除教籍的人除外）。双方当事人可以要求"值得怀疑的"证人回避（例如与对方当事人有亲戚关系等）；法院有权决定它认为不得成为证人的某些人回避（例如有身体或精神缺陷的人；子女对父母等——《民事诉讼章程》第 371 条）。

**周围人**制度进入了司法改革后的诉讼程序，其实这是一个很早以前就有的制度。当时法律允许询问大量的人，以获得关于案件、关于诉讼参加人和受审人的"一般印象"（"挨户搜查"）。与证人的个人证言不同，在援引周围人看法时不指名道姓，而是周围人在比较长时间里通过对某种现象的观察得出的一般印象。周围人证言最经常使用的场合是关于土地的争议（询问当地老住户）。《民事诉讼章程》第 412 条规定："在关于不动产的空间、地点或占有时间发生争议时，法庭对某一方当事人援引本地居民证言的事宜，可以指定通过周围人进行特别调查。还允许在需要证明公认的地方习俗是否存在时指定调查。"按照 T. M. 雅布洛奇科夫教授的形象说法，周围人能证明"安定、没有争议和不间断的所有权"。

调查不在法庭进行，而由指派去的法官就地（譬如说在村子里）进行。他同乡公所的人拟订一个被调查人员名单，名单由双方当事人确定，然后从名单里通过抓阄的方式选出周围人（从 12 人中选 6 人），这些人由法官按照询问证人的规则进行询问（《民事诉讼章程》第 413 条）。

**书证**正是在民事诉讼中具有重要的意义。书证不仅包括提交验证的公证文件、民事立法中直接列举的家庭文件（《法律大全》第 10 卷《民事法律》），而且包括其他书证（《民事诉讼章程》第 438 条）。上述任何文件一经提交法院，不经审查均不得被驳回（《民事诉讼章程》第 456 条）。

《民事诉讼章程》含有关于证人证言和书证效力关系的一般规则。只有对于那些法律规定不需要书证的事件，证人证言才可以被认为是证据（第 409 条）。一个最著名的，一个半世纪之前就被高等法律院校使用的案例，就是最好的例子：它与金钱借贷有关，由于没有收据，因此就不能由证人向法庭证明该契约的存在。

依照法定程序制作和认证的书证的内容，不得被证人证言所推翻，但关于作伪的争议除外（《民事诉讼章程》第 410 条）。然而，一方在不能推翻文件内容本身的情况下，可以证明文书制作时存在的意思瑕疵（通过欺骗、误导、强迫以及利用一方当事人的贫困状态制作的协议）或者协议是伪造的（用现代语言说，就是实施虚假法律行为），等等。

司法改革前的诉讼（民事诉讼特别是刑事诉讼）认为**承认**是"证据之王"。在《司法章程》中，承认的意义已经有所不同。然而被告人承认诉讼请求对于法院具有强制意义——法院可以因此直接判原告人胜诉。如果承认只是针对案件的个别情节，则法院必须认定该情节已经得到证明而不需要补充证据和论证（第 480 条）。承认可以在开庭前用书面形式表示，也可以在法庭辩论里用言词表示（在这种情况下，应该将承认写入笔录——第 479 条）。

法律认为承认是不可逆转的。按照一般规则，作出承认的人不能收回承认。《民事诉讼章程》第481条规定了这个一般规则的例外：作出承认的一方，如果承认不与其个人行为有关，或者他能够证明由于当时不了解后来才得知的情况而被误导，则可以推翻自己的承认。

当事人宣誓，保证自己陈述的真实性，这是庄严请求上帝为其真实性作证。当然，应在教堂或其他祷告之地进行宣誓。东正教徒对福音书宣誓，而其他宗教信徒则按照他们的法律规定宣誓（《民事诉讼章程》第493条）。这也许是最古老的、早在《罗斯法典》时代就存在的证据形式。两种著名的宣誓——强制宣誓和自愿宣誓中，法律现在仅允许自愿宣誓。宣誓的对象可以仅为某一方用来证明对另一方的诉讼请求，例如，被告人宣誓已经把向原告人借的钱还了，而原告人宣誓确实借钱给了被告人。

宣誓根据双方的协议进行（第485条）。有趣的是，法院院长在收到宣誓请求后，首先要说服当事人"不妄称上帝的尊名"，而要进行和解（第490条）。法律限制把宣誓作为证据。在关于公民财产与人身权利的案件以及出生合法性案件、不动产所有权案件、合伙与公司案件、涉及未成年人权利的案件上，以及与某种犯罪或违法行为有关的情节问题上，都不进行宣誓。

## 第二节　和解法院的诉讼

和解法院的民事诉讼区别于普通法院的民事诉讼之处在于它更为简单，虽然在和解法院也适用普通法院诉讼的规则和规范，但和解法院存在自己的某些特点。它由《民事诉讼章程》第一部《和解法院的诉讼》（第29条—第201条）规定。

**和解法官的诉讼**　如上所述，和解司法中第一审级就是和解法官。和解法官审理民事案件的特点就是特别简单，因为诉讼标的额不大，而当事人就是普通的老百姓、农民、市民等。起诉可以口头进行（相当数量的原告人和被告人都不识字）。在这种情况下，口头请求要在和解法官记事簿中记录下来，如果原告人识字，则再由他签字（《民事诉讼章程》第51条—第52条）。

案件采用开门审理并且口头审理的方式，甚至不一定要制作笔录。在"不尊重宗教、社会秩序和道德的案件"中，如果事人提出请求而且法官认为请求是"正当的",则法官宣布案件闭门审理。双方可以按照法律规定的理由(法官或其近亲属参加案件或者与一方当事人有亲属关系或者是一方当事人的近亲继承人,法官是一方当事人的监护人或领地管理人)申请法官回避。

在开始分析案情时,和解法官建议原告人讲述他的诉讼请求和案情,之后再听取被告人的意见;双方可以依次作出解释、提问和回答问题。如果法官认为案情已经明了,就终止双方的口头辩论。

在双方各自进行解释以后,和解法官要建议双方和解(从而完成自己的首要使命,也不辜负法庭的名称),指出他认为存在的能够让双方当事人都满意的和解办法。但是如果当事人很坚持,不希望以和解结案,则法院就要转而作出自己的判决(第70条)。重要的是必须指出,和解法官不参加证据的搜集,而仅根据双方提交的证据(证人证言、书证、宣誓、鉴定人结论、周围人证言等)作出自己的判决。

宣读判决(用现在的话说,就是结论部分)后,和解法官向双方当事人解释判决,说明向和解法官联合法庭提出上诉的程序(上诉状通过和解法官递交)和期限(1个月),并将判决登入记事簿(第139条—第140条)。法官有3天的时间制作判决的最后文本。判决的副本应根据双方当事人的请求发给他们(第144条)。诉讼标的额为30卢布以下的,和解法官的判决是终审判决,不得上诉;对其他判决可以上诉。

**和解法官联合法庭的诉讼(上诉审)**　和解法庭的上诉审就是县和解法官联合法庭。和解法官联合法庭的诉讼按照在高等法院(对区法院作出的判决)进行上诉审理的规则进行,但有一系列的特点。这些特点归结起来是:

(1)不要求传唤双方当事人到庭说明其所在地。

(2)案件的听审从宣读原判决和上诉状开始,而不报告案情(第173条)。

(3)至少一方的言词解释是必须的,如果双方都未到庭,则案件推迟到例行联合法庭进行审理,对此应该用传票通知双方当事人(第170条)。

(4)只有法律规定的有限的几类案件才需要提交检察官的意见书。

(5)联合法庭主席向双方当事人当庭宣布判决;对复杂的案件最迟在和解法官联合法庭最后一次开庭时宣布。

首都（圣彼得堡和莫斯科）和解法官联合法庭的终审判决书最迟应在宣布后的 7 日内制作（第 183 条）。如果被告人不出庭和不提交他对案件的书面意见，则和解法官可以根据原告人的请求作出口头判决。如果不出庭的是原告人，而又没有申请在他缺席的情况下审理案件，则和解法官可以终止案件，而且责成原告人交纳诉讼费和赔偿被告人因出庭而受到的损失。

**申诉审诉讼**　对于和解法官联合法庭的民事判决，可以向参政院民事上诉审判庭提出申诉。对和解法官联合法庭判决的申诉在参政院民事上诉审判庭的审理程序与对普通法院判决的申诉和抗诉相同。因此这个问题将在下面的有关章节中探讨。对乡法院的判决，和解法官联合法庭是其申诉庭。申诉审理程序按申诉审的一般规则进行，但有一点不同：这个诉讼中和解法官联合法庭没有处理庭对上诉状进行事先审查，而和上诉审一样，当事人都必须出庭。

## 第三节　普通法院的民事诉讼

**区法院的民事诉讼**　不属于和解法官管辖的民事案件，主要在区法院审理。高等法院对民事案件的管辖面是非常窄的。

区法院民事案件的一般（诉讼）程序从递交诉状开始。不论该法院在俄罗斯帝国的哪个民族地区（例如高加索、波兰或波罗的海沿岸地区）工作，也不论原告人是俄罗斯人还是外国人（第 261 条），诉状必须用俄文写成（只有签名允许使用外文）。起诉书递交给被告人常住地的区法院（如果被告人没有住所地，则向他临时居留地的区法院递交）（第 203 条）。涉及不动产的诉讼，起诉书向该财产所在地的区法院递交（第 212 条—第 214 条）。例如，对居住在彼得堡的金矿主，按照一般规则，本来可以在其居住地的区法院提起诉讼，但在不动产诉讼中，则应该按在矿场所在地的区法院提起（第 222 - 1 条）。

诉讼的一个重要阶段是事先的书面准备：双方交换辩论文书。文书的数量是有限的：每一方两份——诉状、答辩状、对诉状的反驳、对答辩状的反驳（第 312 条）。提交后三个文件的期限，每一方均为两个星期（第 317 条）。

案件的听审由法院院长根据当事人（例如，不希望行使递交答辩状权利的一方，或者未按期递交答辩状的反方——第 322 条—第 323 条）的请求。案件的听审公开进行。关于非婚生子的养育案件和关于不得公开发表的发明优先权或发明完善的案件，则闭门听审（第 325-1 条）。但是如果双方当事人都提出请求，法庭又认为理由正当，也可以宣布案件的听审闭门进行（第 326 条）。

案件的听审包括以下阶段：报告案情，双方辩论，劝导当事人和解和检察官提出意见书。

报告案情是由一位法官叙述案卷材料（第 327 条）。此后双方进入口头辩论（往往是由双方当事人的代理人——律师进行）。这实际上是重复答辩状上的论据，虽然双方也可以向法院提交新的证据（第 329 条—第 331 条）。

如果法院院长发现案情足够明晰，即终止双方辩论，同时要遵守双方口头发言次数平等的原则（第 338 条）。此后，他建议双方按照一定的条件进行和解。如果达成和解了，便制作庭审笔录，该笔录具有终审判决的效力，不得提起上诉（《民事诉讼章程》第 337 条）。

检察官发表口头意见（他不提交意见书，而他发言的核心内容由法庭书记官记入审判庭笔录），这一般是在法律列举的诉讼中：例如，在税费罚款等案件，以及在法院与政府机构之间的管辖争议，等等。检察官发言之后，双方当事人已经无权再发言，但可以指出检察官叙述案情中的错误（第 347 条）。

诉讼最重要的一个阶段是法院作出判决。审判长从当事人的请求中向法官提出几个问题。这些问题可以归结为两类：事实问题（是否发生过原告人所援引的事实）和法律问题（法律规定了这些事实会产生何种法律后果）。关于案情的问题和关于法律意义与适用的问题，应由合议庭的每个法官单独回答。判决按多数票作出，但是属于少数的法官可以叙述自己的特殊意义，该意见附于案卷（第 714 条—第 717 条）。

与和解法官诉讼一样，法律允许在一方不到庭的情况下进行缺席判决，其规则也与和解法官诉讼类似。

如上所述，民事诉讼对商业流转的效率、保证经营活动的法律基本原则等具有特别重要意义，"司法改革之父"们加速民事诉讼的努力，表现在建立简易诉讼程序上，同时又要保证法庭对所有案情的调查合理有据。

高等法院极少作为一审法院审理民事案件：高等法院对民事案件的管辖极限是极狭窄的。高等法院进行民事案件审理的规则与区法院相同。对高等法院作为一审法院的判决只可以提出申诉。

对区法院作出的判决，民事诉讼的当事人可以向高等法院提出上诉。

**上诉审诉讼**　高等法院的上诉审理程序与一审法院（区法院）对案件的审理类似——《民事诉讼章程》第 777 条。

上诉状通过原判区法院递交（第 744 条）。上诉状应该说明对判决的哪个部分（全部或者部分）提出上诉，推翻原判决的理由是什么，上诉人的请求是什么。上诉状的副本应立即送交对方当事人，以便他向高等法院提出说明意见（第 758 条），对此规定了一个月的期限。

高等法院在收到区法院的案卷以后，应指定听审日期，而当事人可以通知法院他将在高等法院所在城市的哪个地址听审。问题是高等法院管辖区边界离他所在城市的距离往往达到几百俄里，当事人不得不提前从那里出发并在诉讼所在地给自己找到诉讼期间的住处。

案件听审的特点仅在于，当事人不到庭并不妨碍作出判决。判决可以是在不听取当事人解释的情况下作出，但是，一方当事人缺席不排除另一方作出解释的可能性（第 770 条）。应该指出，审查双方当事人在一审法院提交的或在该诉讼过程中提交的证据，可以在高等法院审判庭进行，或由一名法官进行，而且还可以委托原判区法院进行（第 775 条）。高等法院作出自己的判决，而不将案件发还区法院重新审理和判决（第 772 条）。判决立即生效。

对高等法院作为上诉审作出的判决以及对高等法院作为一审法院作出的判决，应向参政院民事上诉审判庭提出申诉。

**申诉审诉讼**　对已经发生法律效力的判决，可以在上诉审判决宣布之日起的两个月内向参政院民事上诉审判庭提出申诉（第 796 条）。

法律规定，申诉只能对形式根据提出，而不允许针对案件事实方面的评价提出。申诉人在申诉状中应该指出，他认为高等法院在他的案件中的什么行为不合法而应该撤销，理由是什么（第 798 条）。

仅允许在下列情况下对判决提出申诉：

（1）显然违反法律的直接涵义或对法律的解释不正确。

（2）对诉讼的仪式和形式的严重违反致使法院判决不可能有效。

（3）违反法律有关高等法院管辖或权力的规定（《民事诉讼章程》第793条）。

我们对参政院申诉审实践的研究表明，制作申诉状的律师力求提出尽可能多的申诉理由（往往是没有经过深思熟虑的），希望哪怕其中一条能"管用"。与对司法阶梯上下级法院判决的提出上诉不同，申诉人不仅应该交纳诉讼费，而且还要交纳申诉保证金（第800条、第805条）。与上诉审一样，申诉状也应该发给申诉人的对方当事人，并且对方当事人也有权作出自己的实质解释。

案情报告日由民事上诉审判庭担任审判长的参议员指定，但是不传唤任何案件参加人到参政院听审。

听审公开进行（第803条），分为三个阶段：报告案情，检察长提出结论意见，双方当事人进行解释（如果他们到庭）。

案情报告就是提纲挈领地报告与申诉标的有关的案情、被申诉的判决、申诉状要求撤销判决的理由、对案件有关的法律、参政院民事上诉审判庭对类似案件曾经作出的判例。显然，参政院依据的是自己的判决，这使许多法律工作者确信参政院审判实践具有立法意义。

民事上诉审判庭检察长的结论意见涉及申诉状所列举的撤销原判决的理由，而出庭的双方当事人或者更经常是律师（即当事人的代理人），试图加强申诉状的法律内容，或者相反，否定申诉状的法律内容。

对申诉状作出裁定的程序要比一审或二审稍微复杂一些。报告案情的参议员列出应该在某处或在整个审判庭审理的问题。裁定按多数票作出，如果票数相同，则由庭长（上诉审判庭审理时）或审判长（在一个处审理时）投决定票。制作好的裁定应公开宣布。民事上诉审判庭对申诉状所作出的裁定不得撤销，但是新发现的案情或证明文件作伪的情形除外。但是10年期限届满后，即使在后一种情况下裁定也不得撤销（第805条—第806条）。

参政院上诉审判庭的所有解释法律准确意义的裁定和判决，均应予以公布，作为各级法院一致解释和适用法律的指南（第 815 条）。

如果高等法院的判决被撤销而案件必须重新审理，民事上诉审判庭应该指示与原判高等法院最近的另一个高等法院，让它作出申诉裁定（第 809 条）。该高等法院传唤当事人，并按一般规则开展以后的工作。如果判决是由于违反诉讼的仪式和形式而被撤销，则新的诉讼程序从成为申诉理由的行为或处理开始进行（第 810 条）。

# 第二章  刑事诉讼

如果谈到《司法章程》在俄罗斯司法领域引起的革命，那么这个革命最响亮的回声正是在刑事诉讼的组织、根据、原则、方法和形式方面。规定刑事诉讼最主要的文件是《刑事诉讼章程》（《司法章程》第二部）。

《司法章程》仿效法国立法的模式，规定了混合型（侦查—起诉型）刑事诉讼[1]，庄严宣告司法权独立、建立特别的起诉权、允许人民参加刑事案件的司法活动。刑事诉讼本身分为审前阶段（不公开的，书面的，没有当事人参加的阶段）和最后阶段——它建立在控辩双方平等、公开性、言词原则和辩论制原则的基础上。

《司法章程》规定的辩护制诉讼程序的基本特征是：

（1）诉讼中有独立于法院并享有参加案件权利的控辩双方。

（2）免除法院与之格格不入的那些属于控辩双方的职责；法院仅根据搜集到的证据材料评价控辩双方向它提出的要求。

（3）只能根据控辩双方的上诉并在上诉范围内对法院判决进行再审。

（4）控辩双方平等[2]。

根据 B. K. 斯卢切夫斯基教授的意见，刑事诉讼的基本特征是：

---

〔1〕  Журнал соединенных департаментов Государственного совета по вопросу о преобразовании судебной части. 1864. № 47. C. 32.

〔2〕  См.：*Фойницкий И. Я.* Курс уголовного судопроизво-дства. Т. 1. СПб., 1896. C. 67-68.

（1）诉讼的仪式和形式。

（2）诉讼方式和行为手段。

（3）对被追究刑事责任人的人身和财产所采取的强制措施的数量、性质和条件。

（4）对刑事证据进行审查和评价的规则。

（5）审判机关活动的基本原则。[1]

刑事诉讼的基本原则如上所述[2]，所以我们认为自己的任务在于对刑事诉讼的其余特点进行总的评述。在叙述材料时，我们会稍微偏离一点《刑事诉讼章程》的制度（案件在各个审级法院的进行：和解司法—审前程序—区法院审理—对判决的上诉）。鉴于审前调查的基本原理我们已经在有关调查机关和侦查机关的一章中进行了介绍，所以我们打算直接阐述法院中刑事诉讼的基本特点[3]。

## 第一节　刑事诉讼中的强制措施

鉴于法院在刑事诉讼中的活动具有公法性质，国家使法院享有相当广泛的权利，这些权利涉及保障诉讼应有的环境、保存证据材料和其他方面。

根据其法律性质，强制措施分为：

（1）对刑事被告人采取的措施。

（2）保证被传唤参加侦查和审判的人履行义务的措施。

（3）保全证据的措施。

**对刑事被告人的措施**　对刑事被告人所采取的强制措施又分为三类。第一类是保证被告人出庭或到侦查机关的措施：向被告人送达传票，根据传票

---

〔1〕　*Случевский В. К.* Учебник русского уголовного процесса. Ч. П. Судопроизводство. М. , Зерцало，2008. С. 2.

〔2〕　可以向对诉讼原则问题感兴趣的人推荐 B. 巴拉绍夫的《刑事诉讼教案》，它是根据 И. Я. 福伊尼茨基、切尔贝舍夫-德米特里耶夫、杜霍夫斯基等人的教科书编写的（СПБ. ，1902）。最基础的是 И. Я. 福伊尼茨基和斯卢切夫斯基的教程。

〔3〕　我们的叙述将依据 И. Я. 福伊尼茨基（1896 年版）、B. K. 斯卢切夫斯基（1913 年第 4 版）和 H. H. 罗津（1916 年版）等人的《刑事诉讼教程》。

必须到相应的机关（《刑事诉讼章程》第 55 条—第 59 条、第 377 条），对没有正当理由不按传票到达的，或者逃避侦查和审判的，或者没有经常住所地的刑事被告人，实行拘传（第 389 条—第 394 条）。这些措施可以由和解法官、侦查员和区法院采取。

第二类强制措施涉及制止被告人逃避侦查或审判。这些措施由调查机关、侦查机关、和解法官和普通法院适用。检察院没有适用强制措施的权利，虽然可以建议侦查员选择这样的措施，但是，对此侦查员也可以不予同意。

依照《刑事诉讼章程》第 416 条，可适用的措施（按照渐进程序）有以下一些：收缴居住证或被告人具结侦查时随传随到或不离开居住地；交付警察特别监管；交保；交纳保证金；监视居住；羁押。[1]

强制措施的选择取决于司法部门的具体官员（侦查员和法官），这有时也成为一种腐败勾结的对象（这首先与人身拘捕有关），特别是对非常富有的人追究责任的时候。司法改革后曾经有一个特别富有的刑事被告人被逮捕以后（奥夫相尼科夫案件）发生过这样的情形；对此报纸予以强烈谴责：“一个一千一百万的富翁抓进去，但很快变成个千万富翁放出来。”

有趣的是，被告人的羁押期（根据法院的裁量）有选择地折抵刑期。这是在受审人认罪或者被证明有罪的情况下陪审员作出无罪判决的原因之一；因为陪审员担心羁押期不折抵刑期，而认为长期的羁押已经足够惩罚受审人了。

第三类强制措施是保障向刑事被告人进行可能追偿的措施。如果实施的是财产犯罪或者犯罪的刑罚与金钱处罚、没收财产有关，法院（和解法院除外）根据法院侦查员的提请适用强制措施，以保证满足附带民事诉讼请求（第 268 条）。这些措施仅对刑事被告人的财产适用（扣押动产以及所谓的查封不动产）。

**保证被传唤参加侦查和审判的人履行义务的措施**　在实行无罪推定的条件下，确定刑事被告人（受审人）的罪行在一定程度上取决于刑事诉讼的重要参加人，这就是证人。对证人以及鉴定人履行其职责也规定了一些义务，

---

〔1〕　对年满 10 岁不满 17 岁的未成年人规定了特别的强制措施（例如，安置到感化院或修道院）。

其中包括：

（1）出庭的义务。

（2）在法律规定的情况宣誓的义务。

（3）提供陈述（鉴定人必须提供鉴定结论）的义务，作假证或提供虚假鉴定结论要承担法律责任。

同时，法律专门作出了关于与地域有关（居住在该法院辖区）的履行出庭义务的特别规定。居住在法院辖区外的证人，如果难于出庭，则不追究其责任。对人口稀少的不发达地区（阿尔孕格尔斯克省、阿斯特拉罕省、西伯利亚），不出庭的法定理由是居住在离法院200俄里以外。

法律还规定了其他一些不出庭的正当理由，例如，疾病、出差、"由于不幸事故突然破产"等（《刑事诉讼章程》第388条、第438条、第642条等），当局在政治审判中经常利用它，以便不把政治警察的代理人和假证人推出来"折磨律师"。在这种情况下，专门法律允许宣读他们在侦查时提供的证言。一等和二等文官、大臣、参议员、将军衔省长、市长、高级僧侣等也都免于出庭了。不履行出庭义务（例如证人逃避出庭）的，可能被处以25卢布（在和解法院）到100卢布（区法院）的诉讼罚金——《刑事诉讼章程》第69条、第438条、第643条。

案件参加人（刑事被告人、自诉人、附带民事诉讼原告人）不出庭的，因其法律地位的不同，后果也是不相同的。例如，对刑事被告人可以拘传，自诉人、附带民事诉讼原告人或其代理人没有正当理由不到庭也不请求在他们不在场的情况下审理案件的，可能的后果是认定他放弃民事诉讼请求、终止自诉案件。

**保全证据的措施**　这些措施的目的在于调取和保存在调查和侦查中取得的证据。采取这些措施的可以是和解法官（第105条、第160条）、法院侦查员（第315条）、区法院（第688条、第689条）。法律规定这些措施包括：勘验、检验、搜查和提取。这些措施往往会限制、损害刑事被告人的权利，与他们的利益发生矛盾，所以法律对这些措施的适用作了详细的规定。

## 第二节 证 据

证据在刑事诉讼中占据着核心地位。从刑事案件立案起，刑事诉讼中最重要的诉讼行为归根结底都是发现证据和评价证据，也就是发现和评价法院据以对犯罪事件和该人是否有罪作出结论的事实材料。

如前所述，《司法章程》废止了过去的"形式证据理论"。根据形式证据理论，法律规定这些或那些证据的"效力"，将它们分为完善的和不完善的证据并规定它们的权重（例如男性证人的证言要比女性证人的证言有分量，有身份的人的证言要比没身份的人的证言有分量、有文化的人的证言要比没文化的人的证言有分量、神职人员的证言要比世俗人员的证言有分量）。乍看起来，这些规则有良好的目的——限制法官的专断，但实际上它们正是在这个意义上是站不住脚的。它们没有达到规定它们的首要目的，即司法公正的目的。适用这些关于证据的法律规则的结果就是：最机灵的罪犯——虽然法院确信他们有罪——但由于不可能对他们发现形式证据而被免除刑事责任[1]。

1864 年《司法章程》用一个独特的共生体去取代了侦查程序，那就是侦查起诉程序（两者成分兼而有之）。原则上实行言词原则、公开性和辩论制，当然这也触及证据制度，因为这个制度与"形式证据理论"存在着有机的联系。在推翻形式证据理论以后，用 B. K. 斯卢切夫斯基的话说，也就是否定了评价证据的客观尺度和放弃该理论所建立的人为法律可信度标准以后，《司法章程》所确立的规则是法官应该依照《刑事诉讼章程》第 766 条"根据在讨论全部案情的基础上形成的内心确信去确定受审人有罪还是无罪"。

**刑事诉讼中的证明规则** 证明的第一个（基本）规则在于对于案件有意义的只是起该案内容作用的和包含在其法律要素中的情节。这也就确定了证明的对象和法庭调查的范围。后者既对案件参加人（首先是刑事被告人、受审人）有意义，也对法院有意义（节约精力）[2]。司法改革后刑事诉讼的理论与实践中形成的规则，涉及在诉讼过程中确定的事实、犯罪行为和实施人

---

〔1〕 *Случевский В. К.* Указ. соч. С. 104.

〔2〕 *Розин Н. Н.* Уголовное судопроизводство. Пг., 1916. С. 389.

的罪过真实可靠的程度，那就是：法官应该即使不追求完全没有怀疑，也要确信较高程度的可能性[1]。

证明的第二个规则在于需要予以证明的情况，应该被诉讼法允许采信的证据所证明。

证明的第三个规则是与案件有关的所有证据都具有同样的意义。法院应该在仔细审查证据之后，将所有证据的总和、联系和相互关系作为判决的根据（《刑事诉讼章程》第119条、第766条）。

证明的第四个规则涉及证明责任。按照一般规则，证明责任应该由控方承担，法院被免除寻找证据的责任。辩方虽不享有自己进行调查的权利，但不仅要参加对控方所提交证据的审查，而且往往还要提交自己用以推翻控方理由的证据（例如辩方证人证言）；或者譬如说，证明受审人不在现场的证据（实证的证据）。

只有依照1912年6月15日法律，法院（和解法院）才取得侦查活动的相对自由。

最后一点，法院只对经过法庭调查的证据作为自己最后讨论与评价的对象。

**证据的种类：**

**刑事被告人的陈述。**刑事被告人的陈述有两个突出特征：其一，这是案件利害关系人的陈述；其二，是对陈述人有害的陈述[2]。这决定了它们在刑事诉讼中的重要地位（而在司法改革前的俄国则具有特殊的意义）。

侦查与起诉机关当然更看重认罪陈述，对其他陈述持批评态度，认为它们是刑事被告人企图逃避刑事责任。对犯罪嫌疑人和刑事被告人严刑逼供的时代已经过去了（从19世纪初已经废止，虽然后来也还有采取隐蔽方法刑讯逼供以及进行"拷问"的，这种做法警察甚至一直保留到20世纪初期）。此外，《刑事诉讼章程》第405条有一项重要规定，那就是"侦查员不得使用许诺、花言巧语、威胁之类的手段强求刑事被告人认罪"。刑事被告人可以拒绝作陈述，对此应在笔录中记载（《刑事诉讼章程》第406条），而且他的沉默

---

〔1〕 *Случевский В. К.* Указ. соч. С. 108–109.

〔2〕 *Викторский С. И.* Русский уголовный процесс. М.，1997. С. 289.

不得视为认罪（《刑事诉讼章程》第 685 条）。众所周知，上述时期的革命者们在侦查时和审判时正是采取这种态度[1]。

受审人认罪在刑事诉讼中的意义与民事诉讼被告人承认诉讼请求（如前所述）有着原则性的不同。认罪丧失了它在司法改革前刑事诉讼中所谓的"证据之王"的效力。只有在没有强迫的情况下所作的自愿认罪才有意义，而且不能只简单地回答"是，我有罪"，而是要详细讲述所实施的犯罪，而且还必须是在法院对他的认罪和认罪的原因没有任何怀疑时认罪才有意义（《刑事诉讼章程》第 681 条）。在这种情况下，法庭可以不进行法庭调查，而直接转入控辩双方的辩论。否则就要进行法庭调查，因为法庭可能怀疑被告人认罪不是出于真心，而是出于某种原因（例如希望保护亲近的人）才认罪的。

**证人证言**是刑事诉讼中最常见的证据[2]。在俄国欧洲部分的省份，每个月要传唤五十多万人作为刑事案件的证人[3]。

必须具备以下几个条件，证人证言才能具有证据作用：

（1）证人有实际的可能知悉所陈述的事实，这取决于证人离他所陈述的事件距离很近。

（2）证人能够理解和叙述他所指认的事实（近视的程度、发育程度、记忆力、言语表达能力）。

（3）证人希望或者更确切地说是愿意说出真相，这取决于他对诉讼参加人的态度以及他过去的活动、个人品质（例如，他从前曾因作伪证受审）[4]。

但是这种证据也有它的反面，那就是诬陷的危险。因此，侦查和法庭调查的一个重要实际任务就是对证人和证言表现出怀疑态度，通过对比控辩双方的证人证言以及借助于其他证据对证人证言进行核实，确定其可靠性。法庭根据自己的内心确信对证人证言作出评价。

---

[1] См.: *Троицкий Н. А.* Принципы поведения революционе-ров после ареста // Безумство храбрых. С. 90 - 101；Резолюция II съезда РСДРП 《О показаниях на следствии》 // КПСС в резолюциях и решениях съездов, конференций и пленумов ЦК. 1898-1917. М., 1983. Т. 1. С. 70.

[2] 在俄国刑事诉讼中，不同于美国的刑事诉讼，刑事被告人（受审人）自己供述案件情节的，不能视为证人。这就是"任何人不得成为自己案件的证人"的原则。参见 *Фойницкий И. Я.* Указ. соч. Т. 2. С. 298.

[3] *Духовский М. В.* Русский уголовный процесс. М., 1897. С. 131.

[4] *Викторский С. И.* Указ. соч. 306-307.

法律规定受审人的妻（夫）、兄弟（姐妹）、其他直系尊亲属和卑亲属有权"排除自己作证"，否则对他们可以进行询问，而不必经过宣誓（第705条）。精神病人不能成为证人，神职人员不能将别人忏悔时向他所作的坦白用来作证，受审人的辩护人在该案办理过程中所获得的认罪内容也不能用来作证（《刑事诉讼章程》第704条）。根据一般规则，证人作证要进行宣誓，而且法院院长应该警告他作伪证应负的责任（《刑事诉讼章程》第716条）。

此外，被开除教籍的人、不满14岁的幼年人、被剥夺公权的人、本案的被害人都不允许宣誓作证（第706条—第707条）[1]。法律允许证人回避（第710条）。法院和检察官，特别是律师，均有一套办法揭露作伪证的人（例如，从证人所在的地方根本不可能看见他向法庭讲述的犯罪事件）。然而，由于没有可能要求控方的"危险"证人回避，律师往往利用各种策略抓住证人的矛盾，即使是很小的矛盾，搞得证人不知所措，"败坏"证人的信誉，从而使人们对证人证言的真实性产生怀疑（Φ.M.陀思妥耶夫斯基在《卡拉马佐夫兄弟》这部小说中把这一切描写得非常精彩）。在政治审判中，法院的参与性表现在它"努力"去相信控方证人的证言；反之，对辩方证人的证言断然不肯相信。

**鉴定（鉴定人）**。虽然在我们所研究的那个时代，司法鉴定还相当不发达，法院侦查员和法院还是尽可能地借助鉴定人的帮助，以便查清专业问题（如科学问题、技术问题等）（《刑事诉讼章程》第325条）。鉴定人在侦查的时间进行鉴定，但可以被传唤出庭，以便提交"自己的鉴定结论"（第690条）。鉴定人在刑事诉讼中的法律地位实际上与他们在民事诉讼中的法律地位相同（如前所述）。

革命者在实施恐怖行动时广泛使用自制的炸弹，这样一来，侦查员和法院就要找爆炸物质方面的专家。在臭名昭著的M.贝利斯案件（1913年）中，

---

〔1〕 不论和解法庭还是"皇家"法庭的证人，作证的誓词都是相同的。信仰东正教人士的誓词如下："面对神圣的福音书和十字架，我向万能的上帝宣誓：我保证不受亲戚朋友关系、利益或其他任何的诱惑，我将凭良心陈述本案中的全部真相，决不隐瞒我知道的事情，我保证向法律和上帝回答问题。如有不实，愿受上帝的惩罚。为证明我的誓言，我亲吻救世主的圣书和十字架。阿门！"信仰犹太教或伊斯兰教的人的誓词稍有不同。

法院就聘请了犹太教专家出庭询问。由于犯罪侦查学领域的发明，从 20 世纪初起，开始广泛使用指纹鉴定和人体测量学鉴定。依照 1912 年 6 月 28 日和 1913 年 7 月 4 日法律的规定，在圣彼得堡、莫斯科、基辅和敖德萨高等法院检察官的领导下成立科学鉴定办公室。

审理当时开始出现的一些案件时，法院要求进行更精细的鉴定（文学鉴定、艺术鉴定、场景鉴定）。仅在公证员 H 企图破坏女演员 Ч 贞操的案件中，莫斯科的一位侦查员就聘请了演员叶尔莫洛娃和格拉马-梅谢尔斯卡娅来创建女演员登台后的心理学肖像。

法院可以找"更内行的人"复核从鉴定人那里取得的材料。但是，与民事诉讼中一样，法官在刑事诉讼中对鉴定结论有自由评价的权利。

**通过周围人的调查**是相当过时的和"不完善"的证据（在欧洲，诉讼中已经不存在这种证据了），所以司法改革后的法院实践中已经很少使用了。它的实质在于搜集关于刑事被告人的工作、联系、生活方式的材料（《刑事诉讼章程》第 454 条）。这种调查的程序（《刑事诉讼章程》第 455 条—第 466 条）与民事诉讼中相同。如果刑事被告人已经被羁押，还要把他提到调查现场并且让他参与拟定周围人名单。

使用这种证据的情况极少，主要是在农村地区有效，因为在农村地区人们彼此熟悉了解；在城市里效果很小，所以实际上并不采用[1]。这种证据的特点在于它不能在法庭调查时使用，也不请周围人出庭。

**物证和书证**可以是多种多样的（与当代刑事诉讼中一样），而且它们的意义非常大，有时起着决定性的作用。它们通常超过证人证言的意义（证人可能撒谎或者可能搞错），因为它们具有客观性质（"不会撒谎的哑巴证人"）[2]，根据它们作出的结论实际上是不会错的。法律详细规定了物证搜集、保管的规则（《刑事诉讼章程》第 318 条、第 371 条—第 376 条）以及提交法庭的规则（《刑事诉讼章程》第 696 条—第 697 条，第 725 条）等。最常见的一种物证是书证——各种各样的文件：伪造的文件、相互补充或相互代替的文件，例如记录、证明受审人认罪的文件、证明法律关系的文件（如遗

---

〔1〕　*Фойницкий И. Я.* Указ. соч. Т. 2. С. 327.

〔2〕　*Случевский В. К.* Указ. соч. Т. 2. С. 127 и след.

嘱）等。在报刊上破坏名誉的案件中，书证（如报纸）是主要的。在民事诉讼中书证是形式证据，而在刑事诉讼中却不同，它们也应该像其他证据一样在法庭受到评价[1]。

## 第三节　法庭审判

法庭审判（在法庭对案件进行实体审理）是诉讼最重要的部分。正是在这个阶段，应该最大限度地保障实现刑事诉讼的基本原则：开放性原则、言词原则、公开性原则、直接原则、不间断原则，等等。

**开庭**　和解法庭由于诉讼程序简单，所以没有实施一系列诉讼行为的专门程序，一切必要的事情都在对案件进行实体审理的过程中办理，一般只开庭一次就结案。

在普通法院，这个阶段有一系列的手续，其目的是为了检查开庭的技术准备情况，对此恕不赘述。但挑选陪审员除外，因为这是非常有意义的[2]。

在区法院例会举行前三个星期用抓阄的方式从30人的候选陪审员加6名预备陪审员的总名单（总名单在报纸上公布）中公开挑选陪审员（《刑事诉讼章程》第550条）。抓阄用以下方式进行：把写着候选陪审员姓氏的票放入一个箱子，把写着预备陪审员姓名的票放进另一个箱子。法院院长从第一个箱子抽出30张票，从第二个箱子抽出6张票（《刑事诉讼章程》第551条）。把被选中的人聘请到法院。如前所述，许多"被选中的人"千方百计地逃避履行陪审员职责（提交生病或出差的证明）[3]。

在庭审开始以后，30人的陪审员总名单就提交给控辩双方，每方可提出6名陪审员回避，而不必说明理由（一般先是检察官，然后是律师）。由于控方往往并不行使此项权利，这一权利便转给律师，他可以要求12名候补陪审员回避。如果律师事先知悉候补陪审员对某些种类案件通常持什么意见，那

〔1〕　*Розин Н. Н.* Указ. соч. С. 438.

〔2〕　Подробнее см.：*Демичев А. А.* История суда присяжных. Н. Новгород, 2002. С. 89-93. 我们放过两个重要的技术性的阶段：移送法院和处理庭。

〔3〕　对没有正当理由而不到庭的陪审员，可以处10卢布以上100卢布以下的罚金；如有再犯，则处以20卢布以上200卢布以下的罚金（第651条）。

律师就可以最大限度地要求那些陪审员回避。И. Я. 福伊尼茨基认为,这种状况违反了控辩双方在诉讼中的平等原则[1]。

回避的办法是从名单中划去候选陪审员,之后用抓阄的方式从18名中确定12名主要陪审员和2名预备陪审员(为准备万一某位主要陪审员在庭审过程中退出,所以预备陪审员始终坐在审判庭观察审判的进行)。由此可见,法律怜惜没有坐到陪审员席上的陪审员们的自尊心:他们不知道是被要求回避了呢还是没有被抓阄抽到。抓阄后,陪审员进行宣誓(按自己所信奉宗教的仪式进行,《刑事诉讼章程》第664条—第669条)。

为了保证不能对陪审员施加影响或施加压力,所以禁止陪审员走出法庭和与法庭组成人员之外的人接触,禁止在庭外搜集所审理案件的任何材料。

在高等法院审理某几类案件(国事罪、职务犯罪等)时,等级代表为法庭当然组成人员。审判庭组成人员(法院辖区内的省和县的贵族代表、该区的一名市长和一名乡自治会长)是事先知道的。只有受审人才可以按照法律规定的一般根据要求他们回避(《刑事诉讼章程》第600条)。

**法庭调查** 法庭调查是法庭审查最重要的部分。在和解法庭,法庭调查的特点是程序比较少(《刑事诉讼章程》第88条—第118条)。法庭调查的第一步是向受审人说明起诉的实质和理由并查明一个最重要的问题:他是否认罪。但是,受审人可以不回答这个问题,也可以不回答任何其他问题(《刑事诉讼章程》第102条)。然后法官转入审查证据,询问公诉人和控方证人,接下来是询问受审人和辩方证人,之后审查其他证据。在自诉案件中,和解法官仅限于审查控辩双方提交的证据。

在普通法院,庭审从宣读起诉书开始,以控辩双方的辩论结束。在这个阶段,对证据进行最终审查,复原犯罪事件和汇总涉及受审人有罪还是无罪的问题。

庭审要结合辩论原则和调查原则。一方面,法律规定保障控辩双方的权利和利益,而这种权利和利益表现为"法庭辩论"的各种可能性(第630条);另一方面,它保证审判庭特别是审判长的积极作用,实质上就是保障他

---

[1] *Фойницкий И. Я. Указ. соч. Т. 1. С. 450-451.*

"指挥"法庭诉讼的过程并使控辩双方（往往还有律师，特别是在政治审判中）处于服从的地位[1]。

**控辩双方的辩论**　普通法院的辩论，特别是在有律师参加的庭审中，具有极大的意义。律师巧妙地利用各种心理手段，用感人的话语去影响陪审员的情绪，不仅是在完全证明受审人有罪的情况下，而且甚至是在受审人认罪的情况下，都能够得到希望的结果（判决受审人无罪）。正是这种情况激起这一制度反对者们的愤怒和（我们也认为如此）不无根据的谴责。

在回过头来评述刑事诉讼中控辩双方辩论时，应该指出，他们的任务是从控辩双方各自最主要的利益（有时也包括附带民事诉讼的利益）出发，说明在庭审过程中提交的所有证据。控辩双方的发言不得超出已提交和审查的证据的范围（《刑事诉讼章程》第 735 条）。

法律规定了发言的先后次序：检察官发言，然后是附带民事诉讼原告人（如果有的话），最后才是辩护人（《刑事诉讼章程》第 736 条）。

对发言的一般要求是：发言应该针对与案件有关的问题（审判长经常得用这个条件使辩护人"乱套"：打断辩护人的发言，说辩护人的发言"与本案无关"，特别是在政治审判中广泛使用这一招术）。发言里不允许对任何个人有侮辱性的语言，不允许对宗教、法律和权力机关的不尊重。20 世纪初当局迈出了没有先例一步：因为律师在法庭上发言的内容而追究律师的责任（吉列尔森案件）。

检察官在自己支持公诉的发言里叙述指控的情节和提出受审人有罪的结论（《刑事诉讼章程》第 737 条）。如果案件的听审没有陪审员参加，则他的发言还要涉及受审人被指控的犯罪行为应受处罚的性质问题（第 738 条）。如果确信没有证据证明受审人有罪，则检察官应该向法庭声明"根据良知"放弃指控（第 740 条）。但这并不责成法庭一定同意检察官的意见。往往有检察官放弃指控而法院作出有罪判决的情形[2]。

相反，辩护人在自己的发言中向法庭说明他的当事人在被指控的行为中完全没有罪过或者具有减轻罪过的情节（《刑事诉讼章程》第 744 条—第 745

---

〔1〕　*Розин Н. Н.* Указ. соч. С. 500.

〔2〕　См.：ЖМЮ. 1914. № 2. С. 68.

条）。在陪审员参加的案件中，辩护人在自己的发言里可以仅涉及那些"规定犯罪性质的"法律，或者仅涉及那些规定他的当事人行为值得宽恕的法律，而不去分析受审人可能受到的刑罚（《刑事诉讼章程》第 746 条）。

在和解法庭，辩论是非常简单的：自诉人可以发言，有时代理人（辩护人）发言，刑事被告人最后陈述。

**在陪审法庭和等级代表法庭的提问**　在和解法庭，法庭调查的控辩双方发言结束后，法官作出判决（《刑事诉讼章程》第 119 条）。在普通法院（区法院和高等法院），作出判决前还有一个提出应该由陪审团或法庭解决的问题的阶段。

在有陪审团参加的诉讼中，在辩论结束后，法庭要向陪审团提出问题（用一般的大白话叙述，没有专门的法律术语）[1]，主要的问题是受审人是否有罪（一共有三问：犯罪事件是否发生过；该事件是否系受审人所为；他是否有罪过。如果对前两问均没疑问，才只问受审人是否有罪，否则三个问题要分别提出）。然后才提出次要的问题（例如关于加重情节或减轻情节）或者涉及未完成的犯罪的阶段问题。控辩双方可以就法律的提问发表自己的意见，但法庭不一定要考虑这些意见。

审判长将问题清单交给首席陪审员以后，审判长发表送别辞，向陪审员解释案件的本质情节和涉及本案定性的法律，以及评判对受审人有利的证据和不利的证据效力的一般法律根据。审判长在致辞结束时，还应提醒陪审员最重要的事情：他们应该根据全部证据的总和而形成内心确信去确定受审人有罪还是无罪。如果要对受审人判刑，他们可以在认为有根据时说明受审人值得宽恕。

在很长时间里，书刊里都在争论一个《司法章程》里并未规定的问题：是否应该告诉陪审员关于受审人所面临的刑罚的信息。

**有陪审团参加的区法院的判决**　陪审员在收到审判长的问题清单以后就退入评议室，那里谁也不能进去（鉴于陪审团的无罪判决"流行病"，有的书

---

〔1〕　后来参政院刑事申诉审判庭甚至试图列举可以在向陪审员的提问中使用的通俗易懂的语言。См.：*Хрулев С.* Суд присяжных. Очерк деятельности судов и судебных порядков // Журнал гражданского и уголовного права. 1886. № 10. С. 70–71；*Демичев А. А.* Указ. соч. С. 95.

刊建议控辩双方的代表可以进入评议室去说服陪审员）。陪审员通过公开表决的方式回答每一个问题，陪审团决定按多数票，如果票数相等（6 票对 6 票），则按有利被告作出决定。措辞如下：对如下问题，"犯罪是否实施？受审人是否有罪？他是故意实施的吗?"肯定的回答应该是："是的，实施了。是的，有罪。是的，是故意的。"（《刑事诉讼章程》第 811 条）。措辞也可能是这样的："是的，有罪，但无故意。"（正是陪审团对卡佳·马斯洛娃所作判决的这种措辞错误，成为 Л. Н. 托尔斯泰小说《复活》中的著名情节。）

**伟大的俄国作家 Л. Н. 托尔斯泰写给 А. Ф. 科尼的信　（1895 年）**

作家在信中提及创作《复活》，而该小说的真实情节正是科尼"送"给他的

（首次发表）　现存俄罗斯国家档案馆

　　回到法庭后，陪审团宣布自己的判决。如果是无罪判决，则审判长当即宣布受审人免除审判和羁押（《刑事诉讼章程》第 819 条）。如果是有罪判决，检察官就提出关于刑罚和受审人有罪的其他后果。受审人进行最后陈述后，法庭退入评议室作出判决并确定刑罚，然后在公开的审判庭宣布判决（《刑事诉讼章程》第 829 条—第 834 条）。

　　**没有陪审团参加的区法院的判决**　如果案件由区法院审理而且没有陪审团参加，则在辩论结束后，法官退入评议室，自己拟定涉及事实与法律的问题（《刑事诉讼章程》第765条—第766条）。对每个问题，审判长都要求法官投票，从职位最低的法官开始，然后宣布自己的意见（第767条）。

计票与民事诉讼相似，但是如果意见有分歧，加上审判长的一票还不能确定优势一方，则作出"对受审人命运予以宽恕"的决定（第769条）。刑事判决可能是无罪判决或者有罪判决。如果判决受审人有罪，就要确定对他的刑罚。法庭可以减轻刑罚一至二等，在特殊情况下还可以向沙皇申请更大幅度的减刑甚至申请特赦。

**高等法院提出问题与作出判决**　至于有等级代表参加的法庭，那么，等级代表在法庭享有法官的法律地位，与法官联合起来组成一个审判庭，他们既参与提出问题，也与高等法院的皇家法官一起回答问题。

## 第四节　上诉与申诉[1]

任何国家都有一个任务，那就是建立尽可能完善的刑事诉讼。为此既进行个别的、局部的改革，也进行大规模的改革，1864年发生的就是这样的大规模改革。但是，世界上没有什么是理想的事物，世界上也没有理想的、不犯错误的法官和法院。纠正错误判决的唯一手段（假定对判决实质不满意的一方认为任何判决都是错误的），那就是再审。对侦查员和法院的个别诉讼决定也是如此。

**个别申诉**　这类申诉仅涉及法院的裁定或侦查部门就个别诉讼行为的决定（例如传唤或者不传唤证人，对不按照传票出庭科处罚金），或者涉及在开始审判前作出的诉讼决定（例如关于终止刑事案件的决定，因管辖原因而不受理刑事案件的决定，等等），也包括对法院侦查员所采取的强制措施的申诉（《刑事诉讼章程》第152条、第893条和第894条等）。

被申诉行为的利害关系人在有限的期间内（在和解法庭一般为7天——

---

〔1〕　Обжалование一词在俄语中可以用来表示对民事判决和刑事判决不服而向上级法院提出的上诉，也可以用来表示对二审法院裁定不服和对已经生效的判决向更高一级法院的申诉，还可以表示对案件侦查或诉讼过程中侦查人员和法院甚至行政机关的个别诉讼决定不同意时提出的申诉。——译者注

第153条，在普通法院为两周——第895条，对终止案件裁决的申诉期为一个月）向上级审判机关提出申诉（对法院所辖侦查员的决定向其所在法院提出）。

对于和解法官个别申诉的审理程序，法律并未规定。对侦查员决定的申诉，在区法院的处理庭进行审理。对区法院决定的申诉应在尽可能短的时间内在高等法院公开审理。对高等法院的决定不得再进行申诉，而应立即执行。

**上诉** 1864年司法改革实行了一个原则：法院的每个刑事判决（自下而上直至高等法院）本身被认为是正确的，而不应由上级法院批准。因此旧的判决审核程序被取消了，但是可以在一定期限内对判决提出上诉，逾期将丧失对判决提出上诉的权利。

与在民事诉讼中一样，在刑事诉讼中对尚未生效的刑事判决可以提出上诉，目的是从事实上（评价证据）和法律上（是否遵守诉讼形式和正确适用刑事法律）对判决进行重新审理。

由于上诉审法院离居民点路途遥远，双方当事人出庭都有困难，而且法律也没有对上诉提出要求。这样一来，辩论制原则实际上就受到影响。然而应该指出的是，尽管上诉有很多缺点，但对于尚不是终审判决的刑事判决至今也没有想出什么更好的办法来。

对下列判决不得提出上诉：和解法官对轻罪的刑事判决（不超过15卢布的罚金，不超过3天的拘役，或者按时完成赔偿的数额不超过30卢布，等等——《刑事诉讼章程》第124条）；有陪审员参加的区法院的刑事判决和有等级代表参加的高等法院刑事判决。

提出上诉的主体是：在和解法庭，是自诉人和刑事被告人（《刑事诉讼章程》第145条）；对于某几类公诉案件（例如违反社会安定章程），则是警察。

在普通法院，上诉人的范围更广：受审人（所有各种案件）；自诉人；检察官（仅针对与他的结论意见相抵触的刑事判决，而不论一审法院判决的结果如何）；附带民事诉讼的原告人和被告人对涉及附带民事诉讼的部分；最后，是未成年人和其他不能行使自己权利的人的代理人。

对各种法院的判决，法律规定了两个星期递交上诉状和抗诉书的时间（《刑事诉讼章程》第147条、第865条）。提出上诉即中止刑事判决的执行

（但解除受审人羁押的判决除外）。

对上诉和抗诉的审理，与一审法院审理刑事案件的一般程序略有不同。在任何情况下，大多数材料在一审法院都只是宣读，这与司法改革前的审判程序十分相似。在和解法官联合法庭进行上诉审理时，原审和解法官不得参加。只有在法院认为必要时，控辩双方才必须出庭，而他们不到庭并不中止诉讼（《刑事诉讼章程》第 157 条、第 879 条）。如果他们到庭，则按一般办法参加辩论。

和解法官联合法庭应再次争取双方和解（在他们到庭的情况下），如果案件允许和解（第 165 条），向助理检察官说明所提交证据的意义以及与本案相关的法律（第 166 条）。在普通法院（对没有陪审员参加的区法院判决的上诉），如果受审人没有给自己选择辩护人，则高等法院院长应给他指定辩护人（参看第二编第二分编第九章）。

上诉审的整个诉讼严格以上诉和抗诉的范围为限（例如，辩论在上诉的范围内进行），但某些情况除外（例如，下级法院违反管辖规则，适用上诉审自主确定的刑事法律不正确）。上诉审的结果是维持原判或者作出新的判决（《刑事诉讼章程》第 168 条、第 890 条—第 892 条）。有趣的是，对受审人的刑罚既可以撤销或减轻，也可以加重或判处新的刑罚（只能根据公诉人的要求）。

上诉审法院作出的判决是终审判决（《刑事诉讼章程》第 172 条、第 854 条），对它只能通过申诉程序提出申诉。

**申诉**　申诉的对象是一审法院（有陪审员参加的区法院和有等级代表参加的高等法院）的终审判决，以及上述上诉审法院尚未生效的刑事判决（《刑事诉讼章程》第 173 条、第 905 条）。

这种申诉的目的是由申诉审法院（参政院刑事上诉审判庭）完全或部分撤销刑事判决或将案件发还（一般是发给另一法院）重新审理[1]。

递交申诉状和抗诉书的条件是判决的法律错误（申诉理由）。《刑事诉讼章程》规定的各种申诉理由如下：

---

〔1〕　对 1872 年设立的参政院特别法庭刑事判决进行申诉的特别程序是一个例外。

（1）违反实体法的规定，即显然违反刑事法律以及在确定犯罪和刑种时对刑事法律的解释不正确。

（2）违反形式法律规定，即"严重违反程序和形式，以至于不遵守这些程序和形式就不可能作出具有法律效力的刑事判决"。

（3）违反对每个法院规定的管辖和权力的界限（管辖规则）（《刑事诉讼章程》第912条）[1]。

参议员们根据自己的内心确信对违法作出"严重"还是"不严重"的评价[2]。

如果上诉审法院维持一审法院的判决，对上诉审判决提出申诉的主体与对一审法院判决提出上诉的主体相同（《刑事诉讼章程》第173条、第906条），但是没有行使自己上诉权的人除外。在这种情况下，当事人只能是为了自己的利益才能提出申诉（第909条），但检察院是个例外，它可以为了受审人的利益提出抗诉，不过这在实践中是极为少见的。提出申诉的时间为两个星期（《刑事诉讼章程》第175条、第944条）。1864年《司法章程》起初没有规定提交申诉状要交纳保证金，但后来（1868年和1877年）实行了保证金制度：对和解法官联合法庭的判决向刑事申诉审判庭提出申诉时交纳10卢布的保证金（第177条），对普通法院的判决提出申诉时交纳25卢布的保证金（第910条；检察官和公权力机关免交保证金）。在驳回申诉请求时，保证金上交国库。保证金的目的是为了防止没有根据的申诉，但也是对贫困阶层受审人（被害人）的严重障碍，因为对于他们而言，保证金等于一头牛的价格，这往往是他们所负担不起的。

参政院刑事上诉审判庭对申诉和抗诉的审理仅限于形式方面[3]，仅在上

---

〔1〕 也许，对圣彼得堡区法院关于刺杀特列波夫将军的薇拉·扎苏里奇案的无罪判决（1878年）提出的抗诉是最臭名昭著的。检察长凯塞尔在抗诉中凭空捏造出审判长 А. Ф. 科尼行为中一些违反诉讼程序的问题，而参政院刑事上诉审判庭竟然判决检察长抗诉成立，案件转到诺夫戈罗德区法院重新审理。该法院对扎苏里奇作出了缺席有罪判决。但由于扎苏里奇在原判无罪的情况下逃到国外，所以这个判决没有被执行。

〔2〕 А. Ф. 科尼在《扎苏里奇案回忆录》里讲道，当司法大臣帕连作为一名法官感觉到陪审团倾向于判决受审人无罪时，差点没哀求他把墨水瓶打翻在笔录上，以便给检察长一个提出抗诉的理由。

〔3〕 我们在俄罗斯国家历史档案馆发现了一个申诉案卷：申诉被驳回的理由只是申诉是向参政院提出，而不是向参政院刑事上诉审判庭提出的。

述文件的内容范围之内进行（这与民事上诉审判庭的审理程序实际上十分相似）。不通知控辩双方到庭，虽然他们也可以出庭甚至可以对申诉状进行解释（《刑事诉讼章程》第 927 条—第 923 条）。

参政院刑事上诉审判庭可以驳回申诉和维持原判，也可以撤销原判，将案件发给另一同级法院（法官）重新审理，还可以发还原判法院重新审理，但审判庭应另行组成（《刑事诉讼章程》第 178 条、第 928 条—第 929 条、第 1277 条、第 1304 条、第 1421 条）。在重新审理时，法院（法官）应该按照参政院刑事上诉审判庭的指示。对参政院刑事上诉审判庭的决定不得提出申诉（第 927 条）。

**特别申诉（案件恢复）** "司法改革之父"们承认案件仅进行一次诉讼就应该终结，但又认为，把这个原则抬高到在任何情况任何时候皆不可动摇也是不正确的，甚至是危险的。[1] 法院的刑事判决应该受到社会的信任，而只在判决不可更改、不可动摇时才是可能的。由此便产生了一条规则：如果刑事判决（有罪判决或无罪判决）成立了，主体就不能因同一犯罪再次受到审判。但是这一规则也有例外。

虽然已经生效的刑事判决不可更改（现代被称为"法律确定性原则"），但在特殊情况下案件是可以恢复的。这就是发现了新的、在作出判决时所不知道的情况，而它们的意义非常重大，假如在案件审理时知道这些情况，刑事判决可能就不同了（但受审人隐瞒自己的真实身份和姓名、以前有前科，或者隐瞒了某些可以定罪或加重罪过的情况，都不是恢复案件的根据）[2]。"司法改革之父"们认为，在这种情况下，仅仅因判决不可动摇的形式原则就让它继续有效，这是违背司法公正的一般利益和公正性原则的。

这种申诉只能针对已经发生法律效力的刑事判决。这就是申请恢复刑事案件，而且没有时间限制，也不论是有罪判决还是无罪判决。但对于这种申诉存在极端严格的规则。

申请的主体是被判刑人（他的亲属）和检察院；其他所有人则通过向检察院提出请求进行。法院自己不得恢复案件。

---

〔1〕 *Духовский М. В.* Указ. соч. С. 253.

〔2〕 См. : *Викторский С. И.* Указ. соч. С. 258.

只有当法院认定以前的判决是由于作伪、收买或其他犯罪行为的结果时，才能恢复对受审人不利的案件。对于判决可能减轻或者被判刑人可能完全免除责任的案件，法律规定了受理上述决定的具体条件：（通过审判程序）揭露原刑事判决所依据的文件的伪造性质或者（证人、知情人的）证言的虚假性质；法院证明该案原审法官或陪审员的贪利动机或其他个人利益；发现证明被判刑人无罪的证据或被判刑人由于审判错误而服刑，刑罚高于有关犯罪的刑罚（《刑事诉讼章程》第 905 条、第 944 条）。

如上所述，这些案件在参政院刑事上诉审判庭审理（《刑事诉讼章程》第 180 条、第 934 条）。参政院刑事上诉审判庭如果认为恢复案件的理由成立，就撤销案件的全部诉讼并将案件发还享有管辖权的法院审理。

# 第三章　政治审判
## （国事罪案件的诉讼程序）

《司法章程》第 3 卷里有关于某几类案件刑事诉讼的特别规定。这些案件有一些特点和例外，使它们与一般刑事诉讼的形式和程序有所不同。这些例外就是下列五种案件：

（1）有宗教部门参加的案件（反对宗教信仰、违反教会规则的犯罪，以及神职人员犯罪）。

（2）《刑罚与感化法典》第 3 编规定的国事罪案件。

（3）职务犯罪案件。

（4）涉及各种行政管理部门的犯罪（侵害国库财产和收入的犯罪，侵害社会设施和教区的犯罪）。

（5）混合管辖（军事管辖与民事管辖）的刑事案件（《刑事诉讼章程》第 1000 条）。

我们将分析国事罪案件的诉讼，因为国事罪案件在我们所研究的这个时期特别重要。由于同样的原因，我们将要探讨涉及这类案件的调查和法院诉讼机制草案的制订，在这之后的几编里，我们还要展示这些犯罪的刑事诉讼都有哪些变化。这些犯罪成为司法反改革的方向，如果说不是最重要的方向，也是其最重要的方向之一。

**1864 年《司法章程》中的国事罪案件的审理机制** 《司法章程》规定了较广义的一类国事罪案件的共同诉讼程序[1]。它在《刑罚与感化法典》第 275 条—第 280 条和第 282 条—第 287 条所列举的犯罪基础上又增加了其他某些犯罪，例如：侮辱沙皇和不向上司报告上述行为，向俄国的非敌对国政府泄露国家机密，同外国政府或同俄国的敌对国国民通信，进攻与俄国接壤国家的居民，侮辱外国使节。

依照 1864 年《司法章程》[2] 国事罪案件应由以下法院"办理"：由高等法院审理的是包含一人或数人的罪恶阴谋的国事罪；如果在国家的不同地区发现反对国家最高政权或反对法定政体或皇位继承顺序的共同阴谋，而之后皇帝谕令在最高刑事法庭审理，则案件在最高刑事法庭审理（《刑事诉讼章程》第 1030 条—第 1032 条）。

高等法院审理国事罪案件应该有等级代表参加。国事罪的法庭调查由高等法院检察长担任。与普通刑事诉讼程序不同，高等法院检察长在收到关于已经实施的国事罪的信息材料后，"视可信程度和所发现犯罪阴谋要件的性质"，或者向高等法院院长提出请求，以便高等法院院长发出任命"专门侦查员"的指令，或者委托地方检察官或警察进行调查，之后再解决进行侦查的问题。

侦查应该由高等法院的一名法官进行，该法官由院长任命，并在高等法院检察长或助理检察长的参加下进行侦查（《刑事诉讼章程》第 1034 条—第 1035 条）。初步的紧急措施，包括搜查犯罪嫌疑人的住所和查封他的文件，在高等法院法官和检察长来到犯罪现场之前，由当地的法院侦查员进行；而如果没有法院侦查员，则由警察在地方检察官或助理检察官的监督下进行；如果在拘捕犯罪嫌疑人后一昼夜主办的法官还没有到达，则可以由同一名法院

---

[1] 最高刑事法庭和参政院特别法庭审理政治犯罪的特点，已经在关于这些机关的各章中进行了论述。

[2] УУС. Кн. 3. Разд. 2. О судопроизводстве по государст-венным преступлениям. Ст. 1030-1065.

侦查员对国事罪的犯罪嫌疑人进行询问。

国事罪的嫌疑人羁押在监狱的，应该关在特别的监房（为了减轻监禁的痛苦，以防拘禁可能是没有根据的，同时也为了排除犯罪人在其他囚犯帮助下消灭罪证的可能性）。

国事罪案件应该根据高等法院检察长、高等法院民事审判庭制作的起诉书移送法院。该审判庭有权在必要时制作终止案件的结论意见书。

但是，高等法院民事审判庭有权将案件移送至法院，却没有权利自己终止案件，而是要将自己对这个问题的意见提交参政院民事上诉审判庭。参政院民事上诉审判庭在解决这个问题的时候，应该根据犯罪的以下不同种类而请御前办公厅三处的处长、司法大臣、内务大臣或外交大臣前来参加审议，他们都有投票权：反对俄国最高权力的犯罪（《刑罚与感化法典》第275条—第286条）或者叛国罪和反对人民权利的犯罪（《刑罚与感化法典》第287条—第294条）。如果国事罪案件根据参政院的决定移送法院，而与高等法院及其检察长的建议却不同，那么则委托参政院检察总监制作起诉书（《刑事诉讼章程》第1044条—第1049条）。[1]

在高等法院，国事罪案件应该在刑事审判庭审理，而且进行侦查的法官不得参加该案的审理。只有受审人才有权要求等级代表回避，理由与法律规定的申请法官回避的理由相同[2]。等级代表与法官一起，既参加确定受审人有罪还是无罪，也参加作出关于刑罚的刑事判决。他们的投票与法官的投票具有同等效力。

无论是根据受审人的请求，还是根据检察长的抗诉，高等法院的判决都可以在参政院刑事上诉审判庭撤销。国事罪案件在上诉审判庭的诉讼程序依据1864年《司法章程》的一般原则。刑事上诉审判庭的庭审是公开进行的。由一名参议员报告案情，案件参加人可作出解释以维护自己的利益，检察长

---

〔1〕 在本段中，有几处提到高等法院民事审判庭和参政院民事上诉审判庭参与国事罪案件的诉讼。就此问题，译者数次向作者求证，并查阅了《刑事诉讼章程》第1044条—1046条，证明本书所述无误。案件由民事审判庭移送法院，而审理的是刑事审判庭，目的是为了保障审判的公正性。——译者注

〔2〕 例如，在法官、法官妻、法官的直系亲属（不限亲等），而旁系亲属为前四等，姻亲为前三等，或者法官的被收养人参加案件时，可以要求法官回避。

在听完上述解释以后提出结论意见，参政院刑事上诉审判庭再作出裁定（《刑事诉讼章程》第 918 条）。裁定由审判长公开宣布。

如果判决被撤销，则案件发还原判高等法院重审，或者由另一高等法院重审。

此外，被判刑人有权向沙皇请求特赦或改善他们的待遇。提出这些请求时，中止判决的执行，直至沙皇就此案作出决定（《刑事诉讼章程》第 1050 条—第 1061 条）。

从 1871 年开始，国事罪的这种诉讼程序就遭到极大的改变，这种变化是当局对不断高涨的革命运动的反应，也是对法院那些不符合当局期待的令人沮丧的政治犯罪判决的回应。

第二部分　司法反改革

# 第一章　司法反改革：长达一个半世纪的争论

**司法反改革的标准**　司法反改革的一般标准（特征）是什么呢？如果说修订地方自治机关和城市杜马的选举法（保留它们活动的制度和基本原则）就"足以"承认地方和城市反改革的存在，这看起来确实有点奇怪。取缔整个制度（和解司法）并代之以行政审理，颠覆法院独立这一关键性原则，建立调查和审理国事罪案件的专门程序以保证削弱法律因素从而大力加强行政因素等，这一切对于承认司法反改革的存在是"不够的"。

换句话说，在争论是否进行过司法反改革（以及其他反改革）之前，即使是在完全确定的意义上，即狭义上，都应该说清楚什么可以被认为是反改革，反改革的标准是什么，用著名的格言来说，"术语不必争论，而应该约定"。

至少可以举出对"反改革"这一概念的两种解释。其一，可以认为反改革是导致发展方向和性质较之此前改革的结果发生改变的行为。其二（这更符合这个单词的字面意义），这就是取消、消灭改革的结果，从而导致部分或全部回到改革前状态的某种行为。但即使在这里也应该有一个但书：历史经验表明，完完全全回到改革前的状况实际上是不可能的，因为通过改革社会已经获得了新的经验。[1]

著名的加拿大学者彼得·索洛蒙提出了自己的反改革概念，然后又把这个概念引申到改革后的俄罗斯，他原则上同意 Ф. К. 塔拉诺夫斯基提出的结构[2]。他从假设中推导，认为司法改革的基本目的是：①通过限制法院免受潜在的压力和依赖关系，从而增加案件在法院公正审理的可信度；②通过扩大法院的管辖权，赋予法院更大的自行处置权和提高法官的威信（为了保证判决的执行），从而加强司法权。

---

〔1〕　*Каменский А. Б.* От Петра I до Павла I. М., 1999. С. 57.

〔2〕　*Соломон П.* Угроза судебной контрреформы в России// Сравнительное конституционное обозрение. 2005. № 3（52）. С. 50-60.

简言之，"改革的目的应该是保障法官独立和加强司法权。所以，要承认司法反改革，则相应的措施就应该具有系统性，其目的就应该是采用没有根据的和不合法的方式限制司法权或者限制法官独立。"——П. 索洛蒙总结说。

然而，他也是有保留的，我们同意这个意见："构成司法反改革的东西，从某种程度上说，在观察者的心目中可能是一些评价性的见解。由此可见，学者们不应该机械地接受我们所研究的那些冲突参加者的观点。同时应该记住，如果不接受或不实现某种具体措施，司法反改革可能产生破坏性的后果只是一种推论。"

由此可见，寻求存在司法反改革（或者相反，不存在进行司法反改革的事实）这个问题的答案在于，承认为了达到与司法法律化（这个术语我们用来表示国内产生了独立司法权，它享有不允许行政权擅入的专门管辖权）相对立的目的而采取的措施具有系统性这个层面。

司法改革并非在所有地方同时进行，它的实现拖了 40 年之久。但在这段时间里，《司法章程》遭到了严重的修改，特别是在 19 世纪 70 年代—90 年代。我们相信，这不仅是指对 1864 年《司法章程》进行了如此大量的修订（修订超过 700 处）[1]，而且是对其质的改变，首先体现在两个最重要的方面：颠覆法院独立和法院与行政分离原则，以及用缩小司法管辖权来扩大行政实践。

我们使用 И. В. 盖森的术语，把这称为"司法官僚化"，也就是将司法权至少置于行政权的监护之下，法官变成了普通的官吏。

П. 索洛蒙关于司法反改革是没有根据的或者采取非法手段"颠覆"司法改革基本原则的看法，提示了一个道理，那就是必须既要注意法院组织法的更新，也要注意执法实践和司法部对司法部门的政策。它的指标存在着对司法检察人员的监督体系。

临时政府特别侦查委员会在 1917 年审理了沙皇最高层官僚的违法行为，也调查了司法部在革命前十年的活动[2]。该委员会的材料表明，政府实际上

---

〔1〕 *Муравьев Н. В. Из прошлой деятельности*：в 2 т. СПб.，1900. Т. 2. С. 587.

〔2〕 ГА РФ. Ф. 1467. Оп. 1. Д. 422-436——司法部及司法大臣 И. Г. 谢格洛维托夫滥用权力的很多卷档案。

借助于公开的违法手段建立了一种根本不顾及法律的全新的司法——"谢格洛维托夫司法"。我们认为，可以大胆地把它称为实际反改革。特别侦查委员会认定，"司法部在 20 世纪初完全变成了'非司法部'，玩弄法院不可撤换原则，完全让法官服从于中央政权的影响。"[1]

所以，我们认为，首先应该对是否进行过司法反改革这个问题给予肯定的回答；其次，应该确定司法反革命是政府旨在使司法权官僚化、既用法律手段也用非法手段限制司法独立的措施体系，以及通过减少司法中的法律成分而扩大司法中的行政成分。还必须指出的是，司法反改革与地方和城市的改革不同，它不是"点状的"，而是时间拖得很长的，与《司法章程》在国家边远地区的推行同步"活着"。

著名的俄罗斯法学家 M. П. 丘宾斯基 1909 年在犯罪侦查学家国际联盟俄国小组的莫斯科大会上发言，他在评价俄国的法院由于"完善司法体系的结果"而成了什么东西时，苦楚地总结道："无论这有多么不可思议，我们在俄国经常不得不回到从前，并且幻想五十年前被视为重要的而且已经实现了的东西。"[2]

如果承认司法反改革的标准是"颠覆改革的基本原则"，那么我们认为，在法院领域就应该分析两个趋势：司法的法律化和司法的官僚化。应该在政府政策的这两种趋势的框架内为进攻法院独立、限制陪审法庭、取缔和解司法以及取缔一系列法律"寻找一个据点"，而这些法律正是揭露专制制度为审理政治案件而寻求一个合适的法院。

我们正是想从这些思想的层面去分析司法反改革的基本方向。

---

〔1〕　Падение царского режима：стеногр. отчеты допросов и показаний, данных в 1917 г. в Чрезвычайной следственной комиссии Временного правительства：в 7 т. М., 1924. ／ред. П. Е. Щеголев. Л., 1924. Т. 1. С. XIV.

〔2〕　Русская группа Международного союза криминалистов. Общее собрание группы в Москве. 4–7 янв. 1909. СПб., 1909. С. 291.

# 第二章　司法反改革的基本方向

我们总体上同意 Б. В. 维连斯基提出的对司法反改革基本方向的分类，我们将按照以下几点来进行叙述：

（1）政治司法的演变。

（2）限制法院组织原则和诉讼原则。

（3）缩小陪审法庭管辖权的措施。

（4）几乎完全取缔和解司法而实行缙绅法官制度。

这四个方向体现了司法反改革的复杂性质，这与解决两个相互关联的问题联系在一起，即完善与革命运动作斗争的司法形式和法院的官僚化。很难列出一个司法反改革的线性大事记年表。这是因为没有司法反改革措施的任何计划。所采取的政治决策后来变成修订《司法章程》的法律，这些决策的出笼往往是对社会政治生活事件，或者说甚至是对于法院就引起极大社会共鸣案件所作判决的本能反应。

19 世纪 70 年代初发生了第一波关于政治司法的"立法浪潮"，在那个十年末期遭遇了旨在缩小陪审法庭管辖权的"法律浪潮"。对民粹派 1881 年杀害亚历山大二世的反应就鲜明地体现在《维护国家秩序和社会安宁条例》中（该条例涉及法院诉讼程序），也在关于法院职能的各种立法问题上（国事罪的诉讼程序、法院组织原则和诉讼原则、陪审法庭）表现出来，其尾声就是 1889 年在全国几乎完全取缔和解司法。

在 19 世纪 90 年代初，当局开始系统地修订《司法章程》，实质上就是在准备新的司法改革（穆拉维约夫委员会的工作）。这个进程没有完成，但司法部 20 世纪初进行的阉割法律工作者崇高职业气质、把许多司法检察工作人员变成具有盲从思想的政治上忠实的官吏（"谢格洛维托夫司法"）等卓有成效的但并不完全符合法律要求的工作，对这个进程给予了一定程度的补偿。革命事件引起了当局对应的反动，这种反动也涉及俄国法院活动的法律基本原则。

## 第一节　政治司法的演变

1866 年生效的《司法章程》，刚过了几年就受到严峻的考验，后果就是遭到"立法腐蚀"。1866 年 4 月 4 日，前法律大学生德米特里·卡拉科佐夫在圣彼得堡谋杀沙皇未遂，导致保守"党"更加活跃，其在高层的影响得以加强。1866 年 5 月，一群大臣（П. А. 瓦鲁耶夫、А. А. 泽列诺依等）向皇帝递了一份奏折，要求加强各省的权力"以消灭动乱"，他们争取到了皇帝的支持。然而，从 1866 年到 1870 年的这个时期可以称为政治平静时期；对于新的法院产生了"司法改革的蜜月"这样的言词，虽然早在 1866 年针对司法改革就已经响起了"第一声警报"。

但是从 19 世纪 70 年代开始，一切都发生了剧烈的变化。一位同时代人写道："严重政治犯罪很多，由于它们所引起的自然而然的愤怒，对我们整个生活发展进程产生了致命的影响，也危害我们《司法章程》的继续存在。有一种意识越来越深入人心，即认为要同极端现象进行斗争就需要极端的方法，从编纂者手中诞生的《司法章程》，已经不能表现出与能够动摇我们国家生活基础的那些现象进行斗争的刑事司法的力量了。"[1]

**1871 年 5 月 19 日法律**　《宪兵司令部官员调查犯罪行为规则》[2] 极大地改变了国事罪的审前程序，将这一重要使命委托给了警察局官员。

**1872 年 6 月 7 日法律**　建立了《司法章程》所没有规定的制度，表现出政府在顽强地探索一种适合办理国事罪案件的、能够确保对政治犯实行镇压的司法机构。

法院有权根据自己的裁量决定不公开审理的案件，不仅是里面有对皇帝陛下的侮辱性言词的案件，而且还有其他的国事罪案件（第 27 条）。

**1874 年 6 月 4 日法律**　为了修订《司法章程》中涉及非法团体的条款，

---

〔1〕　Вл. Сл.（原文如此。从下文看，上处应为 В. 斯卢切夫斯基。——译者注）Наш уголовный процесс за последнее двадца-типятилетие // Журнал гражданского и уголовного права. 1889. Нояб. С. 25.

〔2〕　ПСЗ. Собр. 2-е. Т. XLVI. Отд. 1. № 49615.

成立了以参政院刑事上诉审判庭检察长、参议员 Э. B. 弗里施主持的委员会（参加委员会的有司法部、内务部、宪兵司令部和御前办公厅二处的代表）。该委员会制订的法律草案于 1874 年 6 月 4 日被批准[1]。这部法律修订了《刑罚与感化法典》第 250 条和第 318 条。此外，对国事罪案件规定的诉讼程序，推而广之适用于非法团体案件、审判管辖权、调查、侦查、移送法院以及审判本身。

该法律偏离了《刑事诉讼章程》第 419 条确定的规则，规定进行非法团体调查的人有权（根据高等法院检察长的书面建议）羁押上述犯罪的被告人，虽然对这些犯罪规定的刑罚不剥夺全部公权或所有特权和优先权，但是只要这种措施对于预防刑事被告人之间串通或隐瞒犯罪痕迹是必要的即可采取。

**1878 年 5 月 9 日命令（1）** 1878 年，用 B. П. 马歇尔斯基的话说，"对于俄国历史和亚历山大二世的执政来说都是不祥的。"这一年以公布参政院对"193 人案件"的判决开始。然后响起了薇拉·扎苏里奇的枪声和同样"轰动和致命的"对该案的无罪判决。它成了装满政府耐心之杯的那"最后一滴水"，政府再也不愿意忍受"司法共和国"特别是陪审法庭的肆无忌惮了。

K. И. 帕连的头上早已高悬着退休的达摩克利斯剑了，他决心要展示一下自己的活动积极性。早在 1878 年 4 月 6 日，他就提出一项新的倡议：提请国务委员会审议"变更《刑罚与感化法典》（1866 年修订版）第 263 条—第 271 条和第 393 条规定的犯罪案件，以及侵害公职人员的最严重犯罪案件的审判管辖权"[2]。

帕连在自己的报告中举出民粹派在公职人员履行职务时对他们实施的恐怖行动。这位大臣的结论是：《司法章程》规定由有陪审员参加的区法院审理这些案件的程序"不能充分保障严厉镇压"。他解释说，这是因为这一程序是针对"社会正常的犯罪率表现"的，却原来是无效的，因为"犯罪的严重程度和犯罪本身的发展已经登峰造极"。

这位司法大臣的结论是："显然，恶的这种过度发展，要求立即采取措

---

〔1〕 Там же. T. LXIX. Отд. 1. № 55606.

〔2〕 关于对抗政府指令、不服政府规定的权力机关、侮辱和不尊重政府履行职务的机关和官员案件。// РГИА. Ф. 1149. Оп. 9. Д. 18.

施，这样一来，暴力和反抗政府机关的行为就能得到依法严惩，而不取决于偶然原因。"为此，帕连认为必须将这类案件从陪审法庭管辖转到高等法院特别法庭管辖[1]。1878 年 5 月 9 日，从判处扎苏里奇无罪起正好过了 6 个月，作为对这个有损专制制度体面的判决的直接反应就是沙皇批准了该司法大臣的建议[2]。现在，所有反抗政府指令、不服从当局、侮辱或显然不尊重政府机关和正在履行职务官员的案件，以及杀害官员或对官员使用暴力的案件，一律不再由区法院管辖（区法院庭审理时有陪审员参加），而全部移交高等法院特别审判庭。

显然，所有这一切都是为了避免类似陪审团对扎苏里奇案判决那样的尴尬，并保证对政府认为重要的案件作出"需要的"判决。由此可见，这部法律缩小了陪审法庭的管辖范围，而扩大了特别政治管辖的范围，从而再一次显示出对普通司法即陪审法庭司法的不信任。

高等法院特别法庭在反对管理秩序罪案件中后来的实际做法表明，管辖权的这种扩大按照几个标准来说都是有害的：其一，划归高等法院特别法庭管辖的案件，实际上都没有政治性，将它们划分出来，除了反动的意向，是没有任何道理的；其二，这一审级在实际上远不如陪审法庭方便，实际上是毫无益处的。此外，这部法律为政治司法在法律上的形成翻开了新的一页，可以说这是一种临时立法，却很快就获得了相当广泛的推行。临时法律开始不断颁布，又不说明有效期，也就是有效期不确定，这一切都是出于镇压不断高涨的革命运动的迫切需要。

**1878 年 5 月 9 日命令（2）** К. И. 帕连于 1878 年 4 月 6 日向国务委员会又提出一项报告——《关于修订 1872 年 7 月 7 日法律中国事罪案件审理程序的某些条款的报告》[3]。在报告中他批评了自己在 6 年前建议的将政治案件移送参政院特别法庭审理的办法。按照他的新理念，1872 年法律由于需要将所有案件参加人押解到彼得堡而造成了诉讼程序的严重拖延和巨大开支。

此外，还发现了其他一些实际的不便之处：转送刑事被告人，有时是远

---

[1] Там же. Л. 2.

[2] ПСЗ. Собр. 2-е. Т. LIII. № 58488.

[3] РГИА. Ф. 1149. Оп. 9. Д. 17.

距离的转送，将他们集中到一个城市，这会有助于他们之间的交往从而使得对其犯罪活动的调查更加困难。最后几乎完全是重复参议员波赫维斯特涅夫的话，帕连写道，在高等法院审理这些案件，"会提高罪犯在那些不幸受他们精神影响的人们心目中的地位"[1]。

根据他的建议，国事罪案件，如果其刑罚可以剥夺或限制公权，在实行《司法章程》的地区[2]，可以回归高等法院管辖[3]，这就意味着政治审判的非集中化又回到1864年的"起源点"。同时恢复的还有过去关于等级代表构成的规则，它不取决于行政的裁量，而是由高等法院自己按照职位高低进行传唤。

参政院特别法庭与最高刑事法庭一样，又取得了 ad hoc（临时专设）法庭的地位，只有特别重要的案件并根据圣旨才移送到那里审判[4]。

这部法律的命运很奇怪：它实际上没有适用，除了几件小的、社会并不太在意的案件以外。绝大多数调查都绕过了这个在政治案件审判意义上"已经复苏了的"审级。

**1878 年 10 月 30 日法律**[5]　涉及对刑事被告人邮件的勘验和提取。一方面，该法似乎是向着尊重人权的方向"行了个屈膝礼"，因为只有根据区法院合议庭说明理由的决定，法院侦查员侵犯通信秘密的事情才有可能发生。但是另一方面，这一法律适用于宪兵依照1871 年 5 月 19 日法律进行的对国事罪和其他非法团体犯罪的调查。宪兵在必须勘验和提取邮件电报时，不是向法院，而应该向宪兵司令申请批准实施这种诉讼行为，而宪兵司令则与司法大臣协商后再表示同意。换言之，在普通刑事犯罪中，即使是轻微犯罪，涉及侵害通信秘密的行为也需要法院的批准；而在政治案件中，虽然案件的性质要严重得多，却只需要取得行政机关的许可就可以勘验和提取邮件电报。

---

〔1〕　Печатные записки РГИА. № 680. О некоторых изменениях... С. 11 – 12. Также см.: Всеподданнейший отчет Государственного совета за 1878 г. СПб., 1880. С. 168–171.

〔2〕　华沙审判区除外。在波兰实施的国事罪案件，由参政院特别审判庭管辖，但没有等级代表参加。

〔3〕　如果对犯罪的刑罚不剥夺或限制公权和财产权，则等级代表不参加；如果刑罚可能剥夺或限制公权，则等级代表参加审判。

〔4〕　ПСЗ. Собр. 2-е. Т. LIII. № 58489.

〔5〕　ПСЗ. Собр. 2-е. Т. LIII. Отд. 2. № 58967.

**几个委员会**　虽然关于国事罪案件调查和审理的最初程序经过了一系列的修订，但政府仍然不满意政治司法机关活动的效果，因此在 19 世纪 70 年代末到 19 世纪 80 年代初作出了一系列的尝试，企图系统排除这种诉讼的缺点。在这些尝试中，应该指出于 1878 年和 1881 年成立的以司法副大臣（后来的国务委员会法律司长）、检察总监 Э. В. 弗里施（按照 А. Ф. 科尼的话说，这是一位"平静而头脑冷静的人"）为首的委员会，以及建立有组织反击革命者的洛里斯·梅里科夫的 1880 年最高处理委员会。

**1. 弗里施的第一委员会**。鉴于施行 1878 年 7 月 19 日国事罪案件诉讼法的困难，就在司法部之下成立了以司法副大臣 Э. В. 弗里施为主席的委员会[1]。

委员会首先注意到的是，从当局的观点看，政治案件的调查进行得极其缓慢。调查期限的统计显示，案件到达法院要经过四个半月到两年的时间。无论是行政程序还是法院诉讼，从政治案件的立案算起平均需要一年到两年。这被认为期限太长了。

委员会认为现有程序的另一个严重缺点是国事罪调查丧失了查明犯罪一般情况的最初侦缉性质。宪兵们开始调查行为的细节，调查文件与侦查没有任何区别，宪兵军官就成了侦查官员："写了很多文书，但都脱离了自己首要任务（国事罪侦缉和对居民的一般政治监管）。"[2]

由于正在进行的调查数量极大，司法大臣和宪兵司令因为忙碌而没有可能研究案件的细节。他们不得不指望下属人员，而这些下属负责准备案卷，即决定大量国事罪案件命运的任务就落到这两个中央机构的文案人员手中。

如果这些部门领导人一致认为必须进行侦查，则侦查一般就是重复类似的调查。此外，侦查员被置于比进行调查的宪兵更困难的境地，因为宪兵调查的是案件"刚刚留下的痕迹"，而侦查员则是在案件过了相当长的时间之后才进行调查，所以侦查员往往不能回答：忘记侦查或不能侦查。

最后，委员会便得出一个结论，即"国事罪调查现行程序的任何办法都不能满足正确而及时地解决案件的最重要的要求，同时也不符合立法者最初

---

〔1〕　РГИА. Ф. 1405. Оп. 543. Д. 432. Л. 61.

〔2〕　Там же. Л. 32 об.

的构想"。所以，委员会认为，1871 年 5 月 19 日法律应该修订。委员会也审议过，但推翻了一个可能的办法：仅限制进行调查（取代调查和侦查这种"双重"程序）。这一结论的根据在于，"不能要求宪兵们完全正确地理解他们所实施行为的法律意义"，而且也不方便附上应该在法庭上宣读的间谍材料。

委员会建议另一条出路：侦查应该在犯罪之后立即开始，而与宪兵调查无关。[1] 在这种情况下，宪兵进行调查与侦查同步。但是委员会又认为对某一类案件不进行侦查是可行的，那就是在移送法院之前在进行调查时已经确定：出于国家政治考量不宜将这类案件交付法庭。委员会还提出一项建议，允许通过行政程序结案，而不必诉诸法院，甚至包括一些已经侦查过的案件。

如果可以使用这样的比喻，委员会关于放弃 1871 年 5 月 19 日法律规定的司法大臣与宪兵司令关于政治案件命运问题（是终止案件还是送交侦查）的协商程序的建议是"革命性的"。委员会建议，决定每个案件最终命运的是参政院第一厅，它原则上不是审判机关，而是一个行政机关。1879 年 6 月 7 日弗里施的委员会向司法大臣提交一份法律草案，但由于革命形势的尖锐化而中止了对它的审议。

2. **最高处理委员会**。C. 哈尔图林组织了 1880 年 2 月 5 日的冬宫爆炸，在他这次谋杀案之后，政府产生了一种想法：要建立一个特别机关。过了 4 天，亚历山大二世就宣布成立最高处理委员会，它的主席就是"一人之下万人之上、权倾朝野"的洛里斯·梅里科夫伯爵。

该委员会最初的权限甚至连它的建立者也不大清楚，但是它的"工作名称"之一，就是亚历山大二世所说的"最高侦查委员会"[2]，这似乎是在提示它的使命，至少也是它成立的目的之一。尤其还历历在目的是，仅仅在此前 10 年才关闭了进行过 19 世纪 60 年代政治犯罪调查的"侦查委员会"和调查过卡拉马佐夫刺杀沙皇案件的 1866 年最高侦查委员会。П. А. 瓦卢耶夫在

---

〔1〕 Там же. Л. 65.

〔2〕 *Зайончковский П. А. Кризис самодержавия в конце XIX столетия: Политическая реакция* 80-х—начала 90-х годов. М. , 1970. С. 151.

自己的日记中证实该机关的侦查使命[1]。但最高处理委员会并不负有严格意义上的"侦查职能",它的任务应该是确定国事罪"侦查的思想与技术"。

1880年2月12日的谕令确认了最高处理委员会活动的基本原则[2],第5条—第11条规定了该委员会的权限。显然,最高处理委员会的使命是成为与革命运动尤其是同革命运动中的激进派作斗争的主要协调中心[3]。可以理解的是,为了完成如此规模的任务,就应该赋予它行政警察性质的特别权限。

同时,委员会享有诉讼领域的权力。2月12日谕令规定,洛里斯·梅里科夫享有(圣彼得堡、圣彼得堡军区和全俄国的)国事罪案件的"最高递送之权",而且不必进行当时刑事诉讼立法上的说明。刑事案件(调查)中这一诉讼职能究竟是什么,立法上根本就没有,因为立法没有这个术语。

然而,在研究了上述谕令第10条以后,可以从整体上确定最高处理委员会诉讼权限的实质:①在圣彼得堡和圣彼得堡军区直接办理和递送国事罪案件;②递送这类案件给俄罗斯帝国所有其他地区。由于这一权力,任何已经调查终结案件的继续运作、移送军事法庭审判、通过行政程序解决或者启动民事诉讼等,都取决于委员会的长官。

让我们再分析一下最高处理委员会工作中多少与国事罪案件诉讼有关的部分。例如,1880年3月3日颁布了关于御前办公厅三处服从最高处理委员会的敕令[4],而且这不仅指对于依照1871年5月19日法律进行国事罪调查的部门的一般领导。在最高处理委员会的机构中还建立了司法政治处,它在确定国事罪侦查(调查)法律命运方面享有专门的权限。鉴于这类案件的大

---

〔1〕 *Валуев П. А.* Дневник министра внутренних дел. Т. 1. 1877–1884 гг. М., 1961. С. 61.

〔2〕 ПСЗ. Собр. 2-е. Т. LV. № 60492.

〔3〕 Подробнее о деятельности ВРК см.: Министерство внутренних дел за сто лет. Исторический очерк. СПб., 1902. С. 110–111; *Зайончковский П. А.* Кризис самодержавия…С. 148–229; *Оржеховский И. В.* Самодержавие против революционной России. М.: Мысль, 1982. С. 168–185; Россия в революционной ситуации на рубеже 1870–1880-х годов: кол. моногр. М.: Наука, 1983. С. 99–104; *Перегудова З. И.* Политический сыск России. 1880–1917 гг. М., 2000. С. 17–26; *Александров О. Г.* Чрезвычайное законодательство в России во второй половине XIX—начале XX в.: дис. …канд. юрид. наук. Н. Новгород, 2000.

〔4〕 ПСЗ. Собр. 2-е. Т. LV. № 60609.

量涌现而且它们实质上具有法律性质，进入该处的主要是法律工作者〔1〕。

洛里斯·梅里科夫认为，应该通过解决具体任务、克服摆在整个国家机器面前尤其是执法部门面前的问题，从而达到摆在最高处理委员会面前的目标。他指出了四个问题，其中两个涉及行政警察范畴；而另两个涉及司法部门，这两个问题就是：

（1）行政警察和法院检察部门在同革命运动进行斗争中的相互隔绝。

（2）国事罪案件的调查和解决极端缓慢〔2〕。

委员会指出解决这些问题的下列途径：

**第一，克服法院检察部门和宪兵部门的隔绝**。在 1871 年 5 月 19 日法律关于国事罪调查的机制生效以后，突出的问题是司法部和第三处及其执行机关——宪兵司令部之间日益增多的割裂与隔绝。宪兵们在进行国事罪调查时的专横使检察院越来越震怒，而宪兵们则对因检察官的干涉使他们无法发挥主动性也感到不满，但法律仍然规定检察官对宪兵调查享有监督之权。

对"蓝制服们〔3〕"有利的一个大动作就是 1878 年 9 月 1 日沙皇批准的暂行规则。该规则规定宪兵司令部官员，甚至一般警官，均有权"逮捕实施国事罪以及和国事罪有牵连的嫌疑人以及非法团体的参加人"，而完全不必有法院和检察机关参加。

最高处理委员会的成员卡哈诺夫根据洛里斯·梅里科夫布置的任务，于 1880 年 3 月 23 日呈上了一份奏章，指出本应在制止动乱方面有共同目标的部门之间存在着严重的不和。他认为，这成为政府同革命作斗争的努力不能取得成功的重要原因之一〔4〕。卡哈诺夫认为造成这种状况的原因就是司法改革，而司法改革的"原则超前了俄国现有的秩序和发展的总水平，建立了独立的法院并改变了检察院的意义"，而检察院反过来又"总是不断地加强反政府的律师队伍"。

**第二，加速国事罪案件的诉讼**。1880 年 3 月 11 日举行了最高处理委员会

---

〔1〕 *Зайончковский П. А.* Указ. соч. С. 166.

〔2〕 Русский архив. 1915. Кн. 2. С. 221.

〔3〕 因宪兵身着蓝制服，所以作者用"蓝制服"一词隐喻宪兵。——译者注

〔4〕 Цит. по: Политическая полиция и политический терроризм в России（вторая половина XIX—начало XX в.）: сб. док. М., 2001. С. 54–63.

会议，审议了完善宪兵对国事罪调查的问题。在这个问题上，委员会并没有提出什么崭新的东西。而它办理国事罪案件的活动〔有 600 多个案件（调查）经过最高处理委员会的司法政治处，都是地方宪兵队上报的〕与过去以御前办公厅三处为代表的"协商"并没有任何区别。最高处理委员会的主要成果仅在于国事罪调查的数量由于它的努力从 500 件缩减到 65 件，原因是多数案件通过行政程序解决了。

公正地说，在最高处理委员会接近六个月的工作中，全国政治镇压的性质稍有变化：调查变得更顺利更快捷，军事司法则更平静更缓和，行政措施更少用更薄弱。反动引起的暂时的削弱也与革命运动的某种相对减弱[1]相一致。

**第三，弗里施的第二个委员会。** 1881 年 6 月 24 日，根据沙皇的敕令在司法部之下又成立了一个委员会，由 Э. B. 弗里施担任主席。委员会的职责就是"将国事罪案件的审查、递送和审判的最佳程序问题研究出一个合乎逻辑的结果"[2]。

在委员会里，官阶迅速上升的 B. K. 普列韦和 H. B. 穆拉维约夫之间发生了激烈的论战，普列韦捍卫宪兵的利益；而穆拉维约夫为法院的权利而战，主张遵守侦查的法律基本原则。[3] 最后的决定是，调查应该拥有所有的侦查手段，而且不用进行法律评价。但是宪兵应该服从检察监督的要求；如果继续侦查，则应该转由侦查机关负责。[4]

但是，委员会的结论是：政治案件的侦查是一个特别程序，而 1871 年 5 月 19 日法律在大多数情况下应该继续有效，同时说明在调查中保证被告人起码的诉讼保障是很重要的。

---

〔1〕 *H. З.* Суд и государственные преступления // Юридиче-ский вестник. 1881. Т. VI. С. 639.

〔2〕 Журнал Комиссии Фриша（2）// РГИА. Ф. 1405. Оп. 543. Д. 432. Л. 24-60.

〔3〕 这两位法律工作者都是莫斯科大学毕业生，都经历过检察监督这所学校的锻炼，都是智慧的，具有神奇的工作能力而且追逐功名，但又都是无原则、恬不知耻、性格强硬和残酷无情的。过了一段时间，他们都坐上了两个关键部门的头把交椅——司法部（穆拉维约夫，1894 年）和内务部（普列韦，1902 年）。两个人后来都得到 A. Ф. 科尼的一个评价："政府的卑鄙走狗"。甚至保守派的梅谢尔斯基公爵都认为普列韦是一个"不可靠甚至危险的人"，因为他"像阎罗王一样聪明而灵活"。

〔4〕 РГИА. Ф. 1405. Оп. 543. Д. 432. Л. 47.

委员会审议的另一个问题是赋予调查以提交法庭调查的侦查材料的意义：这还需要立法来解决，因为这是对《司法章程》的重大修订。穆拉维约夫表示担心，因为如果将这种做法变成一个一般的规范，那么国事罪的侦查肯定就会消失，而宪兵就会变成侦查员，这是与宪兵的宗旨（调查国事罪和对居民进行监管）相悖的，侦查毕竟能够更全面更深入地调查犯罪。会议决定，司法大臣作为在每一种场合都具有最大权限的人，应该确定调查材料是否足够将案件移送法院，或者必须进行侦查（评价犯罪材料）。如果调查是高质量的，司法大臣就可以提交案件制作起诉书，而调查就等同于侦查了。

委员会讨论的一个专门问题是军人实施国事罪的调查问题。作出的决定是：如果国事罪只是军人在军队管辖的地方实施的，或者是军人在服役期间实施的，那么案件就由军事（海军）侦查员进行侦查，而宪兵不参加。

委员会继续责成区法院特别重大案件侦查员进行国事罪的侦查。由于侦查应该在检察监督之下进行，所以检察官也就没有必要像 1864 年《司法章程》规定的那样亲自参加侦查行为了。

最后，弗里施的第二个委员会起草了《刑事诉讼章程》关于国事罪案件的调查和审理程序的第三册第二编。司法大臣 Д. H. 纳博科夫将法律草案提交给国务委员会，草案在那里得到批准，但是沙皇命令在重新上台的内务大臣 Д. A. 托尔斯泰（他接替了 H. П. 伊格纳季耶夫）的参加下重新审议。但直到 20 世纪初，重新审议也一直没有进行。

在这段时间，1881 年 6 月 10 日的暂行法律继续有效（直至对《刑罚与感化法典》第 246 条和第 248 条犯罪规定不那么复杂的审理程序）。该法规定，国事罪案件的命运（终止案件还是交付侦查）由两位大臣（司法大臣和内务大臣）协商决定，"而不必请沙皇示下"。

这样的决定很容易理解。此外，调查的数量急剧增加使皇帝负担日重，他直接参与警察业务很少能提高皇权的威信，而所有君王的威信在各个时代都特别受到关注。皇上"在人民的意识中与其说是最高惩办权的载体，不如说是一切幸福和仁慈的源泉"[1]。必须通过排除最高权力机关参与这类案件的审理，从而使皇帝陛下免受因此而招致的责难。

## 第二节　限制法院组织原则和诉讼原则

К. П. 波别多诺斯采夫关于限制《司法章程》所规定的法院组织与诉讼民主原则的思想[2]，在 1880 年到 1890 年彻底地实现了。

1885 年 5 月 20 日法律的目的在于限制法官不可撤换这一法官独立性的关键保障。根据该法的规定，在参政院成立了最高纪律审判庭，以便追究法官的纪律责任[3]。纪律审判庭可以对有过错的法官进行处罚：暂时停职、调到其他地区担任同级法官或者解职[4]。对最高纪律审判庭的判决不得上诉。这部法律还有一个法律后果，就是将对法院的一般监督权集中到司法部手中，这无疑对法院独立产生了不利的影响[5]。

**1885 年 5 月 20 日法律**　如果说不是完全消灭法官不可撤换，也是把它减少到最低限度，这种看法在苏维埃历史学中几乎是一个公理。但事实是这样的吗？法律有效性的指标是其适用的实际后果。事实证明，在该法施行的几乎前三十年（1885 年—1912 年）总共开除了 11 名法官，包括 1906 年前解职的 3 名，1906 年之后解职的 8 名（其中 5 名是因为政治性质的原因被解职

---

〔1〕　Выписка из журналов Соединенных департаментов гражданских и духовных дел и законов от 12. 26 и 28 апреля за № 256 и Общего собрания Государственного совета от 31 мая 1904 года о некоторых изменениях в порядке производства по делам о преступных деяниях государственных и о применении к оным постановлений нового Уголовного уложения // РГИА. Ф. 1405. Оп. 539. Д. 349.

〔2〕　См.: К. П. Победоносцев и его корреспонденты. Т. 1. Полутом 2. Пг., 1923. С. 508 - 514.

〔3〕　ПСЗ. Собр. 3-е. Т. V. № 2959.

〔4〕　Подробнее см.: Жижиленко А. А. Общий очерк движения уголовно - процессуального законодательства после 1864 г. // Суд и права личности: сб. статей / под ред. Н. В. Полянского. М.: Статут, 2005. С. 159.

〔5〕　Подробнее см.: Рыжов Д. С. Высшее дисциплинарное присутствие Правительствующего сената как орган надзора за судебными учреждениями в пореформенной России // Право и политика. 2007. № 9. С. 110 и след.

的)〔1〕。

这么小的数字（谢格洛维托夫在杜马发言时正是用这个数字对人们指责司法部破坏法院独立进行反驳而为司法部辩护）也不能成为直接对立看法的过硬理由。

重要的不是根据上述法律被解职或调离的法官的数量；不应该忘记该法规定的法官可以被解职或被调离的规定对法官们的"精神影响"。法官们应该记住而且实际上做到了在作出判决时"看看上司的脸色"。司法部积极地以适用 1885 年法律的机制相威胁，迫使法官们不仅在政治案件中，而且在其他案件中要么听从"上级"的指示，要么"自愿"请求辞职，等等，这在最高纪律审判庭的材料中多次得到证实〔2〕。

**1887 年 2 月 12 日法律** 该法律成了对审判公开性的沉重打击。国务委员会在通过该法律时曾经进行过极为热烈的辩论。在讨论关于国际社会可能对该法有不良反应的过程中，最大的学者——国际法学家 Ф. Ф. 马腾斯曾经警告说，这可能导致俄国同欧洲国家关系的恶化：在国外已经停止引渡俄国的政治犯，因为"关于引渡的全部外交公文都指出，引渡国政府必须无条件地关注进行审判的法院，以便向自己国家的社会舆论证明引渡是正确的"〔3〕。Ф. Ф. 马腾斯得到了外交大臣 Н. Л. 吉尔斯的支持。

结果，多数委员（国务委员会成员 31 票，包括国务委员会主席、沙皇的叔叔米哈伊尔·尼古拉耶维奇和前司法大臣 Д. И. 纳博科夫）表示反对，总共 20 票（包括 К. П. 波别多诺斯采夫和他的亲信——司法大臣 И. А. 马纳谢因、保守派人士 В. К. 普列韦、И. Н. 杜尔诺沃等人）表示赞成〔4〕。

亚历山大三世得知国务委员会的这个决定后暴跳如雷，"严厉斥责了"（这是他的原话）米哈伊尔·尼古拉耶维奇大公并对 И. Л. 吉尔斯大喊大叫，说"他已经明白，这个人可能把他自己这样的人撕成碎片"〔5〕。沙皇在这之

---

〔1〕 *Зайцев Л. М.* Независимость суда. СПб. , 1912. С. 12.

〔2〕 ГА РФ. Ф. 1467. Оп. 1. Д. 425–427 (Т. IV–VI). Д. 429 (Т. VIII).

〔3〕 К. П. Победоносцев и его корреспонденты. Т. 1. Полутом 2. С. 703.

〔4〕 Там же. С. 683–684.

〔5〕 Подробнее см. : *Троицкий Н. А.* Царизм под судом прогрессивной общественности. 1866–1895 гг. М. , 1979. С. 48–49.

后宣布，他支持少数人的意见，于是它就成了法律。[1]

这部法律扩大了法院闭门审判的权力，而且从《刑事诉讼章程》第 1056 条中删除了"在宣布法庭辩论终止之前"几个字（1878 年 5 月 9 日法律正是用这一点限制国事罪的闭门审判，但用粗鲁的语言侮辱沙皇和皇室成员的案件除外）。

就是这部法律规定司法大臣有权直接"让审判庭闭门"，只要他认为公开审理会侮辱宗教感情、破坏道德要求，或者为维护国家政权的尊严、维护社会秩序或者保障审判行为的正确进行所不容（《刑事诉讼章程》第 621-1 条和第 620-3 条）。司法大臣"如果根据他所收到的信息材料认为，案件的公开审判是不应该被允许的"，他就可以在任何时候关上任何法院审判庭的大门。

正如那一部为司法部歌功颂德的半官方的司法部历史的编纂者们所说，这样一来，就规定了"实质上就是根据大臣裁量的审判公开性取代了法律规定的审判公开性"[2]。H. B. 穆拉维约夫在关于过去十年工作呈报沙皇的奏折中写道："10 年中这样的指令共有 290 条。"[3] 当然，公开性受到限制的首先是政治审判。司法大臣自己承认这是"不正常的，但为了保持平静与安全却是必要的"。

## 第三节　缩小陪审法庭管辖权的措施

19 世纪 70 年代开始向陪审法庭"进军"。"截短"这种法庭的主要办法就是缩小它的管辖权。

**1878 年 5 月 9 日法律**　在前面探讨国事罪案件诉讼程序的语境下已经对该法律进行过阐述。这部法律大大缩小了陪审法庭的管辖权（尤其是各种具有政治色彩的案件管辖）。

**1878 年 8 月 9 日命令**　在宪兵司令 H. B. 梅津佐夫被革命者 C. M. 克拉

---

〔1〕　ПСЗ. Собр. 3-е. Т. VII. № 4227.

〔2〕　Министерство юстиции за сто лет.（1802-1902）. С. 192.

〔3〕　Всеподданнейший доклад министра юстиции статс-секретаря Н. В. Муравьева о деятельности Министерства юстиции за истекшее десятилетие（1894-1904 гг.）. Б. м., б. г. С. 34.

夫钦斯基暗杀后，代理内务大臣 Л. С. 马科夫和代理宪兵司令 Н. Д. 谢利韦尔斯托夫于 1878 年 8 月 8 日向沙皇呈递奏折："时至今日，对反政府宣传所采取的措施既没有成功也没有良好的后果。罪恶每时每刻在增长。法院已经不能对付那些肆无忌惮的狂热"；法院"只是给受审人公开嘲弄法律的神圣提供了借口。……需要采取非常措施"。[1]

就在这一天，沙皇在上面批注："执行。" 8 月 9 日紧接着发布了敕令《关于国事罪案件和其他某些反对公职人员案件由为战时设立的军事法庭管辖的命令》[2]。敕令在序言部分明确指出，要快速、严厉地镇压——专制制度在打击企图推翻国家制度的"卑鄙无耻的恶棍"的斗争中就寄希望于这种镇压。

1878 年 8 月 9 日敕令把"具有政治目的"对当局（军警）进行武装反抗的，以及对公职人员进行杀害、杀害未遂、重伤或致残的犯罪案件移交军事法院管辖，还缩小了有陪审团参加的区法院的管辖权。需要指出的是，这一敕令与法律基本原则相悖，却有溯及既往的能力（如果在它颁布之时案件还没有移送法院）。

**1881 年《关于维护国家秩序与社会安宁的措施条例》** 它赋予 1878 年—1879 年作为暂行条例执行的措施以经常性质，而且这些条例在宣布"非常状态"的地区适用——而随着革命运动的高涨，这样的地区就得越来越多。

**1882 年 5 月 11 日法律** 在 1882 年 5 月 11 日法律取消陪审法庭对普通刑事犯罪的管辖权的背景下，又取消了对一些并不属于国事罪的犯罪的管辖（这些犯罪并不直接属于反对管理秩序罪，而且就其客观方面的要件也与当时民粹派组织代表的行为并不相似）。这部法律实质上是对一系列轰动而并不太重要的但是当局比较敏感的恐怖行动的反应。

现在，造反或反对当局，袭击执行任务的军人和警察、公职人员的犯罪而且伴随杀人、纵火的，以及这些犯罪的未遂形态，或者造成身体伤害的，都转归有等级代表参加的高等法院特别法庭管辖。[3]

---

〔1〕 Цит. по: *Троицкий Н. А.* Безумство храбрых. Русские революционеры и карательная политика царизма. 1866-1882 гг. М. : Мысль，1978 С. 157.

〔2〕 ПСЗ. Собр. 2-е. Т. LIII. Отд. 2. № 58778.

〔3〕 ПСЗ. Собр. 3-е. Т. II. № 861.

**1882 年 5 月 18 日法律**〔1〕　它降低了对小额偷窃罪的刑罚，并规定这些犯罪由和解法官审理，从而取消了陪审法庭管辖。这是因为农民出身的陪审员往往判决受审人无罪或者不认定发生过溜门撬锁的偷盗。

**1885 年 12 月 18 日法律**〔2〕　该法律取消陪审法庭对违反身份证章程的犯罪案件的管辖，因为陪审团对这类案件也经常作出无罪判决。

**1889 年 7 月 7 日**〔3〕　又通过了一部法律，似乎是为了发展 19 世纪 80 年代几部法律的思想并作为显示当局限制陪审法庭权限的强硬方针。这部法律对犯罪不仅搞例行的"土车易位"（从陪审法庭移转给高等法院），而且允许在对某些犯罪有管辖权竞争时（在有陪审员参加的区法院和有等级代表参加的高等法院之间）进行有利于后者的两难推理〔4〕。这部法律修订了《刑事诉讼章程》（第 201-1 条），它规定陪审法庭不再管辖一系列案件。Б. В. 维连斯基系统地把这些犯罪列举如下：①反对管理秩序的犯罪（第 262 条—第 272 条、第 276 条、第 286 条、第 304 条、第 315 条）；②反对国家公务和社会服务的犯罪或违法行为（第 618 条、第 633 条）；③侵害国库财产和收入的犯罪和违法行为（第 755 条、第 756 条、第 803 条、第 823 条、第 824 条、第 830-1 条）；④破坏公用设施和违反警务的犯罪和违法行为（第 1083 条、第 1085 条、第 1143 条、第 1144 条、第 1154 条—第 1156 条、第 1225 条、第 1236 条、第 1241 条、第 1254 条、第 1262 条）；⑤侵害家庭权利的犯罪（第 1554 条）〔5〕。

这些犯罪的性质是如此不同，以至于很难确定作出以上决定的动机、实际考量和逻辑。显然，主要的是一个共同的思想，那就是把侵害公职人员或反对政权（暴乱、起义、武装反抗）、侮辱官员等，即被害方是政权、政权机关和官员的犯罪从陪审法庭的管辖中排除出去，从而最大限度地砍掉陪审法

---

〔1〕　Там же. № 890.

〔2〕　ПСЗ. Собр. 3-е. Т. V. № 3388.

〔3〕　В. И. 列宁在《打吧，但不要打死》一文中是这样来评价它的："这只是贯穿在俄罗斯历史整个近代反动时期中的一系列法律中的一个，把这些法律串起来的是一个共同的意图，那就是恢复牢固的统治。"《列宁全集》（第 2 版增订版第 4 卷），人民出版社 2013 年版，第 359 页。

〔4〕　ПСЗ. Собр. 3-е. Т. XI. № 6162.

〔5〕　Виленский Б. В. Судебная реформа и контрреформа в России. С. 355.

庭的管辖权。换句话说，7月7日法律有一个政治考量：只要有丝毫的政治性质，案件就不能由陪审法庭管辖。

此外，上述法律还排除了陪审法庭对下列案件的管辖：省级机构和国家机关的官员以及担任八等到五等文官的选任官员、县地方自治机构的代表和官员、市长和市政厅官员、陪审员自己等所实施的职务犯罪。A. M. 博布里谢夫-普希金进行过计算，如果说19世纪60年代《刑罚与感化法典》中有410条归陪审法庭管辖，而1889年以后就只有300条归陪审法庭审理了。[1]

## 第四节　取缔和解司法

19世纪80年代，在政府总体向保守方针转变的背景下，又开始向和解法庭发起严肃"进攻"。书刊、社会政治评论对和解法庭的态度都发生了根本改变。对和解法庭的抨击变得强硬多了。在这场热烈的、有时甚至是偏颇的关于和解法官的论战中，人们往往忘却了俄国法律现实应该感谢和解法官的一切好的东西[2]。攻击和解法官特别卖力气的是"农奴制党"，他们不喜欢把太太和厨娘等同起来。他们痛打和解法庭的每一个错误，就差没指控和解法庭"有革命倾向"了。他们断言和解法庭动摇国家政权的威信，破坏管理的严整性。

官方的评价也发生了剧烈的变化。穆拉维约夫委员会从各省80年代的总结中搜集了关于和解法官法庭活动的摘要[3]。里面谈到法官的培训薄弱，工作缓慢，漫不经心，甚至道德水平低下，依附于当地有影响的人物，对农民中最"流行的"违法行为——砍伐树木和盗马打击不力，而最主要的是和解法官似乎普遍不受欢迎。

但是，正如 C. П. 莫克林斯基正确指出的，对于这些完全没有根据的而

---

〔1〕 *Бобрищев-Пушкин А. М.* Эмпирические законы деятельности русского суда присяжных. М., 1896. С. 49-50.

〔2〕 *Полянский Н. Н.* Царские военные суды в борьбе с революцией 1905-1907 гг. М., 1957. С. 260.

〔3〕 Выс. учр. Комиссия для пересмотра законоположений по судебной части. Подготовительные материалы. Т. 10. СПб., 1895. С. 1 и след.

且总结得过于偏颇的反应而言，最有代表性之处在于它们与内务部在这个问题上的方针完全吻合〔1〕。不必惊讶，警察对和解法官这些"新竞争者"积攒了很多投诉意见，因为和解法官并不总是赞同按照警察笔录去调查违法行为（警察认为，这有损于他们的威信）。此外，和解法官〔2〕过分广泛地行使自己的权力，竟对警察履行职务的违法行为提出警告，这让警察特别震怒〔3〕。

和解法庭落得"两面被火炙烤"的境地，它受到两个主要部门的抨击：一个是法律监督部门（以司法部和参政院为代表），一个是内务部，而且和解法庭没有机会为自己辩护，因为两个指控是直接对立的。

参政院成了和解法庭的"魔星"，彻底地把和解法庭从宗法社会仲裁调停人的状态中拖出来，塞进普洛克洛斯忒斯的床〔4〕——严格按照实体法和程序法规定的程序审理案件，然后再谴责和解法庭不能成为完全合格的"法律意义上的法庭"。

**1886 年 6 月 6 日参政院命令** 该命令在各省报都刊登了，这令行政当局非常满意。这个命令包含对和解法官制度的系统批评。但重要的是应该指出，参政院在每一点批评中都附带说明，缺点是在某些和解法官管区发现的，它的目的仅在于消除已经发现的缺点、调整和加强对和解司法的监督。此外，就在取缔和解法庭的前两年，司法部 1887 年总结报告还指出，和解法庭的活动是"相当令人满意的，无论是在和解法官作出的判决的正确性上，还是在审判的快捷方面"〔5〕。

相反，内务部力证和解法庭活动特点本身的不便，"法律部门"曾经长时间顽强地努力让和解法庭去适应这些特点。内务部指责和解除法官诉讼的基本原则：辩论程序、前定证据、律师参加，上诉审理，等等。它提出应取而代之的是宗法社会的、凭良知的、根据内心确信的理想法庭，那才是最希望

---

〔1〕 Судебные уставы... за 50 лет. Т. 2. С. 57-58.

〔2〕 此处原文有误，写成了"陪审员"，经与作者确认，改为和解法官。——译者注

〔3〕 一位最权威的作者——司法改革的反对者 В. Я. 福克斯写了警察机关对和解法官的大量投诉。См.: Суд и полиции: в 2 ч. М., 1889.

〔4〕 普洛克洛斯忒斯是希腊神话中的著名强盗，他以自己的两张床为准，把人硬拉长或砍短。作者在这里用来表示让和解法庭行使这样的职能是强人所难。——译者注

〔5〕 Отчет министра юстиции за 1887 г. СПб., 1889. С. 74.

的和最适应百姓需要和状况的法庭[1]。

从 19 世纪 80 年代初开始，政治上的保守原则占了上风，在"行政兴高采烈"（Ф. М. 陀思妥耶夫斯基语）的环境下，"取胜的"正是内务部的计划。在政府保守方针下，从 19 世纪 80 年代初开始就实行了各种各样的措施，来加强对农民公社的监督和行政对它们的监管，加强地主权力对农民的控制[2]。其中应该指出内务大臣 Д. А. 托尔斯泰 1886 年关于改革地方管理的建议，包括建立农村缙绅制度作为对农民自治会的监督机关（有趣的是，草案并不包括取缔和解法庭）。和解法官制度头顶上乌云密布。

国务委员会大多数成员原则上同意内务大臣的建议，却认为完全不必要取缔和解司法，而只需把它的权力移交给新建立的机构。连司法大臣 Н. А. 马纳谢因也反对取缔和解法官制度。但是沙皇支持了因为内务部的大力施压而倍受鼓舞的少数人的意见，并发表了有利于"法律要素"的讲话[3]。国务委员会杂志上发表的亚历山大三世的决定成了对和解司法的"判决"："我希望取消县和解法官，从而保证县里有必要数量的可靠缙绅法官并减轻付款的负担。原来属于和解法官管辖的一部分案件可以移交给缙绅法庭和乡法院审理，而比较重要的案件可以移送给区法院。"[4]

此后，和解司法的崩溃就开始加快了。用视察过和解法官的参议员们的话说，和解法官曾经是"地方生活黑暗混乱中的唯一亮点"[5]，但此前和解法官设立和工作的所有地方几乎都很快撤销了和解法官。

**1889 年 7 月 12 日法律**[6]　它体现了上述保守主义的理念，其目的是加强地方政权，几乎地方各省到处[7]都取缔了和解法官而实行缙绅法庭制度；

---

〔1〕　Дело о преобразовании губернских и уездных по крестьянским делам и мировых судебных учреждений（1888-1889 гг.）. Цит. по: Судебные уставы... за 50 лет. Т. 1. С. 62-63.

〔2〕　关于地方自治会问题，详见 *Гессен И. В.* Указ. соч. С. 173 и след.

〔3〕　Журнал соединенных департаментов Государственного совета. 1889. № 44. С. 54.

〔4〕　Отчет по Государственному совету за 1889 г. СПб., 1891. С. 7-36.

〔5〕　Цит. по: *Гессен И. В.* Указ. соч. С. 177.

〔6〕　ПСЗ. Собр. 3-е. Т. IX. № 6196.

〔7〕　从 1889 年直至通过 1912 年 6 月 15 日法律为止，只有首都和某几个大城市（基什尼奥夫、喀山、诺夫哥罗德、萨拉托夫、哈尔科夫、敖得萨）以及顿河哥萨克兵团州还保留了昔日的选任法官制度。1889 年乡村地区进行司法改革时，还没有按照 1864 年《司法章程》标准的选任和解法官制度。

而在没有纳入缙绅法庭区段的城市，则设立城市法院[1]。例如，用 А. Ф. 科尼的话说，"暴风雨来了，它从俄罗斯大地上扫除了……和解法庭而把它多年教育百姓法制精神的工作化为乌有。在荒芜的法律土地上，缙绅法院生长起来，合法专断、个人擅权与法院裁判的混杂概念开放出茂盛的花朵。"[2]

能成为缙绅法官的只能是世袭贵族。他们既把持行政警察职能（例如区段的经济设施与农民道德的维持、对所有农民社会管理机构的监督等——《缙绅法官条例》第 23 条、第 24 条、第 39 条），也行使审判职能，这显而易见是严重违反《司法章程》的精神和规定的。

《缙绅法官条例》关于在地方设立法庭的规则规定了法院的设立办法与活动程序，规定了城市法官的任命、解职、追究其纪律责任和刑事责任的程序、休假办法，以及制作法官办理案件进度报告的程序，等等[3]。

城市法官只有审判权。他们由司法大臣任命，无限期任职，但不享有不可撤换权，也由司法大臣免职。缙绅法官从本县拥有土地和受过高等教育的人当中挑选，由省长与贵族代表协商，随后报请内务大臣批准。[4] 缙绅法官也由内务部的长官罢免。

缙绅法院和城市法院的上一审级是由缙绅法官、城市法官和名誉和解法官组成的县联席会议，联席会议由县贵族代表或县级区法院法官主持。它是乡农民法庭的上诉申诉机关，也行使行政职能。申诉审是省法庭，成员有省长、副省长、省贵族代表、区法院的两名常任法官和主席或法官。在开庭时由区法院检察官提出结论意见。

---

〔1〕　详见 *Зайончковский П. А.* Закон о земских начальниках 12 июля 1889 г. // Научные доклады Высшей школы. Сер. Исторические науки. 1961. № 2. С. 43-47.

〔2〕　*Кони А. Ф.* На жизненном пути. СПб., 1912. Т. 1. С. 468.

〔3〕　《司法改革》（莫斯科 1915 年版）一书中举出缙绅法庭实践中一个特别可笑的典型事例。在缙绅法庭的审判室，一个农民向另一农民索赔 50 卢布。没有任何证据，但是双方都坚持自己的请求和理由。缙绅法官无助地环顾四周，突然在观众席上发现了乡长。"啊，伊万·彼得罗维奇，好兄弟，请到我这里来！"（乡长来了）"请告诉我，好兄弟，这都是什么人啊？"（他指着双方当事人说）"是的，应该承认，他们俩都是无赖，大人！""那就把他们俩都关进大牢！"……

〔4〕　但是，法律允许例外：没有受过高等教育但具有更高财产资格，或者相反，受过高等教育却没有所需财产资格的人担任缙绅。1889 年 12 月 29 日法律完全取消了条件，允许任命甚至连中等教育都没有受过也没财产的人担任缙绅，只要内务部认为他"能够胜任职务"。

由于 1889 年 7 月 12 日法律规定的地方长官和城市法官的权限比和解法官的权限要小，所以为了审理既超越其权限又不归区法院管辖的案件，就又设立了享有上诉审级权限的县级区法院法官作为联席会议成员（《法院组织章程》第 55 条附注 5）。

在诉讼中，区法院里的县法官遵循的是为和解法官制定的规则，而地方长官和城市法官依照的则是 1889 年 12 月 29 日批准的《地方长官和城市法官所管辖案件的诉讼规则》。该规则规定案件的诉讼程序、民事案件和刑事案件的管辖、提起民事诉讼和传唤诉讼参加人的程序、搜集证据和作出判决的特点、诉讼文书的制作、地方长官判决的执行和上诉。[1] 这种制度保留到 1912 年，直至地方法院法完全恢复和解司法。

对 1889 年行政司法改革的评价随着时代的变化而不同。例如，19 世纪末到 20 世纪初，自由主义的学术思想界注意到，该法的实施完全背离了《司法章程》的原则[2]。Н. Н. 波利扬斯基解释取缔和解司法的原因仅仅是出于财政考虑。[3] 在苏维埃时代，在总的语境下被视为专制制度的反改革，其目的是恢复司法改革前行政对司法的优先权以及各种措施的阶级性（为贵族服务的性质）。例如，М. А. 切利佐夫-别布托夫几乎是格言式地表述了它的本质：用强权代替司法[4]，保证地主对农民的现实权力。Б. В. 维连斯基认为，1889 年的措施是司法反改革的关键行动之一，它颠覆了 1864 年《司法章程》中法院与行政分离这一基本原则[5]。

С. В. 隆斯卡雅认为，设立地方长官制度不是由于司法体系的缺点，而是由农民问题引起的。1880 年—1890 年俄罗斯国家经济与社会政策的基本方针之一是大力人为地保存和加强农村公社。国库需要实行公社的联保，从中获得实行工业化所需的资金；公社的封闭妨碍农民的无产阶级化，但对政治制

---

〔1〕 ПСЗ. Собр. 3-е. Т. IX. № 6485.

〔2〕 См. , например: *Розин Н. Н.* Уголовное судопроизвод-ство. Пг. , 1916. С. 198-200.

〔3〕 *Полянский Н. Н.* Указ. соч. С. 288.

〔4〕 *Чельцов-Бебутов М. А.* Курс советского уголовно-процессуального права. Очерки по истории суда и уголовного процесса рабовладельческих, феодальных и буржуазных государств. М. , 1957. С. 798.

〔5〕 *Виленский Б. В.* Указ. соч. С. 235.

度却是有好处的。在严格的政府控制和政府监管下，农村公社才能够真正保留，而政府的控制与监管就是要将公社的发展纳入必要的轨道。地方长官就是作为这种机关而设立的[1]。但是这位作者在这里没有说明为什么打击和解司法，而同时这种打击又不是用尽全力的（和解法庭并未完全撤销）。

同时代的新保守派书刊，将重点从对专制制度反动政治的批判转而为它辩护。H. И. 比尤施金娜认为，实行地方长官和城市法院制度的目的是要在俄罗斯帝国的各县和省恢复法制和法律秩序。[2] 由此可见，按照这位著作者的逻辑，倒正是和解法官破坏了法制与法律秩序。

我们认为，1889 年司法行政改革措施实质由于具有多重目的性，对这些措施实质的定义就应该是"复合性"的。应该承认上述每位作者（保守派除外）都有相对的正确性。他们所指出的 1889 年反改革的每个方面和特征都确实存在。

# 第三章　穆拉维约夫委员会和对 1864 年《司法章程》的修正草案

在 19 世纪，从 80 年代末到 90 年代初，虽然司法部门的政治紧张程度有所降低而且更加稳定，但也有一系列例外——统治集团继续试图对法院施加影响，目的是恢复法院与行政关系的"完全和谐"。

政府早在 19 世纪 80 年代就考虑过对法院进行新改革的思想[3]，虽然在这个十年政府对《司法章程》采取了个别修正的策略，诚然，这些修正是在统一的轨道内进行的，目的是要使法院去适应国家政权的基本原则。1893 年春天，成立了以 H. И. 斯托扬诺夫斯基为首的特别会议，为的是审议司法大

---

〔1〕　*Лонская С. В.* Мировая юстиция в России. Калининград, 2000. С. 120 и след.

〔2〕　*Бнюшкина Н. И.* Политико‐правовое развитие Российского государства в условиях охранительного внутриполитического курса：автореф：дис. …докт. юрид. наук. Н. Новгород, 2012. С. 50.

〔3〕　*Половцов А. А.* Дневник государственного секретаря / под ред. П. А. *Зайончковского*：в 2 т. М., 1966. Т. 2. С. 16.

臣 H. A. 马纳谢因的奏折，该奏折提出了含有按照司法改革前秩序的精神改造俄国法院的建议[1]。但是 1894 年 1 月 1 日 H. A. 马纳谢因被解除司法大臣职务而被任命为国务委员会成员。H. B. 穆拉维约夫成了他的继任者，准备"新司法改革"的系统工作便与穆拉维约夫的名字联系在一起了。

在 19 世纪后半期为讨论法律改革而建立的诸多委员会中，御批建立的修订法院规则委员会（穆拉维约夫委员会）有着特殊的地位，该委员会在 1894 年—1899 年期间开展工作。

一方面委员会计划和所制订的草案规模宏大，另一方面却几乎完全没有体现最终的结果，这就是这一制度的突出特点。还请注意，委员会是在亚历山大三世在位时开始工作的，得到他保守主义执政思想的支持；而工作的完成却是在尼古拉二世在位期间，在工人运动高涨和政党形成的朝代。

委员会领导人计划的思想平台构成亚历山大三世进行司法体系**大修**的意图[2]，并把它们体现在著名的 К. П. 波别多诺斯采夫纲领（1885 年 10 月 30 日）中[3]。沙皇完全赞同波别多诺斯采夫的观点并且认为"从参政院到基层的法律工作者，那些理论家们，几乎都是革命者，等等"，但他却认为 H. B. 穆拉维约夫是一位"理解司法程序中那些不适当而且应该取消的一切"的法律工作者[4]。

是否应该把亚历山大三世和 H. B. 穆拉维约夫的讲话看成是要取消《司法章程》和完全放弃它的原则呢？我们认为，假如穆拉维约夫提出的正是这样的任务，他未必会把许多杰出的法学家——特别重要的而且都是《司法章程》的彻底拥护者安排进委员会。穆拉维约夫不止一次地声明，他既不是《司法章程》公然的敌人，也不是它公然的拥护者。1884 年 4 月 30 日他在委员会工作启动的会议上说，章程的基本原则被文明世界承认是司法公正的最

---

〔1〕 Подробнее см. : *Гессен И. В.* Указ. соч. С. 221 и след.

〔2〕 *Половцов А. А.* Дневник государственного секретаря. Т. 1. С. 228.

〔3〕 См. : К. П. Победоносцев и его корреспонденты. Т. 1. Полутом 2. М. – Пг., 1923. С. 508–514.

〔4〕 *Половцов А. А.* Указ. соч. Т. 2. С. 458.

好保障而没有受到任何批评。[1] 在给沙皇（尼古拉二世）的委员会工作总结呈文中，他声言，委员会从来没有提出改变"1864 年司法改革的基本原则"的任务，而只是试图根据三十年的经验去协调和修正现存的制度。这确实是真话。

毫无疑问，他的许多（并不是所有的）思想，也就是穆拉维约夫的思想，并不简单地与 К. П. 波别多诺斯采夫的建议一致[2]。这是穆拉维约夫所知道的 К. П. 波别多诺斯采夫本人的思想。在俄罗斯国家历史档案馆穆拉维约夫的个人资料库中，保存着穆拉维约夫《关于必须改变法院和诉讼程序》的呈文（第 1 页—第 19 页）和未署名的相同题目的呈文（第 19 页—第 25 页）[3]。后者包含这样一些基本原则：法院必须回归总的国家机关制度、限制法官独立（"奇怪的和无法证明是正确的反常现象"）、限制所有庭审的公开性、"控制律师的专横"、取缔陪审法庭，等等。[4]

确定它的作者并不困难，因为这个文件是与 1885 年 8 月 30 日 К. П. 波别多诺斯采夫给亚历山大三世的奏折一字不差的复制品，它的精华部分就是无上权威的检察总监西诺德的重要提纲"不受监督的和独立的司法是与专制制度不相容的"。[5]

虽然 Н. В. 穆拉维约夫不像他年长的同事那么率直，但他 1894 年 4 月 7 日给沙皇的奏章还是吸收了 К. П. 波别多诺斯采夫的思想[6]。沙皇完全同意奏章的思想并批注："我坚定地相信必须全面修订我们的《司法章程》，使俄罗斯最终实现真正的司法公正。"[7]

大臣承认，1864 年的司法改革具有很多正面的品质；但是他认为，也存

---

〔1〕 *Ефремова Н. Н.* Министерство юстиции Российской империи. 1802 – 1917. Историко - правовое исследование. М. : Наука, 1983. С. 86.

〔2〕 Выс. учр. Комиссия для пересмотра законоположений по судебной части. Объяснительная записка к проекту новой редакции Учреждения судебных установлений. СПб. , 1900. Т. 1. С. 65.

〔3〕 РГИА. Ф. 995 (Личный фонд Н. В. Муравьева). Оп. 3. Д. 15.

〔4〕 Ср. : К. П. Победоносцев и его корреспонденты. Т. 1. Полутом 2. С. 508–515.

〔5〕 Там же. Т. 1. Полутом 1. С. 68.

〔6〕 Подробнее см. : *Немытина М. В.* Указ. соч. С. 166–167.

〔7〕 Объяснительная записка. Т. 1. Введение в главные основания предполагаемого судоустройства. СПб. , 1900. С. 66.

在严重的相反方面："它的某些原则不适应我们国家生活与社会生活的特点"。穆拉维约夫接下来说："俄罗斯得到了一部相当严整的诉讼法典，它完全适合在任何西欧国家适用，但是却不完全适应有着自己历史气质的我们祖国的条件。……必须进行根本的改革，这个改革应该按照一定纲领进行，具有统一的目的，而且涵盖整个法院组织和诉讼领域。"[1]

正如那个时代的人所指出的，穆拉维约夫对未来的纲领并没有说出什么新东西，而只是总结了过去的政策[2]。他一方面承认在过去的 30 年里司法改革的基本原则和制度"发生了急剧的变化"，《司法章程》进行了大量修改，不论宗旨如何，都相互不协调，这就是零敲碎打的不成系统的增补[3]；另一方面，他反对治标不治本，于是着手系统地修订《司法章程》。我们认为，原则上这是正确的办法。

而这一修订的深层次的目的何在，这就是另一回事了。司法大臣认为，这一改革的基础应该是不可动摇地确立法院和整个司法部门的国家性质和政府方向这一原则。如果法院的组织是正确的，法院就首先应该是君主专制意志的正确而忠实的传导者和执行者[4]。

穆拉维约夫在总结委员会工作（1899 年）的时候，再一次重复指出："在根据皇帝陛下圣旨建立的法院里，一切均具有国家性质，所以整个司法部门毫无例外地都要贯彻国家原则……公共原则要求……司法部门的所有公职人员毫无例外地都由国家任命并受国家警觉的和严格的监督。"[5]

---

〔1〕 Дело выс. учр. Особого в составе Государственного совета совещания для подробного обсуждения законопроектов по пересмотру законоположений по судебной части // РГИА. Ф. 1587. Оп. 1. Д. 1.

〔2〕 Судебные Уставы... за 50 лет. Т. 2. С. 629-630.

〔3〕 См.: Всеподданнейший доклад министра юстиции от 7 апреля 1894 г. // Выс. учр. Комиссия. Объяснительная записка... об Учреждении судебных установлений Т. 1. С. 68.

〔4〕 Выс. учр. Комиссия для пересмотра законоположений по судебной части. Т. 1. Введение в главные основания предполагаемого судоустройства. Объяснительная записка к проекту новой редакция Учреждения судебных установлений. СПб., 1900. С. 65.

〔5〕 Объявление министра юстиции о высочайшем повелении о закрытии Комиссии по пересмотру судебного законодательства и записка об итогах работы Комиссий《Главные основания оконченного пересмотра судебных законоположений》// РГИА. Ф. 1405. Оп. 539. Д. 30. Также см.: Министерство юстиции в первое десятилетие царствования императора Николая II. 1894-1904. СПб., 1904. С. 3-4.

应该同意《1864 年 11 月 20 日〈司法章程〉：50 年》这部基础性著作的作者们的看法。他们指出："Н. В. 穆拉维约夫所说所写的关于新的法院组织章程规定的'法院政府性质'的必要性，可以认为，与其说其是未来的纲领，不如说它是 1881 年以后立法发展趋势的一个简短公式。它的特点之一就是比《司法章程》的规定更加强了司法部对法院的影响。"可以举例说明：1885 年 5 月 20 日法律规定，司法大臣作为行政部门代表有权对司法部门长官进行纪律监督；1887 年 2 月 12 日法律则授权司法大臣根据自己的裁量排除法庭审理的公开性；1889 年 7 月 12 日法律则规定，城市法官服从于司法大臣，而地方长官服从于内务大臣[1]。

最令穆拉维约夫不安的正是这一立场的保障机制（而不是取缔《司法章程》）。我们认为，穆拉维约夫委员会工作的年代正好是国事罪（在国事罪确实存在的情况下）事实上完全不让法院审理而由行政审理的年代，这就证明了对司法机关的变革并准备让司法机关"在新的条件下"工作。

Н. В. 穆拉维约夫作为一个聪明的人，他肯定估计到事件朝着革命方向发展的总的进程，所以他工作的组织方针正是保障（保证）法院活动的"国家方向"，以便防止发生类似于 19 世纪 60 年代—70 年代的政治进程产生的令政府不快的结果。难怪 Н. В. 穆拉维约夫在回忆对民粹派的那场糟糕的审判时指出："法院的历史教训警告人们不要醉心于去理解俄国法院应该是什么样的和应该如何去改善。"[2] 应该同意研究者们的这样一个看法：穆拉维约夫改革法院的基本思路是"统一化、标准化和简化"——简化程序使其更加低廉和快捷，提高法官的工资，振奋他们的精神面貌[3]。

在我们研究的语境下，我们关注的是穆拉维约夫委员会活动的最重要目的，即修订《司法章程》：使司法官僚化、法院政治化，以便使法院"为政府而工作"。

《司法章程》修订委员会是根据亚历山大三世 1894 年 4 月 7 日命令设立

---

〔1〕 Судебные уставы... за 50 лет. Т. 2. С. 629–630.

〔2〕 Записка министра юстиции об итогах работы Комиссии по пересмотру судебного законодательства, представленная в Государственный совет // РГИА. Ф. 1405. Оп. 539. Д. 327.

〔3〕 *Taranovski T.* Op. cit. P. 166.

的。常务委员由沙皇任命。起初它由 23 名委员组成：司法部副大臣、司法部
各厅的厅长、参政院各审判庭的检察长、有关部门（内务部、财政部、国务
委员会办公厅）的代表。在工作过程中，人员构成有所变化。在它整个工作
期间，一共有 34 人在其中工作过。此外，还在不同时间聘请了 62 人，其中
不乏卓越的学者和实际工作者。

委员会的成员既有 1864 年改革的拥护者，也有它的反对者，Н. В. 穆拉
维约夫表现出了自己对客观性的追求。

委员会最初根据 1864 年《司法章程》规定的立法体系成立了四个处：地
方司法处、法院组织处、刑事诉讼处和民事诉讼处。为了协调工作，又成立
了第五处，事先审查在法院立法各部分工作过程中可能产生的而需要整个委
员会给予指示的一般原则性问题。很快，地方司法处被撤销了，因为《司法
章程》的修订事实上并不涉及基层司法系统。第五处成了第一处，即一般问
题处。有时也召开委员会全体会议。

Н. В. 穆拉维约夫着手从根基上系统修订《司法章程》。他尽量最大限度
地利用关于司法改革后法院工作的信息，这些信息首先来自该系统的工作人
员，以及对这个"独立部门"进行监督的行政人员，这种监督是每天进行的，
有时怀着相当大的醋意：如果说这种监督不是自上而下的，那至少也是"从
侧面"进行的。委员会的材料共有 42 卷之多，它们对于思考 1864 年《司法
章程》的经验、弄清楚委员会的宗旨和任务以及司法活动发展的前景都是有
意义的[1]。

委员会工作的实证材料，来源于行政权代表对法院状况的反馈意见。根
据穆拉维约夫布置的任务，还对各省长多年来涉及法院（从和解法官到参政
院）的报告进行了摘抄[2]。

---

〔1〕 См.: Выс. учр. Комиссия. Подготовительные материалы: в 12 т. СПб., 1894 – 1896;
Труды: в 9 т. СПб., 1895 – 1899; Проект новой редакции учреждения судебных установлений.
Объяснительная записка к проекту... СПб., 1900. Т. 1-5; Проект новой редакции Устава уголовного
судопроизводства. Объяснительная записка к проекту... СПб., 1900. Т. 1-5; Проект новой редакции
Устава гражданского судопроизводства. Объяснительная записка к проекту... СПб., 1900. Т. 1-6.

〔2〕 Выс. учр. Комиссия для пересмотра законоположений по судебной части. Подготовительные
материалы. Т. X. СПб., 1895.

在委员会的材料中可以找到一组对和解司法的批评意见。这首先是说和解法院和普通法院脱节的问题。委员会指出："当事人和解、维护地方利益和维护社会秩序的任务在和解法官的活动中没有收到预期的效果。实际上它们是基层法院，行使与其他有法官头衔的人同样的审判职责，有足够的理由认为把它们分出来作为特殊的一类审判组织是多余的。但是地方司法的这种独立又不能不影响到和解法官理解他们的职责和他们所形成的活动方式。和解法官审理案件与正式审判不同，他们广义地解释根据自己的内心确信作出判决的权利，结果他们往往无限制地利用个人的裁量而违反了法律的准确规定。"[1]

遭到批评的还有和解法官的选任制[2]：老百姓找和解法官不够方便，和解法官管辖范围狭小，等等。

委员会多数票不赞成撤销缙绅法庭制度（或者说，至少是不赞成取消它们的审判职能）[3]。А. Ф. 科尼在自己的特别发言中相当激烈地反对这个决定，他坚持主张保留和解法官制度，但他是少数[4]。

委员会和高等法院院长和检察长会议一样，都批评等级代表制度。他们指出，在大多数情况下，等级代表们并没有表现出应有的观点独立性和见解，完全消极地对待自己的职责，通常不积极参加法庭调查，而在作出判决时总是听从皇家法官的意见。

结论就是，等级代表的好处是很小的，同时这个制度非常昂贵，让参加人脱离职务。如果说在批评等级代表的问题上委员会成员们的意见是一致的，那么他们在等级代表命运问题上的意见却大相径庭了。

还有一种意见认为，等级代表法庭仍然需要保留，但仅仅是为了审判归他们管辖的国事罪，何况这样的案件也不是很多（应该提醒一下，这是在1897 年）[5]。

委员会的某些成员建议成立特别陪审法庭（即从符合较高教育资格和财

---

[1] Выс. учр. Комиссия... Приложения. Т. 1. С. 17–18.

[2] Там же. Т. 2. С. 16.

[3] Там же. С. 24–26.

[4] Там же. Т. 2. Приложение 1. С. 1–2；Приложение 10. С. 54.

[5] Там же. С. 31 и след.

产资格的人员中进行挑选）[1]，将暴乱、对抗和侮辱政权、侵害宗教信仰和破坏铁路设施的犯罪交给它们审理。这一想法在政府层面也得到了支持[2]，但仍然没有实现。

同时，穆拉维约夫委员会研究这个问题的某些成员，建议把特别陪审法官与法官合并到一个审判庭（讨论有罪无罪和刑罚问题），而诉讼问题应该交由皇家法官解决。还有人建议成立由 3 名皇家法官和 10 名、7 名或 5 名陪审员组成的非常法庭。

**新法院组织法草案**　穆拉维约夫委员会的草案建议变更司法机关体系，不再把司法机关分成地方法院和普通法院[3]，审议成立下列各级法院：

**区段法官**　由司法大臣任命，他们管辖：诉讼标的额不超过 1000 卢布的民事案件；刑罚不剥夺或限制公权的刑事案件。此外，他们还管辖侦查的进行、公证、诉讼保全。但是，1889 年实行的地方长官予以保留。

**区法院的县或市派出庭**　对于区段法官而言，它是与区法院的法官联系在一起的上诉审级，这个上诉审级联合了地方司法与上级法院（与和解法院联合法庭不同）。它的构成是区法院中县法官、城市法官、区段法官和名誉法官。与 1864 年《司法章程》规定的名誉和解法官不同，这类新法官不是选任制的，而是由司法大臣从担任地方职务不少于 3 年从而获得实际审判技能的人中间任命，任期 6 年。此外，在区段法官缺席的情况下不能履行区段法官的职责，而只参加区法院的县（市）派出庭的审判。

**区法院**　区段法院管辖之外的案件由区法院管辖。与 1864 年《司法章程》规定的和解法官相比，区段法官的管辖权更大（例如，民事案件的诉讼标的额从 500 卢布以下提高到 1000 卢布以下，这完全符合生活的需要和经济

---

〔1〕　教育资格（高等或中等教育）和财产资格，占有参加地方自治机关选举所需数量的土地：在没有地方自治机关的地方——基辅省、沃伦省、波多利斯克省为 200 俄亩，在顿河哥萨克军团州、维捷布斯克省、维连斯克省、格罗德诺省为 250 俄亩；在城市不动产价值不少于 2 万卢布，或担任国家职务或社会职务领取薪俸或养老金不少于 2 千卢布，或资本收入或劳动报酬不少于 2 千卢布，等等。（Там же. С. 34.）

〔2〕　Свод замечаний ведомств на выработанные выс. учр. Комиссией для пересмотра законоположений по судебной части, законопроекты с окончательными по ним соображениями и заключениями министра юстиции. Б. м., б. г. С. 9–11.

〔3〕　См.: *Немытина М. В.* Указ. соч. С. 175–177.

关系发展的要求）。相应地，区法院也就减轻了负担，不再审理大量应该由区段法官审理的案件。

**高等法院**　与 1864 年《司法章程》相比，它们的权限发生了重大的改变，它们成为区法院管辖的民事案件的上诉审级和区段法院所管辖案件的申诉审级。

**参政院上诉审判庭**　它们仍然是俄罗斯帝国的最高审级，但它已经不是唯一的申诉审级了，因为高等法院也获得了申诉审级法院的权限[1]。穆拉维约夫委员会的草案还包括一些限制《司法章程》基本原则的规定。

穆拉维约夫委员会在研究国事罪诉讼草案的问题时，应该像它并不遥远的 1864 年初的先行者们一样，还是集中于决定委托谁来审理政治案件的问题。考虑到穆拉维约夫委员会得到的上谕允许作出全新的决策，建立一个与过去完全不同的体系，所以可以期待的正应该是这样的决策。这一结论的根据是当局对打击国事罪的法院活动怀有经常性不满。对《法院组织章程》的新草案特别是对《刑事诉讼章程》的分析表明，这一切并没有发生。

《刑事诉讼章程》草案规定：国事犯罪行为案件（严格意义上的国事罪和《刑罚与感化法典》第 318 条—第 324 条规定的非法团体罪）由下列法院办理：

（1）犯罪行为的法定刑不合并剥夺公权或全部特权和优先权的，由高等法院办理。

（2）犯罪行为的法定刑合并剥夺全部公权或优先权的，由有等级代表参加的高等法院审理，如果有御令时，则由有等级代表参加的参政院特别法庭审理。

（3）在国家不同地区发现的反对最高政权或反对法定政体或反对皇位继承顺序的阴谋，如上谕有所指示，则在最高刑事审庭审理（第 1242 条）。[2]

---

〔1〕　См.：Объяснительная записка к проекту об Учреждении судебных установлений. Т. 1. С. 59-60；Проект об Учреждении судебных установлений. Ст. 39，259，260，270.

〔2〕　Книга 3. Изъятия из общего порядка уголовного судопроизводства. Раздел 2. О судопроизводстве по государствен-ным преступлениям // Проект новой редакции Устава уголовного судопроизводства，выработанный выс. учр. Комиссией для пересмотра законоположений по суд части и измениый министром юстиции. Б. м.，б. г. С. 646-682.

换句话说，依照《刑事诉讼章程》草案应该管辖国事罪和非法团体罪的那些机关的构成，与当时实行的立法相比，并没有什么改变[1]。

**法官的不可撤换权**早已受到 1885 年 5 月 20 日《向法院颁布命令和司法部门官员纪律责任的程序法》的限制，本书前面已经谈过。穆拉维约夫委员会的草案在加强"法院的政府意义"的道路上利用了上述 1885 年 5 月 20 日法律的立场。然而穆拉维约夫委员会在限制法官不可撤换权的道路上走得更远。

根据委员会制订的草案，法官可以因为被证明"显然对自己的职责不重视"因而造成的工作失误被解职，也可以因为工作以外的"不道德和不良行为"被解职。法官的解职问题，若针对参政院第一和第二联合审判庭的院长、副院长和法官，根据司法大臣的提议并随后上奏皇帝批准；若针对区段法官和名誉法官，则由司法部特别咨询庭提议并报请司法大臣批准。由此可见，草案中法官解职的根据与 1885 年 5 月 20 日《向法院颁布命令和司法部门官员纪律责任的程序法》相同，而且这两个文件的宽泛措辞都使人可以对它们进行扩展的解释[2]。

**法庭审理公开性**的问题也是按同样办法解决的。穆拉维约夫委员会制订的新版《司法章程》草案的措辞重复了 1887 年 2 月 12 日法律的新规定。依照草案，审判庭的大门可以根据司法部的指令或根据法院的裁定对公众关闭，"以便维护国家政权的尊严"[3]。1894 年委员会草案与以前通过的法律之间的区别在于：依照草案，在闭门审理案件时，审判长除可以将陪审员留下外，还可以将司法部门的其他人员、"律师以及具有特别正当原因的其他人员"留在审判庭[4]。审判长的这一权力扩大了[5]。

诉讼的一个不可分割的部分，而且是给当权者带来诸多负面情绪的部分，就是律师。当然，委员会不能绕开律师的改革问题，特别是如果回忆一下

---

〔1〕 Проект новой редакции Учреждения судебных установлений. СПб., 1910. Ст. 47, 48, 63.

〔2〕 *Немытина М. В.* Указ. соч. С. 179 и след.

〔3〕 Выс. учр. Комиссия. Проект Устава уголовного судопроизводства. Ст. 582–585.

〔4〕 Там же. Ст. 587.

〔5〕 *Немытина М. В.* Указ. соч. С. 185.

"波别多诺斯采夫计划"中抑制律师专横的方针，就能得出同样的结论[1]。委员会第二处起草了律师改革方案。律师作为法院"附属品"的实质被规定得很明确："律师作为司法社会人士，同时符合各种不同的资格条件，构成了法律准确描绘的独立社团，出庭并受法院监督，并作为法院必要的和重要的组成部分与法院经常协作。"[2]

该方案还规定了法院对律师进行纪律监督的其他可能性，甚至允许检察官对一个人加入律师组织提出抗诉。

可见，穆拉维约夫委员会工作的成果就是新版的《司法章程》（法院组织章程、刑事诉讼章程和民事诉讼章程）草案，它们一共有4500多条，其说明书共有16卷之多[3]。

穆拉维约夫委员会制订的新司法改革草案于1901年12月31日提交给国务委员会，但是没有通过，宛如石沉大海，虽然草案的某些成果在制订新法律时已经被采用。

历史学家Φ. К. 塔拉诺夫斯基找到的文件证实，穆拉维约夫在离开司法大臣岗位的时候，曾经厚颜无耻地放弃了他在过去十年中坚持的观点，声言必须取消对法院独立的任何法律限制并保障法院与行政分离[4]。穆拉维约夫委员会的工作成果基本上没有被政府通过，Φ. К. 塔拉诺夫斯基认为，这反映了政治力量的对比，特别是官僚集团本身特别尖锐的分歧。建议得太少而且做得太晚，这对于正在瓦解的制度而言不过是再平常不过的事情了[5]。

应该同意当代研究者涅梅金娜的观点，她对于穆拉维约夫委员会工作最后不成功的原因是这样解释的：委员会的工作完成于两个世纪交替之时，当

---

〔1〕 Объяснительная записка к проекту новой редакции учреждения судебных установлений. СПб., 1900. Т. 1. С. 65.

〔2〕 Выс. учр. Комиссия для пересмотра законоположений по судебной части. Обсуждение вопроса об изменениях в устройстве адвокатуры. СПб., 1897. Журнал № 6 (заседания 18, 19 и 20 января 1897 г.). С. 4.

〔3〕 См.: *Немытина М. В.* Указ. соч. С. 173.

〔4〕 *Taranovski T.* Op. cit. P. 184.

〔5〕 对穆拉维约夫委员会草案的强硬系统的批评，参见 *Гогель С. К.* По поводу проекта Судебной реформы 1900 г. // Вопросы уголовного права, процесса и тюрьмоведения. Собрание исследований. СПб., 1906. С. 413−452.

时俄罗斯发展的整个进程需要对政治形式进行改革，这就注定了委员会工作将必然失败。专制制度被迫要做的事不是让法院适应国家体制的基本原则，而是改变这些原则使之适应社会的需要。否则专制制度便不能自保。20世纪初俄罗斯国家体制的逐步发展反映在国家杜马的建立以及国务委员会、大臣会议的改革上，客观上使国家制度接近法院组织和诉讼的民主原则和制度。

新的法院从《司法章程》通过起走过了40年，它已经适应了总的国家机关制度。政府在19世纪80年代之前努力使1864年《司法章程》的民主原则和制度中立化。要废止它们是不可能的——司法改革的威信太高了。限制《司法章程》的原则和制度的道路再也走不通了，就连穆拉维约夫委员会也证实了这一点。委员会对1870年—1880年的立法和委员会起草的章程草案进行比较分析，表明它们的许多立场或者一致或者交叉。委员会的草案复述了1885年法律关于限制法官不可撤换权、1887年法律关于限制审判公开性和陪审法庭形成办法的规定以及1889年法律关于限制陪审法庭权限的规定，最后，草案又保留了地方区段法官。19世纪70年代—80年代的立法在修订法院立法委员会经历了一种特别的审查。

从一开始，穆拉维约夫就面临着一个不可能完成的任务——在《司法章程》不可侵犯的背景下去修订《司法章程》。司法大臣在他所建立的受到他鼓励的委员会活动中表现出来的虚伪和两面立场，与其说是因为他的个人品质，不如说是由于他作为司法大臣和委员会主席所面临的来自上面的任务。穆拉维约夫公开宣称1864年《司法章程》的原则和制度是不可动摇的，委员会似乎也没打算去侵害它，但在提交给沙皇的奏章中，却又书写了限制、取消《司法章程》所宣示的基本原则。如果说起初全面系统地修订《司法章程》得到了法律界的支持，那么随着委员会工作的推进，司法改革的拥护者们也就都离开了这个委员会。司法大臣的两面立场不能不在委员会的草案中反映出来，否则怎么能够解释在修订整个司法机关体系的同时，又保留地方区段法官制度——这个制度站不住脚是显而易见的。草案所蕴含的种种矛盾使它们不具有生命力。

# 第四章　第一次俄国革命与法院

社会政治氛围短暂的平静时期，政府决定在 1904 年采取一些步骤恢复《司法章程》的基本原则。1904 年 6 月 7 日法律[1]无疑会开启俄国法院史上新的篇章。政权需要法院，这似乎极大地提高了法院在国家政治生活中的作用。随后由于革命形势的高涨，国家就在慌乱匆忙之中通过了一系列同政治犯罪进行刑事法律斗争的新的非常法律，这使本来已经开始的《司法章程》的"复兴"又向后推迟了 10 年。

1904 年 6 月 7 日法律的缺点几乎在通过的第二天就暴露出来了。一个重要的方面是保守派不满意，他们认为以维护新制度为使命的法院在国事罪犯的处理方面不够威严。警察局官员 Л. A. 拉塔耶夫描述了司法体系对激进分子的宽容态度（1905 年）："政治审判中最后的法院判决简直让人恐惧，因为所有的被判刑人过上几个月，服完判决的监禁之后，又以加倍的精力再走上革命道路。阅读类似的判决让人垂头丧气。……对那些最多关几个月监狱，然后就放出来还可以重操旧业的人，花钱去侦查和拘捕究竟又有什么好处呢？"[2]

**1905 年 6 月 16 日法律**　为了讨论和解决那些"由于 1904 年 6 月 7 日法律的更新与复杂而使司法机关陷入困难境地"的问题，司法部于 1904 年 11 月举行了高等法院院长和检察长会议，参加会议的还有参政院、内务部和司法部的官员，会议由 H. B. 穆拉维约夫主持。[3]

这是他在司法大臣岗位上采取的最后一项严肃措施。穆拉维约夫在开幕词中用他固有的风格指出 1904 年 6 月 7 日法律的国家社会意义："行政裁量

---

〔1〕　我们稍微违反一下按年代叙述的做法，而按照作者的思路，把 1904 年 6 月 7 日法律放到《司法章程的复兴》一编进行探讨。

〔2〕　Письмо Л. А. Ратаева директору Департамента полиции от 5 апреля 1905 г. Цит по: *Гейфман А.* революционный террор в России. 1894–1917 гг. М., 1997. С. 311.

〔3〕　Стенограмма Совещания старших председателей и прокуроров при участии чинов Сената, МВД и Министерства юстиции для разрешения вопросов, возникающих в связи с законом 7 июня 1904 г. (25–28 ноября 1904 г.) // Печатные записки РГИА. № 2562.

的主导地位被法治所取代，该法使所有俄罗斯人可以使用平等的真理与仁慈的武器，在法治原则的基础上进行斗争"。他把这称为"我们文明发展道路上的巨大步骤"。

此外，穆拉维约夫表达了一种信念："个人利益、私权的合法性，这是首要的几乎是起码的保障，显然应该得到神圣的遵守，即使是在对国事罪的审判中。如果说国事罪的独特性质决定它的审判也具有一定的特点，那么，当然，这根本不是为了在审判中显示出总是与司法公正的任务格格不入的某种'政策'或者这种政策占上风，而是相反。一方面是为了保证它对政治狂热的致命影响，另一方面也是为了维护国家政权的尊严和维护社会安定。"[1]

**政治审判中被判刑的布尔什维克　东西伯利亚，吐鲁汗区，莫纳斯德村　（1915 年）**
后左三是 И. В. 斯大林，接下来是 Л. Б. 加米涅夫、
Г. И. 彼得罗夫斯基、Я. М. 斯维尔德洛夫
（图片首次公布）　现存俄罗斯国家电影照片资料馆

---

〔1〕　Там же. С. 4.

显然，如此高调反映出穆拉维约夫的部门得意之情：他总结说，司法部与遥远的 19 世纪 60 年代一样，总是比内务部占得先机。但是，"法律大街上的节日"持续得并不长久。在穆拉维约夫离职以后，И. Г. 谢格洛维托夫于 1906 年 4 月走上了司法大臣的岗位，他让司法部门成为行政部门的奴仆，赋予整个司法体系以打击政治反对派的惩办手段的性质。

国务委员会民事和宗教厅在 1905 年 5 月 16 日审议了《1904 年 6 月 7 日法律某些修订》的法律草案[1]，该草案是在考虑上述会议建议的基础上而制订的，并于 1905 年 6 月 15 日得到沙皇批准[2]。

法律将刑法典关于犯罪团体的第 125 条列入根据新的程序需由高等法院管辖的国事罪的清单。国事罪调查的终止由区法院检察官（而不是高等法院检察长）决定。在罪证不充分时，区法院检察官有权建议侦查员在省会议上通过省长建议终止案件并通过行政程序作出有关决定。

根据同一检察长的建议，国事罪的调查由特别重大案件侦查员或其他侦查员进行，而在某些省，则由代替他们的区段法官甚至由补充和解法官进行。

在国事罪案件的审判中，除允许职业律师进行法庭辩护外，还允许律师助理和私人律师以及候补法官参加。这确实扩大了实现辩护权的可能性，特别在是俄罗斯帝国的边远地区。

1905 年夏天，内务大臣 А. Г. 布雷金向国务秘书递交了一封密信，要求修改 1904 年 6 月 7 日法律中的调查部分，他的信，实质上成为对 1905 年 5 月 16 日法律的反动。他在信里建议国事罪的审前调查由特别重大案件侦查员或其他侦查员担任，而对于某些省份（边远地区），则由代替他们的区段侦查员甚至补充和解法官担任[3]。

司法大臣的解释如下：特别重大案件侦查员不够，因为他们要调查普通刑事案件，所以可以让区段侦查员调查国事罪案件[4]。司法部起初对这个建

〔1〕 Всеподданнейший отчет по Государственному совету за сессию 1904–1905 гг. СПб., 1906. С. 11–12.

〔2〕 Собрание узаконений и распоряжений правительства. 1905. 12 июля. № 121. Ст. 1070. ПСЗ. Собр. 3-е. Т. XXIV/ № 26440.

〔3〕 ПСЗ. Собр. 3-е. Т. XXIV. № 26440.

〔4〕 Печатные записки РГИА. № 680. Документ № 4. Л. 170 и об.

议持否定态度:"国事罪案件的调查需要了解革命运动的历史,了解当代革命组织的纲领和行为方式以及办理这类案件的技巧。"——对建议的批复如是说。司法部认为,在区段侦查员中很难找到这样的人,所以把这类案件的调查交到他们手里会导致负面的结果。作为一种替代选择,建议尽快在每个区建立"政治侦查员"员额(从在宪兵司令部经过专门培训的区法院助理检察官中选拔)[1]。

结果便有了司法部 1905 年 7 月 18 日第 2739 号通令,它指出了希望由谁来进行以下群体性犯罪案件的审前调查:政治性游行示威案件、参加反政府团体的犯罪、口头进行反政府宣传的犯罪。作为例外,侦查可以委托区段侦查员进行[2]。

**1906 年 1 月 7 日法律** 1905 年 9 月 17 日宣言的实现导致行政镇压的削弱和政治案件管辖的扩大。但是在革命形势下,法院的任务更加复杂化了。当局要求"大力加强活动,以便在任何情况下捍卫法律的力量,从而对其他国家管理部门给予国家福祉所需要的支持"[3]。

1905 年 11 月 9 日举行了大臣会议的大会,前不久被任命为司法大臣的 C. C. 马努欣[4]在会上作了一个关于司法部门活动的个人报告,坚定不移地

---

〔1〕 Там же. Л. 171 и след.

〔2〕 Сборник циркуляров и инструкций Министерства юстиции(1877 – 1914 гг.)Секретные. Пг.,1914. № 62.

〔3〕 Дело Совета министров по вопросу о мерах к сокращению производства наиболее важных уголовных дел // РГИА. Ф. 1276. Оп. 2. Д. Оп. 67. Л. 2.

〔4〕 总理 С. Ю. 维特对这位大臣的评价也是颇有名的:"马努欣是一个高度规矩的人,原则性很强的国务活动家,通晓司法部门、理论上稍微属于斯拉夫学派的优秀法律工作者。他是一位优秀的司法大臣,虽然,他也许从理论上看实际问题,而不考虑时代。当然,这是一个非常混乱的革命时代。"(*Витте С. Ю.* Соч. Т. 1. С. 181.)这难以置信,但 C. C. 马努欣请求尼古拉二世特赦杀害谢尔盖·亚历山德罗维奇大公的卡列夫。(Николай II, Последний самодержавец. Очерки эизни и царствования. Вып. 5. М. – Пг.,1917. С. 5.)著名的宪兵领域活动家 П. 库尔洛夫对 C. C. 马努欣进行评价,说他是一位自由主义者,"杰出的法律工作者,无可挑剔的纯洁、极端负责任和一个彬彬有礼的人"。(*Курлов П.* Конец русского царизма. Воспоминания бывшего командира корпуса жандармов. М. –Пг.,1923. С. 39–40.)还可参见 *Кони А. Ф.* Манухин:Воспоминания// На жизненном пути. ДЛ.,1929. Т. 5. С. 303–313.

主张 1904 年 12 月 12 日宣言所阐述的加强法制和法院独立的思想[1]。

他在 1905 年 11 月 25 日—27 日向高等法院检察长和院长们分发的命令中再一次强调了这些思想，指示要提高新形势下（1905 年 10 月 17 日宣言之后）法院活动的意义，号召法庭成为快速法庭并遵循法律[2]。当然，这样的方针让尼古拉二世周围那些具有保守思想的群臣们很不悦，仅仅过了三个星期，C. C. 马努欣就被罢免了司法大臣职务。但他还是成功地起草了加强司法部门的措施（该措施得到批准已经是在他被解职以后了）。

1905 年 11 月 18 日，沙皇建议 C. C. 马努欣制订缩短国事罪案件、农村动乱、书刊违法案件的侦查和审判期限的措施。司法部接到了具体指示：提高司法部门官员的薪俸、让参议员担任哪怕是一些高等法院的院长从而提高法院的重要性和加强法院的能力、号召检察监督毫不松懈地工作，向官员们说明法院现在所担负的爱国主义任务在全部国家层面上的重要意义[3]。

根据 C. C. 马努欣建议通过的 1906 年 1 月 7 日署名的沙皇命令，包含了一系列加强侦查部门的措施：该命令允许最有经验的初级候补法官进行侦查，允许侦查员到其他区出差并增加出差补助费[4]。该措施并不含有政治潜台词。

1906 年 1 月 10 日总理 C. Ю. 维特在政府会议上作了《制订终止犯罪动乱的措施的报告》。报告中除了利用警察和军事力量的措施外，还有涉及司法部门特别是侦查的建议。

例如，该报告建议增加法院侦查员的编制，制订加快侦查的规则。由于侦查干部不足，所以建议对没有受过高等法学教育的人进行考核（考试），如果发现谁具有足够的常识，就吸收进入司法部的侦查部门[5]。沙皇没有赞同这个倡议。我们认为，倡议的出现本身证明，法律框架内的惩办资源已经使

---

〔1〕 马努欣的这个报告遭到内阁极右翼官员首先是内务大臣 П. Н. 杜尔诺沃的严厉批评，他就差点没指责司法部搞破坏了。见：*Звягинцев А. Г.*，*Орлов Ю. Г.* Под сенью русского орла. Российские прокуроры. Вторая половина XIX—начало XX в. М., 1996. C. 295-297.

〔2〕 РГИА. Ф. 1276. Оп. 1. Д. 80. Л. 10-12.

〔3〕 Дело о мерах по улучшению деятельности судов по борьбе с политическими преступлениями // РГИА. Ф. 1276. Оп. 1. Д. 80. Л. 8.

〔4〕 ПСЗ. Собр. 3-е. Т. XXVI. Отд. 1. № 27205.

〔5〕 РГИА. Ф. 1276. Оп. 2. Д. 195.

用殆尽。毫不奇怪，从 1906 年起专制制度就开始广泛使用"其他手段"了。

**1906 年 3 月 18 日法律** 1905 年 12 月 16 日，在革命起义的最高潮，M. K. 阿基莫夫[1] 被任命为司法大臣。他于 1906 年初向 C. Ю. 维特总理报告，说司法部为执行 1905 年 11 月 18 日上谕而制订了向国务委员会的报告草案（这是他的前任 C. C. 马努欣未来得及完成的事情）。先是大臣会议，然后是国务委员会都同意了建议提出的措施，1906 年 3 月 18 日，沙皇批准了这些措施[2]。

依照该法律的规定，《刑法典》第 103 条、第 106 条第 3 款、第 107 条第 3 款（侮辱沙皇陛下）规定的不太严重的案件，从高等法院移交到区法院管辖，无陪审员参加；对于《刑法典》第 269-1 条（参与聚众暴力的动乱，这往往是农民骚乱）、第 824 条和第 230 条（聚众反抗森林防护人员）规定的犯罪案件，要建立有等级代表参加的区法院特别法庭；事实上取消了交付法庭这一诉讼阶段；缩短了受审人有权提出有诉讼申请的期限（从 7 日缩短到 3 日）；缩短了提交判决最后文本的期限（从 14 日缩短到 7 日）；取消了在法庭笔录中叙述证人证言和说明判决理由等规定[3]。1906 年 3 月 18 日法律的一个特点在于，它不仅适用于属于高等法院管辖的政治案件，而且适用于报刊案件（允许不进行侦查，而将调查材料直接根据检察院的决定移送法院）。

---

〔1〕 C. Ю. 维特写道："阿基莫夫一方面是一个反动的人，另一方面是一个有警察拳头的人和一个比目光短浅而且是无比……听话的人，没有受过任何国家教育，比较没有文化的人，一个诚实的人，但没有国家经验的人。"（*Витте С. Ю.* Воспоминания Т. 3. С. 187, 443.）也见：*Щегловитов И. Г.* Памяти Михаила Григорьевича Акимова // ЖМЮ. 1914. № 7. С. 1–12.

〔2〕 Выс. утв. 18 марта 1906 г. мнение Государственного совета 《О мерах к сокращению времени производства наиболее важных уголовных дел》 // ПСЗ. Собр. 3-е. Т. XXVI. Отд. 1. № 27575.

〔3〕 在《百科全书》"彼得·阿尔卡吉耶维奇·斯托雷平"（M., 2011. С. 354）中有错误的、不符合法律实际的断言："刑法典关于国事罪一编的施行，促使一系列案件依照 1906 年 3 月 18 日法律移送到有陪审员参加的法院审理，陪审法庭的利用有助于扩大同革命作斗争的法律基础"，事实则完全相反。

恐怖行动现场照片　（圣彼得堡，1906 年）

对 1906 年 3 月 18 日法律的分析表明，在革命运动高涨、政治案件如潮水般涌进法院的情况下，政府特别关心加快诉讼和简化"手续"，而这些手续，我们认为，却是对落入政治司法中的刑事被告人和受审人权利的最后保障。

1906 年还通过了几个不那么重要的涉及司法的法律。依照 **1906 年 4 月 22 日《最高刑事法庭改组法》**,[1] 最高刑事法庭最终被排除在国事罪案件的审理之外（因为其作为政治案件的一个审级表现得不尽人意），而"集中精力"审理国家最高公职人员的职务犯罪案件。

**1906 年 12 月 24 日暂行法律**　由于允许高等法院的法官代替高等法院院长或特别法庭庭长，从而使高等法院在审理政治案件时设立特别法庭变得容易了。现在，高等法院刑事审判庭可以设立几个审判庭，平行审理高等法院积累的政治案件。这无疑会加快国事罪案件的诉讼，而这正是最高当局永远

---

〔1〕　ПСЗ. Собр. 3-е. Т. XXVI. Отд. 1. № 27762.

在烦心的事[1]。

革命运动的高涨，包括采取暴力方法实施的政治犯罪（政治恐怖）急剧增加，同时伴随着暴力刑事犯罪的大爆发（刑事犯罪人群很敏感地关注国内的政治局势，利用警察和宪兵把力量用于镇压革命的时机去达到自己的犯罪目的）。

在这样的条件下，政府便采取了俄国历史上前所未有的非常措施[2]——实行将惩办力量针对平民的野战军事法庭。虽然本书的作者将司法改革后俄国的军事司法史搁置一旁，《司法章程》对它也未作规定，而且它也可以成为独立研究的对象。我们将研究沙皇法院（军事法院）史上最戏剧性的一页，目的只有一个：说明偏离

临时政府总理兼内务部长 П. А. 斯托雷平，1911 年在基辅被恐怖分子杀害

了 1864 年《司法章程》所确定的法律轨道（即使是迫于严峻现实的压力），政权向何处去，走向何种"没有出路的专横的密林"。

# 第五章　1906 年—1907 年的军事司法

**实行野战军事法庭**　俄国于 1812 年第一次为战时建立野战军事法庭，而随着军事司法改革的进行，野战军事法庭于 1867 年又被撤销了。这些法庭里有过辩护人，有过公开审判，刑事判决只有在核准后方能执行。

甚至是"红色革命思想"的疯狂拥护者也并不否认，从犯罪学的角度来

---

〔1〕　СУ. 1906. 28 дек. № 297. Ст. 2082.

〔2〕　在第一次俄国革命年代，采取了加强惩办力量和残酷性、加速和简化普通军事法院（军区法院）所实施镇压等措施，对这些措施我们未予阐述。详见 *Краковский К. П.* Политическая юстиция в России во второй половине XIX—начала XX в. Гл. 3.2. Изменение судопроизводства по политическим делам в военных судах. С. 255–266.

看，俄国 1905 年—1906 年的政治局势是非常复杂、尖锐和危险的。首先，这是革命积极性的群众性的大量表现，它们往往伴随着针对国家制度和公职人员的暴力行为（从对抗警察到恐怖行为）。在阶级和社会敌对的土壤里，工人阶级和农民的行动又总是伴随着侵害财产的犯罪行为（纵火烧房、破坏工厂设备、爆炸，等等）。

其次，应该说，在全国所有执法力量都投入同革命运动作斗争的时代，犯罪分子密切注视全国的局势，并利用这一点加强自己的犯罪活动。

还应该考虑到的是，实际上所有的革命党（从布尔什维克到社会革命党极端主义分子和无政府主义者），原则上都承认为革命目的实施暴力行动（掠夺财产）的可能性。有时候很难分清激进革命党人的行动与普通强盗行为。

政府在关于实行野战军事法庭的通告中曾简明地描述了国事罪的局势："几乎没有哪一天没有新的恶行。……塞瓦斯托波尔和斯维亚博尔克、雷瓦尔港和喀琅施塔得的军事暴动，杀害公职人员和警察官员，袭击和抢夺一件接一件……"[1]1906 年 8 月 17 日大臣会议杂志的摘录还补充了这个画面："每天残忍地杀人、爆炸、纵火、抢劫和抢夺以及公开袭击政府代理人、公私机构、火车和信贷机构，武装反抗政权、包藏祸心的人们反政府示威游行和反政府鼓动——所有这一切破坏了政府机关平静而合法的活动，给居民的生活带来不安和恐慌。"[2]根据"红色档案"公布的官方信息资料，1906 年恐怖分子杀害了 1588 人，而 1907 年杀害了 2543 人。[3]E. И. 科兹利宁娜在这个时期提出了相似的描述和估计："抢夺不仅在街上继续进行，厚颜无耻的流氓还闯入住宅、火车、偏僻的教堂、酒铺、乡公所，有时甚至闯入银行，只要他们能够用突然袭击的方式在人们中间引起恐慌，他们就在一切可能的地方进行

---

〔1〕 Печатные записки РГИА. № 680. Правительственное сообщение.

〔2〕 РГИА. Ф. 1405. Оп. 543. Д. 445. Л. 11–20. 还可参见大臣会议办公厅一个名称很特别的卷宗《为不对革命运动参加者作出死刑判决而设立野战军事法院的问题》// РГИА. Ф. 1276. Оп. 1, Д. 92.

〔3〕 См.: Маклаков В. А. Вторая Государственная Дума (Воспоминания современника). Лондон, 1991. С. 18.

抢劫[1]。除这些纯刑事性质的犯罪外，每天到处还在发生政治性质的杀人。"

俄国如临深渊。这不是耸人听闻的字眼，而是悲哀的甚至是悲惨的现实。在这种形势下政府该怎么办？在第一届国家杜马辩论最激烈的时候，斯托雷平（他那时还没有当总理）指出在作出死刑判决时可能的司法错误："在房子着火的时候，要救火就别舍不得玻璃。"

1907年3月13日，已经身为总理的П. А. 斯托雷平实质上发展了这一思想。他在回答有人指责政府"双手沾满鲜血"（关于野战军事法庭）的时候指出："当杀人犯袭击您的时候，您就杀他，这个惯例是所有国家都承认的。先生们，这是**正当防卫**：它不仅使国家加强镇压，不仅对各种不同种类的人采取各种不同的镇压，它导致国家所有的人服从一个人的意志，导致专政，而专政有时会使国家摆脱危险而得以救命。先生们，国家生活中会有一些非常不幸的时刻，这时国家的需要高于法律，有时必须在理论的完整性和祖国的完整性之间进行选择。"[2]

由于采取非常的甚至是极端的措施必须要有理论基础，所以我们稍微离题一点，去分析一下它的理论法律成分。

正当防卫是一种法律状态，它使一个人在受到非法袭击时所实施的表面上非法的行为合法化。刑法典规定了正当防卫，它的适用范围只能是自然人，即公民。

冲突往往伴随着袭击，这是国家间关系的特征。一个国家的侵略总是遭到另一个国家的反抗，该另一个国家保卫祖国的思想使自己对侵略者的暴力行为合法化。抗击外国侵略的战争使任何暴力的有罪性质不复存在。"回击"实际上使遭受侵略国家的任何暴力行为都成为合法行为。

如果说国际法学非常深刻地论述了国家正当防卫的外交方面，那么正当防卫制度的内政方面尚待研究。一个国家内政活动中上述正当防卫状态在多大程度上是适用的，这是一个使人饶有兴趣的问题。

---

〔1〕 *Козлинина Е. И.* За полвека. Воспоминания, очерки и характеристики. М., 1913. С. 516. Аналогичные описания есть у Р. Пайпса. (см.: *Пайпс Р.* Русская революция. М., 2005. Кн. 1. С. 42 и след.) О. В. 布特尼茨科夫、А. 盖夫曼等人的著作中也有类似的描写。

〔2〕 *Столыпин П. А.* Речи в Государственной Думе и Государственном совете. 1906－1911// сост. Ю. Г Фельштинский. Нью-Йорк, 1991. С. 56-57.

根据正当防卫的法律性质必须提出的第一个问题是：在内政冲突中，如果国家是"受害方"，那谁又是侵害的一方呢？显然，那就只能是将行为针对整个国家政权、以推翻国家政权为目的、以该主体所代表的一方取代当权一方的那个主体了。我们认为，政治反对派就属于这一类。

但是，只要政治反对派的活动在法律的框架内（在议会或在媒体提出批评，举行经过准许的群众大会等），不表现为反对国家政权（这里指的是法制国家）的暴力行为，那么国家政权就没有理由以暴力行为进行回应——即使这些暴力行为是在法律框架内实施的。

只有当政治反对派（包括革命者）采取法律所禁止的暴力行为（例如印刷传单、地下报纸，不经批准进行游行示威和群众大会，等等）或者胆敢实施暴力行为，那么国家才会以强制行为（包括暴力行为）相回应。与此同时，国家所适用的强制（暴力）要求以法律的权威予以神圣化。它规定在刑事立法中，规定在调整执法机关（警察、宪兵、情报机关、反间谍机关、军队）活动的行政法规中，它就合法化了。

然而我们认为，国家捍卫自己的基本原则免受革命者或合法政治反对派的威胁或挑战，与个人在正当防卫状态中的情形是不同的。个人在正当防卫状态中，为了保护防卫人本人或他人的人身和权利、社会和国家受法律保护的利益免受危害社会行为的侵害实施任何行为，包括造成损害的行为，都不构成犯罪（《俄罗斯联邦刑法典》第37条）。

重要的是，公民的这些行为是在没有经过合法程序的情况下实施的（受到侵害的人也没时间进行这个程序），而对加害人造成的损害并无法律对其严重程度的限制（譬如，包括不可挽回的损害，在防卫人生命受到威胁时造成加害人死亡），这给被害人以合理的自主权。

П. A. 斯托雷平总理关于"俄罗斯国家处于正当防卫状态"的声明，确切地表明了惩办机关实际被迫实施（暴力）活动的实质和这个事实本身。但是我们认为，他没有权利指望得到辩解，得到"历史的救赎"[1]。《野战军事法庭条例》所规定的程序与起码的司法公正标准相去甚远，而这些法庭本身就其本质、组织与活动的程序而言，根本就不是习惯意义上的法庭。

随意扩大了正当防卫的效力范围以后，国家（应该说，当时就不是法制国家）给自己授权向反对派报复，所使用的手段的数量、残酷性和强力程度都是国家给自己确定的，主要就是使它的强化程度与革命者行为相适应。也就是说，这些手段实质上就是复仇。国家这个"正当防卫"在1905年—1907年的革命时代达到了顶峰。

可见，政府认为自己处于正当防卫状态，选择了同激进反对派和用革命外表加以掩饰的（或者根本不加掩饰的）犯罪行为作斗争的最激进手段之一——野战军事法庭。

1906年8月17日，大臣会议举行了关于设立野战军事法庭问题的会议[2]。众所周知，在这次会议召开的前几天发生了大规模的恐怖行动，包括暗杀斯托雷平，他本人没有受伤，但死了很多人，甚至伤了他的两个孩子。

在大臣会议开会时，总理坚决推行野战军事法庭的思想。他不无根据地认为，实行这一严峻而"快速惩办"的法院形式，不仅应该制止（高喊革命口号的或者不喊革命口号的）暴力犯罪的浪潮，而且应该显示政府的决心和力量。《野战军事法庭条例草案》的起草者们类推援引"被围困的城堡"，规定成立特别（非常）法庭。这反映出当时全国的局势确实是灾难性的。

会议指出，审判程序缓慢的重要原因是必须遵守那些在国家尖锐和危险的局势下完全多余的诉讼手续。拥护这种新形式法庭的人断言："在实施犯罪行为的事实完全一目了然的情况下，对它的调查只能查明对于解决罪犯罪过问题并没有实质意义的情节。"所以，可以采用"简易"形式的法庭，它应该在最短的期限内完成案件的诉讼。

---

〔1〕 有意思的是，著名的法国作家阿纳托里·弗南斯提出了完全对立的思想："法官企图援引比日本炮弹更致命的法律来洗刷他们手上的鲜血，但这是枉然。这些毫无人性的残暴法律说明任何造反和起义都是正确的。它们把俄罗斯人民置于自卫的地位，迫使他们起来反对垂死的沙皇制度已然走投无路的暴政。"См.: *Франс. А. Собр. соч.: в 8 т.* М., 1960. Т. 8. С. 701.

〔2〕 Особый журнал Совета министров от 17 августа 1906 г. // РГИА, Ф. 1405. Оп. 543. Д. 445. Л. 11-20.

这种情况下，大臣会议作出决定实行野战军事法庭并制订了野战军事法庭规则[1]。1906 年 8 月 19 日，沙皇批准了《野战军事法庭条例》[2]。第二天又批准了类似的军人和海军野战军事法庭规则[3]。

实行野战军事法庭（甚至是在国家自称处于正当防卫状态的时候）的局势是非常具有挑衅性的，以至于政府在俄国历史上第一次认为，必须向老百姓解释它为什么要采取如此极端激进的司法形式。报纸公布了冗长的"政府通告"[4]，用 Н. И. 法列耶夫的话说，这个通告的特点是固执、坚决、直截了当甚至是异乎常态的。[5]

**野战军事法庭：组织和诉讼的基本原则**　在实行战争状态和紧急状态的地区即"革命运动剧烈暴发的"地区，可以根据将军衔省长、地区其他长官（可以取消案件普通管辖的人）的要求设立野战军事法庭[6]。事实上，野战军事法庭覆盖了 30 个以上的省和州，这些地区往往是革命积极性高涨和暴力犯罪水平较高的地区。

**组成**　野战军事法庭的设立 ad hoc（临时专设），由 5 名作战军官组成，每次的组成人员不同。同时，有专门指示规定，禁止法庭组成人员里有法律工作者。显然，政府所遵循的原则是"把一个人绞死，哪怕是根据疯子的诬告，对于从士官学校出来的人毕竟不如对于一个从法学院毕业的人那么可怕"[7]。

审判长通常是司令部军官，而法庭成员则是在作战部队服役 4 年以上的

---

〔1〕 РГВИА. Ф. 801. Оп. 54/63（2 отд. 1906）. Д. 54. Л, 33-34.

〔2〕 Собрание узаконений и распоряжений правительства（далее-СУ）. 1906. № 206. Ст. 1361. ПСЗ. Собр. 3-е. Т. XXVI. Отд. 1. № 28252. 作者出于礼节指出，在创建"独特的"特别快速审判形式方面这不是最早的：《奥地利刑事诉讼法典》也有类似的规则（虽然它与实行戒严状态有关）。

〔3〕 沙皇于 1906 年 8 月 20 日批准了第 524 号军事命令。В. К. 斯卢切夫斯基说的日期不同，为 8 月 18 日，而 М. Н. 盖尔涅特说是 8 月 25 日。这都是不准确的。

〔4〕 Правительственное сообщение // Печатные записки РГИА. № 680.

〔5〕 Фалеев Н. И. Указ. соч. С. 47.

〔6〕 甚至包括 Судебная власть в России, История, Документы 在内的法院史的严肃出版物（В 6 т. М.：Мысль, 2003），在描述这些法庭中也不可避免地发生错误。例如，"在 1906 年 8 月设立了罢战军事法庭机构网……调查程序的残酷以及起诉、辩护和刑罚执行的特别程序。极短的上诉期，使这些法庭成了政府手里的可怕的武器"（Т. I. V. С. 22）。

〔7〕 Петрищев. Заплечный гуманист. Цит. по：Полянский Н. Н. Эпопея военно-полевых судов. М. 1934. С. 37.

军官[1]。很容易想象，习惯于服从长官命令的法庭成员的意见有什么"独立性"。大臣会议 1906 年 9 月 6 日命令极其严格地规定"为防止对法官的报复"而不得泄露法庭组成人员。报纸在公布这些法庭的判决时不公布法庭成员的姓名，而只称他们的军衔。[2]

**管辖** 1906 年 8 月 19 日《野战军事法庭条例》的突出之处在于极其简单（总共 6 条），对野战军事法庭的案件管辖未作任何规定。H. H. 波利扬斯基在研究这些法庭的活动时指出，只能对管辖问题作出大致的结论。

问题在于《野战军事法庭条例》包含法律上错误的措辞，规定野战军事法庭应该审理"犯罪事实清楚、没有必要进行调查的"案件（《野战军事法庭条例》第 1 条）。换句话说，这当然是指在犯罪现场抓住的人。但是这一规定表达得不准确从而导致了对它的主观解释。

根据那个时代的人的观察，地方省长们开始消除 1906 年 8 月 19 日《野战军事法庭条例》中的这些不明确之处，在自己的命令中列举了应该由野战军事法庭管辖的犯罪构成。德文斯克的临时将军衔省长阿斯塔菲耶夫在 1906 年 9 月 7 日的命令中几乎列举了一整部刑法典[3]。

本书的作者们得以在档案中发现规定野战军事法庭管辖权的文件，而且上面有法律根据。这就是敖德萨军区司令考里巴尔斯将军发给下级指挥员的《关于适用野战军事法庭的命令》，它排除了法律上的"不明确"。

该文件规定，"实施一个或几个犯罪的军人应交付野战军事法庭审判"：

（1）根据《宣布战争状态的地区条例》第 20 条第 1 款（1892 年版《俄罗斯帝国法律大全》第 2 卷第 23 条附则）：①武装反抗当局；②袭击军警官员和所有正在执行职务的公职人员或因为公职人员执行职务而袭击他们，如果这些犯罪伴随着杀人或杀人未遂、致伤致残、严重殴打或纵火。

（2）根据 1869 年第 3 版《军事决议汇编》第 22 卷第 279 号（《军人处罚章程》——作者注）：①故意杀人；②强奸；③抢劫；④抢夺；⑤故意烧毁或

---

〔1〕 РГВИА. Ф. 1844. Оп. 2. Д. 1. Л. 20.

〔2〕 РГВИА. Ф. 801. Оп. 54/63（2 отд., 1906）. Д. 54. Л. 102.

〔3〕 *Фалеев Н. И.* Указ. соч. С. 48.

淹没他人财产。[1]

为了消除《野战军事法庭条例》的疏漏，大臣会议于 1906 年 10 月 12 日发布了新的命令，该命令解释道："根据有关当局每次的专门指令，可以移送给野战军事法庭的只有实施杀人、抢劫、抢夺、袭击哨兵和巡逻军人、武装反抗政权、袭击军警官员和公职人员；已经揭露的非法制造、购买、保存、携带、销售爆炸物质或弹药"的人，包括他们实施犯罪事实完全清楚，即根据可靠的而不需要特别审查的材料可以提出指控，譬如罪犯是在犯罪现场被拘捕或在实施犯罪时或直接在实施犯罪后被拘捕。众所周知，"战时法律对所有这些犯罪都规定了死刑"。

**交付审判的条件** 1906 年 8 月 19 日《野战军事法庭条例》使专横合法化的顶点就是交付审判的条件——"犯罪事实清楚、没有必要进行调查"——任何法律工作者都一目了然，这是胡说八道。事实清楚的客观标准是不存在的，所以决定将嫌疑人交付法庭的人的裁量实际上就是认为嫌疑人有罪，也就事先决定了案件的结局。还有一条规则也同样是如此专横的表现，那就是决定将案件交付野战军事法庭审判属于将军衔省长的权限，也就是行政权首长的权限，而不是司法权首长的权限。这个决定所根据的是个人对犯罪"事实清楚"的主观看法，事实上也就决定了诉讼的结局。

换言之，我们看到，对于野战军事法庭这个机构而言，判决的事实方面（事实清楚）和法律方面（死刑）都已经是事先决定的。"法庭"这个字眼在这种情况下显然是不适当的，正如那个时代的人所写的，实在是因为没有更好的定义了。这样的程序无疑破坏了法制的基础并使老百姓的法律意识遭受了最沉重的打击。在这样的条件下，老百姓拒绝承认这种所谓"司法"的合法性并且按照惯性也就丧失了对整个法院的尊重。

**审理案件的程序** 本书的作者在档案里发现了独一无二的文件——《野战军事法庭示范程序指南》，它是由考里巴尔斯将军发给敖德萨军区各省政府和部队的。它规定：

1. **审判庭环境**。在专门划拨给野战军事法庭使用的大厅里，靠一面墙是

---

[1] РГВИА. Ф. 1844. Оп. 2. Д. 1. Л. 20. У Н. И. 法列耶夫还提到与制作、保存爆炸物质和炸弹有关的犯罪。

法官的桌椅。离桌子稍远一点，法官的右手边是受审人的座位；正对桌子是证人席。门口放着的是军官或警察的椅子。法官的左手边是正式出席审判庭的人的座席。（他们通常是军事长官；众所周知，无论律师还是检察长都不参加野战军事法庭的审判。——作者注）

2. **法庭构成**。审判长和 4 名法庭成员，其中一名作庭审笔录。

3. **法庭程序**。审判长宣布开庭以后，就宣读省长关于将案件交付审判的命令，之后命令把受审人押进法庭。

核实受审人身份（注：受审人拒绝说出自己的名字不妨碍继续开庭）。然后向受审人说明指控的实质，并问他是否认罪。如果他承认自己有罪，就讯问案件的各种情节。如果完全相信认罪的真实性，就不再询问证人而直接由受审人作最后陈述。禁止受审人讲述任何与他被指控有罪的事实本质无直接关系的事情，或者任何一般的看法、理论等。对不认罪的受审人，审判长不允许他进行任何解释，因为在侦查员询问时和进行最后陈述时他还有机会进行解释。

然后询问证人（在受审人不认罪的情况下）……（在指南中详细规定了谁可以当证人，谁进行宣誓后再被询问，谁不必宣誓就可以被询问。——作者注）最后是受审人作最后陈述，他有权叙述可以为他脱罪的一切，但是他只能在直接涉及本案的范围之内陈述，不得进行一般性议论或者阐述任何理论。

4. **作出判决**。受审人有罪无罪的问题由表决的多数票决定，从地位低的人开始表决。然后传唤受审人并向他宣布判决，宣布时只有法庭全体组成人员在场。此后审判长宣布野战军事法庭闭庭[1]。野战军事法庭的判决在任何情况下均不得撤销，所以已经审结的案件不允许由野战军事法庭或者其他任何法庭再审。此外，军部大臣命令所有军区指挥员不得向沙皇转呈请求特赦的电报[2]。

还规定了**判决的形式**，它和诉讼程序本身一样简单："野战军事法庭判决。1906 年××月××日，根据部队指挥员命令在……市设立野战军事法庭，法

---

[1] РГВИА. Ф. 1837. Оп. 6. Д. 14. Л. 3-4.

[2] *Тау*. За кулисами военно-полевой юстиции // Новая мысль. 1906. № 1. С. 58-61.

庭成员为××（只列军衔，不写姓名），审理了根据××军区××月××日交付野战军事法庭的指控××人实施（×法）××条规定的犯罪案件。根据证人证言和案卷现有材料，野战军事法庭认为受审人有罪（叙述犯罪实质），故遵照1906年8月19日上谕，根据××条判决如下：剥夺受审人××所有公权并处以绞刑。"

勾勒野战军事"司法"场景的最后一笔是诉讼超乎寻常的快速。依照1906年8月19日条例，法庭应该在实施犯罪时起的一昼夜内设立（第3条），开庭时间不超过两天（第4条），而判决应该在作出之后的一昼夜之内执行（第5条）[1]。

众所周知，法律规定对野战军事法庭的判决不得上诉，而请求特赦由于期限太短而根本是不现实的。形式上被判刑人有权提出特赦请求，但是1906年12月7日军部大臣发布命令对这些请求留置不予启动。换句话说，正如作家 Л. 安德烈耶夫在《七个被绞死的人》中所说的："审判悄无声息而且很快，如同那个残酷无情的年代所做的一切那样。"

**判决的执行** 政府当时真正为这样一个实际问题忧心忡忡：根据这些法庭的判决是"枪决还是绞死"。有人指出，"频繁的枪决会让人对军队产生不良印象"，所以政府认为更好的执行判决的方式是绞死，而且执行的费用由民政部门承担（因为绞刑依法由民政部门执行），尽管曾经担心民政部门由于没有刽子手和缺少绞刑所必需的设施而拒绝[2]。

由于材料来源较少，因而很难描述野战军事法庭的实际活动，虽然现有资料表明，诉讼程序本身是如此简单和快速，实质上就没有什么可描述的。例如，1906年9月29日在顿河上罗斯托夫发生了武装袭击弗里德贝格兄弟面包房的事件。暴徒们抢劫了1万2千卢布，其中一个人带着钱躲起来了，而6个人（后来查明，他们原来是无政府组织的成员）被捕。他们在警察局遭受严刑拷打之后被押解到了监狱。临时省长命令把他们全部（大多数是未成年

---

〔1〕 显然最后一句是指死刑判决，因为对于无罪判决的执行根本无须规定时间，而对于其他判决，如苦役，一昼夜显然是不够的。

〔2〕 *Нечаев В. Н.* Расстреливать или вешать// Красный архив. 1926. № 4 (17). С. 223.

人）交付野战军事法庭，10 月 2 日他们全部被判处死刑。[1]

**野战军事法庭活动总结**　在野战军事法庭合法化以后，政府于 1906 年 9 月 6 日向地方行政长官（省长、市长等）发布命令，指出"在行使他们享有的同叛乱作斗争的非常权力方面必须表现出最大限度的能力"[2]。然而这些提醒实在是太多余了，军区司令们争先恐后地开始利用这种形式的特别法庭。

考里巴尔斯将军早在 1906 年 8 月 26 日就给军部发电报，请求"尽快发来关于野战军事法庭的法律汇编，以便可以适用它们或者请求皇上恩准在没有收到法律汇编时适用法律"[3]。

这 8 个月（1906 年 8 月—1907 年 4 月）[4] 的突出特点就是实行前所未有的疯狂镇压。据不完全统计，根据野战军事法庭的判决处死了 1100 多人。[5] 由于缺少关于野战军事法庭活动的信息，唉，要确定准确的数字是非常困难的。

在俄罗斯联邦国家档案馆警察档案部保存有《按照野战军事法庭判决被处死的人员名单》（截至 1907 年 2 月 4 日）[6]。名单如下：

| 死刑时间 | 判决地点 | 被告人姓名 | 处死人数 |
| --- | --- | --- | --- |
| 8 月 31 日 | 里加 | 梅里博特和阿尔马涅夫[7] | 2 |

在印刷名单上起初是 432 人，但是在最后又手写增补了 210 人，此外，名单减少 26 人（因为重复）又增加 9 人。这样一来，最后数字是 624 人。可

〔1〕 Новая мысль. 1906. № 1. С. 48. Некоторые примеры военно‐полевых судов на Дону приведены в книге: *Краковский К. П.* Политическая юстиция в России во второй половине XIX ‐ начале XX века. (М., 2012.) 一书中引用了顿河上野战军事法庭的某些案例。

〔2〕 РГВИА. Ф. 801. Оп. 54/63 (2 отд., 1906 г). Д. 54. Л. 102.

〔3〕 Там же. Л. 51.

〔4〕 Э. 卡倍尔·德·安科斯错误地断言说野战军事法庭总共只工作了 2 个月。(Э. *Каррер д'Анкосс*: Русская беда. Эссе о политическом убийстве. М., 2010. С. 314.)

〔5〕 См.: *Полянский Н. Н.* Эпопея военно-полевых судов. С. 74.

〔6〕 ГА РФ. Ф. 102 (7-е делопроизв., 1906). Д. 8. Т. IV《А》. Л. 3-6.

〔7〕 他们是最早根据野战军事法庭的判决被处死的人。

以认为这个数字是不完全的[1]。M. H. 盖尔涅特在准备自己的基础性著作《沙皇监狱史》时了解过这个名单。但是他把重点放在名单的年代索引方面，并且指出，5 个月里只有 31 天没有处决死刑犯[2]。

我们想请读者注意另一件事：绝大多数被判刑人根据野战军事法庭的判决被处死的原因都是武装袭击和杀人（杀人未遂）。高加索边疆区特别典型：野战军事法庭的 61 个案件中 41 个是抢夺和以抢夺为目的的武装袭击；16 件为杀人（包括杀人未遂），10 件是对抗警察。[3] 政治案件中被处死的人在名单中单独列出（在同一名单上，法庭已经确定了政治动机的）：杀害市政官员的（2 件），杀害外高加索铁道运输官员未遂；另外，哥里市的 Г. 采列捷利作为有着"红色百人团"这样一个革命名称的强盗匪帮的头目被处死了[4]。

在顿河哥萨克兵团州这个社会、经济和其他条件优越但相当保守的哥萨克地区，局势也很相似：1906 年 9 月—1907 年 4 月，野战军事法庭审理了 14 个案件，只有 4 个案件（将近 25%）是革命者的案件，4 个案件都涉嫌暴力犯罪，所有受审人都是激进党的成员——无政府主义党和最高纲领主义派社会革命党[5]，其余的都是刑事罪犯。

根据《国家基本法律》（1906 年版）第 87 条，在没有国家杜马参加的情况下通过了《野战军事法庭法》，而该条规定，如果政府不在国家杜马恢复工作的两个月内向国家杜马提交符合已通过措施的法律草案，则终止非常措施的效力。

1907 年 4 月 19 日《野战军事法庭条例》ipso juri（依法，无须另行颁布法律）终止效力，1907 年 5 月 2 日国务委员会讨论了撤销早已不适用的野战军事法庭条例的法律草案。由于形式不符合法律草案的通过规则，所以该法律草案被国家杜马驳回，虽然这既没有任何法律意义，也没具有任何政治

---

〔1〕　例如，同一卷宗里附有报纸。（газета《Новые сильт》от 18 февр. 1907 г.）有趣的是，一位不知名的警察局官员对照了报纸上的名单和自己的名单，在 50% 的姓名上写"对"，在 50% 名单上打"?"//Там же. Л. 147 и 152.

〔2〕　*Гернет М. Н.* Указ. соч. Т. 4. С. 88.

〔3〕　ГА РФ. Ф. 102 (7-е делопроизв., 1906). Д. 8. Т. IV《А》. Л. 129–132.

〔4〕　Там же. Л. 174.

〔5〕　См.：*Краковский К. П.* Политическая юстиция в России. С. 83–86.

意义。

"保安世界"非常著名的人物——B. Ф. 准科夫斯基将军，很难怀疑他是反对派，然而他承认："这些法庭辜负了大臣会议对它寄予的期待。我甚至认为，它们带来的损害要多于好处，因为它们帮助的是专横，增加了干部们的不满意，而是否交付这种法庭往往取决于个别一些人的性格和观点。"

# 附二：20 世纪轰动一时的审判

## 杀害谢尔盖·亚历山德罗维奇大公案（1905 年）

20 世纪开始的标志是恐怖主义前所未有的大爆发[1]。20 世纪第一件政治谋杀是 П. В. 卡尔波维奇实施的，他于 1901 年 2 月 4 日射杀国民教育大臣 Н. П. 博戈列波夫。后来被杀的人，从沙皇的亲戚、总理、大臣和省长到神父和客栈老板。引爆一切可以爆炸的东西，从酒铺到教堂[2]。主要的实行犯就是社会革命党的代表人物们。以审判告终的名声最大的恐怖主义行动就是刺杀谢尔盖·亚历山德罗维奇大公，他是沙皇尼古拉二世的叔叔，前莫斯科将军衔省长和莫斯科军区司令。

大公被认为是宫廷最有影响力人物的首脑和俄罗斯帝国灰色的红衣主教，是极力主张武装驱散 1905 年 1 月 9 日彼得堡游行（"流血星期日"）的人之一。社会革命党中的战斗活跃分子指控他不公正对待犹太人，而社会革命党中的犹太人相当多。他们还指责谢尔盖·亚历山德罗维奇大公：在大公的纵容下，为庆祝尼古拉二世加冕而在霍登场分发沙皇礼物，结果发生踩踏惨案，死亡 1300 多人。

实施恐怖行动的是社会革命党人，27 岁的伊万·卡利亚耶夫，他曾是圣彼得堡大学法律系的学生。他是社会革命党小组成员，参加过发生在 1904 年

---

[1]　关于恐怖行动被害人的统计数字，可参见 *Леонов М. И.* Эсеры в революции 1905–1907 гг. Самара. 1991. С. 23.

[2]　*Спиридович А. И.* История большевизма. Париж. 1922. С. 120 – 121. См. например： Наблюдательные производства по политическим процессам о терактах. ГА. РФ. Ф. 124. Оп. 45. Д. 1931（反对警察局）、Д. 1933（反对监察员）、Д. 1944（反对校长）、Д. 2017（反对检察官），等等。

7 月 15 日暗杀内务大臣 B. K. 普列韦的准备行动。在普列韦被暗杀后，卡利亚耶夫躲起来，逃到国外去了。但他在国外待了没多久就又回国来了，目的就是为了参加新的一次猎杀行动——暗杀谢尔盖·亚历山德罗维奇·罗曼诺夫大公。

暗杀预定在 1905 年 2 月 2 日。大公携全家乘坐马车到大剧院，但是当卡利亚耶夫手拿炸弹走到马车跟前时，他看到与大公在一起的还有大公夫人和几个孩子（大公的侄子们）。他决定不扔炸弹，以免孩子死亡。暗杀改在 2 月 4 日。这次暗杀发生在克里姆林宫的军械库广场，真可谓命运的嘲弄，就在法院大楼旁边（现在那里是俄罗斯联邦总统办公厅）。在离迎面驶来的大公的马车不超过 4 步的地方，卡利亚耶夫扔了一枚炸弹。谢尔盖·亚历山德罗维奇当场死亡。卡利亚耶夫在犯罪现场被警察抓住，但他没说出自己的真实姓名。

这个故事有一段意想不到的续篇，这与被害大公的未亡人伊丽莎白·费多罗夫娜在监狱里访问卡利亚耶夫有关。这次访问是一个清除社会革命党影响运动的人员组织的（有一种流行的传闻 …… 关于他们见面的说法，似乎卡利亚耶夫很后悔自己的行为，官方报纸都刊登了这个消息）。

被捕的人立即就承认他是社会革命党战斗组织的成员，是他按照社会革命党的决定杀死了谢尔盖·亚历山德罗维奇大公。但是调查没有发现卡利亚耶夫的同案犯。

案件于 1905 年 4 月 5 日在莫斯科由有等级代表参加的参政院特别法庭闭门审理。审判庭里只有几个宪兵军官、法庭人员、检察监督人员和被告人的母亲。卡利亚耶夫的辩护人是 B. A. 日丹诺夫和 M. Л. 曼德尔施塔姆（在他《政治审判中的 1905 年》一书中留下了关于这个案件的回忆）。在法庭上，卡利亚耶夫按照民粹派的传统，不承认沙皇法庭的合法性，因为法官是政府的代表，社会革命党人反对这个政府，而唯一合法的法庭只能是人民的法庭、历史的法庭。

参政院特别审判庭对卡利亚耶夫作出了死刑判决。

卡利亚耶夫提出上诉，他在上诉状中称，他杀死谢尔盖·亚历山德罗维奇大公不是因为大公是皇帝的叔叔，而是因为他对人民犯下的罪恶，而判决书中的重点似乎正是"皇帝的叔叔"。上诉被参政院驳回。

皇帝尼古拉二世秘密指示警察部门的领导争取让卡利亚耶夫请求特赦，但这没成功。卡利亚耶夫被绞死了。

## 苏维埃审判（1906年）

20世纪初的苏维埃审判是独一无二的一种政治审判，因为这在19世纪是不可想象的，而在1917年以后则是不可能的。我们从众多对首都苏维埃成员的典型审判中举出一件来进行研究。

这是著名的审判之一，后来对它的描述受到意识形态的强烈影响[1]。因为受审人中有Л. Д. 布隆施泰因（托洛茨基）以及有许多党派的成员（在同一被告人席上坐着的有布尔什维克、孟什维克、社会革命党人和无党派人士）。在1925年以前出版的著作中，曾颂扬托洛茨基英勇受审，后来则连他的名字也被排除在被告人之外了。布尔什维克在审判中的表现在苏维埃文献中得到高度的评价；而孟什维克——苏联历史学家的断言——表现得意志力薄弱，隐瞒苏维埃活动的"真实目的"（准备起义）。

彼得堡苏维埃的活动从10月13日持续到12月3日，当时它的成员全部被逮捕。在自己"最初历史"的52天里，它实行8小时工作制，制止了跟踪犹太人的暴行（在101个俄国城市公布10月17日宣言后发生了暴行），组织了大罢工。用苏维埃成员辩护人之一О. О. 格鲁森贝格的话说，在这个时期，苏维埃"拥有国家政权的威力并迫使陷入孱弱的合法代表机关按自己意志行事"[2]。这些话是О. О. 格鲁森贝格在1944年写的，当时他已经移居国外，因此我们认为，可以承认这些言论是客观的、非意识形态化的评价。

---

〔1〕《工人代表苏维埃案件》，叶卡捷林诺斯拉夫，1906；*Бальц В. А.* Суд над первым советом рабочих депутатов. Воспоминания прокурора. М., 1929；*Бернштам В. В.* В боях политических защит. Л. - М., 1925. С. 109 - 116；*Его же.* Судебный процесс Петербургского Совета рабочих депутатов 1905 г.//Красная летопись. 1930. № 5（38）. С. 5 - 27；*Немцов Н. М.* Процесс Петербургского Совета рабочих депутатов // Советская юстиция. 1931. № 1. С. 4-5；*Грузенберг О. О.* Совет ребочих депутатов и суд над ним //*Грузенберг О. О.* Очерки и речи. Нью-Йорк, 1944. С. 92-101；*Глазунов М. М.，Митрофанов Б. А.* Первые советы перед судом самодержавич（1905-1907 гг.）. М. Юрид. Лит., 1985. С. 131 - 159；*Варфоломеев Ю. В.* Очерки политических процессов в России первой четверти XX века. Саратов. 2007. С. 112-120.

〔2〕*Грузенберг О. О.* Указ. Соч. С. 92.

在半年时间里，18 个宪兵军官对这个案件进行了调查。曾经的被告人在 1917 年以后出版的回忆录中讲述了进行调查的方法，揭露了宪兵军官们如何粗暴地违反诉讼法：伪造证人证言笔录，询问假证人（用暗探冒充真正的证人），长时间（8 小时—10 小时）询问老年被告人，利用"暗探局"工作人员充当见证人，辨认时耍花招。[1] 甚至本案的公诉人——检察官 B. A. 巴利茨也承认，调查进行得乱七八糟，辩护利用了在诉讼过程中暴露出来的宪兵调查滥用权力的行为。他认为，如果由侦查员进行调查的话，那么被审判的就不会是 52 人[2]，而最多是 15 人[3]。

指控的实质如下：被告人属于彼得堡市工人代表苏维埃，出版《苏维埃新闻》，煽动居民暴力推翻国家制度，以代表身份参加群众大会和实际准备武装起义[4]（《刑法典》第 101 条第 1 款和第 102 条第 1 款）。

审判中的关键人物是苏维埃主席诺萨尔和布隆施泰因（托洛茨基）。被告人不无根据地怀疑宪兵进行调查时专门挑选了"异族人"（犹太人、波兰人、格鲁吉亚人、亚美尼亚人）作为受审人，企图挑起居民的排外情绪。

第一次庭审于 1906 年 6 月 20 日在彼得堡区法院大楼进行，但由于许多证人未到庭而推迟了。

1906 年 9 月 29 日重新开庭，审判持续了近一个月。案件由有等级代表参加的彼得堡高等法院公开审理（到场的甚至有外国记者）。起初主持审判的是高等法院院长马克西莫维奇，但是后来，由于他冒冒失失地决定满足辩方关于传唤选举苏维埃的工厂的代表人出庭的要求，因而遭到了司法部的惩罚。

高等法院的新院长 H. C. 克拉舍宁尼科夫与先前传唤工人代表的法院决

---

〔1〕 *Сверчков Д.* На заре революции. М.，1922. С. 150-204；*Попов И. В.* Воспоминания. М.：Мысль. 1989. С. 156.

〔2〕 实际受审的一共是 51 人，因为一个被告人在审判开始时已经根据军事法庭的判决被处死了。但参加诉讼过程的是 29 人，其余的人由于未受羁押而躲藏起来了，或者因病未到庭，而他们的材料被分出来单独诉讼。

〔3〕 *Бальц В. А.* Указ. соч. С. 37，73.

〔4〕 См.：Обвинительный акт о членах сообщества，при-своившего себе наименование С. - Петербургский общегородской《совет рабочих депутатов》. СПб.，1906（экстренный выпуск газеты《Народная дума》）. 被告人 Л. Д. 布隆施泰因（托洛茨基）制作了一份精彩而准确的对起诉书的法律分析，受到了德高望重的律师 O. O. 格鲁森贝格的赞扬。参见 *Сверчков Д.* Указ. соч. С. 180.

定有关。这 300 人走进法庭，实质上如同举行一次群众大会；每个人发言都以宣读声明开始，要求既审判工人的代表也审判工人自己，因为苏维埃执行的是他们意志。征集的签名数超过 12 万，而且签名的真实性均由厂方进行过认证。这是俄国法院史上第一次也是唯一一次竟有那么多人表示愿意与自己选举出来的人一起受审的情形。

辩护人由著名律师 O. O. 格鲁森贝格、Φ. A. 沃尔肯施泰因、H. K. 穆拉维约夫、Л. H. 安德罗尼科夫、A. C. 扎鲁德内等人担任。公诉人是检察长 B. A. 巴利茨，他在承担公诉人职责时是事先有保留条件的：如果他认为被告人里有谁无罪，他将放弃起诉（在涉及政治审判时，这个理所当然的诉讼规则必须捍卫）。此外，他努力当一名客观的法律工作者，而不是受聘来与造反作斗争的政治战士。连受审人都承认他是正确的[1]。

巴列茨在关于这次审判的回忆录中坦率得令人惊讶，他的承认让人看出他是一个有良知的人：“在对工人代表苏维埃的审判中，我非常清楚地感觉到，……政治案件中的客观立场，如果说不是完全不可能的，那也是很难做到的。不能不再是一个公民，不能让自己确信在寻求诉讼真相的时候忘记自己的政治信仰，应该宣布自己中立。”[2]

H. C. 克拉舍宁科夫的表现却要偏颇得多。辩护人认为，这位高等法院院长询问受审人，抓他们的小矛盾，轻蔑地嘲弄他们，比严厉的刑罚还要坏。他力图证明苏维埃是知识分子的伪装，工人们不明白所作出决议的含义和意义。克拉舍宁科夫向工人们提出一些困难的问题（譬如，什么是制宪会议，它将如何解决工人的问题），令法官惊讶的是，工人们都回答出来了。

辩护人在审判中证明，苏维埃是“人民自己建立的法律秩序，……所以当前最迫切的任务是维护法律制度的起码基本原则和捍卫战斗的人民已经赢得的自由”，苏维埃的活动是公开的，同工厂的行政和其他组织发生关系。在苏维埃政权下，O. O. 格鲁森贝格虽然被迫移居国外，但是他承认：“无论怎样看待苏维埃的作用，但有一点是无可争议的：它是纯粹工人的政府，这样

---

〔1〕 *Сверчков Д.* Указ. соч. C. 189.

〔2〕 *Бальц В. А.* Указ. соч. C. 54.

的政府在西欧是从来不曾有过的。"[1]

受审人同样表现出战斗的姿态，但这也隐含着危险，因为他们承认准备武装起义的事实，而这是要被判处苦役的[2]。格鲁森贝格作为首席辩护人，他阻止他们继续说下去，用沉默把准备武装起义的问题回避过去，以便争取流放，"只有懒人才不会从流放地逃走"。

但是托洛茨基开始谈论起义是推翻旧制度的手段，格鲁森贝格很担心其他被告人也谈到这个话题。格鲁森贝格就耍了一个花招，争取让受审人走出法庭：他开始朗读警察局长 A. A. 洛普欣提交的关于 1905 年警察挑衅活动的文件，并请求传唤洛普欣作为证人到庭。法庭拒绝了，之后律师就和受审人开会，决定让他们离开法庭[3]。法庭很快就在空空如也的大厅里闭庭。法院判决对于那样的指控而言[4]是温和的——15 人被判处流放移居，2 人被判处堡垒监禁，12 人被无罪开释。

### 维堡审判（1907 年）

1906 年 7 月 9 日各大报纸都报道，第一届国家杜马被沙皇提前解散：它总共仅存在了 72 天。[5]

根据立宪民主党人领导的号召，第一届国家杜马的代表出发到维堡（478名议员到了几乎一半）[6]，在那里的"别利维德"宾馆，他们通过了由马留科夫起草、由两名法律人——M. 维纳韦尔和 Ф. 科科什金进行了重大修改的维堡宣言，即致选民书，宣言的内容包括号召居民不交税，也不出壮丁。[7]

该案自 1906 年 7 月 16 日起就开始侦查，但侦查拖延了很长时间，也许是

---

〔1〕 *Грузенберг О. О.* Указ. соч. С. 94.

〔2〕 关于审判过程的长长的故事，参见 *Бернштам В. В.* Судебный процесс. С. 5–27.

〔3〕 申请的全文，参见 *Глазумов М. М.*，*Митрофанов Б. А.* Указ. соч. С. 153–154.

〔4〕 检察长在辩论过程中放弃了根据《刑法典》第 101 条（准备武装起义）提出的指控。

〔5〕 关于诉讼，可参见 *Глазунов М. М.*，*Митрофанов Б. А.* Перед особым присутствием. М.，1980. С. 50–77. *Варфоломеев Ю. В.* Очерки политических процессов. С. 120–126.

〔6〕 芬兰当时属于俄罗斯帝国，但享有一定的自治权，宪法在那里适用。

〔7〕 *Милюков П. Н.* Воспоминания：в 2 т. М.，1990. Т. 1. С. 399；*Винавер М. М.* История Выборгского воззвания. Воспоминания. Пг.，1917. С. 28.

由于被告人数众多（"维堡宣言侦查案卷"共有 14 卷之多）[1]。过了一年半（1907 年 12 月 12 日—18 日）才开庭审判宣言的签署人。案件由彼得堡高等法院特别法庭公开审理（审判长是 H. C. 克拉舍宁尼科夫）。

受审判的有 167 名前杜马代表，其中有 100 名立宪民主党人、50 名劳动派分子、13 名社会民主党人。被告人的职业构成为：23 名律师、5 名法官和侦查员、11 名教授和编外副教授、7 名报刊编辑，等等。[2] 受审人中还可以找到这样一些著名的活动家：卓越的法学家、第一届国家杜马主席 C. A. 穆罗姆采夫，杰出的法学家 Л. И. 彼得拉日茨基，著名律师 M. M. 维纳韦尔、П. 多尔戈鲁科夫公爵，等等。所有的受审人都被指控犯有《刑法典》第 51 条、第 129 条第 1 款第 3 项规定的犯罪。他们的辩护人实际上包括了"年轻律师"的全部精英：B. A. 马克拉科夫、H. K. 穆拉维约夫、M. C. 阿德热莫夫、O. Я. 佩尔加缅特、H. B. 捷斯连科、Л. H. 安德罗尼科夫、Ф. A. 沃尔肯施泰因、M. Л. 曼德尔施塔姆、M. B. 别列施塔姆、A. Ф. 克伦斯基，等等[3]。

指控有许多牵强之处。问题在于维堡宣言是在芬兰大公国境内制作的，而依照《刑法典》第 5 条，被告人的行为应该依照俄罗斯帝国这个自治领的法律定性。侦查员尽量回避这个法律而指控所有被告人散发维堡宣言。但是宣言散发是在库尔斯克省、辛比尔斯克省和其他省进行的，也就是说，案件不应该由首都高等法院管辖。然而这并没有让法院为难，审判照样进行了。

受审人中谁也不认罪。M. И. 彼得伦克维奇声明，"维堡人"的意图和行为都没有超越法律的界限。"我们不想在国内引起骚乱，而是要加强现实存在的并为最高政权所批准的秩序，那个我们作为公民有义务保卫的秩序。"

一些受审人及其律师的发言特别有意思，这些发言与其说提出的是刑法问题，不如说是宪法问题和一般民事问题。例如，莫斯科大学的编外副教授

---

〔1〕 *Родионов Ю. П.* Следственное дело по Выборгскому воззванию как исторический источник// Проблемыисториографии, источниковедения в вузовском курсе отечественной истории：материалы V регион. Нкуч.-метод. Конф. Омского гос. Ун-та / отв. ред. А. П. Толочко. Омск, 2004. С. 155-159.

〔2〕 Выборгский процесс. СПб., 1908. С. 177.

〔3〕《维堡号召书案》，圣彼得堡高等法院特别审判庭 1908 年 12 月 12 日—18 日审判速记报告。有意思的是，辩护"按派别"进行：杜马代表按党派属性分组，律师也分别作为相应那一组的辩护人，对每个组进行共同辩护。

Ф. Ф. 科科什金认为，维堡宣言是"在特殊情况下维护宪法制度的手段并且完全符合宪法制度的精神"。他接着说："这个手段被我们的敌人称为革命手段，但是不应该不注意的是，在西方，最具宪法思想、最和平和最忠诚的党派都采用这个手段，以忠实于法律、忠实于自己历史法律原则而著称的人民都采取这个手段。"〔1〕审判中最光彩的时刻是律师 B. A. 马克拉科夫的发言。他在分析了《刑法典》第 129 条和第 132 条之后阐述了自己的 *profession de foi*（信仰）〔2〕。

"检察官提出的指控不是司法的胜利"，马克拉科夫说："我要说说它，它是社会的灾难。对于坐在这被告席上的人们，我尊敬他们，与他们过去坐在我们座席上的时候我尊敬他们一样。我不是以一个政治上志同道合者的身份讲话；我也不是以一个因为冷漠地看着法律正在遭受践踏而痛心的法律人的身份讲话；在这里讲话的我有一个弱点，总认为法院就是最高国家权力机关，法律是国家体制的灵魂。**国家的不幸不在于坏的，或者像通常所说的，不完善的法律，而在于我们这里可以践踏法律而不受惩罚。**无论颁布多么好的法律，无论现在建立了多么好的立法机关，但是如果没有人可以去捍卫法律，那这就不是俄罗斯的福音了。捍卫法律不受来自上面的破坏，也不受来自下面的破坏，这是法院的任务。法院可能因此受到不满，被拖入政党斗争，独立性可能受到威胁，但是只要法院是独立的法院，即使是可以被撤换的，只要法院在守卫法律，那么国家就会有生命。"〔3〕

1907 年 1 月 18 日宣布判决〔4〕。所有受审人（除两个人外）都被判有罪，都被判处三个月监禁，并剥夺选入国家杜马和地方自治机关的权利：很大一部分自由派政治家从此被排除在重要的政治生活之外。我们认为，政府向法庭提出的目标正在于此。

1908 年 3 月 11 日，参政院最高刑事法庭审理了被判刑人的上诉。形式化

---

〔1〕　Выборгский процесс. С. 39, 43–45.

〔2〕　*Маклаков В. А.* Исповедание веры // *Маклаков В. А.* Из воспоминаний, Нью-Йорк, 1954. С. 287 и след.

〔3〕　Выборгский процесс. С. 117–125.

〔4〕　Там же. С. 168.

的程序因为 Φ. A. 沃尔肯施泰因律师的精彩发言而变得生机勃勃[1]。讲演人证明对"维堡人"不适用《刑法典》第 129 条[2]，因为"宣传者"与"被宣传者"即人民有着特殊的关系，被宣传者的身份排除了宣传的可罚性。参政院驳回上诉，维持原判[3]。

### A. A. 洛普欣案件（1909 年）

A. A. 洛普欣案件[4]与揭露叶夫诺-阿泽夫有关，阿泽夫同时是两个对立"世界"——"警察"世界与革命者世界——最阴暗的人物之一，他既是社会革命党战斗组织的领导人，同时又是领薪水的政治警察卧底。

案件前的故事是这样的：1906 年，华沙警察局工作人员 M. E. 巴凯来找《往事》杂志编辑 B. Л. 布尔采夫，他就是来揭露警察打入革命组织的卧底的。据巴凯讲述，社会革命党自成立起成员中就有一名内奸，他在警察那里化名为拉斯金[5]。布尔采夫终于联系到社会革命党战斗组织领导人 E. Φ. 阿泽夫，这个在党内的传奇式人物。一个能够证实或者推翻这种怀疑的人当然是警察署长 A. A. 洛普欣——虽然是前署长。布尔采夫从前认识他。

1908 年 9 月 5 日，布尔采夫与洛普欣在科隆开往柏林的火车车厢里见面了。谈话进行了 6 个小时。布尔采夫讲述了拉斯金组织和实施的全部"行动"。根据布尔采夫的证明，洛普欣只是现在，在听他讲述拉斯金的活动时才

---

[1] 《Молодая адвокатура》《старой России》. Речи адвокатов на политических процессах начала XX века. М., 2011. С. 255–262.

[2] 许多著名的法律工作者都就这个题目发表了精神相同的言论。参见 *Жижиленко А. А.* Выборгское воззвание и ст. 129 и 132 Уголовного уложения // Право. 1906. № 39. Стлб. 2997, *Мокринский С. П.* Применимость 129 ст. к составлению Выб-оргского воззвания // Право. 1906. № 40. Стлб. 3076.

[3] См.: Дело о Выборгском возвании в Правительствующем сенате : приговор палаты, Кассационные жалобы, стеногра-фический отчет и опредение Сената. СПб., 1908.

[4] 关于洛普欣案件，人们往往一带而过，因为它与揭露俄国政治警察的秘密有关。См. Лонге Ж., Зильбер Г. Террористы и охранка. М. : Прометей. 1924. С. 174 и след; Бурцев В. Л. В погоне за провокаторами. М. – Л., 1928. С. 156 и след.; Савинков Б. В. Воспоминания террориста. Харьков, 1928. С. 34 и след.; Провокатор. Воспоминания и документы о разоблвчении Азефа. Л., 1929. С. 245 и след.; Лурье Ф. М. Полицейские и провокаторы. СПб, 1992. С. 358–365.

[5] Савинков Б. В. Указ. соч. С. 325 и след.

意识到，警察原来通过自己的卧底直接与暗杀普列韦和谢尔盖·亚历山德罗维奇大公、准备刺杀皇帝本人的案件有牵连，洛普欣对此十分震惊。最后，洛普欣确认了拉斯金和阿泽夫的身份，而布尔采夫保证不泄露情报的来源[1]。但是很快，关于阿泽夫的信息却变得人所共知，而且相当容易就确定了"情报来源"。

当局（首先是内务部）渴望对偏离法律体系、同时又给法律体系带来重大损害并且"配合"政治对手的人给予严厉的惩罚。洛普欣被刑事立案，罪名是叛国罪（泄露国家机密）。对其行为的定罪相当困难，甚至斯托雷平那里都举行了会议，参加会议的有谢格洛维托夫、高等法院检察长卡梅尚斯基等人。某些参会的人认为，刑法中没有指控洛普欣或者把他送上法庭的条款[2]。

起诉书提出了洛普欣的犯罪结构：他知道社会革命党的政治目的（推翻专制制度）并以自己的行为（揭露秘密警察卧底阿泽夫）为该"犯罪团体"提供帮助。[3] 1909 年 4 月 28 日—30 日，参政院特别法庭闭门审理了洛普欣案件[4]。洛普欣的辩护人是俄罗斯最出色的律师之一 А. Я. 帕索维尔，公诉人——而且不是完全成功的，是检察长 В. Е. 科尔马克。

按照自己对"政府目的"的传统偏好，特别法庭相当重视政治侦查领导人拉奇科夫斯基、拉塔耶夫、格拉西莫夫、祖巴托夫、斯维亚托波尔克-米尔斯基等人的证言。他们证言的中心思想就是：首先，显示阿泽夫对于政权的功绩，他交代出许多革命者，瓦解了不少革命者的组织；其次，被揭露的卧底与任何轰动一时的恐怖行动都没有牵连；最后，洛普欣的行为给国家打击

---

〔1〕　Николаевский Б. История одного предателя. Террористы и политическая полиция. М., 1991. С. 22–28. 阿泽夫、社会革命党的命运超出了本研究题目的范围。详见 Бурцев В. Л. Указ. соч. С. 12–15.

〔2〕　Курлов П. Конец русского царизма. Пг.-М., 1923. С. 110. С. Ю. 维特也认为，对洛普欣不应该进行司法追究。

〔3〕　关于对这个法律结构的评价，可参见 В. Набоков：Процесс Лопухина // Право. 1909. № 19, Стлб. 1196–1197.

〔4〕　См. Дело А. А. Лопухина в Особом присутствии Правите-льствующего сената. Стенографический отчет. СПб., 1916.

暴乱的斗争带来了损害。[1]

律师帕索维尔在自己的发言中证明，指控提出的"共同犯罪"结构经不起批评，洛普欣"帮助实施的不是犯罪行为"，也就是说，犯罪根本不存在。但是，辩护人本来试图揭露阿泽夫在一系列重大恐怖行动中真正的内奸作用，但被审判长制止了[2]。律师激昂慷慨的发言不仅针对案件的法律方面，而且对俄国政治警察工作方法的弊端进行了论证。

法庭完成了定制的判决[3]。1909 年 5 月 1 日，洛普欣被判处剥夺公权并流放苦役 5 年。后来参政院审判庭联席会议将流放改判为到西伯利亚定居。1912 年 12 月 4 日，沙皇下令特赦洛普欣，洛普欣被恢复公权。

### M. 贝利斯案件（1913 年）

关于出于宗教仪式目的杀死男童的贝利斯案件的审判，成了革命前俄国最沸沸扬扬而且最为可耻的审判之一[4]。案情是这样的：安德烈·尤辛斯基，12 岁，基辅-索菲亚神学院预科班学生，1911 年 3 月 12 日去上学以后就失踪了。过了一个星期，一群玩耍的小男孩在基辅郊区一个不大的洞穴里发现了他的尸体，身上有 47 处用锥子造成的锐器伤，尸体因失血过多而惨白。后来确定，洞穴不是杀人第一现场。鉴定确认男孩的死亡时间是 3 月 12 日上午 10 点左右。

在发现尸体后的最初几天，死者的亲戚、法官和警察官员就开始收到匿名信，说安德烈是被犹太人出于宗教仪式目的杀害的，为的是取基督徒的血制作无酵饼（宗教仪式食品）。考虑到男孩被杀害的时间是星期六，离犹太逾越节不远——那一年的逾越节是在 4 月 1 日；同时，黑帮报刊起初在基辅，而后在首都开始大肆渲染"为宗教仪式目的杀人"的题目。这些说法得到包

---

〔1〕 См. ГАРФ Ф. 112. Оп. 1. Д. 658. -Дело А. А. Лопухина в ОППС.

〔2〕 例如，洛普欣试图向法庭提交与阿泽夫有牵连的 28 个恐怖行动名单，但是法庭拒绝了，剥夺了他推翻指控的可能性，说阿泽夫只是防止了这些恐怖行动，使社会革命党战斗活动"陷于瘫痪"。

〔3〕 在斯托雷平给沙皇的关于逮捕洛普欣的奏章上，沙皇批注："希望将是苦役"。

〔4〕 Подронбее см.: Дело Бейлиса. Стенографический отчет. Т. 1-3. Киев, 1913; Тагер. А. С. Царская Россия и дело Бейлиса. 2-е изд. М., 1934; Короленко В. Г. Дело Бейлиса // Короленко В. Г. Собр. соч. Т. 9. М., 1955.

括司法大臣 И. Г. 谢格洛维托夫在内的许多极右派政治家的欣然支持。然后"犯罪嫌疑人"也出现了。在尤辛斯基尸体发现后的 4 个月，M. 贝利斯作为犯罪嫌疑人被逮捕，他是不远处一个砖厂的伙计，顺便说一句，他是五个孩子的父亲。审判前，他在监狱里度过了整整两年的时间。

贝利斯案的侦查从 1911 年进行到 1913 年底，同时，激进的右翼社会舆论、报刊极力给侦查员施加压力。司法大臣直接干预，指示侦查沿着"为宗教仪式目的的杀人"的道路进行。当地侦查员们认为这是仇杀，所以就被排除在案件之外。

在侦查过程中，搜集贝利斯杀害尤辛斯基的"证据"的工作始终在坚持不懈地进行，而且侦查并不嫌弃做假，利用了假证人的假证言（例如，贝利斯同一牢房的某个科扎琴科的证言就属于这类的所谓证据，他告诉侦查员，说贝利斯非常信任地向他讲述了自己所犯的杀人罪，后来科扎琴科又坦白，他说的是假话；还有切贝里亚克夫妇，他们自己在这个犯罪上存在重大嫌疑，却作证暗示贝利斯交往的两位犹太拉比与杀害小男孩有牵连）。在二月革命以后，临时政府特别侦查委员会揭露了这些伪证的许多细节。

带着这样一堆间接罪证，案件侦查于 1912 年 1 月 5 日终结，并第一次交付法庭审判。但是连法院都认为证据十分软弱无力，根本不足以进行指控，案件被发还进行补充侦查。

有趣的是，部分社会舆论站在贝利斯一边，根本不认同犹太人为宗教仪式目的的杀人的看法。根据 Г. 斯里奥兹贝格和基辅律师 A. 马尔戈林的倡议成立了贝利斯辩护委员会。该委员会试图查明杀害尤辛斯基的真正凶手，并组织了私人调查，该调查已经接近这起杀人案的谜底：有根据怀疑刽子手是薇拉·切贝里亚克，这个女人有犯罪的恶名，她干的是收购赃物的勾当。她可能害怕她的邻居安德烈·尤辛斯基会讲出她的犯罪买卖。当 H. A. 克拉科夫斯基加入这个私人调查后，调查就变成特别成功了。H. A. 克拉科夫斯基是从基辅警察局被解职的，解职的原因就是他不支持为了宗教仪式目的而杀人的说法。

起诉贝利斯"为了宗教仪式目的杀人"的案件在进行补充调查后于 1913 年 10 月 25 日在基辅区法院听审，有陪审员参加。基辅区法院院长 H. 格拉博尔拒绝进行案件诉讼，他就被从乌曼区法院调来的 Ф. 博尔德列夫代替。谢格洛维托夫向博尔德列夫许诺一个高等法院院长职位。在基辅检察院的工作人员中也没有找到一个愿意担任国家公诉人的检察官，所以司法大臣不得不派彼得堡高等法院的助理检察长 O. 维佩尔到基辅去。除了他以外，还有安德烈·尤辛斯基母亲的两名代理人：国家杜马右翼党团成员 Г. 扎梅斯洛夫斯基和著名的反犹太主义者 A. 施马科夫律师。担任贝利斯辩护人的几乎是全俄罗斯最优秀的律师，有 Н. П. 卡拉布切夫斯基、O. O. 格鲁森贝格、B. A. 马克拉科夫、A. C. 扎鲁德内。

按照指控的说法，安德烈是蓄谋已久的砖厂犹太教会堂奠基仪式的供奉牺牲品。仪式是由专门从国外来的长老们（犹太教的特别神职人员）进行的。M. 贝利斯似乎参加绑架了来砖厂的安德烈，把他送到了进行牺牲品供奉的炉子上。证言中不能构成证据链的种种不衔接和矛盾，都被控方解释成无所不包的犹太阴谋。法庭查明了指控所依据的证据的虚假性，于是，指控当众开始土崩瓦解，当时甚至有几个证人开始承认他们是由于受到侦查员指控贝利斯的压力才作伪证的。

在诉讼过程中进行了医学鉴定、精神病学鉴定和神学鉴定，这些鉴定意图查明尤辛斯基被杀是否是因为宗教仪式目的。虽然法医学鉴定结论在几个细节上有分歧，但都对侦查确定的伤口数量提出了质疑（右边太阳穴有 14 处伤，而不是控方所确定的 13 处伤，控方这样做是在赋予这个数字很玄妙的意义，其认为 13 是为宗教仪式杀人的主要特征之一）。

精神病学鉴定人 И. A. 西科尔斯基教授（基辅著名的俄罗斯民主主义者）支持控方的说法，辩方指责他超出了精神病学鉴定人的权限。西科尔斯基的鉴定在业界同行中引起愤怒大爆炸。

参加辩方神学鉴定的有著名的希伯来学专家：П. 科科夫佐夫院士，彼得堡神学院教授 И. 特罗伊茨基，教授 П. B. 吉霍米罗夫，著名的犹太宗教活动家，莫斯科官方拉比 Я. 马泽，他们都证明指控犹太人利用人血进行宗教仪式的目的是极其荒谬的。东正教会的任何一个代表也不同意担任控方鉴定人，于是，证明犹太教中存在为宗教仪式目的的杀人的任务就交给了天主教神父 И. 普拉奈基斯，一个因犯罪被判刑而名誉扫地的人。普拉奈基斯证明，犹太教宣示对所有非犹太人的仇恨和规定为宗教仪式目的的杀人。但是辩方指责他完全不懂犹太宗教文献。律师们在自己的发言中揭露了侦查中赤裸裸的不公正，证明对贝利斯的指控不成立，而且提交了相当令人信服的证据，说明薇拉·切贝里亚克与杀害安德烈·尤辛斯基有牵连。

陪审团（尽管其中五个人是俄罗斯人民联盟的成员）判决贝利斯无罪。

# 第六章　"谢格洛维托夫司法"

И. Г. 谢格洛维托夫执掌司法部的 1905 年到 1914 年，并不是俄罗斯法院史上最好的时期。这个时期的特点正是司法侦查活动和检察机关的法制遭到粗暴的破坏，行政毫无顾忌地干涉法院的活动和破坏法院独立，其办法就是利用与法律对立的手段以及司法部独特的干部政策。当时司法官员升迁的快慢不是取决于他们的职业素质，而是取决于他们的观点，取决于卑躬屈膝和时刻准备听命于行政的态度。这种现象在书刊中得到了一个名称："谢格洛维托夫司法"。

如前所述，法院官僚化，即法院回到服从行政的状态，这一思想是司法反改革的宗旨之一。所以我们把"谢格洛维托夫司法"称为实现司法反改革，它的手法是不改变立法，而改变实践活动。临时政府特别侦查委员会发现了揭露"谢格洛维托夫司法"本质、内容的大量书证[1]；根据这些文件，我们将再复述某些历史的篇章。

**侦查员**　在司法部门的所有职务中，法院侦查员职务是最多灾多难的，И. Г. 谢格洛维托夫在还不是司法大臣的时候也曾痛苦地承认这一点[2]。当上司法大臣以后，他却朝着加深侦查员这些"痛苦"的方向干了不少的事情。我们在前面已经讲过对于侦查制度命运危害甚大的问题，就是司法部广泛采

---

〔1〕　Подробнее см.: *Краковский К. П.*《Щегповитовская юстиция》в России（Министерство юстиции позднеимперского периода по материалам Чрезвычайной следственной комиссии Временного правительства）. М.: Юрлитинформ, 2014.

〔2〕　*Щегловитов И. Г.* Следственная часть за 25 пет // Журнал гражданского и уголовного права. 1889. Нояб. С. 1.

用指定"代理侦查员"的办法。H. B. 捷斯连科 1905 年 3 月在第二届国家杜马有一次精彩的讲话,说明上述问题不仅没有得到解决,而且后来愈演愈烈。他指出:"我要问他们,独立的法院侦查员何在?(全场回答:没有!)侦查员是什么?是的,根据司法章程的思想……这是独立自主的法官,然而他们的独立还剩下什么呢?我提议司法部的代表告诉我们,俄罗斯有多少经过批准的侦查员(全场回答:3 个!)。难道我们不知道,很久很久以前他们就不仅成了代理侦查员,而且是被安排到司法部去代理职务了。(掌声)"[1]

临时政府特别侦查委员会的文件中有不少侦查员滥用权力的例子,而上司却视而不见。例如,1903 年 4 月在侦查基什尼奥夫市屠杀犹太人的事件时,被害人向参政院投诉,说代理侦查员弗赖纳特拒绝听取证人关于犹太人在大屠杀中惨遭折磨的证言,从证言中把某些人作为教唆犯参加大屠杀的地方删除,不记录某些人有罪的事实,结果这些人就没有受到追究[2]。

同样的信息来源还提供了不少对司法检察人员进行排挤的情况——只要他们拒绝实施这些滥用权力行为、在政治案件中表现出"多余的自由主义"、甚至不是表现出左的、而只是表现出"不够右的观点"。根据特别侦查委员会的统计,在谢格洛维托夫时期,据不完全统计,就有 5 名侦查员被非法解职,被调动的有 22 名(梯弗里斯高等法院和日托米尔、罗文、叶卡捷林堡的和其他的州法院)[3]。

这种政策的间接后果是大屠杀中的被告人向司法部投诉侦查员,其目的就是为了逃避责任(他们硬说侦查员是革命者,保护犹太人,而他——这个侦查员的受害人——才是一个真正的俄罗斯人)。司法部的反应往往就是将侦查员解职或调离。例如,重大案件侦查员亚岑科就被调离了他 1907 年办理过费奥多谢耶夫暴行的基辅区法院[4]。

**法官** 20 世纪初,法官、高等法院院长中还有不少原则性强的法律工作者、《司法章程》的景仰者、"老一辈法律知识分子"的代表,在这个时期他

---

〔1〕 Государственная Дума. Второй созыв. Стенографические отчеты. 1907 г. Сессия вторая. Т. 1. Стлб. 1418—1470.

〔2〕 Право. 1904. № 22.

〔3〕 ГА РФ. Ф. 1467. Оп. 1. Д. 433. Л. 378—379.

〔4〕 Там же. Д. 428. Л. 145—146.

们却成了令行政当局不舒服的人。

**反改革与法院和法官的官僚化**　独立的、与行政分离的法官是对专制制度的威胁，因为他们独立于执政者的状态就意味着在一个国家生活领域限制了专制监督。这对于涉及政治司法的制度来说是特别不能接受的。专制制度总是对独立的人群持有极大的怀疑态度，而在革命运动不断发展的背景下，它就更不能让法院太平无事了。

起初，在进行司法改革的时候，沙皇制度寄希望于法律工作者（法官）的保守主义和"关心政治"。政府本来希望新的法院成为维护制度的可靠工具，但是政府的这种希望遭到毁灭性的挫败。他们（法律工作者）复杂的论证和对法律原则的援引、对诉讼形式的精准遵守、对政治案件不慌不忙的调查，使达官贵人们失去了耐心，达官贵人们认为这只是威胁到国家秩序的危险现象。但是最失败的却是 19 世纪 60 年代到 1870 年初政治审判的结果。

法官对法律的忠实与期待他们表现出来的对政府的忠诚发生了冲突。行政感觉到自己在那样的法院、那样的《司法章程》面前是不安全的。对专制制度的主要保护是使制度不要受到独立的也就是来自不可预测的人群的危险。反应很快就来临了：从 19 世纪 70 年代开始，行政开始"打压"法院，使用一切可能的手段限制法院的独立并使已经脱离了的"司法共和国"（М. Н. 卡特科夫语）"回到"国家机关的怀抱。用 И. В. 盖森精准的话说，这就是司法官僚化的过程[1]，这个过程延续到 19 世纪八九十年代，而从 20 世纪初开始变本加厉。

当局提出的任务是要把法官贬低到普通官吏的地位，从法官意识中彻底消灭法官尊严、法官任务崇高、法官职能重要的思想。司法部根据最高当局的指示，总的政策就是建立等级森严的、完全听命于司法部和遵照司法部指示开展工作的官僚体系。根据 А. Ф. 科尼的形象说法，要把法官从"司法公仆"变成"司法奴才"。[2]

在 1907 年 2 月 5 日参政院指示通过以后，参政院最高纪律审判庭的干部

---

〔1〕　*Гессен И. В.* Судебная реформа. С. 151.

〔2〕　*Кони А. Ф.* Собр. соч. Т. 8. С. 130.

工作加强了。该指示禁止法官参加政党，以保证其公正性和"政治无菌性"。[1] 同时，参政院最高纪律审判庭作出两项裁定，直接涉及反对法官参与政治活动。依照 1907 年 2 月 5 日第一个裁定："法官身为政党成员而又不愿意退党的，应该依照《法院组织章程》第 295 条第 2 款解除法官职务"；依照 1906 年 10 月 6 日第二个裁定："法官虽然已经退出政党，但其行为说明仍在从事政治活动的，应该解除法官职务"[2]。

当局关心的是能够建立对司法干部进行管辖的提拔机制和奖励办法。这包括法院和检察院干部的教育培训、选拔，组织他们职务晋升（政府提拔那些政治上忠诚的和听话的官员去担任高级法官职务；反之，"毁掉"那些不恭顺的人的前程）[3]。

在 Н. В. 穆拉维约夫（1894 年—1905 年任司法大臣）和 И. Г. 谢格洛维托夫（1906 年—1915 年任司法大臣）执掌司法部的 20 年里，司法干部的构成发生了重大的质的变化：法官里加强了亲政府的成分，同时伴随着个人素质的恶化。

Н. В. 穆拉维约夫在推行"法院国家化方针"的同时，着手实现自己的实践活动构想。用 Н. П. 卡拉布切夫斯基院士的话说，他"第一个开始腐蚀法院和法官，使之成为执行自己命令的盲目工具"[4]。甚至相当尊敬穆拉维约夫的 С. Ю. 维特也承认，穆拉维约夫也"多多少少降下了司法独立的旗帜"[5]。

他司法大臣位置的接班人 И. Г. 谢格洛维托夫更是变本加厉地破坏干部政

〔1〕 "法官属于某一政党的成员、更何况是政党的领导人或委员会委员以及参加政党的活动，不能不使受到法院追究的人或向法院提出请求的人有理由怀疑与他们不属于同一政党的法官对待他们的公正性。"（По поводу письма сенатора Д. Рынкевича // Право. 1907. № 5. Стлб. 351.）

〔2〕 См.: Сборник определений соединенного присутствия и общего собрания первого и кассационных департаментов（1902–1912 гг.）и Высшего дисциплинарного присутствия（1885–1912 гг.）Правительствующего сената по надзору за судебными установлениями. СПб., 1913. С. 123.

〔3〕 Т. И. 伊里伊娜对候选法官制度进行了有趣的研究。参见 Ильина Т. Н. Организационно-правовые основы подготовки кадрового резерва для системы правосудия в России в 1864–1917 гг.（историко-правовое исследование）: автореф. дис. ... канд. юрид. наук. М., 2011.

〔4〕 Карабчевский Н. П. Что глаза мои видели. Берлин, 1921. С. 35.

〔5〕 Витте С. Ю. Воспоминания: в 3 т. М., 1961. Т. 1. С. 321.

策原则。С. Ю. 维特愤怒地指出:"现在,法官虽然不可撤换,但是谢格洛维托夫先生想撤换谁就撤换谁,司法部门陷入对司法大臣阿谀奉承的孱弱状态,司法人员的一切福利皆取决于大臣一人。"[1]

在这种情况下利用的是什么样的机制呢?依照《法院组织章程》第213条和第214条[2],规定了在高等法院和区法院大会上从候选人中选举法官的原则。特别侦查委员会的侦查员们查明,20世纪初是如何填补这些空缺的。

1905年—1907年一共出现4712个空缺,只有2305个空缺(也就是少于50%)是由法院大会提名的法官候选人("自己人")填补的,而其余的都是根据司法部的指派(由"外人")充任的。

选拔候选人的标准是什么呢?在特别侦查委员会询问选拔法官的标准时,谢格洛维托夫承认:"标准只有一个——挑选更坚定的、更具有忠君思想的人,他们应该是现存制度的维护者。"[3]司法部工作人员 A. B. 利亚多夫也证实了这一点:"这一新政策不能不以最败坏的方式作用于司法部门。旗帜鲜明的右翼人士占据最重要的岗位,他们极力把与自己一样的人提拔到次要的岗位上。"

对于下属也就开辟了一条轻松而廉价的官运亨通之路,不用付出特别的努力,不需要知识出众,只要宣示自己的右翼政治观点即可。当然,特别看重的是在政治审判中展示在司法大臣看来应有的思维方式。……司法领域的官职升迁机制就这样建立起来,法官的公正也就是这样被破坏的[4]。

司法部对法官群体进行了系统的"清洗",把那些被怀疑持自由主义、原则性(特别是在政治审判中)的人清除出去,而把那些"滥用"自己独立性

---

〔1〕　Там же. Т. 3. С. 401.

〔2〕　《法院组织章程》第213条规定:"如果区法院或高等法院出现了职位空缺,包括法院侦查员空缺,应立即举行区法院或高等法院全体会议,对符合这些职务条件的候补人员……进行协商"。然后将表示希望任职并得到该法院批准的候选人的报告呈报给司法大臣(第214条)。

〔3〕　Падение царского режима. Т. 3. С. 341-342.

〔4〕　ГА РФ. Ф. 1467. Оп. I. Д. 430. Л. 150 об. -151. 关于这一点,政治辩护人 М. Л. 曼德尔施塔姆写道:"同时,法院向着打击革命的方向进行改组。一些明明是傻瓜的人被任命到责任重大的高等法院刑事审判庭长的岗位上,只要他们无论对什么都不管不顾。例如,大傻瓜加白痴叶甫里诺夫被任命到萨拉托夫高等法院,只是因为他不问青红皂白地判处苦役。其他法官就明白了:如果他们不停止'搞自由主义',也就是不停止当一个法官而不去当刽子手,那就休想得到任何提拔。"(Мандельштам М. Л. Указ соч. С. 377. )

的调到偏远的地方。虽然法官不可撤换，但是"自愿强迫"离职已经成为司空见惯的事情了[1]。特别侦查委员会的侦查员 B. B. 索科洛夫制作了一份在谢格洛维托夫主管司法部期间受到惩罚的司法部门人员名单（事先声明，名单并不完全)[2]。

这样一来，当局就把许多法院和检察院工作人员变成忠君的、思想保守的官员，而且显然，法官的素质大幅度下降了[3]。

**打压法院的手段** 从 20 世纪初开始，司法部就制定了一个半公开而且更经常是不公开的手段体系，用来打压审理政治案件的法院，几乎把政治审判中的法官独立化为乌有。[4] 这样一来，就保证法官虽在双方之间仍然保持相对中立，同时却在解决所有涉及制度利益的法律问题时充当着这个制度的忠实奴仆[5]。

政治案件中的"坚定性"被理解为严厉镇压，司法部把它置于极高的位置，以至于对这方面有功绩的司法人员，司法部就对他们的缺点或错误行为持宽容的态度——如果司法部后来收到这样的信息的话[6]；反之，对于那些在当局看来对受审的革命者表现出自由主义的法官，司法部（往往根据内务部的指示行事）就毫不留情。

谢格洛维托夫对法官（往往是对那些在刑事案件和政治案件判决中没有表现出所要求的残酷性的法官——莫斯科、萨拉托夫、哈尔科夫、敖德萨、喀山、维连省等高等法院的法官以及鄂木斯克和托姆斯克区法院的法官）采取司法部的稽查措施。对于这种稽查，就连司法部内部人也称之为"惩办考

---

〔1〕 См.: Положение юстиции в 1911 г. // Право. 1912. № 15. Стлб. 839. Также см.: Право. 1907. № 15. Стлб. 1166; 1908. № 6. Стлб. 349; 1912. № 3. Стлб. 157; 1914. № 26. Стлб. 2059.

〔2〕 ГА РФ. Ф. 1467. Оп. 1. Д. 433. Л. 378–379.

〔3〕 См.: *Уортман Р. С.* Властители и судии. Развитие правового сознания в императорской России. М., 2004. С. 455 и след. Аналогичные характеристики см.: *Давыдов Н. В.* Уголовный суд в России М., 1918. С. 193.

〔4〕 Подробнее см.: *Краковский К. П.* Суд и администрация в России в начале XX века (о 《независимости》 суда на политических процессах) // Известия вузов. Правоведение. 1988. № 4. С. 78–83.

〔5〕 См.: *Соломон П.* Советская юстиция при Сталине. М., 1998. С. 452.

〔6〕 См.: ГА РФ. Ф. 1467. Оп. 1. Д. 430. Л. 210.

察"〔1〕。鄂木斯克区法院的院长斯莫尔多夫斯基在特别侦查委员会讲述了从司法部来的"稽查员"赫拉布罗-瓦西里耶夫斯基向法官们传达的司法大臣的意见：在政治案件中，必须争取做到有罪判决并判处尽可能严峻的刑罚〔2〕。在梯弗里斯高等法院等地也是这种情况。在高等法院院长和检察长的往来函件中，都指出法官的严厉是使法官得以提拔到更高位置的良好品质〔3〕。

**参政院**　19 世纪末到 20 世纪初，在参政院上诉审判庭可以看到根本性的改变，证明这个机构存在着危机。A. Φ. 科尼在参政院工作了十多年，赢得了极高的声望（H. B. 穆拉维约夫有一次忿忿然地对他说："啊，阿纳托利·费多罗维奇，我们都知道：参政院就是您。您在坚持什么，参政院就会干什么"）〔4〕，穆拉维约夫还清楚地知道"参政院厨房"。他写道，这个最老的国家机关到世纪末已经显著地变坏了，正是在那个时候，它开始"有了甚至充满了各种各样的行政垃圾"。"联席会议的性质和构成改变得非常大，……所以参议员的称号对于那些站在这个机构幕后的人来说，任何外在的尊严都已经丧失殆尽。"〔5〕

A. Φ. 科尼指出："在参议员中出现了那些在臆想出来的暴乱时把守财奴和农民狠狠地整了一把的省长们，还有成群结队的不成功的警察局长们，他们捞了大量的钱财，为了保住卿卿性命，也都申请涌到参政院来了。"〔6〕

A. Φ. 科尼在给 Б. H. 奇切林的信（1898 年）中使用的"道德荒芜""灵魂肥大"这些字眼生动地描绘了参政院的局面，他把参议员们同那些看见了赫列斯塔科夫给特里亚皮奇金（果戈理《钦差大臣》中的人物）的信的人物们进行比较；使用了"仇恨人类的言语""从动物学的角度看根本没有脊梁骨的令人惊诧的脊背"〔7〕 等描述。

A. Φ. 科尼指出："1877 年的参政院改革完全从根本上歪曲了我们的上诉

---

〔1〕　Там же. Д. 428. Л. 6-7, 20, 24.

〔2〕　Там же. Л. 215 об.

〔3〕　Там же. Л. 216 об.

〔4〕　*Кони А. Ф.* Указ. соч. Т. 2. С. 297.

〔5〕　Там же. С. 303-304.

〔6〕　Там же.

〔7〕　Там же. Т. 8. С. 144.

法庭，破坏了观点的统一性和实践的一致性，并实行了令人反感的又没有说明理由的决定；由于这些决定，申诉法庭变成了我戏称的'快速裁定制造厂'。这就使爱说俏皮话的洛赫维茨基有理由说，我们的上诉庭规定了如下的一种新形式的判决：'参政院不顾一切裁定如下'。参政院的构成再也不是7年前我看见的那个样子，它开始越来越七拼八凑了。"[1]

临时政府特别侦查委员会的侦查员们在调查了司法部20世纪初滥用权力的情况后指出，参政院构成的变化不能不让人肯定地认为司法大臣"安插的人"在那里可以起到举足轻重的作用[2]。

有意思的是，当有的人走了，来替代他们的全都是司法大臣谢格洛维托夫亲自提拔的人（巴赫季阿罗夫、格列金斯基、格利辛斯基等，而且刑事上诉审判庭的新成员中的一些人是越过几个官阶"跳"上来的）。巴赫季阿罗夫的任命更是不同一般：他是根据彼得堡高等法院院长克拉舍宁尼科夫的推荐任命的——原来，参政院的一位下属竟然在决定着参政院的人事[3]。

参政院的审判庭直接办理司法部门人员的职务责任案件。审判庭所有这些人事变化，不论引起这些变化的原因何在，在审判庭应该解决其责任问题的那些人看来，都不能不与И.Г.谢格洛维托夫司法部政策总方针相联系。这个政策就是要把一定政治方向的人提拔到重要的司法岗位上，而把这一政治方针代表人物认为身居高位而不称职的人毫不犹豫地从法院清除出去[4]。

临时政府司法部副部长А.А.杰米扬诺夫在自己的回忆录中对参政院革命前的15年给予了致命性的评价："对旧的革命前的刑事上诉审判庭最简单而且最正确的评价就是把它称为非司法机关；确实，那里想干什么就干什么，根本不考虑法律，甚至不止在刑事政治案件中，而且在普通刑事案件中都是如此，而在政治案件中就更不用说了。"[5]

**检察院** 虽然检察院依法不受监督，但实际上形成了对它极其灵敏的上

---

〔1〕 Там же. С. 319.

〔2〕 ГА РФ. Ф. 1467. Оп. 1. Д. 430. Л. 156 об. и след.

〔3〕 См.：Падение царского режима. Т. 2. С. 378.

〔4〕 Там же. Л. 157.

〔5〕 *Демьянов А. А.* Моя служба при Временном правите-льстве// Архив русской революции. Т. 4. Берлин, 1922. С. 66.

级监督。除具有规范性的命令外，司法部往往还发布指导性的个别指示，用来遏制那些不完全是"为了政府"而工作的检察官们。

有时在这样"打招呼"[1] 的同时，就是把不听话的人调到帝国那些熊出没的穷乡僻壤去，例如切尔尼戈夫区法院检察官尤先科的遭遇就是如此。他被谢格洛维托夫非法解职的原因竟然是……过分拘泥于法律[2]。

虽然检察干部的特点是忠于制度，但只要稍微被怀疑具有左倾观点，或者只是同地方行政、宪兵警察首长的关系不好就可能受到迫害。特别侦查委员会的文件中有不少这种迫害的证据。

关于政府的类似做法，立宪民主党领导人 B. A. 马克拉科夫在第二届国家杜马曾说："我们的检察官们想留在部门里，要服从的不是司法部长，甚至也不是内务部长，而只是要服从地方长官，服从省长，这难道说现在不是已经转弯抹角地做到了吗？"[3] 前法官 H. B. 达维多夫赞同他的意见："司法部逐渐把检察院从一个遵守法制的机关变成了一帮听话的官僚，变成了政府与社会中自由主义思潮和革命组织以及一切与现制度为敌的组织进行斗争的领导人。"[4]

当案件涉及政治审判和与之有关的审判时，这种监督就变得特别强硬了。例如，临时政府特别侦查委员会查实了许多 1906 年—1916 年的事实，当时这些案件是在省长们高度警惕的监督之下进行的。省长们认为自己有权对检察监督人员提出各种各样的要求，向顶头上司或司法部长报告他们认为不正确的行为，直接或者通过内务部向他们提出请求。所以说是在很大程度上恢复了法官、检察官和侦查员对于省长的从属关系，而省长们认为自己能够向上峰评判他们的活动和行为，并在认为他们与其地位不相称时要求撤换他们并

---

〔1〕 См., например, информацию о давлении на прокурора Новочеркасского окружного суда, возбудившего дело о злоупотреблениях полиции при подавлении революционных выступлений // Мир Божий. 1906. Февр. Отд. 2. С. 39—40.

〔2〕 谢格洛维托夫对尤先科解释的回答是很典型的："是的，我同意，不提出异议，您作为检察长的行为是合法的，但是也不应该那样……直截了当，那样严格地适用法律。需要考虑某些其他的条件。"// Судебные драмы. Т. 28. Кн. Июнь. Приложение. С. 3—4.

〔3〕 *Маклаков В. А.* Вторая Государственная Дума（Воспо-минания современника）. Лондон, 1991. С. 257.

〔4〕 *Давыдов Н. В.* Уголовный суд в России. С. 193.

争取司法部执行这些要求。

上面描述的所有事实都证明，俄国行政由来已久的思想，也就是 19 世纪 70 年代之前司法大臣帕连所说的要使"法院根据上司的命令进行审判"，而翻译成官僚主义的语言，就是要司法完全服从集权主义行政的思想，在谢格洛维托夫执掌司法部的年代，很大程度上已经在实践中得到体现，即使是采取非法的手段使之体现出来。已经形成了"可耻的一代新法律工作者"——按照左派报刊也许过激的评述，他们"将自己的智慧、高等教育和法学都用来服务于不学无术、蒙昧主义、专横、暴力和目无法纪"[1]。

---

〔1〕 Каторга и ссылка. М., 1926. Т. 23. С. 137–138.

第三部分

司法章程的复兴

# 第一章　回归 1864 年渊源的开始

**1904 年 6 月 7 日法律**　我们认为《司法章程》精神与条文开始某种"复兴"是从 1904 年开始的。正是在这一年，政府力图改革、削弱"特别地位"制度、加强法制并且相应地提高法院的作用。然而，此后很快，从 1905 年初起，在革命条件下，政府又回到"昔日的轨道"。只是在 20 世纪前十年，被司法反改革时期抛弃的 1864 年《司法章程》的一系列原理才重新走上复兴之路。

俄罗斯司法在对自己迅速变革的期待中迎来了 20 世纪。然而什么能满足这样的期待呢？乍看起来，这个领域的状况并不让政府特别担心。民粹主义遭到了失败，"3 月 1 日图穷匕现已经完蛋"，而那个曾经"在欧洲游荡的"并非默默无闻的幽灵，才刚刚开始来到俄罗斯广袤的大地上。俄罗斯的政治舞台上呈现一片相对的寂静。这个寂静是相对的，因为在 20 世纪的前十年出现了"社会革命宣传"的高涨。

19 世纪 90 年代是一个独特的过渡时期，它成为了解放运动中所谓平民时期与无产阶级时期的分水岭。在这个过渡时期，国事罪案件的审判几乎没有了，而让位于解决这类案件的行政程序。通过行政警察解决案件在 19 世纪最后十年几乎成了唯一的途径，它能规避基本的诉讼原则，在这样的背景下，行政警察程序的种种优点在它日益显现的缺点面前就显得十分苍白无力了。

随着国事罪调查数量和重要性的日益增长，专制制度也越来越感觉到需要一个一方面能够适用最严峻的镇压，另一方面又能在老百姓眼中具有重要性和权威性的机关来解决这些案件。虽然沙皇制度对于即使是"反改革的"法院（在沙皇制度看来，法院在 19 世纪 60 年代—70 年代就已经破产了）也采取非常警觉的态度，但在这个领域向司法权的转变是不可避免的，因为行政警察权的可能性已经山穷水尽了。

1904 年 1 月 28 日，司法大臣 H. B. 穆拉维约夫经沙皇同意向国务委员会提交了新的国事罪案件诉讼程序法草案。这一法律草案的渊源是两个"弗里施委员会"和一个"穆拉维约夫委员会"的建议，这些建议之前怎么也没能成为法律。法律草案具有综合性质并且包含了涉及法院组织、诉讼和刑事法律的规范。

**回归 1864 年的"渊源"**，是因为必须保证司法机构和行政机构接近案件发生地和认真了解被告人所处环境的生活条件。司法大臣认为，这样就有可能把"怙恶不悛的坏蛋"同"由于对义务产生曲解而采取行动的人"区别开来。

司法大臣 H. B. 穆拉维约夫实质上是提出了一个《司法章程》和 1872 年6 月 7 日法律的独特共生体。他认为，审理国事罪案件的应该是高等法院（有等级代表参加或无等级代表参加）、参政院特别法庭（ad hoc 即临时专设，根据沙皇的敕令），在特殊情况下由最高刑事法庭审理（ad hoc 即临时专设，根据沙皇的敕令）。

虽然高等法院数量少（20 世纪初为 14 个），但应该承认，由于法院辖区过大而造成的不便仍然要比在数量更大的区法院审理案件的不便要少一些。首先，在高等法院审理能保证"实践的一致"；其次，穆拉维约夫认为，"高一级的管辖"能够保障国事罪案件的审理最大限度地符合所谓"政府的目的"。

国务委员会于 1904 年 5 月 31 日听取了司法大臣的报告并予以通过。过了一个星期，1904 年 6 月 7 日，沙皇批准了它。[1] 用现代语言来说，这是一部修订和增补《刑事诉讼章程》的法律。法律中主要的不是增补新的内容，而是废止 1871 年 5 月 19 日法律关于可以由非司法机关通过行政程序审理国事罪案件的规定。

关于调查终结的案件移送程序的修订值得特别注意。第一，如果说 1871年 5 月 19 日法律规定，已经终结的调查应移送给司法部去解决它下一步的命运问题，那么现在这个权力直接属于对该调查程序进行监督的区法院检察官。第二，依照《刑事诉讼章程》第 1035-26 条规定的关于终止诉讼的问题，应

---

〔1〕 ПСЗ. Собр. 3-е. Т. XXVI. Отд. 1-е. № 24732.

提交给包括省行政高级官员、宪兵和检察监督代表在内的省联席会议审查[1]。虽然这类行政警察也有过对司法程序的"帮助"，但是 1904 年 6 月 7 日法律从总体上说是法院又重新被专制制度拾了起来，甚至是在同政治反对派斗争这样棘手的领域。这样做的结果归根结底是加强国家的法律基本原则同时又削减行政裁量。

最终，在该法律通过以后，国事罪案件的诉讼程序看起来是这样的：调查由宪兵分局的军官负责启动和进行，如果没有宪兵军官，则由普通警察进行最初的紧急侦查。宪兵调查的材料等同于侦查笔录，也就是说，宪兵现在完全享有《刑事诉讼章程》为法院侦查员规定的侦查权。一个有趣的新规定是，宪兵有义务将正在进行的国事罪调查情况报告给正在学习和已经担任国家职务或社会职务的人员的上司。

必须指出的一点是，可以委托区法院的特别重大案件侦查员或重要案件侦查员进行案件的侦查，或者和以前一样，也可以委托高等法院的法官进行侦查。

调查终结后，材料应送交区法院对调查进行监督的检察官，以解决该调查以后的命运问题。现在检察官有四种解决方案：第一，他可以对案件的任何情况决定进行侦查（《刑事诉讼章程》第 1035-25 条）；第二，如果检察官认为可能，则根据调查所获得的材料制作起诉书，并将案件移送到高等法院进行实体审理（《刑事诉讼章程》第 1047 条）；第三，如果检察官认为调查应该终止，则在被告人死亡、时效期届满以及获得皇帝御旨或通告的情况下，自行决定终止调查（《刑事诉讼章程》第 1035-25 条）；第四，如果不存在犯罪构成、没有发现犯罪人或者由于"搜集到的罪证不足"，则检察官认为应该终止调查，并提交省联席会议（《刑事诉讼章程》第 1035-26 条）。

省联席会议可以决定终止调查，也可以认为不应该终止调查。在后一种情况下，应将材料发还检察官继续调查（《刑事诉讼章程》第 1035-27 条）。

这类案件的一审法院是有等级代表参加的高等法院，它对案件进行实体

---

[1]　这是"三驾马车"的第一种模式，过了 30 年，由苏维埃政权依照相应的共产主义变异进行了复制。诚然，苏维埃的"三驾马车"并不终止案件；而相反，是对案件进行实体解决，因所谓国事罪而对"人民公敌"判处最严峻的刑罚。

审理。根据法院院长或司法部长的裁量，诉讼可以闭门进行。根据 Ю. П. 戈斯波达里克的统计，1895 年—1905 年间，有 394 次诉讼闭门审理，而其中 284 次是在 1904 年 6 月 7 日之后进行的[1]。

上诉审是参政院刑事上诉审判庭。在特殊情况下，如 1864 年《司法章程》所规定的，国事罪案件可以根据沙皇的敕令由最高刑事法庭审理，它的判决为终审判决，不得上诉。

同时，这对于行政权而言也是有利的：首先，行政权保留了在宣布实行加强保卫或特别保卫的地区由行政解决案件的可能性（根据 1881 年《保安条例》）；其次，它还有可能（省联席会议决定）对被免除司法责任的人处以行政流放或警察监管。

1904 年 6 月 7 日法律完全改变了整个司法部门及其领导机关即司法部的活动性质。1905 年 1 月新上台的司法大臣 И. Г. 谢格洛维托夫特别强调了这一点："在 30 年到 40 年的时间里，所有的人都已经习惯于国事罪的调查与惩处都是通过特别的、非常的程序，在法院一般行为之外进行的，而且所有的案件都移送到中央机关，然后到御前，由皇上御批。"关于司法部各个不同部门的作用，这位部长补充说："时至今日，我们的部门事实上与政治案件打交道的只在一个领域，通过检察院和司法部中央管理局。现在整个司法部门，连同全体人员，都肩负着沉重的责任——以刑事司法之力捍卫现有制度基础不受犯罪的侵害，同时这个部门还要对这类案件负起适用司法公正基本原则之责。"[2]

对 1904 年 6 月 7 日法律可以评价为"双重使命的立法成果"。一方面，它保证在一个重要的而且对于当局而言相当敏感的领域即政治司法方面加强法制，其表现是提高司法程序（依照法律）的作用从而与行政程序（依照命令）相抗衡，提高司法部门代表（法院侦查员、检察官、法官）的作用，这

〔1〕 См.: *Господарик Ю. П.* Судебные репрессии царского самодержавия против революционного движения в России в 1895–1905 годах: дис. ... канд. ист. наук. М., 1987. С. 64.

〔2〕 Цит. по: *Слухоцкий Л.* Очерк деятельности Минист-ерства юстиции в борьбе с политическими преступлениями //Историко-революционный сборник. М. –Л., 1926. С. 280. Ср. с оценкой Н. В. Муравьева (Министерство юстиции в первое десятилетие царствования имп. Николая II. 1894–1904. СПб., 1904. С. 27–29).

毫无疑问是一个积极的现象，又可以感觉到 1864 年的气息了。另一方面，完善政治司法机制显而易见的目的是提高其有效性，提高同解放运动进行斗争的惩办能力。

**1904 年 12 月 12 日诏书** 人们有一个印象，认为 20 世纪初为同行政抗衡而加强法律基础即加强法制，只要回忆以下这个事实，便知这个印象并非空穴来风：根据内务大臣 П. Д. 斯维亚托波尔克-米尔斯基（在 B. K. 普列韦被恐怖分子杀害后上台的）请求，沙皇于 1904 年 12 月 12 日颁布了《完善国家秩序的诏书》，其目的就是加强帝国的法制[1]，该诏书共 12 条，第 3 条允诺要保障各级法院的"独立性"和保证法院面前人人平等。它规定"重新修订在社会秩序的敌人空前犯罪活动时期颁布的特别法令"[2]。这毫不含糊地说明可以修订甚至可以废止特别法律，首先是 1881 年的《保安条例》。

大臣会议讨论该诏书的执行问题。与会的退休大臣 H. B. 穆拉维约夫向会议提交了一份报告，其中一个重要的思想是要执行 1904 年 12 月 12 日诏书所表达的沙皇意志，即应该恢复一个基本原则：全国的司法权只应属于专门为此而设立的司法机关[3]。换句话说，应该恢复 1864 年《司法章程》的基本原则，将法院与行政的比重向法院倾斜，放弃法院官僚化的方针这一司法反改革的核心思想。

可惜呀，这一切实际上并没有发生！《司法章程》的所谓"复兴"时期竟然是转瞬即逝的。革命者的不耐烦以及他们驱赶历史前进的企图转变成了革命行动、新的流血，而政府报之以加强国家制度和惩办活动。后来发生的事件，首当其冲的是"流血星期日"（1905 年 1 月 9 日）和卡利亚耶夫暗杀谢尔盖·亚历山德罗维奇大公（1905 年 2 月 4 日），成了当局改变曾经承诺的方针的由头。1905 年 2 月 18 日，沙皇《号召权力机关和居民帮助专制当局打击外部敌人、根除叛乱和反击内部暴乱的宣言》[4] 公布。它意味深长地号召政府部门和机关"提高警惕，维护法律、秩序和安全"。

---

〔1〕 ПСЗ. Собр. 3-е. Т. XXIV. Отд. 1. № 25495.

〔2〕 Журнал Комитета министров по исполнению указа 12 декабря 1904 г. СПб., 1905. С. 5.

〔3〕 См.：Суд и права личности：сб. статей / под ред. Н. В. Давыдова и Н. Н. Полянского. М.：Статут；РАП, 2005. С. 301.

〔4〕 СУ. 1905. 18 февраля. № 30. Ст. 244.

后来革命运动的高涨，决定了当局必然抛弃刚刚露头的政治路线，转而提高审判程序、一般法律程序的作用，加强法制以及之后在慌乱中匆匆忙忙地通过法院组织和诉讼方面的一系列特别法律，首先是关于国事罪的法律以及修订现行法律的法律。1864年《司法章程》的"复兴"问题被推迟了差不多十年。但是，彼得堡52名和解法官的行动展现了对它的期待，这些法官在革命动荡的高潮中向司法部提出申请，要求恢复法制和人身权利，从而要求恢复法院被司法反改革措施所破坏的作用。

**陪审法庭管辖权的"复苏"** 对于转而扩大陪审法庭管辖权的问题同样可以用"回归1864年渊源"的精神来探讨。20世纪初区法院对案件的管辖权，无论是有陪审团参加的还是没有陪审团参加的，都因为1903年新《刑法典》一系列章节的生效而有所扩大。它们开始审理妨碍宗教信仰的犯罪（《刑法典》第73条、第74条、第78条—第80条、第82条—第90条、第93条—第98条）、背后侮辱沙皇和（在世的和已故的）皇室成员罪（《刑法典》第103条第3款、第106条第3款、第107条第2款等）、妨碍自由的犯罪（例如在淫秽场所非法进行扣押，《刑法典》第500条）、报刊犯罪和侵犯著作权的犯罪（《刑法典》第620条、第622条）。

首次交由陪审法庭审理的有：某些职务犯罪案件，如果对这些犯罪的刑罚不是剥夺公权；还有一种全新的犯罪（1905年以后）——侵犯国家杜马和国务委员会选举自由和正确性的犯罪（《刑法典》第328-1条—第328-9条）；另外属于陪审法庭管辖的还有各部门十四级到十级文官的犯罪案件；担任贵族、城市和乡村选任职务的官员的犯罪案件（属于高等法院管辖的除外），以及某些办事人员甚至玛利亚皇后办公室女性官员的案件。

当时，即20世纪初，出版机构的某些犯罪案件，包括在报刊上侮辱公职人员的案件（《刑事诉讼章程》第1213-2条），以及《刑法典》第620条和第622条规定的侵犯著作权案件，也改由区法院管辖。1906年3月18日法律还规定了陪审法庭对火车颠覆案件的管辖权。在那些年代，已创造了几个不同一般的"结合"：由等级代表参加的区法院审理"聚众闹事"案件（游行示威案件，《刑罚与感化法典》第269-1条）和某些暴力对抗守林人员（《刑罚与感化法典》第824条、第830条）的案件。法律还对区法院在民族地区的管辖权作了特别规定。

**新阶段**　我们把司法改革"超载"（用一个现代字眼来表示）的新阶段与地方法院的改革联系在一起。总的说来，地方法院法[1]命运多舛，仿佛厄运当头[2]。1889 年 7 月 12 日法律取消了各地的和解司法，设立了地方长官制度，几乎就在该法通过后不久，甚至在政府层面就都开始谈论地方法院法的必要性了。穆拉维约夫委员会回来研究这个问题，但委员会的计划——如前所述——几乎没有实现。15 年中积累的对地方长官"司法"实践的不满也促使人们对这个问题加以密切的关注。

在俄罗斯第一个议会建立以后，占据着第一届和第二届国家杜马代表们头脑的就是关于地方司法改革的法律。然而历史留给他们的工作时间竟然非常短暂，根本来不及就地方法院法这样一个对于宗法制度的俄国而言极其复杂而重要的问题作出一个决定。

在第三届国家杜马召集以后，各个议会党团之间简直就是一场竞赛。每个党团都力争提出自己的司法改革方案，仅就地方法院问题就向国家杜马提交了 25 个法律草案[3]。司法改革委员会于 1907 年 12 月 4 日成立。委员会有 55 个委员，在差不多两年的时间里研究司法改革方案，而首先研究的就是地方法院的改革。这不足为奇，因为在国家杜马内部对于各种地方法院命运问题的意见并不一致：一些人试图保留缙绅法庭审判，而大多数则主张取消乡法院。议员们对和解法官资格（教育资格和财产资格）、和解法庭的设立程序（选举还是任命）以及和解法官的不可撤换制等都各执一词。

只是到第三届国家杜马活动曲终人散的前夕，法律草案才得以通过。

第三届国家杜马的构成是相当保守的，它所通过的 1910 年 5 月 29 日地方

---

〔1〕　Н. Н. 波利扬斯基在《司法改革》一书（莫斯科，1914 年版）中，第一个对该法的讨论过程和法律本身进行了详细的分析。在当代科研文献中，对这个问题进行阐述的有 М. В. 涅梅金娜和 С. В. 隆斯卡雅的著作。作者在本编的写作中利用了他们的资料。

〔2〕　由于我们研究题目的需要，对一系列问题不能进行专门研究，即使是与之有关的问题——它们毕竟是一个问题而且需要进行专门阐述。这样的问题也包括乡法院作为最普及的一种"人民法院"的历史这个课题。1912 年地方院法涉及两个联系在一起的问题——和解司法与乡法院。我们在自己的研究范围内仅探讨和解司法。

〔3〕　См.：Государственная Дума Российской империи. III созыв. Сессия 1. Стенографические отчеты. Заседание IV. СПб.，1907. Ст. 253.

法院法草案被提交国务委员会。国务委员会的构成比国家杜马更加保守，在那里，法律草案遭到严重的修改和变异。

在国家杜马和国务委员会消除了对地方司法改革的分歧以后，法律草案得以通过并由沙皇于 1912 年 6 月 15 日签署[1]。

这一法律最有价值的规定，是在俄国恢复和解司法并取消地方长官制度。新法在法律技术上甚至高于《司法章程》，许多术语更加准确，原来引起歧义的很多条款的行文也更明确（考虑了参政院的解释）。特别应该指出的是，新法律援引了共同规章，不允许类推，而严格指出和解法官应该遵循的条款。这样一来，和解法官任何自由裁量的企图都被排除了，他们再也不能成为普通法官的反对派了[2]。

和解法官仍然分为区段和解法官、名誉和解法官和补充和解法官（新版《法院组织章程》第 14—16 条）。1912 年法律重新回到《司法章程》规定的和解法官由县地方自治会和城市杜马选举的制度（与以前一样，任期 3 年）。服务满 3 年的和解法官，可以连选连任 6 年。被选举出来的和解法官由参政院第一厅批准。但是在许多省份（首先是非地方省份），和解法官由政府任命。

修订涉及和解法官候选人的资格。与从前一样，如果候选人有服务资历（作为县贵族代表或缙绅法官、和解法庭或和解法官联合法庭书记官等 6 年以上），则对候选人不要求高等法学教育（第 19 条）。可见，法律为缙绅法官打开了通向和解法官职位的广阔道路，而这些缙绅法官并非表现得多么优秀，所以说我们可以看到这部法律的保守性，也看到右翼势力对法律起草施加影响的痕迹。

当和解法官因不具备应有的资格而不能被选举时，允许进行任命。被任命的和解法官必须具有高等法学教育背景（第 38 条）。

与 1864 年《司法章程》相比，新法规定的财产资格减少了一半（第 14 条），但即使是财产资格也不适用于被任命的和解法官。现在要求占有的不动产数量与选举县地方自治会的数量相同，而在进行选举的省内所拥有的土地

---

〔1〕 ПСЗ. Собр. 3-е. Т. XXXII. № 37328.

〔2〕 *Лонская С. В.* Мировая юстиция в России. Калинин-град, 2000. С. 142.

的数量仅为一半。非土地财产资格仍然与从前相同：在各个县，占有不动产的数额不少于 1 万 5 千卢布，在首都不少于 6 千卢布，在其他地区不少于 3 千卢布。即使具有高等法学教育背景的人在选举和解法官职务时也不免除财产资格要求，法律草案尚在国家杜马讨论阶段有人就提出过这样的建议。但是法律相向而行，规定了财产资格减半（第 19 条）。

和解法庭的上诉审级是和解法官联合法庭，由区和解法官组成，政府任命审判长。和解法官的申诉审法院是参政院。

赋予高等法院对和解法庭的监督之责，证明和解法官又重新回到俄罗斯帝国法院的怀抱。参政院和司法部保留着监督职能。

1912 年 6 月 15 日法律与 1864 年《司法章程》相比，极大地扩大了和解法官的管辖权。标的额为 1000 卢布以下的民事案件归和解法官管辖（第 29 条）——从前为 500 卢布；和解法官可以审理所有法定刑不高于监禁且不剥夺公权的刑事案件；和解法官可以科处 1000 卢布以下的罚金和赔偿金（第 33 条）。由此可见，从前归区法院管辖的相当大一部分案件转归和解法官管辖了。关于和解法官管辖的新规则与穆拉维约夫委员会关于独任区段法官管辖权的方案竟然异曲同工。

在评价和解司法复兴的意义时，应该赞同研究俄国和解司法第一部专著的作者 C. B. 隆斯卡雅的看法。1912 年法律虽然具有重大意义，但毕竟在俄国关于法院的立法史上占有过渡性的地位。它的重要性在于：和解司法作为 1862 年司法改革的产儿，在俄国的司法体系中又重新具有了昔日应有的作用，多年丰富的实践得到总结，并且从一种判例形式发展成为准确的法律规范。[1]

然而，这一制度在 20 世纪初的现实中并未能发挥自己的潜力，1912 年法律仅在十个省生效也是其原因之一。第一次世界大战中断了该法的继续推行。十月革命以后，它也就与"旧俄"的所有法律制度一样遭遇了悲惨的命运。

但是仍然可以肯定地说，正是从这部法律开始（如果不考虑 20 世纪头十年对《司法章程》不大的更新），才可以认识到黑暗司法反改革时期之后来到的《司法章程》的"复兴"。这个进程真正的继续已经是在二月革命之后了。

---

〔1〕　*Лонская С. В. Указ. соч. С. 152.*

# 第二章　临时政府的司法政策

　　起初由 А. Ф. 克伦斯基领导的临时政府司法部，从二月革命的最初日子就满怀热情地着手清除沙皇法院的明显缺陷和恢复《司法章程》。著名革命家 Н. Н. 苏哈诺夫证明，司法部"毫不懈怠地工作，在自己'本能的'工作中、在改革的活动中赶超相邻的部门"[1]。

　　临时政府 1917 年 3 月 25 日决议表达了对司法改革后法院的态度：旧的程序完全不能再适用，缺陷也涉及俄国法院。1864 年 11 月 20 日《司法章程》最初的版本对于那个时代的现代法院组织而言曾经是一个优秀的样板，然而却在很大程度上被后来的法律破坏了。那些法律推翻了正确的法院组织原则——公开性、法官独立和社会人士参加审判。

　　背离了这些原则的审判实践走得更远：法官独立成了一句空话，公开性由于行政的意愿而无影无踪，最重要的案件——国事罪、职务犯罪和报刊犯罪案件不再由陪审法庭管辖，而特别军事法庭成了司空见惯的现象。对法院的不信任曾经是 19 世纪司法改革前罗斯的社会症结，又重新回到老百姓心中。

　　只要看一看这些事实就足以说明问题了：例如，在进行侦查时对证人恫吓和威胁；开始在侦查文书造假；更可怕的是，嫌疑人在代替侦查或与侦查同时进行的调查中遭到拷打；法官已经获悉这些拷打的事实或确信摆在法官桌子上的侦查文书有假，却认为根据现有证据还可以进行审判，如此等等，不一而足。现在这一切丑恶的东西、这一切可怕的事物都应该一去不复返了。[2]

　　最初的措施就包括消除沙皇法院体系中最令人厌恶的制度，这首先涉及政治案件的审判。1917 年 3 月 4 日临时政府通过一项命令，撤销有等级代表

---

　　〔1〕　*Суханов Н. Н.* Записки о революции. М., 1992. Т. 2. С. 172.

　　〔2〕　Сборник циркуляров и постановлений Временного правительства. Вып. 1（27 февр. −5 мая 1917 г.）. Пг., 1917. С. 109−110.

参加的最高刑事法庭和参政院特别法庭、高等法院和区法院[1]，对政治犯实行大赦。但是，有书刊指出，与政治犯一起走出监狱的还有许多刑事犯，因此在1917年秋天，犯罪率急剧增长，盗窃、抢夺成了昔日的和新建的司法侦查机关不堪应付的普遍现象[2]。

**恢复《司法章程》委员会** 为了消除沙皇司法制度的缺陷，临时政府在司法部之下成立了恢复1864年《司法章程》基本原则（即为了清除"破坏最初法律文本的最后规定"）[3]和根据国家体制的变革进行修订的委员会。进入委员会的有六十多位著名的法学家，其中有1864年《司法章程》的原则性的和坚定的拥护者 А. Ф. 科尼、А. С. 扎鲁德内、П. И. 柳布林斯基、К. К. 阿尔先尼耶夫，等等。有意思的是，参加委员会的还有"非法律人"，包括著名的社会主义者盖尔曼·洛帕金。

1917年4月13日委员会隆重成立。司法部长 А. Ф. 克伦斯基向委员会提出一项任务："使《司法章程》适应当代生活的要求"，从中摒弃那些为"已经垮台的制度"服务的积习弊端。在司法部长后面发言的 А. Ф. 科尼提出了自己的观点，说明司法改革后《司法章程》是怎样遭到"破坏"的（实行政治案件的宪兵调查，实行缙绅法庭审判，限制法院的公开性，等等）。所有发言的人"都一致认为必须按照克伦斯基的思想对《司法章程》进行修订"[4]，也就是不仅要清除《司法章程》中那些反改革时期的积习，而且要在革命新时期的背景下使其文

临时政府司法部长
А. Ф. 克伦斯基

---

〔1〕 Вестник Временного правительства. 1917. 5 марта.

〔2〕 См.: *Портнов В. П.*, *Славин М. М.* Становление правосудия Советской России（1917－1922 гг.）. М., 1990. C. 11.

〔3〕 Вестник Временного правительства. 1917. № 8.

〔4〕 Право. 1917. № 12. Стлб. 709－710.

本现代化。

被任命为司法部副部长的 A. A. 杰米场诺夫承认，构想的工作是很宏大的，但对于和平时期而言是必须的和适宜的，现在还不是需要急速修改那些不合时宜的法律的时期。此外，委员会的某些成员甚至倾向于首先进行局部修订。A. C. 扎鲁德内和其他许多委员则对《司法章程》顶礼膜拜，根本不想使它有所改变。

委员会还通过了一系列决议，对参政院各审判庭、高等法院和区法院实行选任制原则。委员会指出，应该用专门从参政院各厅选举出来的代表会议取代参政院联席会议。如果向代表会议提出问题的各厅认为有必要，原则性问题的讨论可以从代表会议移交全体会议讨论。委员会还提出了关于选举（而不是像过去那样任命）各审判庭庭长、高等法院院长、副院长和区法院院长的建议，并建议在参政院实行陪审员制度。[1]

该委员会的刑事诉讼分会还讨论了辩诉关系问题。关于这个问题的措辞是这样的：起诉权仍然应该仅属于检察监督机关，还是应该实行补充起诉人制度？决定允许被害方本人或者他们的代理人作为补充起诉人，而补充起诉人与检察官平行成为起诉人（这个思想借鉴于奥地利立法）[2]。还通过了对于俄罗斯刑事诉讼而言全新的刑事诉讼中社团（法人）享有诉讼代理权的规定[3]。

A. 杰米扬诺夫认为委员会的工作是有益的，同时还指出："生活的脉搏在老人那里跳动得并不准确，虽然他们是极其善意的参议员和法学教授"，"委员会修订《司法章程》的工作无论多么有成效，它还仅仅是做了所担负工作的准备部分"[4]。这些话表明，新政权对司法改革问题的态度与"教条主义者"和《司法章程》的崇拜者略有不同。

**干部政策** 在专制制度日薄西山的时候，用临时政府最后一任司法部长 П. Н. 马良托维奇的话说，司法领域"有坏人或者说机构不完善，但那不是

---

〔1〕 Право. 1917. № 16. Стлб. 947.

〔2〕 *Скрипилев Е. А.* Карательная деятельность Временного правительства и аппарат ее проведения（март-октябрь 1917 года）: дис. ...докт. юрид. наук. М., 1970. С. 190.

〔3〕 Право. 1917. № 12. Стлб. 711.

〔4〕 *Демьянов А.* Указ. соч. Т. 4. С. 77-78.

法律和法院赖以建立的基础"[1]。因此，新政权试图从解决干部问题开始进行司法机构的改造。

А. Ф. 克伦斯基及其司法部长继任者们（几乎清一色的都当过律师）的干部政策有一个突出特点，那就是广泛使用律师作为首都和地方司法检察干部的储备。

司法部召集高等法院院长、检察长、参议员和参政院各审判庭检察长、律师协会主席和法律职业其他代表以及工兵代表苏维埃参加会议。会上有人提出了暂停（两个星期！）《司法章程》中关于法官不可撤换这一规定效力的建议，以便利用这个机会，一次性把那些最令人讨厌的家伙从司法部门清除出去。大会否决了这个提议。法律工作者们认为这个革命性的措施违反了法官独立原则，违背了在他们看来更高的价值观。最权威的法学家（П. И. 柳布林斯基、М. П. 丘宾斯基、И. В. 盖森），也在报刊上发文表示反对，他们援引的当然是 1864 年《司法章程》的规定。

临时最高纪律法庭建立起来，取代了令人讨厌的参政院最高纪律审判庭。临时最高纪律法庭的组成人员是临时政府任命的 5 名参议员和 6 名选举产生的参议员、法官和陪审员（彼得格勒、莫斯科两市的杜马和苏维埃各一名、国家杜马临时委员会成员 2 名）。

这个法庭管辖司法部门的所有公职人员的案件（甚至包括参政院各审判庭的参议员们的案件）。如果司法部长"裁量"认为，法官在履行自己职务时或者从事以前的社会活动而并非司法活动时，或者甚至在私生活中放任自己实施的行为不够尊重法律，或者使人担心他履行法官职务时可能表现出不合法或不公正，则可以把该法官的案件移交到这个法庭处理。但是，这个机关的活动非常没有效果。从 1917 年 5 月至 1918 年 3 月，它总共审理了几个案件，被追究责任的不过几名和解法官、侦查员和区法院的法官[2]。

临时政府 1917 年 7 月 16 日作出决议，试图加快撤换坐在法官椅子上的那些讨厌的家伙，成立了几个调查对司法部门人员行为投诉的委员会，但是结

---

〔1〕 *Боботов С. В.*，*Чистяков Н. Ф.* Суд присяжных：история и современность. М.，1992. С. 4.

〔2〕 *Скрипилев Е. А.* Указ. соч. С. 197.

果只"找到了为数不多的法官，这些人都是善于并且成功钻营进入法官队伍并因'不可撤换'而保留下来的，但是被清除的却是另一些法官，罪罚不当而且程序完全非法"[1]。旧法官适应了新政权，将自己的司法缺点伪装成政治忠诚。这样一来，司法部长 П. Н. 马良托维奇决定再也不要破坏司法机制了，于是在 10 月就终止了最高纪律法庭的审判[2]。

还应该指出，临时政府涉及法院机关建立的法律原则的某些文件。1917年 3 月 20 日《关于司法部门任职条件的决议》规定，候选人应该具有 4 年到10 年的服务经历（视申请的职务不同而不同）[3]。一个月之后，新的决议更进一步明确规定，只有具有罗马法、民法或刑法硕士或博士学位并在高等学校担任教师一定年限的人，才能被任命担任司法部门的职务。[4]

**地方法院**　1917 年 3 月 3 日开始和解法院的改革，在保留缙绅法庭的地区撤销缙绅法庭，同时在根据 1912 年法律没有实行和解司法的地方实行和解司法。独任和解法官应该被"临时法庭"所取代[5]，而临时法庭的构成显然反映了正在经历的革命时代。实行这种法庭的动机是必须"消除城市里在士兵、居民和工人之间产生的令人悲伤的误会"。命令中说："由三名成员——和解法官、军队代表和工人代表组成的法庭在和解法官办公处开庭。和解法官管区的现有界限仍然保留。问题由多数票决定，而且法庭成员享有平等权利。"[6] 这一原则（法官加两名陪审员，他们表决权相同）很快就被推广到其他地区[7]。后来，布尔什维克在建立人民法庭时也借鉴了这个原则。

几天以后，这些法庭活动程序的细则被批准[8]。依照该细则，临时法庭

〔1〕　*Боботов С. В.* , *Чистяков Н. Ф.* Указ. соч. С. 67.

〔2〕　См.：Власть и реформы. От самодержавия к Советской России. М. , 2006. С. 602-603.

〔3〕　СУ Временного правительства. 1917. № 69. Ст. 390.

〔4〕　Там же. № 100. Ст. 557.

〔5〕　В. А. 布可夫指出，实行这一措施的倡议与其说是出于新政府，不如说是出自克伦斯基本人，也出自彼得格勒的和解法官。См.：*Буков В. А.* От российского суда присяжных к пролетарскому правосудию：у истоков тоталитаризма. М. , 1997. С. 196.

〔6〕　Цит. по：*Старцев В. И.* Внутренняя политика Врем-енного правительства первого состава. Л. : Наука, 1980. С. 187.

〔7〕　СУ Временного правительства. 1917. № 58. Ст. 354, 355；№ 70. Ст. 402, 403；№ 78. Ст. 450-452；№ 100. Ст. 559；№ 117. Ст. 635.

〔8〕　ЖМЮ. 1917. Апр.

管辖侵害公民人身安全和财产安全的案件，以及破坏社会秩序和安宁的案件，包括侵害新秩序的案件——如果这些行为是 1917 年 2 月 27 日及以后由个人实施的或者官员在服务之外实施的。诉讼实行言词原则和公开原则。有趣的是，还有一项专门规定：携带武器的人禁止进入法庭（押解人员除外）。

法庭有权判处以下几种刑罚：警告、劝诫、申斥、1 万卢布以下的罚金、3 个月以下的拘役、1 年 6 个月以下的监禁。判决以临时政府的名义宣布，立即执行，不准上诉。但是司法部长可以通过监督程序撤销判决[1]。

革命的新闻界对这一措施持肯定态度，认为它是国家司法体系民主化的第一步。[2] 但是在这些法庭上充当过辩护人和公诉人的 Б. С. 乌捷夫斯基对于它的工作质量和构成却评价不高。[3] 在这些"临时法庭"行使职能前几个星期所出现的欣快之后，便是对它如潮的批评，有来自左派的，更多是来自右派的。那些主要"凭自己的良心"作出刑事和民事判决的临时法庭，由于辜负了新政权的希望，在 1917 年 7 月 19 日就被撤销了[4]。

**陪审法庭**　从 1917 年 4 月 25 日起，恢复《司法章程》委员会开始举行会议，讨论与恢复陪审法庭地位有关的问题[5]。

会上还辩论了一个问题，即书刊中早已提出的允许妇女参加陪审团的问题。提出这个思想的是著名律师、二月革命以后成为参议员的 О. О. 格鲁森贝格[6]。有趣的是，表示反对的是著名的陪审法庭专家 А. М. 博布里谢夫-普希金，他的著作《俄国陪审法庭活动的经验论法则》曾经轰动一时，他的理由是"妇女极端喜怒无常，她们不具有参与国家生活的能力"。А. Ф. 科尼表示担心，被传唤到庭的女性陪审员必须出庭会不会影响她们的家庭生活。但是相反，Н. П. 卡拉布切夫斯基则赞成允许妇女参加陪审团，他提出的理由

〔1〕　См.：*Звягинцев А. Г.，Орлов Ю. Г.* В эпоху потрясений и реформ. Российские прокуроры. 1906–1917. М.：РОССПЭН，1996. С. 251.

〔2〕　См.：Наш вестник. Петроград. 1917. 4 марта.

〔3〕　*Утевский Б. С.* Воспоминания юриста. Из неопублико-ванного. М.，1989. С. 205–209.

〔4〕　Право. 1917. № 29–30. Стлб. 1154.

〔5〕　Подробнее см.：*Демичев А. А.* История суда присяжных в дореволюционной России（1864–1917 гг.）. М.，2007. С. 224 и след.

〔6〕　См.：Право. 1917. № 14，17；ЖМЮ. 1917. № 5–6. С. 100–101.

是妇女所特有的冷静观点、她们的敏感对于"以良知为特点的法官是很宝贵的"[1]。结果，临时政府1917年9月21日《关于修订〈法院组织章程〉中有关陪审法庭的第二编第二章的决议》[2]保留了原来陪审团为"男性"的规定。然而，1917年6月1日决议允许妇女在法院代理他人的案件、担任律师助理、加入律师组织。[3]

该决议还提高了陪审团的文化资格（现在要求他们不仅识字，还应该会用俄语书写），并且以民主革命的精神完全取消了陪审员的财产资格，扩大了允许担任陪审员的人员清单（"不幸的破产人"、军官、乡村学校和教会小学的教师）。参政院审理案件也可以有陪审员参加。

**律师的改革**　恢复《司法章程》委员会1917年4月15日又分出一个以H. K. 穆拉维约夫为首的修订俄国律师条例的分会。分会草案的基本原则如下[4]：建立俄国全境统一的、独立自由的律师协会，律师协会的机关应该是俄国律师代表大会（每两年举行一次，由各协会的全体成员参加），在高等法院管区举行律师大会和律师代表大会。对申请加入律师协会的人的要求原则上与过去相同（增加了法律高等院校的教师）。律师大会和代表大会的权限和选举办法与过去相同。律师的改革却由于革命年代的复杂性而始终未能进行。

**关于沙皇法院的特别侦查委员会**　在评述临时政府法律政策的同时，我们认为必须专门探讨一个重要的问题——特别侦查委员会的组织、活动和工作成果。1917年3月5日，临时政府在成立三天后便公布了成立特别侦查委员会的命令。[5]特别侦查委员会设立在司法部之下，负责调查被推翻了的沙皇政权及其机关和高级官员的犯罪案件。特别侦查委员会的所有成员均由临时政府的命令任命。

克伦斯基许诺，所有的旧俄高官均要受到人民法庭的公开审判，将不会采取被推翻了的那个制度的可耻斗争手段。他还提议由著名律师、政治辩护

---

〔1〕　*Скрипилев Е. А.* Указ. соч. С. 216.

〔2〕　Вестник Временного правительства. 1917. 20 октября. № 182（228）. См. также：Право. 1917. № 39-40；*Боботов С. В.*，*Чистяков Н. Ф.* Указ. соч. С. 87.

〔3〕　СУ. 1917. № 132. Ст. 706.

〔4〕　Подробнее. см.：*Скрипилев Е. А.* Указ. соч. С. 237-242.

〔5〕　Вестник Временного правительства. 1917. 5 марта.

人尼古拉·康斯坦丁诺维奇·穆拉维约夫〔1〕担任特别侦查委员会主席。

特别侦查委员会最初的成员有参议员 C. B. 伊万诺夫和 C. B. 扎瓦多夫斯基。国家杜马临时委员会的代表是 Ф. И. 罗季切夫，而彼得格勒工兵苏维埃执行委员会的代表是 Н. В. 索科洛夫。特别侦查委员会的成员还有新任军事首席检察长 B. A. 阿普什金少将、哈尔科夫高等法院检察长 Б. И. 斯米坚、社会革命党人 B. M. 津济诺夫和兹纳缅斯基准尉。

特别侦查委员会在不同时期总共有 15 名委员，其中 9 人是无党派人士（包括主席穆拉维约夫），其余的人是立宪民主党人、社会革命党人和社会民主党人（孟什维克）〔2〕。委员会所有成员均具有高等学历（主要是法学学历）和司法工作经验。这反映克伦斯基吸收那些在谢格洛维托夫时代"受尽折磨"的司法工作人员参加委员会工作的思想。

特别侦查委员会由三个部门组成：侦查部、监察部和主席团。侦查部由司法部门的人员主要是职业侦查员组成：25 名侦查员虽不属于特别侦查委员会的成员，但常年在此工作；还有推荐的 55 名侦查员曾在这个部门工作过。这些人员依照《刑事诉讼章程》的规则进行调查、询问、勘验和搜查。

特别侦查委员会的侦查员享有《刑事诉讼章程》《军事法院章程》和《海军法院章程》为侦查员规定的权利和上述文件规定的义务。

特别侦查委员会监察部主要由律师构成，他们基本上都是专家，其中不少人是犹太民族。众所周知，他们的突出特点是在 19 世纪末至 20 世纪初具有较高的革命积极性。

1917 年 3 月 11 日，临时政府通过了《特别侦查委员会调查前部长、总司令和其他高级文职、陆军和海军人员违法行为条例》〔3〕。为了实现这些目标又成立了特别侦查委员会的三个处：

（1）调查前部长和其他文官违法行为处。

（2）调查警察局高级官员违法行为处。

〔1〕 О нем см. : *Варфоломеев Ю. В.* Николай Константи-нович Муравьев: научная биография: дис. ... докт. ист. наук. Саратов, 2007.

〔2〕 *Куприянов М. И.Куприянов М. И.* Деятельность Чрезвычайной следственной комиссии Временного правительства ( март – октябрь 1917 г. ): дис. ... канд. ист. наук. М., 2006. C. 48.

〔3〕 Вестник Временного правительства. 1917. 12 марта.

（3）调查陆军和海军部门违法行为处。

后来又增加了一个全面调查对前政府施加不负责任影响人（"黑势力"）的活动处。应该指出的是，正是特别侦查委员会活动的这一方针后来引起了研究者、历史学家们的密切注意。

特别侦查委员会在4月初成立了分析争议法律问题委员会（法律会议）。该委员会研究犯罪构成的定义和被侦查人员责任的程度。这个委员会的组成人员有名誉院士 А. Ф. 科尼、三位教授、三名律师和参政院刑事上诉审判庭的两名助理检察长。

特别侦查委员会成员 А. Ф. 罗曼诺夫证明："当时的某些活动家断言，成立委员会的目的是把人民对旧制度代表人物的愤怒纳入法律轨道和避免私刑。"[1] 特别侦查委员会形式上负有侦查职能，而不承担任何政治职能。根据《特别侦查委员会条例》，委员会应把"最后调查的文件提交给检察总监，以便向临时政府报告"。特别侦查委员会主席 Н. К. 穆拉维约夫许诺起草一份共同的起诉书，而在此之前"启动个别某些诉讼"[2]。特别侦查委员会的工作人员确实准备了一些大案的诉讼[3]。虽然 Н. К. 穆拉维约夫认为，这毕竟不仅是司法调查，而且是政治调查。

特别侦查委员会的政治任务是使二月革命和临时政府合法化。一个附带的目的在于揭露过去政府机构的违法行为，从而加强新政权的政治阵地和法律基础（因为各派政治力量在进行着较量，包括新领导人害怕布尔什维克）。

特别侦查委员会活动的基础是法律继承原则和法制原则，也就是侦查员在旧沙皇立法的框架内进行工作，根据1903年《刑法典》和《刑罚与感化法典》（1885年版）进行起诉。

特别侦查委员会和它的侦查员们在7个月时间里继续进行询问和搜集文件，甚至布尔什维克在彼得格勒成功进行武装起义也没能终止特别侦查委员

---

〔1〕 *Романов А. В.* Император Николай II и его правител-ьство // Русская летопись. Париж, 1922. Кн. 2. С. 2–3.

〔2〕 См.: *Аврех А. Я.* Чрезвычайная следственная комиссия Временного правительства: замысел и исполнение//Исторические записки. № 118. М., 1990. С. 75.

〔3〕 Падение царского режима. Стеногр. отчеты допросов и показаний, данных в 1917 г. в Чрезвычайной следственной комиссии Временного правительства: в 7 т. Л., 1924. Т. 1. С. XIX.

会的工作，至少是没有终止智力活动：在 1917 年 11 月，侦查员 B. B. 索科洛夫还起草了关于谢格洛维托夫的最后决定书。然而，特别侦查委员会的实际工作事实上已经被推翻了。

**对侦查的一般评述**　侦查员搜集到的材料《起诉前司法大臣 И. Г. 谢格洛维托夫对司法部门人员非法行为（进行镇压）的案卷》[1] 有 15 卷之多。

应该指出，在 1917 年 4 月 24 日和 26 日进行询问时，谢格洛维托夫对滥用职权和擅越职权、职务造假等并不认罪。作为一名经验丰富的法律工作者、法学教授，他千方百计地摆脱困境，提出对自己有利的论据。但是他不否认自己右翼的、君主主义的、保守主义的观点，因为他十分清楚的是，对观点是不承担法律责任的[2]。

谢格洛维托夫案件调查结论报告是在 1917 年 11 月 17 日制作的，那已经是在彼得格勒的十月革命以后了[3]。这是毫不奇怪的，因为这个文件原则上可以提交给立宪会议审议，而立宪会议的选举已经于 11 月 12 日举行过了，或者可以说是提交给立宪会议成立的新政府审议。这份文件的作者是借调到特别侦查委员会的特别重大案件侦查员 B. B. 索科洛夫。这份报告根据 15 卷的谢格洛维托夫侦查案卷制作，还吸收了其他文件和材料（准备 1864 年司法改革的文件、国家杜马的速记报告、政论文章——例如《欧洲通报》《法学报》的文章等）。

当然，报告的起草人不可能把特别侦查委员会在调查过程中所确定并得到证明的关于谢格洛维托夫和司法部官员们以及地方行政机构对法官、检察官、侦查员实施的滥用职权的所有事例都写进调查报告中去。他只是列举了这类违法行为的滥用权力行为中最典型的或者最令人反感的事例。

与此同时，这份文件不仅是甚至主要不是从刑事法律和诉讼法的观点来看是非常有意义的，更主要的是它是司法部门体系危机的一个历史证明，而这个危机则是俄罗斯君主制国家体制总危机的反映，由于革命的结果，这个

---

〔1〕　ГА РФ. Ф. 1467（Чрезвычайная следственная комиссия）. Оп. 1. Д. 422-436.

〔2〕　Там же. Д. 437. Даты 24. 04. 1917 – 11. 06. 1918. 175 л. 这些笔录的副本也保存在特别侦查委员会的其他卷宗中（ГА РФ. Ф. 1467. Оп. 1. Д. 387）. См.: Падение царского режима. Т. 2. М. -Л., 1925. С. 337-398, 399-439.

〔3〕　ГА РФ. Ф. 1467. Оп. 1. Д. 430. Л. 140-230 об.

国家体制终于完全崩溃了[1]。那种认为"我们失去的那个俄罗斯"在 20 世纪初整体上状态良好，这几乎已经成为"公认的"结论，而这份文件在很大程度上对此提出了质疑。然而对司法部在专制制度最后几年活动的调查表明，对于背离 1864 年《司法章程》的条文和精神，背离《司法章程》所确立的法院独立、司法权独立的基本原则，国家付出了什么样的代价！

苏维埃政权以 1917 年 11 月 22 日《关于法院的第一号法令》和 1918 年 2 月 15 日《关于法院的第二号法令》废除了原先存在的所有侦查机关、检察院和法院。1918 年 3 月撤销了特别侦查委员会以及它的各个处和所有侦查部门。换句话说，谢格洛维托夫案件没有法律的、审判的结局。它有另一个更戏剧性的和法律之外的终结：1918 年 9 月 5 日，根据全俄肃清反革命和怠工非常委员会（契卡）的决定[2]，谢格洛维托夫被公开枪决了。

临时政府采取措施，试图启动行政诉讼制度。首先，1916 年 12 月通过的《对参政院设置进行某些修订的法律》于 1917 年 5 月 1 日生效。参政院第一厅和第二厅成为行政案件的最高审级。这类案件的诉讼实行公开原则和辩论制。

其次，1917 年 5 月 30 日批准的《行政案件审判条例》[3]规定建立严整的行政司法机关体系，它包括作为全国统一最高法院的参政院、区法院的行政审判庭以及各县独任行使其职能的行政法官。每个县都有一名行政法官进行诉讼，对乡和村自治机关行为的告诉均由他们管辖。各省城在区法院建立的行政审判庭，管辖所在省的公职人员（属于参政院管辖的政府委员除外）、城市和乡村自治机关。行政法官审理国家机关和自治机关之间的争议以及社会团体之间的争议。1917 年 9 月 7 日，土地与食品委员会也划归这些法官管辖。《行政案件审判条例》规定每个俄国公民皆有权提起行政诉讼。最高审级是参政院第一厅。

---

〔1〕 决议的全文，可参见 *Краковский К. П.*《Щегловитовская юстиция》в России. (Министерство юстиции позднеимперского периода по материалам Чрезвычайной следственной комиссии Временного правительства). М. : Юрлитинформ, 2014. С. 53–191.

〔2〕 ГА РФ. Ф. 1467. Оп. 1. Д. 433. Т. XII. Л. 380.

〔3〕 Подробнее см. : *Кулишер А.* Административный суд в России // Право. 1917. № 29–30. Стлб. 1104–1105.

行政法庭可以撤销或变更行政指令，向行政机关发出命令和禁止性规定，以便恢复法律秩序或申诉人的合法权利。每个案件均为两审终审：对行政法院的判决可以向区法院提出上诉，而对区法院的判决可以向参政院提出上诉。

但是行政司法体制并未来得及完全建立起来。担任法官职务的候选人不足，地方社会团体对任命的法官往往表示不信任，也并不总能理解行政法庭与刑事法庭的区别，暴发过冲突，许多行政法官无所事事。[1]

如果分析一下 20 世纪前十年开始形成的行政司法职能的基本原则，就有理由推断，如果 1917 年 10 月不发生政局变化，行政司法对于俄国经济和国家机构的意义就会逐步增长。假定俄国实现了经济增长和制度化发展，行政司法可能发展成为现代仲裁制度的原型。然而，这只是一种假设，因为生活的发展道路迥然不同了。"复兴"《司法章程》的新尝试很快便戛然而止了。

# 第三章　司法改革：昨天，今天，明天

## 第一节　历史的教训

在总结关于俄罗斯法院在过去 150 年命运的论述时，笔者想要按照历史的轨迹，对 1864 年司法改革的精神和条文在 20 世纪不止一次的复兴提出一个简短的综合性的总结。

20 世纪初，俄罗斯帝国拥有最为完善和经过深入研究的法院组织和法院诉讼制度之一。1864 年司法改革，作为亚历山大二世时代现代化进程的关键决定之一和最重要的组成部分之一，根本不是改革者无足轻重的成功、一次顺利的管理试验，更不是历史的"幸运偶然"。它合乎规律地圆满完成了 18 世纪到 19 世纪形成的俄国等级民主制度。

18 世纪后半期，彼得三世 1762 年 2 月 18 日著名的《贵族自由宣言》问世，使国家的统治阶级变成具有民主组织形式的等级，赋予它合法的权力和自由意思表示的基础。至少从这个时期起，历史学家们认为俄罗斯就作为一

---

〔1〕　Власть и реформы. С. 604.

个具有法律正式确认的民主制度的国家而存在。

《贵族自由宣言》的基本原理被叶卡捷林娜二世 1785 年 4 月 21 日的立法文件所确认，这个文件就是广为人知的《高尚的俄罗斯贵族权利、自由和优先权法令》。根据该法令，所有世袭贵族，在一个省拥有土地的，均应组成贵族会议，贵族会议有权三年一次选举县和省的首席贵族。[1] 贵族会议的影响非常大。足以说明问题的是，根据官职等级，省首席贵族被认为是省行政部门的第二号人物。此外，如果说省长一般是从外面任命来的，而首席贵族则主要是本地精英。选举产生的首席贵族得到国家职衔，而且还可以指望得到将军职衔。除贵族等级管理外，省贵族会议还在地方行使司法权[2]。

由此可见，新的司法体系根本不是从零开始建立在一片空地上的。亚历山大二世的司法改革所依靠的是传统，是参加贵族会议民主程序、摆脱了国家压力和官僚专横的三代贵族阶级代表的社会经验。相应的是，新的司法体系对于尼古拉一世之后的俄罗斯也根本不能被认为是舶来品，是逐渐被俄罗斯排斥的"民主的沙漠绿洲"——虽然苏联国家与法的历史学家们力图使公众相信这些看法[3]。相反，19 世纪 60 年代后半期建立起来的法院是统一的、内部平衡的所有等级的法院体系。它权限划分明确，完全与官僚体系有机地联系在一起，在专制制度国家的体制内，但在制度上和组织上独立于沙皇政权。

从这个意义上说，1864 年—1914 年的司法体系符合政治演变的一般矢量：从绝对君主制向君主立宪制演变。这是 19 世纪和 20 世纪初政治演变中欧洲大多数君主制的特点，在它的框架内，民主的司法机关在其发展中要比议会机关和立法协商机关超前得多，俄国的情况也是如此。此外，在法兰西第二共和国和第三共和国，在德国、奥匈帝国，都为后来民主代议制机关的建立"犁好土地"，为它们的出现创造了必要的社会和政治环境。

---

〔1〕 *Фаизова И. В.* 《Манифест о вольности》 и служба дворянства в XVIII столетии. М.: Наука, 1999. С. 34.

〔2〕 *Томсинов В. А.* Законодательство императора Петра III: Комментарии // Законодательство императора Петра III: 1761-1762 годы. Законодательство императрицы Екатерины II: 1762-1782 годы. М.: Зерцало, 2011. С. 106.

〔3〕 *Исаев И. А.* История государства и права России. М.: Юрист, 1993 и др.

毫不夸张地说，这是进步诉讼制度独一无二的世界历史属性，它使绝对君主制社会甚至后集权社会去适应、"去习惯"代议制的民主政体，它在 20 世纪 90 年代后苏维埃时代的俄罗斯表现得十分突出。当政治上分裂的国家杜马在几乎十年的时间里在国家体制和联邦制方面没有通过最必要的法律时，俄罗斯联邦宪法法院的数十项判决得以填补了这个极端危险的法律空白。

亚历山大二世司法改革体现在这样一些关键性的原则之中：无罪推定；刑事案件的侦查；诉讼的公开性、言词原则、辩论制；保障被告人的辩护权和律师必须参加诉讼；根据法官的内心确信全面、客观地审查和评定证据；以及对刑事判决的上诉和申诉程序。亚历山大二世的改革起着最强注射剂的作用，给俄罗斯国家体制的基因永久"接种"上民主诉讼的思想。

在 1880 年—1890 年政治朝代的更替背景下，在 1905 年—1907 年和 1917 年—1922 年严酷的革命剧变时期，1864 年庄严宣告的俄罗斯忒弥斯女神的思想仍然继续在我们国家历史的地平线上闪耀着永不熄灭的光辉。

它的证明就是 20 世纪曾经三次重启司法改革的尝试。

## 第二节　回到 1864 年模式的尝试
## 苏维埃时代的司法改革

**第一次尝试**　1870 年—1890 年司法反改革之后，第一次也是最令人印象深刻的恢复"1864 年标准"的尝试开始于尼古拉二世统治时期。

这里应该强调指出的是，司法反改革（包括改变司法体系的统一原则，几乎各地都"取缔"和解法庭，实行集权主义的缙绅法庭制度，把陪审法庭的权限压到最低限度，破坏法院组织和诉讼的基本原则，等等）在某种程度上具有被迫的性质，它的进行是为了回应那些毫不妥协的合法和非法地反对君主制的反对派所施加的强大而且协调一致的政治压力。无论是苏维埃的历史学家[1]，还是在苏维埃理念轨道之内工作的研究人员都极少提到这一点。

自由主义的和激进社会主义的反对派在自己的反政府宣传中常常利用司

---

〔1〕 См., например: *Зайончковский П. А.* Российское самодержавие в конце XIX столетия. М., 1970 и др.

法机关和诉讼。不公正的法院判决，往往与外国的类似做法和健全思想背道而驰、为暴力推翻现存制度的恐怖分子即反政府行动参加者张目，给左倾社会主义报刊的信息战和反政府的地下鼓动创造了借口。"民意党"和其他激进反对派组织曾尝试把法院变成宣传鼓动的讲台，用作反政府的政治宣传工具。这严重损害了司法权的信誉，破坏了国家管理的稳定。

20世纪初触及俄国司法体系的那些新变革的规模和速度，首先证明了19世纪末司法反改革的被迫性和短暂性。而且，司法反改革无论如何也未能使亚历山大二世改革后形成的司法体系发生重大的改变。

1904年—1917年司法改革的"再启动"（由于第一次俄国革命的戏剧性事件而被迫中断），包括在1912年恢复和解法庭、形成现代诉讼规章和行之有效的诉讼立法，正是以1864年司法改革的原则为基础的。

1912年6月15日《地方法院改革法》恢复了各地的和解法庭，扩大了它的权限，并对和解法庭的诉讼程序进行了重大的正面变革，撤销了1889年建立的司法行政机构。最后，乡法院虽然保留了自己的等级性质，仍然还是农民法院，但却作为基层地方法院列入了总的法院体系。这部法律最大限度地使法院接近违法行为实施地，使选任制产生的代表有可能在最短的期限内审理民事争议和刑事案件。

在1904年—1917年司法改革"再启动"当中，最有意思的是试图改组俄罗斯帝国的行政司法，这一尝试是与 П. А. 斯托雷平的名字联系在一起的。在这改组的过程中，行政诉讼结构有所改善并完善了相应法院的权限。

临时政府还对启动行政诉讼体系做了一个尝试。《行政案件法院法》规定每个俄国公民均有权提起行政诉讼。20世纪前十年俄国的行政司法开始形成，分析一下它运行机制的基本原则，就有理由认为，如果不发生1917年的十月革命，它对俄国经济的意义就会逐步提高，甚至也有可能随着俄国经济的增长和制度的发展而成为现代仲裁体系的雏形。

**第二次尝试** 司法改革第二次再启动的尝试，诚然，主要是在苏维埃集权制度的政治意识形态框架内进行的，只是经过 40 年之后才有了政治解冻[1]。这就是 20 世纪 50 年代—60 年代的政治自由化，其基本目的之一是消除对法律思想的集权主义践踏后果。

1958 年 12 月 25 日，苏联最高苏维埃批准了新的《苏联和各加盟共和国刑事立法纲要》，这个文件详细规定了犯罪的概念，取消了斯大林时代司法实践中实行的类推原则（即可以因为刑事法律未明文规定的行为对一个人判刑）。依照《刑事立法纲要》，规定行为可罚性和加重刑罚的法律没有溯及既往的能力；相反，排除行为可罚性和减轻刑罚的法律则具有溯及力。刑罚仅可以根据法院的刑事判决适用，而刑事判决必须考虑案件的所有客观方面和主观方面的情节。

在与《刑事立法纲要》"同一个文件夹"里还通过了《苏联和各加盟共和国刑事诉讼纲要》。这个文件庄严宣告了刑事诉讼的以下原则：只有法院才能进行审判，法律和法院面前人人平等；法官独立并且仅服从法律；人民陪审员参加审判和法庭审理案件的合议制；法庭审理的公开性；除非依照法律规定的根据和程序，不允许追究刑事责任；保障被告人的辩护权；等等。该纲要规定实行公诉人和社会辩护人制度，还规定了诉讼的各个阶段：调查和侦查、法院审理、上诉审和监督审、判决的执行。

接着，苏联最高苏维埃于 1961 年 12 月 8 日批准了《苏联和各加盟共和国民事诉讼纲要》。这部法律文件规定了全苏联统一的民事诉讼法的基本原则。该纲要规定，按照苏联立法者的意见，民事诉讼的任务是正确而快速地审理和解决民事案件。它规定：扩大组织和劳动者集体参加民事案件的诉讼。为了维护公民的权利和合法利益，工会和其他社会团体有权通过自己的代表在法院提起民事诉讼，参加法庭审理和将集体对正在审理的案件的意见通知法院。在法律规定的情况下，民事案件可以由同志审判会审理。依照上述民事诉讼纲要，苏俄和其他加盟共和国于 1964 年通过了自己的民事诉讼法典。

1964 年 6 月 11 日，苏俄最高苏维埃批准了《苏俄民事诉讼法典》，该法

---

　　[1]　俄罗斯当代历史学家经常把赫鲁晓夫执政时期（1953 年—1964 年）称为"解冻"时期，其特点是在苏联国内政治生活中批判斯大林的个人崇拜和 30 年代的镇压，释放政治犯，弱化集权，政治生活和社会生活相对自由化，向西方世界开放，更多的创作自由。——译者注

典于同年 10 月 1 日生效。新的民事诉讼法典所依据的是《苏联和各加盟共和国民事诉讼纲要》。它取代了苏维埃初期 1923 年的旧《苏俄民事诉讼法典》。就其基本概念、内部结构逻辑和法律技术而言，1964 年《苏俄民事诉讼法典》是一个如此成功而且有效的文件[1]，以至于一直施行到 2002 年 2 月 1 日（当然有很多修订和增补）。它在整整 10 年时间里成功地经历了政治制度和占统治地位的经济模式的剧烈更替。

在解冻时期，苏联国家仲裁活动也活跃起来。这一制度是当代仲裁体系的雏形，而在苏联时期，它把司法职能和行政职能结合在一起了。1974 年以前，仲裁机关不存在下级机关服从上级机关的制度。1974 年 1 月 17 日，根据《苏联部长会议所属国家仲裁委员会条例》，苏联国家仲裁委员会改组为加盟共和国管理机关。苏联此前半个世纪形成的传统是由党的机关和苏维埃机关唯意志论地"手动"解决各种各样经济纠纷，现在国家仲裁委便成了在此基础上的一种二择其一的现实办法。

但是早在此之前，国家仲裁委和苏联司法部就制订了一整套统一社会主义经济主体合同关系的格式文件——示范合同、工作细则等。毫不夸张地说，部门性示范供货合同和承揽合同成为合同法的经典。这些文件与苏联部长会议所属国家仲裁委于 1966 年 4 月 25 日批准的《生产技术性产品和民用消费品质量验收程序细则》一样，成为当代类似合同的基础。

20 世纪 60 年代中期到 20 世纪 70 年代前半期，一系列的法院改革和诉讼改革，首先是仲裁诉讼和民事诉讼的发展，并不只是在时间上与 1965 年—1971 年的经济改革（所谓"柯西金改革"）同步[2]，而且都为"黄金"第八个五年计划（1965 年—1970 年）和第九个五年计划（1971 年—1975 年）的

---

〔1〕 См., например: Гражданский процессуальный кодекс Российской Федерации и Гражданский процессуальный кодекс РСФСР 1964 года（законодательство в плане сравнительного правоведения）: учеб. пособие / С. К. Тамазян. Ставрополь: Изд-во СКСИ, 2005; *Викут М. А.* Гражданский процесс России. М. : Юристъ, 2003 и др.

〔2〕 当代历史学家传统上把"柯西金经济改革"同所谓的"9 月—10 月一揽子文件"（苏共中央 1965 年 9 月全会《关于改善工业管理、完善计划和加强对工业生产的经济刺激的决议》、苏共中央和苏联部长会议 1965 年 10 月 4 日《关于完善计划与对工业生产的经济刺激的决议》、1965 年苏联部长会议批准的《社会主义国有生产企业条例》）的公布联系在一起，而把经济改革的完成同苏联部长会议 1971 年 6 月 21 日《关于改善计划和对工业生产的经济刺激的某些措施的决议》联系在一起。

相对成功做出了重大贡献。

由于完善了仲裁法与合同法，从而扩大了供货和结算的协调性。"柯西金改革"的倡导者们，不仅极大地提高了苏联经济中商品、服务和资金的流通速度，而且实行了调动工人积极性的弹性制度。在施行 1964 年《苏俄民事诉讼法典》的 10 年间，这又反过来推动了民事司法的发展和民事诉讼规范的广泛适用。

## 第三节　当代俄罗斯司法改革的理念
## 回归 1864 年理想的尝试

**第三次尝试**　再启动司法改革的尝试，尽管有很多缺点，却是最成功的和值得期待的，它已经与新的、后苏维埃时代联系在一起了。

1991 年 10 月 24 日苏俄最高苏维埃决议批准的《俄罗斯苏维埃联邦社会主义共和国司法改革理念》（以下或称《司法改革理念》）宣布，必须在立法调整、干部和资源保障、司法活动的组织等方面进行深入的改革。该文件还确认了俄罗斯联邦宪法法院的体系作用，提出了如下一些任务：恢复陪审法庭与和解法官制度，对羁押的合法性实行法院监督制度，实行法官不可撤换原则，对执法机关和法院工作的部门性指标进行重新审查修订。《司法改革理念》的关键思想在 1993 年《俄罗斯联邦宪法》和关于法院系统的联邦立法中得到了确认。

《俄罗斯联邦宪法》第 18 条规定："人和公民的权利和自由决定法律的含义、内容和适用，决定立法权和行政权以及地方自治的活动，并受到司法的保障。"依照《俄罗斯联邦宪法》第 10 条，司法权是独立自主的。司法体系的宪法模式依照民主法制国家司法权组织与活动的基本原则进行建设。

俄罗斯联邦的司法制度有一系列的特点，对它进行分析，就有可能认识基本原则在 20 世纪 90 年代和 21 世纪前 10 年的社会条件下是如何体现的。

**第一个特点**　司法体系的最高级不是一个法院，而是两个法院：俄罗斯联邦宪法法院和俄罗斯联邦最高法院。

一揽子联邦法律〔1〕宣布的与撤销俄罗斯联邦最高仲裁法院有关的司法体系改革，进入了实际实施阶段——2014 年 3 月 5 日俄罗斯联邦总统普京向国家杜马提交了 4 份新的法律草案，规定最高法院和最高仲裁法院合并，并提出了重大的法律修订：新的《俄罗斯联邦仲裁诉讼法典》、仲裁法院与普通法院权限的重新划分、仲裁法院系统工作的新规则〔2〕。

例如，从 2014 年 8 月起，仲裁法院不再审理涉及当事人在经营活动和其他经济活动领域权利和合法利益的规范性法律文件的案件，这类案件将由普通法院办理。在俄罗斯联邦最高仲裁法院撤销之后，新的俄罗斯联邦最高法院的结构与过去的结构将有明显的不同。例如，最高法院将设立经济案件审判庭，该审判庭实质上应该作为最高审级取代俄罗斯联邦最高仲裁法院，虽然法律地位稍有不同。例如，经济案件审判庭将作为申告庭审理仲裁法院的判决、裁定和裁决。经济纠纷案件的监督审自 2014 年 8 月起不再是俄罗斯联邦最高仲裁法院主席团，而是俄罗斯联邦最高法院主席团。

2013 年—2014 年司法体系的结构性改革并没有取消 1990 年—2000 年俄罗斯所选择的各诉讼分支、法院诉讼以及相应的行使司法权的各级法院的职业专业化道路。即使是发生了上述变化，1993 年俄罗斯联邦宪法建立的制度在结构上仍然是原来的。最高法院领导普通法院系统，最高法院的民事案件审判庭、经济案件审判庭、行政案件审判庭和军事审判庭分别领导相应的诉讼部门。

还应该指出的是，合并之后的俄罗斯联邦最高法院在基本法通过之后二十多年（！）又实现了关于行政诉讼的宪法原则，给我国的公民提供了更有效的机制，以对官员和国家机关的决定向法院提出告诉。诉讼这一分支的宗旨

---

〔1〕 2014 年 2 月 5 日《关于修订〈俄罗斯联邦司法体系的联邦宪法性法律〉的第 4 号联邦宪法性法律》；2014 年 2 月 5 日《关于俄罗斯联邦最高法院的第 3 号联邦宪法性法律》；2014 年 2 月 5 日《关于选择依照〈关于俄罗斯联邦最高法院和俄罗斯联邦检察院的俄罗斯联邦宪法修正案的联邦法律〉设立的俄罗斯联邦最高法院基本组成人员的第 16 号联邦法律》；2014 年 2 月 5 日《关于修订〈俄罗斯联邦宪法〉的〈关于俄罗斯联邦最高法院和检察院俄罗斯联邦法第 2 号联邦宪法性法律〉》。

〔2〕 第 466670-6 号《关于修订〈俄罗斯联邦仲裁诉讼法典〉的法律草案》、第 466627-6 号《关于修订联邦宪法性法律〈俄罗斯联邦仲裁法院法〉的法律草案》、第 466637-6 号《关于由于由普通法院和仲裁法院审理的某些种类案件管辖的变更而修订俄罗斯联邦某些立法文件的法律草案》、第 466656-6 号《关于修订〈俄罗斯联邦税法典〉第 105 条第 1 款和第 25-3 章第二部分的法律草案》。

是为了解决最困难而且政治上最能引起共鸣的冲突，即公民为一方、国家机关和地方自治机关为另一方的争议（直至"公民伊万诺夫起诉俄罗斯联邦政府"的可能性）。我们认为，在其建立时，立法者要是利用俄罗斯帝国的一些理念成果和改革经验，甚至利用俄罗斯共和国（1917 年 3 月 1 日—10 月 25 日）短暂的经验就好了，如前所述，它们在行政诉讼领域取得了相当重大的成就。

提醒这样一点也不是多余的：1992 年—1993 年在起草俄罗斯联邦现行宪法的过程中还曾经讨论过国家司法体系另外的方案。例如，曾提议建立统一的俄罗斯联邦最高法院，实行统一的案件管辖与行政管辖，而在其框架内再划分民事案件诉讼和刑事案件诉讼、宪法争议和财产争议诉讼，大致与美国最高法院的活动相似。众所周知，美国最高法院的当代一体化管辖始于 1803 年，即在英美法系北欧分支形成的高潮时期确立的，而该分支建立的基础就是判例实践和法高于律的思想。正是在那个时候，美国最高法院获得了评判立法文件是否违宪和中止其适用的权利，并且宣布立法文件违宪则自通过之时起无效。众所周知，在欧洲（在以罗马法为基础的大陆法系的框架内，全面规定和深入细分法院管辖）为此目的而建立了单独的宪法法院。

同时还曾讨论另一个方案：建立最高审判庭，它是协调和联合三个最高法院——俄罗斯联邦宪法法院、俄罗斯联邦最高法院和俄罗斯联邦最高仲裁法院的一个专门法庭。然而，如上所述，俄罗斯联邦选择了司法系统职业专门化的道路。

## 第四节　俄罗斯宪法法院的使命

**第二个特点**　俄罗斯联邦宪法法院承载着特殊的作用：它有权对国家的基本法进行正式解释，有权以不符合宪法为由撤销任何规范性法律文件。这里必须强调的是，俄罗斯联邦宪法法院作为俄罗斯联邦总统制度的伙伴在 20 世纪 90 年代过渡时期所起的不可替代的作用。这就是俄罗斯联邦司法体系的第二个历史性特点。

两个制度——总统和宪法法院，在 20 世纪 90 年代都承担并且贯彻执行创造性的、建设性的法律创制的职能，包括在保障民主、选举制、多党制、言论自由和政治活动自由等方面。当时，俄罗斯联邦最高苏维埃陷于政治阴谋而不能自拔，尔后国家杜马分裂成不可调和的两个派别，反对总统的国家杜马实质上自我放弃了国家体制和联邦体制领域的立法职能，不完善法律取代了在相应联邦法律通过以前适用的总统命令和宪法法院的"判例性"决定。

国家元首不得不经常充当议会与政府之间权力划分的仲裁人，还要对通过不得人心的社会经济决议承担责任；以及在延缓发展的局面下，如果说不是直接与立法权对抗的话，也要负责消灭法律调整的"空白"。

当然，在缺少必要立法的情况下颁布具有法律效力的总统命令的这种做法，遭到了左右两边反对派的严厉抨击。

在当时的形势下，俄罗斯联邦宪法法院于1996年4月30日通过了专门的第11号决议。决议规定："（总统）颁布……命令，以填补需要立法解决的问题上法律调整的空白，在这些命令不与《俄罗斯联邦宪法》和联邦法律相抵触的条件下，并不违反《俄罗斯联邦宪法》，而这些命令的效力仅限于在通过相应立法文件之前适用。"[1]

总统建议了几百个协商程序，宪法法院就权力机关各分支的相互关系、联邦制和地方自治的形成、在全国保障公民的选举权等问题审理了几十个案件。此外，宪法法院的判决和其中表述的法律观点有助于俄罗斯创立某些判例法的因素。在政治冲突中，如果力量基本均衡，双方可以在法院而不是在街垒中解决冲突。所以20世纪90年代，在宪法法院进行了大量社会反响热烈的审判。这些审判的进行，一方面解决了严重的冲突；而另一方面，宪法法院的行为又形成了刚性的判例局面——立法程序的所有参加者都应该遵循的某种"路线图"。例如，通过被限定有效时间的总统命令的宪法法院判例，就形成了应有的法律现实，符合国家宪法所规定的准则和原则的现实。

如上所述，这里表现了进步司法体系的一个世界历史性特点——能够"培养"社会和占统治地位的政治阶级去实行民主代议制的宪政。由于一系列

---

〔1〕 俄罗斯联邦宪法法院1996年4月30日第11号《审查俄罗斯联邦总统1994年10月3日第1969号〈关于加强俄罗斯联邦统一行政机关体系的措施的命令〉第2条和上述命令批准的〈俄罗斯联邦边疆区、州、联邦直辖市、自治州、自治专区行政首长条例〉第2.3条是否违宪的裁定》，载 Собрание законодательства РФ. 1996. № 10. С. 2320.

内外政治情况，俄罗斯国家的代议制立法权的产生要比其他大国晚得多。俄罗斯没有根深蒂固的议会制传统，精英的政治文化极端低下，这反映在俄罗斯帝国最初几届国家杜马十分喧嚣却鲜有成果的工作上。前两届国家杜马（构成更为激进）平均工作了 70 天，均以丑闻而告终；第三届国家杜马虽然构成很保守，在立法上来说却是卓有成效的。

虽然尼古拉二世 1905 年 10 月 17 日《关于完善国家秩序的宣言》和之后的《基本国家法律》（1906 年 4 月 23 日修订）赋予国家杜马相当广泛的权力，整体上可以认为议会和专制制度政权之间仍然缺乏建设性的、内容丰富的对话。不成熟的公民社会，如同现在人们所说的，也没有成为稳定的保证，它犯了可悲的错误，未能阻止极端激进势力破坏国家体制。

20 世纪 90 年代成功地避免了重蹈革命以及完全破坏国家制度和公民社会制度的覆辙。俄罗斯总统和宪法法院在 1993 年—1999 年期间在实现改革最复杂的阶段，保证从政治上和法律上捍卫了俄罗斯的改革。在部分精英和政权机构直接对立的条件下，生死攸关的是统一的思想核心，相应的是有统一的领袖——即使立法权有各种动摇和徘徊，他也能够保证改革方针的执行。正是由于俄罗斯总统和宪法法院有效的"联手"，政治阶级中最有建设性的那一部分才得以维持国内政治和经济局面的"正常制度"，阻止危险的政治冲突发展到不可收拾的境地。

现在需要宪法法院干预的严重冲突潮流似乎已经消失，政治生活步入了相对稳定的轨道。但这丝毫不意味着可以认为宪法法院已经不再起作用，现在的传统宪法机关好像"不需要了"。这是绝对不正确的。宪法法院，实质上是宪法制度的"盾牌"。它是独一无二的机关，独一无二的机制，在与国家机构行使职能和国家权力机关运行有关的迫切问题上，它仍然应该是独立的最高法律仲裁人。

与此有着象征性关联的是，在司法权行使职能方面应该优先适用联邦宪法性法律。司法权与国家的宪政体制有着不可分割的联系，而司法权又是宪政体制的主要支柱之一。为了执行宪法，各级法院行使职能的程序和活动内容都应该由具体的联邦宪法性法律调整。同时，为了确立和保障司法权的宪法统一性，又通过和实行了专门的宪法性法律——1996 年 12 月 31 日第 1 号

《俄罗斯联邦法院体系法》。

## 第五节　联邦国家司法体系的特点
## 和解法官的作用

**第三个特点**　俄罗斯联邦宪政模式司法体系的第三个特点是，它具有相当严格的集中化的垂直一体化性质。无论俄罗斯联邦主体建立多少个自治的最高审判机关，宪法都是不允许的。所有法官，直至市和区一级的法官，都是联邦法官，所有法院的活动经费都由联邦预算负担。

毫无疑问，这种法院体系结构的目的不仅在于保证对在全国任何地方生活的公民进行同等的司法保护，而且对国家统一、国家政权和法律空间统一形成重要保障。同时，司法体系的这种结构也规定了国家联邦性质体制所决定的例外。例如，允许在俄罗斯联邦主体建立宪法（章程）法院。但是它们唯一的任务是审理联邦主体国家权力机关的规范性法律文件是否符合该主体的宪法（章程）。到现在为止，在联邦 85 个主体中，有 17 个建立了宪法（章程）法院。总体上可以认为，这些法院的建立和实践，特别是它们的活动，迄今为止并没有得到广泛的推广和系统的发展。

这是有客观原因的。在 21 世纪初，俄罗斯联邦各主体的立法很少与联邦立法相抵触，而联邦中央又做出非凡的努力使地区性法规与联邦宪法和联邦法律相一致，地区宪法（章程）法院的积极活动在很多情况下反而会产生反面的效果。它们的决议往往规定的是与《俄罗斯联邦宪法》相抵触的执法实践，因而实质上是在破坏统一的法律空间。

但是从长远看，俄罗斯联邦各主体的宪法（章程）法院的活动无疑应该得到自己的建设性发展。特别是依照《俄罗斯联邦宪法》第 73 条和第 76 条，对各主体专属管辖对象所颁布的联邦主体法律，具有比联邦法律更高的法律地位。还必须周密考虑建立起俄罗斯联邦宪法法院与各联邦主体宪法（章程）法院相互关系的有效体系，也许还应该对调整全国司法系统最高机关活动的联邦宪法性法律进行相应的修订。

我们认为，司法体系总体上能够也应该温和地、逐步地实现非集中化，但并不是在行政意义上，而首先是在职能意义上，在其下属体系进一步地专门化的基础上进行。

在此，还应该指出一个典型的例外：刚性的统一司法体系中的和解法官制度。原则上它符合国家政权体制的联邦性质。同时必须指出，1998 年 12 月 17 日第 188 号联邦法律《俄罗斯联邦和解法官法》规定了国家司法体系这一环节的活动，但始终未能充分保证根据和解法官所审理案件的性质、内容和复杂程度而区分诉讼形式这一任务的完成。

一方面，和解法官在各种利用庞大的诉讼形式审理刑事和民事案件，严重降低了诉讼的有效性。另一方面，在通过简易程序审理案件时，和解法官并非总能保证为法制和诉讼参加人的权利提供诉讼保障。

此外，应该对和解法官和以俄罗斯联邦最高法院为首的普通法院的协作进行更加刚性的和合理的立法调整。和解法官制度不应该闭门造车，它应该得到俄罗斯联邦其他各级法院在理念、组织、方法和信息方面的大力支持。在保证采用不同诉讼形式的同时，应该将和解法庭列入统一的执法体系。这彼此毫不矛盾。

## 第六节　再过 150 年仍然有必要利用 1864 年司法改革模式的要素

我国的司法体系所依据的是宪法模式，无疑经受住了时间的检验。然而不得不承认，《司法改革理念》和《俄罗斯联邦宪法》第七章"司法权与检察院"，与基本法其他最重要的观念一样，到现在为止得以实现的也不过 55%—60%。

司法权作为国家政权不可分割的一部分，它的系统性弊病是相同的。今天的法官群体是相当静态的、深刻的和无处不在地贯穿着团体关系（如果不说法官与这些或那些国家机关领导人的私人关系）。显然，司法体系需要输入"新鲜血液"，需要具有不同法学领域工作经验的新一代法律干部：他们不仅有在国家机关，而且有在地方自治机关和公司工作的经验。他们的动机没有被与侦查机关的过度团体关系所歪曲，而思维不会受到关于法院作为最后调查阶段这一新苏维埃观念所束缚。

司法体系的一系列显而易见的缺点——积重难返的内部不平衡，诉讼立法和判例实践落后于发达的私法关系以及急剧变化的制度和经济现实。[1] 因此我国司法体系怎么也不能制定出解决普通法院与仲裁法院之间管辖冲突的有效机制和保证同一类经济纠纷审判实践的统一。这也是主张俄罗斯联邦最高法院和最高仲裁法院合并的人提出的主要论据。

摆在司法体系面前的任务仍然是提高透明度和扩大公民社会对其活动监督的可能性。公民社会的理想是它的代表要比今天广泛得多地参加诉讼。

在司法体系框架内，应该承认和实行对已经受到破坏的社会关系的恢复性态度作为对占主导地位的惩办性态度的抗衡。与国家设置一道，解决冲突的其他机制应该得到广泛得多的发展：从扩大庭外和解和公断庭的权限到引入调解制度和 collaborative law（协同法）。

所有上述改革都会促进从内容上缓和法院的活动，包括克服声名狼藉的"有罪判决倾向"。

还有最后一点，也是最主要的一点。在过去一百年间三次重启 1864 年司法改革尝试的历史，让我们思考应该从根本理念上而不是即兴地对待司法改革。司法机制是一个统一的有机整体，所以，在启动司法改革时都必须做到：第一，至少对其目的有明确的认识。第二，清楚地意识到它的成功取决于综合性的方法。变革司法体系的个别环节或者实行新的原则和制度时，都必须清楚地认识到，即使是追求司法体制的改进，也可能破坏它的完整性，得到相反的结果，或者甚至是破坏最有效、已经确立起来并经过检验的司法制度。

正因为如此，我们认为必须仔细衡量 2013 年开始的新一轮的司法改革的风险和好处。重要的是要理解，司法体系作为法制国家的核心制度极易受到充斥在社会里的各种社会经济信息的影响。只有存在于政治之外，存在于社会的和意识形态的局势之外，司法权才可能是有效的。

---

[1] *Степашин С.* Спор о подведомственности чересчур затянулся. Ветви судебной власти должны работать согласованно // Независимая газета. 2011. 27 июля.

# ～ 译后记 ～

　　《快速、公正、仁慈和人人平等的法庭——纪念俄国司法改革 150 周年》一书的翻译终于完成了。原著是俄罗斯历史协会纪念 1864 年司法改革 150 周年重点研究项目，于 2014 年由莫斯科 КУЧКОВО ПОЛЕ 出版社出版的。它的作者是俄罗斯著名的政治家、俄罗斯联邦前副总理、宪法学专家 С. М. 沙赫赖和著名社会活动家和法律史学家 К. П. 克拉科夫斯基。为该书作序的是时任俄罗斯联邦国家杜马主席的 С. Е. 纳雷什金。

　　当沙赫赖教授大费周章找到我的时候，已经是 2017 年底了。我的本意并不想翻译它，因为我年事已高，不愿再翻译这种大部头的著作了，要知道它是十六开本，有 535 页之多！

　　我开始读这部书，很快便沉醉在 150 年前那史诗般的俄国司法改革之中了。农奴制改革以后俄国社会发展的需要，沙皇亚历山大二世的司法改革决心，以 А. Ф. 科尼为代表的"司法改革之父"们对欧洲法律成就的深刻理解和他们所起草的《司法章程》中关于法官独立原则和审判的公开性、辩论制原则以及证据规则对俄罗斯近现代司法的发展当之无愧地起着奠基性的作用。

　　这部巨著吸引我的还有它富有哲理而且文学意味浓厚的行文。我读过、译过太多的俄罗斯法典、法律以及当代法学家们的著作，但这部书却更吸引我。我是学俄罗斯文学出身的，本书中有作家托尔斯泰、陀思妥耶夫斯基、萨尔蒂科夫-谢德林，还有俄国画家列宾的身影。有他们本人参与本书所叙事件的故事，有他们著作主人公的形象，有他们的思想。作者不止一次地将他们的文学形象作为本书的隐喻。这一切于我是多么熟悉，又是多么亲切！

　　于是，我同意将这部书译成中文。

是的，当我真正着手一字一句翻译的时候，才体会到这是一次真正的挑战。对于 19 世纪的俄国社会、政治、司法，我虽然不能说一无所知，但要准确地形成文字，就实在是要费心思了。原著中有 19 世纪法律文件的引文，有当年法学家、律师、检察官的讲话，还有当时政论文章和记者、报纸的报道，读起来十分别扭——因为正字法改革之前的俄文写法与现在大不相同，而且很多词汇的意义也与现代俄语大相径庭。例如，书中有关于改革前法庭书记官的一段话："Не Бог его сотвори, но бес начерта его на песце и вложив него душу злонравную, исполненную всякой скверны, во еже прицеплятися и обирати всякую душу христианскую"（原书第 42 页），我能大致理解，但用现代俄语的词汇语法规则根本无法解释这些词语的形式，一般现代俄罗斯学者也不明白。为了这句话，我花了一整天的时间去思考和查阅典籍，与专家讨论。最后确定："他不是上帝创造的，而是魔鬼把他画在沙地上又放进去一副充满全部邪恶的歹毒灵魂，以便抓住并偷光任何一个基督徒。"作者对这段译文十分满意。19 世纪直到十月革命前俄国的机构设置，各种官职、称谓，也是一个棘手的问题。例如，现代俄语中的副职用 заместитель 表示，而 19 世纪则用 товарищ，如 товарищ прокурора，товарищ министра，товарищ председателя，等等。表示"法院"这一意义的词语竟有十多个，译者少不得也要费些思量。我查阅、下载了彼得一世以来历代各个时期的官职表，要知道，同样一个名称在不同年代所表示的官职品级可能是很不相同的。

翻译是一种再创作，这是一部讲述 150 多年前司法改革的鸿篇巨制，译文既要准确，还必须具有沙皇时代的特色。在涉及古代事件与文献时，行文上应有些许古意，同时又绝对不能使用过分"中国化"的称谓、比喻或形容。例如，一个用来形容洛里斯-梅里科夫的字眼 Субалтерн-император 曾经让人走投无路，我不得不找来 Л. 格罗斯曼的书《Бархатный диктатор》，看梅里科夫伯爵如何被比作法国的朱利奥，又如何被报刊称为 Субалтерн-император。此处的 Субалтерн 完全不能是副职、补充之类的意义。我将它译作"一人之下、万人之上，权倾朝野的梅里科夫伯爵"，不知同行们是否同意？如此种种，不一而足。即使是俄语中常用的成语，我也尽力体现原著的风格。譬如说，медвежий уголок 译成"穷乡僻壤"完全没错，但却未体现出这个成语的意趣，因此我译作"熊出没的穷乡僻壤"。为了尽可能准确地翻译这部书，我不仅查阅了各种俄、英、法语字典，查阅了苏联百科全书、大英百科全书、《列宁全集》，还查阅了其他俄罗斯的古代典籍和史料。毫不夸张地说，为翻译这部书而查阅的参考书，比我四十年来翻译一千万字法律文献时所查阅的资料加在一起还要多！所以说，于我而言，这真是一次难得的学习机会。同时还要感谢现代科技。通过互联网，可以找到很多重要的信息，包括1864年《司法章程》的全文。

在翻译的过程中，对于我国俄罗斯研究学者心中某些有疑问和有争论的问题，也有了进一步的认识。在这里举两个例子与朋友们分享。

例如，关于 мировой судья（和解法官）。二十多年来，将 мировой судья 译成和解法官者仅我一人而已，多数的俄罗斯法律研究学者都译成治安法官，也有个别学者译成调解法官。我之所以坚持译成和解法官，是因为俄罗斯当代诉讼法规定 мировой судья 既审理刑事案件，也审理民事案件。试问，民事案件与治安何干？我和一些年轻学者交谈过，他们说是从西方治安法官处理违警罪的制度那里"移植"过来的。在这部书中，有相当多的篇幅论述和解司法的发展与变化，1864年11月20日《司法章程》四个部分之一就是《和解法官可科处的刑罚章程》。本书反复论证和解法官的重要使命就是达成和解。在第三编"《司法章程》规定的诉讼程序"中，作者更是明确地写道："После обмена сторонами объяснениями мировой судья предлагал им прекратить дело миром（выполняя свое главное предназначение и оправдывая наименование суда）"（原书第356页）。[在双方各自进行解释以后，和解法官要建议双方和解（从而完成自己的首要使命，也**不辜负法庭的名称**）。] 由此可见，мировой суд 的主要使命即为和解，мировой 一词用于法官便是和解法官，用于法庭便是和解法庭，用于司法便是和解司法。

关于 Правительствующий Сенат 或 Сенат，即参政院。凡到圣彼得堡的人都会在参政院广场流连，参观"青铜骑士"的时候会回望高大宏伟的参政院大楼。参政院在18世纪初成立时，是沙皇不在时管理国家的机关。但到了本书所叙述的司法改革时期直至十月革命，参政院并不是议会的上院或曰参议院，而是最高审级的法院，通俗地说就是最高法院。其中，与本书内容关系最为密切的是参政院的两个主要机构：Уголовно-кассационный департамент（УКД）和 Гражданско-кассационный департамент（ГКД），即刑事上诉审判庭和民事上诉审判庭。它们的管辖权限是：①两个审判庭各自审理的诉讼案件；②审理申诉和抗诉的案件；③对法院进行监督的案件。有的俄罗斯法研究学者将它们译成"撤诉法庭"，就是值得商榷的了。有的俄汉字典对 кассация 一词作"撤诉"解释，这是不正确的。

本书中附有 19 世纪和 20 世纪初俄国最轰动的十多个典型案件介绍，十分生动有趣。读者从中可以看到 19 世纪后半期和 20 世纪初期俄国革命者的理想和执着追求，更可以读到俄国杰出律师们的雄辩和才华。

本书原著约有 50 多万字，作者在交给我时已经事先删除了约 2/5 的篇幅。等我读完这部书的时候，我真正地为被删节的部分感到惋惜：那是一些珍贵的史料，其中包括"司法改革之父"们、卓越参议员、律师、检察官以及司法部长们的人物志，另外还包括一些很有意义的历史学评述。中国的读者是应该有机会阅读完整的著作的啊！

本书所保留的部分附有约一千多条注释。由于原著中引用了一些中国现代读者并不太熟悉的掌故，譬如果戈理笔下昏庸的法官略普金-贾普金，作家萨尔蒂科夫-谢德林作品中的富农形象、《现代牧歌》中的巴拉莱卡琴、白湖鲫鱼，陀思妥耶夫斯基《罪与罚》的主人公拉金·拉斯柯尔尼科夫，希腊神话中的强盗普洛克洛斯忒斯以及俄国古代的舍米亚卡法庭，以及俄罗斯历史学界已经通用的苏联历史上的"解冻时期""停滞时期"，等等，我均以"译者注"的方式进行了简短的解释。原作者们非常赞同。

这部书的翻译，是我与俄罗斯学者又一次愉快的合作经历，原书作者是极佳的合作伙伴。四个月来，沙赫赖教授与我交换的邮件有 150 封之多。对于我所提出的问题和质疑，无论多忙，他都及时作答。不理解的东西绝不翻译，这是我的原则。在翻译过程中，我发现了原著语言上的若干笔误和个别内容上的问题，我都坦诚提了出来，沙赫赖教授虚心接受甚至表示赞赏，并认真加以考虑和修正。

对于这部书的翻译，我还要感谢外子沈国峰教授。他以一个法律史专家的专业精神和不受俄文影响的"局外人"的思路，仔细通读了全书的译稿，提出了上百条中肯的意见和疑问，这无疑有助于提高译文的水平。

我不止一次说过，任何学术成果都是遗憾的艺术，而理想的翻译永远只是一种理想。由于个人水平、精力所限，本书的中文译本肯定会有疏漏甚至错误，敬请各位读者不吝赐教，译者在此表示诚恳的感谢。

黄道秀

2018 年 4 月 7 日（农历二月二十二）

于中国政法大学俄罗斯法律研究中心